Pummerer
Die Bewertung des Steueranspruches

GABLER EDITION WISSENSCHAFT

Erich Pummerer

Die Bewertung des Steueranspruches

Analysemodelle in der betriebswirtschaftlichen Steuerlehre unter Unsicherheit

Mit einem Geleitwort von Prof. Dr. Hans Lexa

Springer Fachmedien Wiesbaden GmbH

Die Deutsche Bibliothek - CIP-Einheitsaufnahme

Pummerer, Erich:
Die Bewertung des Steueranspruches : Analysemodelle in der betriebswirtschaftlichen Steuerlehre unter Unsicherheit / Erich Pummerer.
Mit einem Geleitw. von Hans Lexa. - 1. Aufl..
- Wiesbaden : Dt. Univ.-Verl., 2001
(Gabler Edition Wissenschaft)
Zugl.: Innsbruck, Univ., Diss., 2000
ISBN 978-3-8244-7505-6

1. Auflage November 2001

Lektorat: Brigitte Siegel / Sabine Schöller

www.duv.de

Gedruckt auf säurefreiem und chlorfrei gebleichtem Papier.

ISBN 978-3-8244-7505-6 ISBN 978-3-663-07927-9 (eBook)
DOI 10.1007/978-3-663-07927-9

Geleitwort

Die betriebswirtschaftliche Steuerlehre hat nach allgemeiner Auffassung mehrere Aufgaben. Sie soll Steuerwirkungen auf Betriebe, Unternehmungen, oder besser, „Einzelwirtschaften" untersuchen („Steuertheorie"). Daraus lassen sich Grundlagen für die Analyse von Zielen und die Auswahl von Maßnahmen zur Erreichung dieser Ziele ableiten (Entscheidungslehre oder einzelwirtschaftliche Steuerpolitik). Eine weitere Aufgabe ist die Beratung der Legislative zur Gestaltung steuerrechtlicher Vorschriften (normative Steuerlehre). Häufig steht letztere im Vordergrund der Literatur, so dass manchmal die Abgrenzung zum Steuerrecht, das als Datum den Rahmen betrieblicher Entscheidungen oder deren Instrumentalvariable bieten soll, schwierig ist, oder die Publikation widmet sich der bloßen Normendarstellung.

Die vorliegende Arbeit führt die betriebswirtschaftliche Steuerlehre zu ihrer ersten Aufgabe zurück, indem sie zunächst das betriebliche Geschehen in Zahlungsströme auflöst. Steuern werden als Teil eines Gesamtzahlungsstromes gesehen, der je nach Definition der Bemessungsgrundlage von Beständen oder von Einzahlungsüberschüssen berechnet wird.

Mit der unsicheren Bemessungsgrundlage lässt sich auch die unsichere Steuerzahlung modellieren, wobei allerdings das Steuerrecht selbst kein Unsicherheitsmerkmal bildet.

Eine Betrachtungsweise, die Steuerrisiken aufgrund der schwierigen Quantifizierbarkeit in das allgemeine Unternehmerwagnis projiziert, kann nicht befriedigen. Daher versucht der Autor mittels der Optionspreistheorie einen Ansatz, der teilweise zu unerwarteten Ergebnissen führt. Von der Tatsache abgesehen, dass man diesen Ansatz auch von der Seite des Steuergläubigen sehen könnte (was im Zuge der Privatisierungsdiskussion Erinnerungen an uralte Steuerpachtsysteme wachruft), bietet er für die Behandlung von negativen Bemessungsgrundlagen (z.B. Verluste) Ergebnisse, die Änderungen des geltenden Steuerrechts nahe legen, wenn man dieses entscheidungsneutral halten will (Rechtsformwahl, Finanzierung, Totalgewinn- und Totalperiodenbetrachtung).

Für die verschiedenen Nachweise entwickelt der Autor einen umfangreichen formalen Apparat, der aber weitgehend in den Anhang verlegt wurde, so dass die Arbeit flüssig lesbar und auch für jene Interessenten verständlich bleibt, welche die Ableitungen nicht nachvollziehen wollen.

Univ.-Prof. Dkfm. Dr. Hans Lexa

Vorwort

Will die Steuerlehre Empfehlungen für praktisches Handeln liefern, ist die Unterstellung von Sicherheit über zukünftige Ereignisse nur so lange sinnvoll, als sich durch die Berücksichtigung der vorhandenen Unsicherheit keine anderen Entscheidungen bzw. Handlungsempfehlungen ergeben. In der vorliegenden Arbeit wird versucht, einen Modellrahmen zur Diskussion des Steueranspruches des Fiskus gegenüber Steuerpflichtigen unter Unsicherheit zu modellieren.

Vor dem Hintergrund, dass in vielen Bereichen der Ertragsbesteuerung der Steueranspruch durch den Steuergesetzgeber als bedingter Anspruch formuliert wird, wird hier versucht, diesen auch als Portfolio bedingter Ansprüchen darzustellen und zu bewerten. Ergebnis der Betrachtung ist dann ein ökonomisch begründeter Wert, der aus der Sicht des Fiskus und der Steuerpflichtigen gleich eingeschätzt werden sollte.

Der aus den Modellüberlegungen abgeleitete Wert des Steueranspruches entspricht einer ökonomischen Steuerbelastung. Die vorgeschlagene Modellumgebung kann daher sowohl als Instrument zur Einbeziehung der Unsicherheit in die Steuerlehre, als auch als Grundlage eines betrieblichen Steuermanagements gesehen werden.

Die Überlegungen beruhen auf einem Modellsteuersystem, das weitgehend der österreichischen Ertragsbesteuerung bei Kapitalgesellschaften mit natürlichen Personen als Gesellschaftern entspricht. Aufgrund des hohen Abstraktionsgrades des modellierten Steuersystems lassen sich die Überlegungen jedoch auch auf andere Steuersysteme übertragen.

Der Arbeit liegt eine Sichtweise zugrunde, die nicht versucht, die Realität abzubilden. Vielmehr soll durch eine geeignete Modellumgebung die Möglichkeit geschaffen werden, praktische Probleme unter Einbeziehung der Unsicherheit zu diskutieren. Die Modellüberlegungen haben daher keinen Erklärungs-, sondern einen Prognoseanspruch. Werden die Modellüberlegungen als sinnvoll erachtet und von Entscheidungsträgern praktisch eingesetzt, folgt aus dem Prognose- dann auch ein Erklärungsanspruch.

In der Arbeit wird gezeigt, dass die Modellierung des Steueranspruches unter Unsicherheit, trotz der steigenden Modellkomplexität, aufgrund der teilweise abweichenden Ergebnisse durchaus lohnend ist.

Die Arbeit ist während meiner Tätigkeit als Assistent am Institut für Revisions-, Treuhand- und Rechnungswesen an der Leopold-Franzens-Universität Innsbruck entstanden und wurde von der Sozial- und Wirtschaftswissenschaftlichen Fakultät im Juni 2000 als Dissertation angenommen.

Ich möchte an dieser Stelle die Gelegenheit nutzen, mich bei allen zu bedanken, die mich während des Entstehens dieser Arbeit unterstützt haben.

Mein besonderer Dank gilt meinem Doktorvater Herrn Prof. Dr. Hans Lexa. Er hat mir neben der Einräumung des nötigen Freiraums am Lehrstuhl stets für interessante Diskussionen zur Verfügung gestanden.

Für die Übernahme des Zweitgutachtens und die angenehme Zusammenarbeit möchte ich Herrn Prof. Dr. Christian Smekal meinen besonderen Dank aussprechen.

Mein Dank gebührt auch allen Kollegen und Freunden, die mir immer wieder Zeit für Diskussionen geopfert haben. Ohne sie wäre diese Arbeit wohl nicht entstanden.

Schließlich möchte ich meinen Eltern Edith und Gernot und meiner Lebensgefährtin Elisabeth für den Rückhalt danken, den sie mir stets gegeben haben. Ihnen möchte ich diese Arbeit widmen.

Erich Pummerer

Inhaltsverzeichnis

Abbildungsverzeichnis

Tabellenverzeichnis

Verzeichnis der verwendeten Symbole

$\mathbf{A}_F$ .... Anspruchsmatrix des Fiskus

w .... Anzahl der Wege zu einer Realisation im Binomialmodell

w^K .... Anzahl der Wege zu einer Realisation im Binomialmodell bei Berücksichtigung der Konkursmöglichkeit

x_n .... Anzahl der Wertpapiere n

X .... Ausübungspreis einer Option

$a_{n,s}$ .... Auszahlung des Wertpapiers n im Zustand s

$\mathbf{A}$ .... Auszahlungsmatrix einer Ökonomie

ι .... Auszahlungsvektor eines Arrow-Debreu Wertpapiers

K .... Barriere einer Down-and-Out-Option

$BW(\cdot)$ .... Barwertoperator

B_t .... Basisgröße zum Zeitpunkt t

t_0 .... Beginn des Betrachtungszeitraumes

BGL .... Bemessungsgrundlage

T_n .... Besteuerungszeitraum n

ξ .... Bewertungsfehler bei Vernachlässigung des Verlustvortrages

P .... Bezeichnung eines Besteuerungszeitraumes

$C^{I,II,III}$ .... Calls im Portfolio des Fiskus

Δz .... Diskreter stochastischer Prozess

a, μ .... Driftkoeffizienten

E_t .... Eigenkapital zum Zeitpunkt t

$\mathbf{I}$ .... Einheitsmatrix

p_s .... Eintrittswahrscheinlichkeit des Zustandes s

t_n .... Ende des Besteuerungszeitraumes T_n

η_n .... Engagement im Wertpapier n

ϖ_s .... Ereignis im Zustand s

Ω .... Ereignisraum

$E(\cdot)$ .... Erwartungswertoperator

d .... Faktor einer Abwärtsbewegung

u .... Faktor einer Aufwärtsbewegung

s^{ud} .... Filtration Auf- gefolgt von einer Abwärtsbewegung

$\mathcal{F}_t$ .... Filtration zum Zeitpunkt t

F_t .... Fremdkapitalstand zum Zeitpunkt t

G .... Gewinn einer Periode im Binomialmodell

H_t .... Hedge-Portfolio zum Zeitpunkt t

$\mathbf{T}$ .... Implizite Steuersatzmatrix

τ_{KESt} .... Kapitalertragsteuersatz

υ .... Kapitalstruktur

$\hat{}$ .... Kennzeichnung einer risikoneutralen Größe

$\tilde{}$ .... Kennzeichnung einer unsicheren Größe

k .... Konkursabstand

τ_{KSt} .... Körperschaftsteuersatz

κ .... Kosten einer Duplikationsstrategie

λ .... Langrange-Multiplikator

ρ .... Lineare Reaktion der Preise auf eine Steuereinführung

$MWSt_t$ .... Marktwert des Steueranspruches zum Zeitpunkt t

$MWVV_t$ .... Marktwert des Verlustvortrages zum Zeitpunkt t

$\mathbf{N}$ .... Matrix der Vektoren ι

$U(\cdot)$ .... Nutzenfunktion

$\mathcal{A}_t$ .... Partition zum Zeitpunkt t

$\mathbf{w}$ .... Portfoliovektor

v_n .... Preis des Wertpapiers n

e_s .... Preis eines Arrow-Debreu Wertpapiers für den Zustand s

$\mathbf{e}$ .... Preisvektor für eine Ökonomie (reine Wertpapiere)

$\mathbf{v}$ .... Preisvektor mit den Wertpapieren n

R_t .... Rendite zwischen t-1 und t

$\mathbf{Z}$ .... Renditematrix

$R^{d}{}_{t}$ .... Rentabilität bei einer Abwärtsbewegung

$R^{u}{}_{t}$ .... Rentabilität bei einer Aufwärtsbewegung

r_f .... Sicherer Zinssatz

r .... Stetiger Zinssatz

Θ_{KESt} .... Steuerfaktor $1-\tau_{KSt}$

Θ_{KSt} .... Steuerfaktor $1-\tau_{KESt}$

$\mathcal{Q}$ .... Subjektives Wahrscheinlichkeitsmaß

ε .... Variable mit der Verteilung $N\sim[0,1]$

b,σ .... Varianzkoeffizienten

η .... Vektor einer Arbitragemöglichkeit

$\hat{\pi}$ .... Vektor mit den Elementen $\hat{p}_s$

$\mathbf{r}_f$ .... Vektor mit den Elementen r_f

VV_t .... Verlustvortrag zum Zeitpunkt t

W_s .... Vermögen im Zustand s

σ .... Volatilität

p_d .... Wahrscheinlichkeit einer Abwärtsbewegung im Binomialmodell

p_u .... Wahrscheinlichkeit einer Aufwärtsbewegung im Binomialmodell

$\mathcal{P}$ .... Wahrscheinlichkeitsmaß

i, j, n, s .... Zählvariablen jeweils bis zum Großbuchstaben

$\tilde{I}$ .... Zufälliges Ergebnis von Zinsen und Steuern (*EBIT*)

1 Ausgangspunkt

1.1 Ziel der Überlegungen

Im Rahmen der Arbeit wird diskutiert, wie der Steueranspruch aus der Sicht eines Steuerpflichtigen ökonomisch gesehen werden kann. Die Modellierung soll eine Steuerwirkungsanalyse unter Unsicherheit erlauben.

Für diese Arbeit soll eine einzelwirtschaftliche Sichtweise unterstellt werden. Damit werden Probleme aus der in der Betriebswirtschaftlichen Steuerlehre mittlerweile üblichen Perspektive analysiert.[1]

Ziel einer Modellbildung ist eine Komplexitätsreduktion. Es soll eine Modellwelt konstruiert werden, die möglichst einfach gestaltet ist, deren Grundannahmen aber nicht zwingend Erfahrungen widersprechen.

Für eine erfolgreiche Modellierung sind bei dieser Zielsetzung zwei Kriterien maßgeblich. Das erste Ziel ist erreicht, wenn aus einem nicht-trivialen System ein triviales System herausgeschnitten und damit die komplexe Umweltsituation in eine handhabbare Modellwelt überführt wird.[2] Die notwendige Komplexität des Modells ergibt sich aus den Fragen, die im Modellsystem sinnvoll gestellt werden sollen.

Ob eine Modellwelt als System von Regeln geeignet für die gewünschte Problemdiskussion ist, entscheidet sich in der Konfrontation des Modells mit den Erfahrungen potentieller Modellanwender. Ein Scheitern von Modellaussagen an „empirischen“ Tatsachen ist bei dieser Sichtweise nicht vorstellbar.[3]

Da ein Modell als System von Regeln interpretiert wird, kann es auch als Spiel angesehen werden. Einfache Regeln führen oft zu intellektuell wenig anspruchsvollen Spielen. Komplexere Spiele können nur von denen gespielt werden, die die Spielregeln verstehen, erlauben dafür aber auch komplexere Spielzüge.[4] Die Vielfalt der möglichen Spielzüge fordert die

---

[1] vgl. Schneider, D, Investition, 1992, 4; Lexa, H./Grabher, S., Methodologische Überlegungen, 1998, 6 f

[2] Ein System ist in diesem Sinn trivial, wenn es auf äußere Einflüsse immer gleich reagiert. Bei einem nicht-trivialen System kann die Reaktion auf einen bestimmten Umwelteinfluss nicht prognostiziert werden.

[3] Das Kriterium für eine Ablehnung der Aussagen ist damit aber nicht eingeengt, sondern ausgeweitet. Erfahrungen müssen nicht, können aber aus einer empirischen Beobachtung kommen. Wie es zur Einstellung eines Menschen zu einer Modellüberlegung kommt, ist für die Akzeptanz von Modellergebnissen auch nicht entscheidend. Wenn das Modell abgelehnt wird, ist es aus der Sicht des möglichen Modellanwenders subjektiv falsifiziert.

[4] Wie wenig sinnvolle Spielzüge beim „Investitionsentscheidungsspiel“ auch bei sicheren zukünftigen Zahlungen möglich sind, zeigen Ingersoll und Ross (vgl. Ingersoll J. E./Ross, S. A., Waiting to Invest, 1992, 1 f).

Spieler intellektuell. Das Spiel wird interessanter. Wer spielt gerne ein Spiel, bei dem der Sieger schon am Beginn feststeht.[5]

Ähnlich kann die Situation im Bereich der Modellierung in der Betriebswirtschaftlichen Steuerlehre gesehen werden. Wird Sicherheit als eine Regel des Spiels formuliert, bleibt das Spiel noch relativ einfach und damit trivial. Wird diese Annahme aufgegeben, wird das Spiel aus meiner Sicht interessanter.[6]

Damit ist meine Motivation zum Versuch, ein sinnvolles System von Regeln für komplexere Spielzüge im Rahmen der Betriebswirtschaftlichen Steuerlehre als im Spiel unter „Sicherheit" vorzuschlagen, im Wesentlichen beschrieben. Es bringt bei der Beschäftigung mit Fragen der Steuerlehre mehr mögliche Spielzüge und macht Analysen daher interessanter.

Eine generelle Zielfrage ist, ob mit einem Modell ein Erklärungs- oder Prognoseanspruch verbunden wird. Mit der hier vorgeschlagenen Sichtweise wird nicht das Ziel eines Erklärungsanspruches verfolgt. Wenn niemand der vorgeschlagenen Sichtweise folgt, kann die durch die Interaktion von Individuen geprägte „Realität" nicht so wie im Modell beschrieben aussehen. Sind dagegen alle (viele) Entscheidungsträger von der Brauchbarkeit der vorgeschlagenen Sichtweise überzeugt, kann mit dem Modell im Nachhinein auch erklärt werden.[7]

Einen Prognoseanspruch hingegen erhebt jeder, der davon überzeugt ist, dass sein vorgeschlagenes Modell eine problemadäquate Sichtweise ist und damit die Lösung eines praktischen Problems ermöglicht. Da ich von der Eignung meines eigenen Modellvorschlages naturgemäß überzeugt sein sollte, erhebe auch ich diesen Prognoseanspruch.[8]

Trotz der Lockerung einiger Spielregeln müssen andere Restriktionen das Ziel der Komplexitätsreduktion umsetzen. In der Betriebswirtschaftlichen Steuerlehre müssen diese Restriktionen die steuerrechtlichen Grundlagen vereinfachen. Das Steuerrecht wird hier als sicher und im Zeitablauf konstant angenommen. Damit wird versucht, bei der Modellierung eine

---

[5] Meines Wissens ist „Tic Tac Toe" ein solches Spiel. Der Sieg hängt bei einigermaßen intelligenten Spielern nur davon ab, wer das Spiel beginnt.

[6] Das Spiel wird zwingend komplexer, weil ein Modell unter Unsicherheit die Sicherheit als Spezialfall inkludiert. Sind die zusätzlich möglichen Alternativen nicht offensichtlich trivial, steigt die Zahl der einzuschätzenden Alternativen.

[7] Verfolgt man einen Erklärungsanspruch eines Modells, behauptet man, dass bereits Modellvorstellungen wie Naturgesetze angeboren wären, die es nur offenzulegen gilt, weil sie Grundlage menschlichen Handelns wären. Teilt man diese Auffassung, gibt es in der Sozial- und Wirtschaftswissenschaft etwas zu entdecken. Ich persönlich teile diese Auffassung aber nicht.

[8] Ob dieser Anspruch erfüllt werden kann, hängt von vielfältigen Faktoren ab. Bei einer reinen „Produktorientierung" und der fehlenden Vermarktung der eigenen Sichtweise wird sich kaum jemand finden, der die Sichtweise teilt. Der Grund der fehlenden Akzeptanz muss dann nicht in mangelnder Brauchbarkeit der Sichtweise sondern einfach an der fehlenden Kenntnis der vertretenen Sichtweise liegen. Die Ursache einer fehlenden Anerkennung kann dann nicht mehr geklärt werden.

ökonomische und nicht eine juristische Unsicherheit zu berücksichtigen. Aus der Sicht der Komplexität des abgebildeten Steuerrechts folgt damit auch dieser Modellvorschlag den Varianten unter Sicherheit.

Auf die Frage, für welchen Anwendungszweck die Modellierung vorgeschlagenen wird, stehen aus meiner Sicht drei Bereiche im Vordergrund.

Die Betriebswirtschaftliche Steuerlehre beschäftigt sich mit der Steuerwirkungslehre. Dieses Teilgebiet wird allgemein als bedeutender Bestandteil der Steuerlehre gesehen.[9] Die Aussagen einer Steuerwirkungslehre hängen mit der angestellten Betrachtungsweise eng zusammen. Aus der Steuerwirkungslehre werden Gestaltungsempfehlungen hinsichtlich eines „neutralen" Steuersystems gegeben. In diesem Zusammenhang stellt sich die Frage, ob die Aussagen bei einer Änderung der Betrachtungsweise gleichbleiben. Sollte die Berücksichtigung der Unsicherheit zu keinen anderen Aussagen wie einer Modellierung unter Sicherheit führen, wäre Modellen unter Sicherheit wegen der geringeren Komplexität der Vorzug zu geben. Muss aber die Allgemeinheit von Aussagen eingeschränkt werden, lohnt mE die Modelldiskussion unter Unsicherheit trotz der komplexeren Spielregeln.

Neben der schon bisher im Verständnis der Steuerlehre verankerten Steuerwirkungslehre, kann bei Berücksichtigung der Unsicherheit auch die Forderung nach einem eigenständigen Steuercontrolling wiederbelebt werden.[10] Dem Steuercontrolling wäre auch das steuerliche Risikomanagement zuzuordnen. Um Risikomanagement sinnvoll betreiben zu können, ist eine Risikorechnung notwendig. Die vorgeschlagene Modellierung kann als Grundlage eines solchen steuerlichen Risikorechnungssystems gesehen werden.

Auch im Bereich der Steuerberatung beginnt sich ein „Risikobewusstein" durchzusetzen.[11] Diese Entwicklung wird mit der Forderung von Investoren nach Abbildung von Risiko im Jahresabschluss unterstützt, da Investoren auch (potentielle) Klienten in der Steuerberatung sind.[12]

Die vorgeschlagene Sichtweise ist mE auch für die Finanzwissenschaft interessant. Durch die einzelwirtschaftliche Analyse wird die Guteigenschaft des Steueranspruches diskutiert. Nach

---

[9] vgl. Djanani, Ch./ Steckel, R., Teilgebiete, 1998, 26

[10] Die Diskussion zum Steuercontrolling wird zwar seit langem, aber nicht immer intensiv geführt. Die Forderungen zu einem eigenen Steuercontrolling wurden bereits zu einer Zeit erhoben, in der die wirtschaftliche Umwelt und die Steuergesetzgebung noch weniger dynamisch waren (vgl. Lexa, H., Unternehmensorganisation, 1973, 56). Die Forderung nach einem umfassenden Steuerinformationssystem und einem eigenen Steuercontrolling wurde auch in den letzten Jahren wieder betont (vgl. Lexa, H., Steuercontrolling, 1997, 637 ff; Schiffers, J., Teilsysteme, 1997, 49 f; Herzig, N./Zimmermann, M., Steuercontrolling, 1998, 1144).

[11] vgl. Kußmaul, H., Unsicherheit I, 1996, 63 ff; Kußmaul, H., Unsicherheit II, 1996, 104 ff

[12] vgl. vgl. Baetge, J./Schulze, D., Lageberichterstattung, 1998, 939

dem der Steueranspruch ein risikobehafteter Titel auf das knappe Gut „Geld" ist, wird durch das Steuerrecht Risiko verteilt.

Franke/Hax charakterisieren eine vertragliche Risikoverteilung als risikopolitische Maßnahme.[13] Das Steuerrecht kann als zwangsweise auferlegter Vertrag verstanden werden. Insofern halte ich die Analyse der Verteilung von Risiken für eine interessante Aufgabe der Betriebswirtschaftlichen Steuerlehre, die auch aus der Sicht der Finanzwissenschaft relevant sein sollte. Die Modellüberlegungen sollen die Risikoverteilung zwischen Fiskus und Steuerpflichtigen greifbar und damit diskutierbar machen.

Neben dem Aufzeigen der Wirkung von Risiko auf den Wert des Steueranspruches wird durch die Modellierung ein Vorschlag gemacht, wie der Steueranspruch unter Risiko bewertet werden kann. Aus der Sicht des Fiskus ist daher eine Einschätzung über den ökonomischen Wert der Steuereinnahmen möglich.[14] Die Sichtweise impliziert mE interessante Aussagen über eine unter Sicherheit nicht sichtbare Zusatzbelastung der Besteuerung.

Die aufgezeigten Einsatzmöglichkeiten der Modellierung rechtfertigen mE die Konstruktion eines komplexeren Spiels, auch wenn zum Erlernen der Spielregeln und zur Analyse der Spielzüge mehr Aufwand notwendig ist.

1.2 Aufbau der Arbeit

Zur Akzeptanz eines Modells und den daraus abgeleiteten Aussagen ist die Kenntnis der Modellgrundlagen notwendig. Daher erfolgt eine Darstellung der zugrunde gelegten arbitragefreien Ökonomie und deren Eigenschaften. Die Betrachtung basiert zuerst in einer aus der Finanzwirtschaft bekannten Modellwelt ohne Steuern. Dann wird diskutiert, ob die Kernaussagen der Arbitragetheorie auch in eine Ökonomie mit Steuern übertragen werden können.

Nach der Diskussion der Frage, ob eine Argumentation basierend auf Arbitragefreiheitsargumenten für die Steuerlehre sinnvoll möglich sein kann, werden die bei der Entwicklung des eigentlichen Analysemodells eingesetzten Optionsbewertungsideen mit deren zugrundeliegenden Annahmen zusammenfassend dargestellt.

Im Anschluss an den grundlegenden Teil erfolgt eine noch verteilungsfreie Transformation einer unsicheren Bemessungsgrundlage in eine Steuerzahlung. Dabei wird auf Eigenschaften des österreichischen Steuersystems abgestellt.

---

[13] vgl. Franke, H./Hax, G., Finanzwirtschaft, 1995, 286

[14] vgl. zur Interpretation des Steueranspruches als Option: Wijnbergen van, S./Estache, E., Option pricing approach, 1999, 76

Die Bewertung erfolgt durch Interpretation des Steueranspruches als Optionsportfolio. Aus dieser Interpretation folgen auch die anschließend diskutierten Eigenschaften des Steueranspruches unter Unsicherheit für einen Besteuerungszeitraum.

Um bspw. die Bedeutung der dynamischen Kapitalstruktur diskutieren zu können, erfolgt eine Modellerweiterung auf mehrere Besteuerungszeiträume. Die auftretenden methodischen Probleme zeigen mE interessante Eigenschaften des Steueranspruches und damit implizit des geltenden Steuerrechts. Es wird auch versucht, die Wirkung der Ausschüttung entstandener Gewinne auf den Steueranspruch am Ende eines Besteuerungszeitraumes im Modell abzubilden und zu quantifizieren.

Den Abschluss der Modellüberlegungen bildet die Analyse der Bedeutung des Verlustvortrages, der beim vorherigen Modellaufbau vernachlässigt wurde.

Um die Überlegungen plastisch zu gestalten und die Ergebnisse auch quantitativ einschätzen zu können, wird ein Modellunternehmen eingeführt, dessen wesentliche Daten in der Arbeit bei den verschiedenen Simulationen nicht verändert werden. Dies soll eine vergleichende Einschätzung der Ergebnisse ermöglichen.

1.3 Eingrenzung der „Unsicherheit“

Der Begriff der Unsicherheit wird betriebswirtschaftlich nicht einheitlich verwendet. In dieser Arbeit soll unter „Unsicherheit“ die Mehrwertigkeit zukünftiger Entwicklungen verstanden werden. „Ungewissheit“ bedeutet das Fehlen jeglicher Vorstellung über mögliche zukünftige Entwicklungen. Die entwickelten Modellüberlegungen bilden keine Ungewissheits- sondern nur Unsicherheitssituationen ab. Im Fall der Unsicherheitssituation ist eine rationale Entscheidung nicht möglich.[15]

Risiko wird als mögliche Abweichung von einer erwarteten Größe verstanden. Die Begriffsdefinition deckt sich mit dem in der Finanzwirtschaft verwendeten Begriffsinhalt.[16]

Entscheidungen unter Unsicherheit und Risiko unterscheiden sich bei dieser Begriffsdefinition dadurch, dass im Fall von Risiko durch einen Entscheidungsträger bereits ein Erwartungswert über die zukünftige Entwicklung gebildet wurde, von dem die tatsächliche Realisation dann abweichen kann. Vom Informationsgehalt über den zukünftigen Verlauf der Zielgröße unterscheiden sich die beiden Begriffe nicht.[17]

[15] vgl. Perridon, L./Steiner, M. Finanzwirtschaft, 1997, 98

[16] vgl. Kruschwitz, L., Finanzierung, 1995, 91; Hirshleifer, J./Riley, J. G., Uncertainty, 1993, 43 ff

[17] vgl. Baetge, J./ Schulze, D., Lageberichterstattung,1998, 939

Die Steuerbemessungsgrundlage soll unsicher sein. Eine weitere Konkretisierung der unsicheren Größe erfolgt weiter unten. Die Basisgröße des Steueranspruches soll einer Informationsstruktur entsprechen. Über den Verlauf der Basisgröße ist keine vollständige Information verfügbar. Es sind zwar die möglichen Realisationen der unsicheren Basisgröße und deren Eintrittswahrscheinlichkeiten bekannt, nicht aber welcher der möglichen Pfade im Zeitablauf beschritten wird. Im Zeitablauf wird immer mehr Information offenbart. Erst am Ende des Betrachtungshorizontes wird bekannt, welches Ereignis tatsächlich eintritt.

Formal kann diese Informationsstruktur der unsicheren Basisgröße anhand eines Ereignisbaumes dargestellt werden.

Abbildung 1-1: Auflösung der Unsicherheit im Zeitablauf

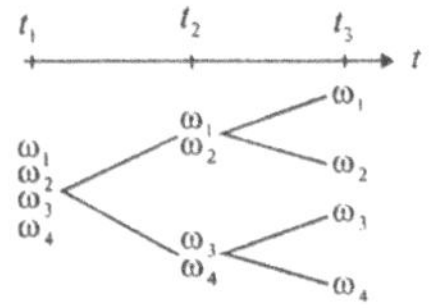

In Abbildung 1-1 werden drei Zeitpunkte dargestellt. Zum Zeitpunkt t_0 ist nur bekannt, dass in t_2 eines der Ereignisse aus dem Ereignisraum $\{\omega_1;\omega_2;\omega_3;\omega_4\}$ eintritt. Zum Zeitpunkt t_1 wird die Information nur teilweise offenbart. Tritt in t_1 das Ereignis $\{\omega_1;\omega_2\}$ oder $\{\omega_3;\omega_4\}$ ein, so bleibt nach wie vor Unsicherheit über den endgültigen Umweltzustand bestehen.

Die Menge aller möglichen Ereignisse soll der Ereignisraum Ω sein. Diese Menge beinhaltet alle im Zeitablauf möglichen Ereignisse ω. Wenn der tatsächliche Endzustand in einem Ereignis enthalten ist, kann er nicht in einem anderen Ereignis enthalten sein. Tritt zum Zeitpunkt t_1 das Ereignis $\{\omega_1;\omega_2\}$ ein, können die Ereignisse $\{\omega_3\}$ und $\{\omega_4\}$ zum Zeitpunkt t_2 nicht mehr eintreten. Zum Zeitpunkt t_1 weiß man über die Realisation der unsicheren Größe also immer mehr als zum Zeitpunkt t_0. Damit wird die Unsicherheit im Zeitablauf reduziert.

Diese Modellierung der Unsicherheit kann auch grafisch dargestellt werden. Dies soll Abbildung 1-2 zeigen.

Abbildung 1-2: Modellierung der Unsicherheit

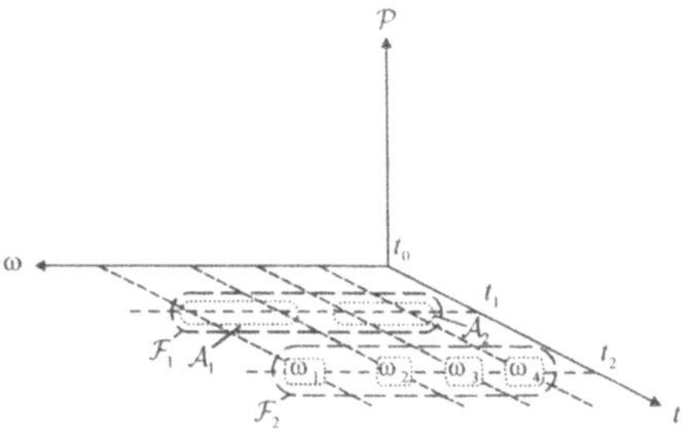

Abbildung 1-2 zeigt die Auflösung der Unsicherheit im Zeitablauf. Zum Zeitpunkt t_1 stellen die Ereignisse $\{\omega_1;\omega_2\}$ und $\{\omega_3;\omega_4\}$ eine Partition $\mathcal{A}_1$ und $\mathcal{A}_2$ dar. Die Partitionen $\mathcal{A}$ sind eine Kollektion von Ereignissen ω. Die Vereinigungsmenge dieser Partitionen stellt die Partition $\mathcal{F}_1$ dar. Diese Struktur wird dann als Informationsstruktur bezeichnet, wenn die Partitionen $\mathcal{A}$ innerhalb der Partitionen $\mathcal{F}$ im Zeitablauf feiner werden. Eine Partition ist dann feiner als eine andere, wenn jedes Ereignis (Partitionen $\mathcal{A}$) der früheren Partition $\mathcal{F}$ als Vereinigung der späteren Partitionen $\mathcal{A}$ dargestellt werden kann.[18]

Die z-Achse der Darstellung zeigt ein Wahrscheinlichkeitsmaß. Die Wahrscheinlichkeit stellt die dritte Dimension dar. Die unsichere Größe kann in einem Wahrscheinlichkeitsraum, der durch das Tripel $(\Omega \quad \mathcal{F} \quad \mathcal{P})$ repräsentiert wird, dargestellt werden.[19]

Wird diese Darstellungsform der Unsicherheit gewählt, bewegt man sich in einem topologischen Raum. Die Menge der möglichen Ereignisse stellt eine nicht leere Menge Ω dar. Die Ereignisse ω sind ein System von Teilmengen dieses Ereignisraumes Ω.

Für den Zweiperiodenfall (drei Zeitpunkte) ergibt sich der Ereignisraum bei der Abbildung 1-1 zugrunde liegenden Binomialverteilung mit

$$\Omega = \{\Omega;\varnothing;\omega_1,\omega_2,\omega_3,\omega_4;\omega_1,\omega_2;\omega_3,\omega_4;\omega_1;\omega_2;\omega_3;\omega_4\}. \tag{1.1}$$

Bei dieser Modellierung der Unsicherheit sind die Anforderungen an einen topologischen Raum erfüllt. Daher ist die Raumtheorie auf die in dieser Arbeit diskutierten Probleme unter Unsicherheit anwendbar.

Für die Plausibilität der Modellierung ist die Annahme über die Verbreitung der Information entscheidend. Hier wird angenommen, dass alle über die Information verfügen, welche

[18] vgl. Huang, C./Litzenberger, R., Foundations,1988, 181

[19] Duffie, D., Dynamic Asset Pricing, 1992, 21 und Appendix A

Umweltzustände im Zeitablauf eintreten können. Die Eintrittswahrscheinlichkeiten können aber unterschiedlich eingeschätzt werden.[20] Daher ist aus meiner Sicht diese Form der Modellierung der unsicheren Größe im Vergleich zur Annahme eines repräsentativen Marktteilnehmers allgemeiner.[21,22] Im Bereich der Finanzwirtschaft existieren auch Ansätze, welche die Annahme über die Erwartungen der Zahlungen an einem bestimmten Zeitpunkt lockern. Auch wenn vage Erwartungen über die Folge des Eintritts einer bestimmten Realisation bestehen, scheitern auf dieser Informationsstruktur aufgebaute Arbitrageüberlegungen nicht prinzipiell.[23]

1.4 Arbitrage

Modellüberlegungen in der Betriebswirtschaftlichen Steuerlehre liegt üblicherweise die Annahme von Märkten im Gleichgewicht zugrunde.[24] Hier sollen einleitend einige Eigenschaften solcher (unterstellter) Märkte beschrieben werden, auf denen die Modellierung aufgebaut wird. Im Gleichgewicht sind Arbitragegewinne ausgeschlossen. Arbitragefreiheit ist eine notwendige Bedingung für das Zustandekommen eines Gleichgewichtszustandes. Diese Bedingung muss auch in einer Modellwelt mit Berücksichtigung von Steuern erfüllt sein.

Methodisch fundierte Ergebnisse lassen sich nur erwarten, wenn eigentlich von einem Marktungleichgewicht ausgegangen wird. Zu zeigen ist dann, dass dieser nicht im Gleichgewicht befindliche Markt zu einem Gleichgewichtszustand tendiert.[25] Für die Steuerlehre ist damit die Frage verbunden, ob ein vor Steuereinführung im Gleichgewicht befindlicher Markt nach Steuereinführung wieder einem Gleichgewichtszustand zustrebt.

Steuereinflüsse auf die Portfolioentscheidung von Investoren können durch den Einbau steuerlicher Rahmenbedingungen in ein Gleichgewichtsmodell untersucht werden. In dieser Modellumgebung sind jedoch restriktive Annahmen hinsichtlich der Präferenzen der Modellentscheidungsträger und über die Verteilung der unsicheren Größe notwendig.[26] Damit scheint die Akzeptanz des Modellansatzes zu sinken.

Modelle, die nur von Arbitragefreiheit ausgehen, kommen mit weniger einschränkenden

---

[20] vgl. Steiner, M./Schneider, S., Arbitrage Asset Pricing, 1998, 5

[21] vgl. Weigel, W., Investitionsentscheidung, 1989, 75 ff

[22] Die Annahme eines repräsentativen Marktteilnehmers kann mit der Unterstellung homogener Erwartungen aller Marktteilnehmer ersetzt werden (vgl. Levy, M./Levy H., Homogeneous Expectations, 1996, 66).

[23] vgl. Korolev, K./Leifert, K. D./Rommelfanger, H., Arbitragetheorie, 1999, 9 ff

[24] Raab, M., Steuerarbitrage, 1994, 46; Schneider, D., Investition, Finanzierung, 1992, 504

[25] vgl. Schneider, D., Investition, Finanzierung, 1992, 555

[26] vgl. Sinn, H. W., Kapitaleinkommensbesteuerung, 1985, 26 f

Annahmen über die Präferenzstruktur der Modellentscheidungsträger aus. Bezüglich der Präferenzen der Modellentscheidungsträger ist nur die Nichtsättigungsannahme notwendig. Anders formuliert bedeutet das, dass „Mehr" dem „Weniger" unter allen Umständen vorgezogen wird. Dies kann durch die Unterstellung einer beliebigen Nutzenfunktion, deren erste partielle Ableitung immer größer null ist, erreicht werden. Die Annahme, dass der Nutzen eine alleinige Funktion monetärer Größen ist, wird wie bei anderen ökonomischen Modellen auch in diesem Zusammenhang getroffen.

Basierend auf dem Arbitragefreiheitsargument können nur Preise von derivativen Wertpapieren abgeleitet werden. Über die Preise fundamentaler Wertpapiere kann die Arbitragepreistheorie keine Aussagen machen. Es handelt sich damit um eine relative Sichtweise, die keine Aussagen zum fundamentalen Preissystem macht. Präferenzen werden nicht vernachlässigt, sondern auf einer anderen Ebene wie in üblichen Gleichgewichtsmodellen berücksichtigt.

Im Folgenden soll eine Modellökonomie und deren Eigenschaften beschrieben werden, auf denen die weitere Modellierung aufbaut.

1.4.1 Darstellung der Ökonomie

Die Notation der folgenden Darstellungen orientiert sich an Ingersoll.[27] Wenn nicht anders angegeben, stellen Vektoren Spaltenvektoren dar. Ein transponierter Vektor wird durch ein hochgestelltes ^{T} gekennzeichnet. Vektoren und Matrizen werden im Vergleich zu einem Skalar fett dargestellt.

Es wird ein Einperiodenmodell unterstellt. Es gibt die beiden Zeitpunkte jetzt (t_0) und später (t_1). Die Ökonomie soll in der Form vereinfacht werden, dass es eine endliche Zahl von Umweltzuständen $s \in \{1,\ldots,S\}$ gibt, die in t_1 eintreten können. Die Menge der Zustände umfasst alle möglichen Zustände. Es gibt keinen Zustand, dessen Eintrittswahrscheinlichkeit null ist. Die Summe der Eintrittswahrscheinlichkeiten beträgt eins.

In der Ökonomie existieren $n \in \{1,\ldots,N\}$ Wertpapiere. Als Wertpapier wird jede Möglichkeit der Transformation von Konsum in einen späteren Zeitpunkt verstanden.

Die Ökonomie kann durch die Auszahlungsmatrix **A** beschrieben werden. Diese $S \times N$ Matrix zeigt die Auszahlungsvektoren der Ökonomie in Abhängigkeit vom eingetretenen Zustand:

---

[27] vgl. Ingersoll, J. E., Financial Decision Making, 1989, 46 ff

$$\mathbf{A} = \begin{bmatrix} a_{11} & \cdots & a_{1N} \\ \vdots & \ddots & \vdots \\ a_{S1} & \cdots & a_{SN} \end{bmatrix} \tag{1.2}$$

Die Spalten der Matrix **A** repräsentieren den Auszahlungsvektor eines Wertpapiers *n*. Die Zeilen der Matrix **A** zeigen die Auszahlung der gesamten Ökonomie bei Realisation eines bestimmten Umweltzustandes *s*.

Die Preise der Wertpapiere v_n in der Ökonomie sollen bekannt sein.[28] Sie werden durch eine Matrix, deren Diagonalelemente diese Preise enthalten, angeschrieben:

$$\mathbf{D}_v = \begin{bmatrix} v_1 & \cdots & 0 \\ \vdots & \ddots & \vdots \\ 0 & \cdots & v_N \end{bmatrix}. \tag{1.3}$$

Die Bezeichnung der Wertpapiere ist vorerst beliebig. Es handelt sich bspw. um Aktien oder Anleihen. Diese Annahme besagt, dass bereits ein Preisfeststellungsprozess stattgefunden hat und Marktpreise bekannt sind. Für die weitere Darstellung wird die Modellökonomie überwiegend in Renditenform dargestellt. Die Renditenmatrix ***Z*** ergibt sich aus der Multiplikation der Auszahlungsmatrix **A** mit der invertierten Preismatrix $\mathbf{D}_v$. Es wird die Relation der Auszahlungen zum Preis ermittelt.

$$\mathbf{Z} = \mathbf{A}\mathbf{D}_v^{-} \tag{1.4}$$

Es soll keine Leerverkaufsbeschränkung geben. Es können also auch Wertpapiere verkauft werden, die nicht im Besitz eines Investors sind. Wertpapierleihe wird damit explizit zugelassen.

Wenn der Vektor **w** ein Portfolio eines Investors darstellt, dann lautet die Budgetbeschränkung

$$\mathbf{1'w} = 1. \tag{1.5}$$

η_n soll ein Engagement in einem Wertpapier *n* darstellen. Dieses Engagement ist proportional zum Portfolioanteil w_i am Gesamtvermögen W_0.[29] η_n kann in der Form interpretiert

[28] Zur Bestimmung dieser Preise siehe Punkt 1.4.2, S. 11.

[29] Das Engagement im Wertpapier w_n ergibt sich aus $w_n = \frac{Anzahl_n \cdot v_n}{W_0} \propto \eta_n$ als relativer Anteil am Gesamtvermögen. η_n stellt einen proportionalen Anteil dar, der nicht an die Vermögensbeschränkung gebunden ist. Damit stellt η_n eine Lineartransformation des Engagements w_i dar.

werden, dass dieses Engagement den Zahlungsstrom von η_n eines ganzen Wertpapiers sichert.

1.4.2 Zustandsabhängige Ansprüche

Es wird unterstellt, dass in der Modellökonomie Wertpapiere konstruiert werden können, die in genau einem Zustand eine Auszahlung von einer Einheit und in allen anderen Zuständen eine Auszahlung von null aufweisen. Ein solches Wertpapier wird „Arrow-Debreu Wertpapier" genannt.[30] Die Begriffe „Arrow-Debreu Wertpapier" und „reines Wertpapier" werden synonym verwendet.

Der Preis von Wertpapieren, die in unterschiedlichen Zuständen unterschiedliche Auszahlungen aufweisen, kann nur unter Kenntnis der Risikopräferenz der Marktteilnehmer bestimmt werden. Ein mögliches Modell zur Bestimmung dieser Preise ist das State-Preference-Modell.[31] Hier soll eine kurze Darstellung erfolgen, um zu zeigen, in welcher Form Risikopräferenzen in die weiteren Modellüberlegungen eingebunden werden bzw. wie angenommen wird, dass Präferenzen eingebunden werden könnten. In weiterer Folge wird unterstellt, dass dieses Bewertungsproblem bereits gelöst ist.

Ausgegangen wird unter diesen Annahmebedingungen davon, dass jeder der möglichen Endzustände „versicherbar" ist. Ein Zustand ist im Sinne der Finanzierungstheorie dann versicherbar, wenn für ihn ein Arrow-Debreu Wertpapier existiert. Ist es möglich, für alle Zustände s ein solches Wertpapier zu konstruieren, ist der unterstellte Markt vollständig.

Das Arrow-Debreu Wertpapier für den Zustand s kann durch den Portfoliovektor $\mathbf{n}_s$ dargestellt werden:

$$\mathbf{A}\mathbf{n}_s = \mathbf{\iota}_s,\ s = 1, \ldots, S. \tag{1.6}$$

Mit dem Vektor $\mathbf{n}_s$ wird ein Portfolio hergestellt, das einem Auszahlungsvektor eines Arrow-Debreu Wertpapiers für den Zustand s entspricht. Damit für jeden Zustand ein Arrow-Debreu Wertpapier hergestellt werden kann, sind daher S dieser Portfolios $\mathbf{n}_s$ nötig. Diese $S \times S$ Matrix wird als Matrix $\mathbf{N} = (\mathbf{n}_1, \ldots, \mathbf{n}_S)$ definiert.

Ein Markt ist dann vollständig, wenn

$$\mathbf{AN} = \mathbf{I} \tag{1.7}$$

[30] vgl. Arrow, K./Debreu, G., Equilibrium, 1954, 265 ff

[31] vgl. zur Ableitung der Preise aus dem State-Preference-Modell: Franke, G./Hax, H., Finanzwirtschaft, 1995, 376 f; Die Annahme, dass die zweite Ableitung der Nutzenfunktion im gesamten Definitionsbereich negativ ist, impliziert, dass die Investoren strikt risikoscheu sind (vgl. Kruschwitz, L., Finanzierung, 1995, 130).

gilt. Existiert für diese Gleichung keine Lösung, ist der Markt unvollständig. Wenn eine Lösung existiert, dann ergibt sich $\mathbf{N} = \mathbf{A}^{-}$ als eine mögliche Lösung.[32]

Marktsysteme, in denen nicht alle Zustände versicherbar sind, sollen hier nicht zugrunde gelegt werden.

Die Annahme der Existenz solcher reinen Wertpapiere scheint nicht realistisch zu sein. Sie gewährleistet aber, sich nicht mit Problemen unvollkommener Märkte beschäftigen zu müssen und ermöglicht damit eine Konzentration auf Fragestellungen der Betriebswirtschaftlichen Steuerlehre. Bei der Vielzahl der real verfügbaren Wertpapiere wäre die Konstruktion solcher Arrow-Debreu Wertpapiere nicht durch die Zahl der verfügbaren Wertpapiere unmöglich, man würde aber an der nicht zu schaffenden Aufzählung aller möglichen zukünftigen Zustände scheitern. Wie Arrow-Debreu Wertpapiere aus fundamentalen Wertpapieren konstruiert werden können, wird weiter unten gezeigt.

In einem solchen Markt sollen die Investoren ein Portfolio wählen, das den Erwartungswert des Nutzens maximiert.[33] Im Zusammenhang mit der Nutzenfunktion wird angenommen, dass der Grenznutzen mit steigendem Vermögen abnimmt ($\partial^2 U(W_s)/\partial W_s^2 < 0$), aber keine Sättigung eintritt ($\partial U/\partial W_s > 0$). Der Nutzen soll nur vom Vermögen im Zustand s, nicht vom Eintreten eines bestimmten Zustandes ($U(W_1, s) = U(W_1)$), abhängen.[34] Die Investoren haben homogene Erwartungen über die Zahl und Art der zukünftigen Zustände. Hinsichtlich der Eintrittswahrscheinlichkeiten der einzelnen Zustände muss keine einheitliche Meinung bestehen.

Unter diesen Voraussetzungen kann das Optimierungsproblem eines Investors mit

$$\text{Max} \sum_{s=1}^{S} p_s U(W_1, s) \text{ unter der Nebenbedingung } \sum a_s e_s = W_0 \tag{1.8}$$

angegeben werden. p_s stellt die Eintrittswahrscheinlichkeit des Zustandes s dar. a_s ist die Steuerungsvariable des Investors und stellt die Anzahl der zu erwerbenden Arrow-Debreu Wertpapiere für einen Zustand s dar. Diese Wertpapiere können zum Preis e_s erworben werden. W_0 stellt das Vermögen des Investors dar, das in Wertpapiere investiert werden soll.[35]

[32] vgl. Ingersoll, J. E., Financial Decision Making, 1989, 187

[33] vgl. Franke, G./Hax, H., Finanzwirtschaft, 1995, 376; Kruschwitz, L., Finanzierung, 1995, 175

[34] vgl. Ingersoll, J. E., Financial Decision Making, 1989, 189

[35] Hier wird also davon ausgegangen, dass die Entscheidung über das Konsumniveau bereits gefallen ist. Einen alternativen Ansatz, in dem auch über das Konsumniveau in t_0 entschieden wird, zeigt Kruschwitz (vgl. Kruschwitz, L., Finanzierung, 1995, 173 ff).

Dieses Nutzenoptimierungsproblem kann über den Lagrange-Ansatz

$$L=\sum_{s=1}^{S} p_s U(a_s,s)+\lambda\left[W_0-\sum a_s e_s\right] \tag{1.9}$$

gelöst werden. Nach der impliziten Ableitung und Nullsetzen der Ableitungen erhält man als Ergebnis

$$p_s \frac{\partial U(a_s,s)/\partial a_s}{e_s}=\lambda>0 \tag{1.10}$$

für alle Zustände s. Der Zähler des obigen Ausdrucks zeigt den Grenznutzen, der durch den Kauf eines Arrow-Debreu Wertpapiers bei Eintritt des Zustandes s gestiftet wird. Dieser Nutzen kostet e_s. Gewichtet mit der Eintrittswahrscheinlichkeit p_s stellt λ den erwarteten Grenznutzen pro ausgegebener Geldeinheit dar. Da sowohl der Nenner als auch der Zähler in (1.10) nur strikt positiv sein können, ist λ auch immer größer als null.[36]

Bisher wurde die Existenz einer sicheren Anlage nicht explizit angenommen. Allerdings hat aufgrund der Vollständigkeit des Marktes jeder Investor die Möglichkeit, sich für jeden Zustand ein Arrow-Debreu Wertpapier zu kaufen. Damit verfügt der Investor zum Zeitpunkt t_1 über ein sicheres Einkommen in Höhe einer Einheit. Ein solches Portfolio muss also gleich viel kosten, wie eine sichere Anlage. Dies lässt sich mit

$$\sum_{s=1}^{S} e_s=\frac{1}{1+r_f} \tag{1.11}$$

anschreiben.

Addiert man (1.10) über alle Zustände, so ergibt sich in Verbindung mit (1.11)

$$\lambda=(1+r_f)E\left[\frac{\partial U(a_s,s)}{\partial a_s}\right]. \tag{1.12}$$

Setzt man (1.12) in (1.10) ein, so ergibt sich der Preis eines reinen Wertpapiers mit

$$e_s=\frac{1}{1+r_f} p_s \frac{\partial U(a_s,s)/\partial a_s}{E\left[\partial U(a_s,s)/\partial a_s\right]}. \tag{1.13}$$

Gleichung (1.13) zeigt nur, wie sich ein bestimmter Investor bei gegebenen Preisen e_s verhält, erklärt aber noch nicht das Zustandekommen von gleichgewichtigen Preisen, die von den Risikopräferenzen der Marktteilnehmer abhängen.

---

[36] Warum der Nenner unter den getroffenen Annahmen für alle Zustände s positiv sein muss, wird weiter unten (vgl. 1.4.3, S. 14) gezeigt.

Gleichung (1.13) kann dreigeteilt betrachtet werden. Die Entscheidung über die Portfoliozusammensetzung wird also von

- dem sicheren Zinssatz r_f,
- der Eintrittswahrscheinlichkeit des Zustandes s p_s und
- dem Grenznutzen einer zusätzlichen Konsumeinheit in t_1 bezogen auf dessen Erwartungswert

beeinflusst.

Diese Formulierung des Entscheidungsproblems eines einzelnen Investors kann in eine Theorie über das Zustandekommen von gleichgewichtigen Preisen für Arrow-Debreu Wertpapiere umgewandelt werden. Wenn unterstellt wird, dass es einen repräsentativen Investor gibt, so wird dieser einen bestimmten Bruchteil am Gesamtangebot von perfekten Wertpapieren erwerben. Wenn sich jeder der Investoren gleich wie der repräsentative Investor verhält, wird Gleichung (1.13) zur Theorie der Bestimmung gleichgewichtiger Preise. Der Preis eines reinen Wertpapiers hängt also von den selben Determinanten wie die Portfolioentscheidung eines einzelnen Investors ab. Die Steuerungsvariable a_s stellt im gesamtgesellschaftlichen Kontext dann nicht mehr die Anzahl der durch einen Investor erworbenen reinen Wertpapiere, sondern die gesamtgesellschaftliche Nachfrage für den Zustand s dar.

Zentral für die weitere Vorgangsweise ist, dass das beschriebene Bewertungsproblem für die zustandsabhängigen Ansprüche als gelöst angenommen wird. Als Problem bleibt weiter unten allerdings noch zu diskutieren, wie die Preise zustandsabhängiger Wertpapiere in der perfekten Vorsteuerwelt durch die Einführung von Steuern in die Modellwelt verändert werden.

Die Annahmen wurden in dieser Form gewählt, weil die Erklärung des Zustandekommens von Preisen auf einem Markt ohne Steuern der finanzwirtschaftlichen Kapitalmarkttheorie zugerechnet wird, während die Untersuchung von Preisreaktionen auf eine Steuereinführung bzw. auf eine Änderung der steuerlichen Rahmenbedingungen dem Aufgabengebiet der Betriebswirtschaftlichen Steuerlehre zugerechnet wird.

1.4.3 Arbitragefreiheit

Für die nachfolgende Einbeziehung von Steuern in die Modellüberlegungen sollen nun wesentliche Eigenschaften arbitragefreier Märkte dargestellt werden. Auf diesen Grundlagen baut die weitere Argumentation auf.

Im Zusammenhang mit Gleichung (1.10) wurde bereits die Behauptung aufgestellt, dass λ als Grenznutzen interpretiert werden kann und dieser immer positiv sein muss. Diese Behauptung impliziert, dass auch der Preis für ein Arrow-Debreu Wertpapier für den Zustand s positiv sein muss. Hier soll nun dargestellt werden, warum nur ein positiver Preis ökonomisch sinnvoll sein kann. Der Vektor **e** soll dann ein zur Ökonomie passender Preisvektor sein, wenn die Definition

$$\mathbf{Z}^T\mathbf{e} = \mathbf{1} \tag{1.14}$$

erfüllt ist.[37] Da die Matrix **Z** die Renditen in der Form $1+r$ widerspiegelt, wird die Rendite bezogen auf eins gemessen. Das heißt, dass der Preis eines zustandsabhängigen Anspruchs dem Kehrwert der Rendite entsprechen muss. Dass diese Definition Sinn macht, wird in der weiter unten gezeigten Beispielökonomie verdeutlicht werden.

Würden bei Existenz der Arrow-Debreu Wertpapierpreise die Preise der grundlegenden Wertpapiere nicht (1.14) entsprechen, so könnte durch eine geeignete Anlagestrategie ein sicherer unbegrenzter Gewinn erzielt werden. Diese Gewinnmöglichkeit wird als Arbitragemöglichkeit bezeichnet.

Es sind zwei Varianten von Arbitragemöglichkeiten denkbar. In der Literatur hat sich die Einteilung in Arbitrage vom Typ 1 und Typ 2 etabliert.

Eine Arbitragemöglichkeit vom Typ 1 ist dann gegeben, wenn ein Investment (Arbitrageportfolio $\boldsymbol{\eta}$) möglich ist, das zum Zeitpunkt t_0 etwas bringt oder nichts kostet und zum Zeitpunkt t_1 in mindestens einem Zustand etwas bringt. Formal bedeutet dies

$$\mathbf{1}^T\boldsymbol{\eta} \leq 0 \text{ und } \mathbf{Z}\boldsymbol{\eta} \geq 0\,.\text{[38]} \tag{1.15}$$

Eine Arbitragemöglichkeit vom Typ 2 ergibt sich dann, wenn einer Einzahlung zum Zeitpunkt t_0 im Zeitpunkt t_1 in keinem Zustand eine Auszahlung folgt.

$$\mathbf{1}^T\boldsymbol{\eta} < 0 \text{ und } \mathbf{Z}\boldsymbol{\eta} \geq 0 \tag{1.16}$$

Die Existenz solcher Arbitragemöglichkeiten bestimmt, ob sich ein der Definition (1.14) entsprechender Preisvektor ergibt. Ingersoll formuliert zwei Sätze, welche die Existenz eines definitionsgemäßen Preisvektors sichern.[39]

Theorem 1: Es gibt einen nichtnegativen Preisvektor **e** dann und nur dann, wenn es keine Arbitragemöglichkeiten vom Typ 1 gibt.[40]

[37] vgl. Ingersoll, J. E., Financial Decision Making, 1989, 54

[38] vgl. Kruschwitz, L., Finanzierung, 1995, 42

[39] vgl. Ingersoll, J. E., Financial Decision Making, 1989, 55 ff

[40] Nichtnegativ heißt, dass Elemente des Vektors auch null sein können, der Vektor aber mindestens ein positives Element enthält.

Theorem 2: Es gibt einen positiven Preisvektor dann und nur dann, wenn keine Arbitragemöglichkeit vom Typ 2 besteht.[41]

Zum Beweis dieses zweiten Satzes kann man sich des Minkowski-Farkas-Lemma bedienen.[42] Dieser besagt, dass, wenn eine Matrix **X** und ein Vektor **a** gegeben sind, es genau zwei Möglichkeiten gibt. Entweder es existiert ein Vektor **a**, der die Gleichung

$$\mathbf{Xa} = \mathbf{b} \tag{1.17}$$

erfüllt, oder wenn dies nicht der Fall ist, existiert ein Vektor **n**, sodass die Ungleichungen

$$\mathbf{1}^T\mathbf{n} < 0 \text{ und } \mathbf{X}^T\mathbf{n} \geq \mathbf{0} \tag{1.18}$$

erfüllt sind.

Dieser Satz kann auf das Problem der Arbitragefreiheit angewandt werden. Die Matrix **X** entspricht in diesem Fall dann der Renditematrix $\mathbf{Z}^T$, der Vektor **a** dem Preisvektor für reine Wertpapiere **e** und der Vektor **b** dem Spaltenvektor **1**.

Ökonomisch interpretiert bedeutet der Satz von Minkowski-Farkas, dass entweder ein der Definition entsprechender Preisvektor existiert, oder die Ökonomie eine Arbitragemöglichkeit vom Typ 2 ermöglicht. Zu beachten ist hier, dass diese Bedingung unabhängig von der Berücksichtigung steuerlicher Effekte gelten muss. Dies macht Arbitrageüberlegungen mE für die Anwendung in der Betriebswirtschaftlichen Steuerlehre besonders interessant.

Hier müssen für die weitere Vorgangsweise zwei wesentliche Punkte herausgehoben werden. Die Preise der zustandsabhängigen Ansprüche müssen positiv sein. Sonst wäre es möglich, ein wertvolles Wertpapier umsonst oder sogar zu einem negativen Preis zu erwerben. Dies ist in einem reibungslosen Markt ökonomisch unvorstellbar.

Der zweite wesentliche Punkt, der aus diesen Überlegungen folgt ist, dass Linearkombinationen in den Auszahlungen auch Linearkombinationen in den Preisen sein müssen. Zwei Auszahlungseinheiten in t_1 müssen auch in t_0 das Doppelte kosten. Es gilt unter diesen Annahmen also Wertadditivität.[43]

Existiert also ein Preisvektor für zustandsabhängige Ansprüche, so kann für alle Wertpapiere ein arbitragefreier Preis bestimmt werden. Hier muss die weite Definition eines Wertpapiers beachtet werden. Unter Wertpapieren wird hier jede Anlagemöglichkeit, die mit einer Aus-

---

[41] Positiv heißt, dass alle Elemente des Vektors größer als null sein müssen.

[42] vgl. Kruschwitz, L., Finanzierung, 1995, 169

[43] Wertaddidivität ist eine andere Definition für die Linearität der Preis-Auszahlungsbeziehung. Ein Paket aus Wertpapieren muss gleich viel kosten wie die Summe der einzelnen Wertpapiere: $\sum_{n=1}^{N} p(v_n) = p\left(\sum_{n=1}^{N} v_n\right)$.

zahlung zum Kaufzeitpunkt beginnt und in späterer Folge (unsichere) Einzahlungen abwirft, verstanden. Unter diese Definition fallen daher auch alle steuerrelevanten Sachverhalte, da diese in irgendeiner Form an Zahlungen anknüpfen. Der Wert eines solchen Wertpapiers ergibt sich immer als Linearkombination von Arrow-Debreu Wertpapieren und ist daher bei Existenz eines Preisvektors eindeutig festgelegt. Würde der Preis von der Summe der Preise der Arrow-Debreu Wertpapiere abweichen, würden sich Arbitragemöglichkeiten bieten und kein Gleichgewichtszustand erreichbar sein.

1.4.3.1 Die Bedeutung der Annahme unbeschränkter Leerverkaufsmöglichkeiten

Das Arbitrageportfolio wurde unter der Annahme abgeleitet, dass es auch negative Anteile eines Wertpapiers enthalten kann. Ein negativer Anteil wird durch einen Leerverkauf erreicht. Mit dem Leerverkauf geht der Verkäufer die gleichen Verpflichtungen wie der ursprüngliche Emittent des Wertpapiers ein.

Sind nur zwei Zustände möglich, kann man die Ökonomie grafisch darstellen.

Durch eine geeignete Kombination der fundamentalen Wertpapiere n kann jeder Punkt im Koordinatensystem, das durch die zwei Zustände s_1 und s_2 aufgespannt wird, erreicht werden. Da jeder Punkt erreicht werden kann, ist es auch möglich, für jeden Zustand ein Arrow-Debreu Wertpapier zu konstruieren. In Abbildung 1-3 wird gezeigt, wie ein Arrow-Debreu Wertpapier für den Zustand s_1 aus den grundlegenden Wertpapieren n_1 und n_2 abgeleitet werden kann. Es kann durch den Kauf des Wertpapiers n_1 und den Leerverkauf des Wertpapiers n_2 hergestellt werden.

Abbildung 1-3: Bedeutung von Leerverkaufsbeschränkungen

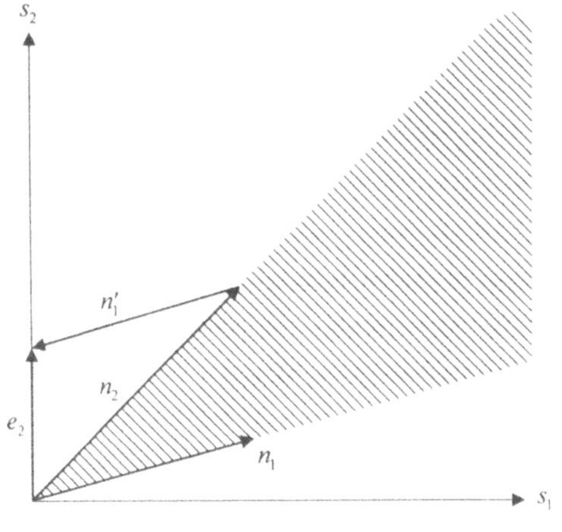

Bestehen hinsichtlich der grundlegenden Wertpapiere Leerverkaufsbeschränkungen, ist es nicht mehr möglich, jeden Punkt des durch die Zustände s aufgespannten Koordinatensystems zu erreichen. Da nur mehr positive Linearkombinationen der Wertpapiere als Portfolio möglich sind, können nur Punkte im von n_1 und n_2 aufgespannten Kegel erreicht werden. Von der Existenz von Arrow-Debreu Wertpapieren für alle möglichen Zustände s hängt aber die Möglichkeit der Bewertung abgeleiteter Wertpapiere ab. Mit dem Wegfall der Leerverkaufsbeschränkung würde daher die gesamte, auf Arbitragefreiheit aufgebaute, Argumentation kippen. Es ist daher eine entscheidende Frage, wie trotz bestehender Leerverkaufsbeschränkungen jeder Punkt in dem von den s Zuständen aufgespannten Raum erreicht werden kann.

Raab/Schwager beweisen, dass es ausreicht, wenn nur ein Wertpapier innerhalb des von n_1 und n_2 aufgespannten des konvexen Kegels leerverkauft werden kann.[44] Ist dies möglich, so kann der von den Wertpapieren n_1 und n_2 aufgespannte Kegel unendlich weit nach links unten verschoben werden, womit die Konstruktion von Arrow-Debreu Wertpapieren wieder möglich ist. Dies wird in Abbildung 1-4 gezeigt.

Abbildung 1-4: Spanning mit einem Wertpapier ohne Leerverkaufsbeschränkung

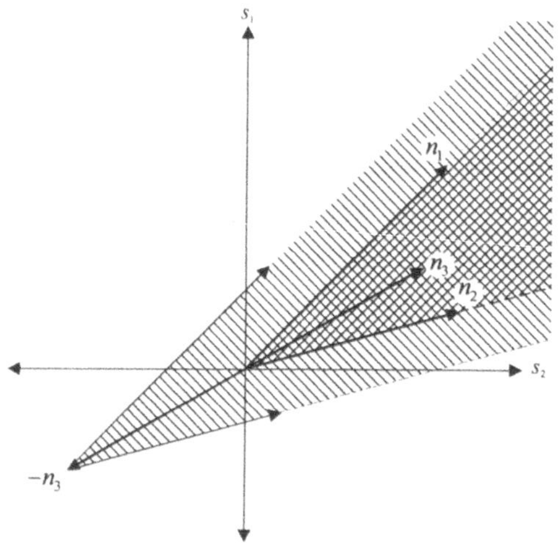

Die wesentlichen Aussagen über die Bewertung von aus grundlegenden Wertpapieren abgeleiteten Ansprüchen bleiben daher auch im Fall der Leerverkaufsrestriktion erhalten, wenn das Wertpapier n_3 keinen Beschränkungen unterliegt.

---

[44] vgl. Raab, M./Schwager, R., Spanning, 1991, 791 ff

Werden mehr als zwei Zustände zugelassen, so spannen die Wertpapiere nicht mehr eine Fläche sondern einen konvexen mehrdimensionalen Kegel auf. Der Auszahlungsvektor des Wertpapiers mit Leerverkaufsmöglichkeit muss sich dann innerhalb des aufgespannten Kegels befinden, damit die Argumentation aufrecht erhalten werden kann.

Ein solches Wertpapier ist vorstellbar. Es würde bspw. ausreichen, dass hinsichtlich eines Kredites keine Leerverkaufsbeschränkung gegeben ist und der Rückzahlungsvektor innerhalb der in Abbildung 1-4 dunkelgrau schattierten Fläche liegt. Da hier unter einem Wertpapier nicht ein verbrieftes Recht, sondern jede Form der zeitlichen Vermögenstransformation gemeint ist, muss dieser Kredit nicht in Form einer Anleihe verbrieft sein. Es reicht eine normale Darlehensgewährung aus. Das Wertpapier n_3 wäre als Hingabe eines Darlehens zu interpretieren, während der Leerverkauf dieses „Wertpapiers" eine Darlehensaufnahme darstellt.

Ursprünglich wurde von unbeschränkten Leerverkaufsmöglichkeiten ausgegangen. Intuitiv würde man meinen, dass dies eine einschneidende Annahme ist. Mit diesen Überlegungen kann aber mE gezeigt werden, dass auch Leerverkaufsbeschränkungen nicht prinzipiell zum Scheitern der Argumentation führen müssen, so lange es ein Wertpapier mit den oben beschriebenen Eigenschaften gibt, das leerverkauft werden kann. Die Argumentation würde aber komplexer werden. Daher wird in weiterer Folge die Annahme der unbeschränkten Leerverkaufsbeschränkungen beibehalten.

1.4.3.2 Aufgabe der Annahme einer Zwei-Zeitpunkte-Welt

Neben der Annahme von unbeschränkten Leerverkaufsmöglichkeiten scheint die Annahme einer Zwei-Zeitpunkte-Welt die Allgemeinheit der möglichen Modellaussagen ebenfalls stark einzuschränken. Wenn ein Markt auch im Einperiodenmodell vollständig ist, bleibt immer noch die Frage der intertemporalen Vollständigkeit offen. Hier soll kurz die Erweiterungsmöglichkeit des Modells auf ein Mehrperiodenmodell aufgezeigt werden. Weiter unten wird dann von dieser Erweiterungsmöglichkeit in der Form Gebrauch gemacht, dass die Betrachtung von einer diskreten Modellwelt auf eine stetige Modellumgebung überführt wird.

Zum Übergang auf eine Mehrperiodenbetrachtung sei vereinfachend angenommen, dass die Wertpapiere am Ende jeder Periode nur zwei Zustände annehmen können. Der Betrag, um den die Preise fallen oder steigen können wird ebenfalls vereinfachend konstant angenommen. Die Marktteilnehmer sollen zu jedem Zeitpunkt im Modell handeln können. Aus der einmaligen Portfolioentscheidung wird daher eine dynamische Handelsstrategie. Die Portfoliozusammensetzung muss im Zeitablauf nicht konstant sein.

Die entscheidende Frage ist, wie viele voneinander linear unabhängige Wertpapiere in einer solchen dynamischen Betrachtung notwendig sind, um intertemporale Marktvollständigkeit zu garantieren. Es lässt sich allgemein zeigen, dass bei einer Binomialverteilung der möglichen Zustände zwei langfristige, voneinander linear unabhängige Wertpapiere ausreichen, um mittels einer dynamischen Handelsstrategie einen vollständigen Markt herzustellen.[45] Auf die allgemeine Begründung dieser Aussage wird hier verzichtet. Die Grundidee soll im Rahmen der weiter unten gezeigten Beispielökonomie dargestellt werden.

Mit dieser Strategie ist es auch in einem Mehrperiodenmodell möglich, für jeden Zustand ein Arrow-Debreu Wertpapier zu konstruieren. Damit gelten die im Zusammenhang mit Arbitrageüberlegungen und der eingeschränkten Leerverkaufsmöglichkeit gemachten Aussagen auch in einer intertemporalen Betrachtung.[46] Der Grenzübergang zu einer zeitsteten Modellierung kann ebenfalls aus dieser Argumentation abgeleitet werden. Gedanklich werden die Periodendauern auf null verkürzt.

1.4.4 Arbitragefreie Bewertung

Ist ein Marktsystem im oben definierten Sinn vollständig, so kann jedes Wertpapier als Linearkombination von Arrow-Debreu Wertpapieren dargestellt werden. Um Arbitrage auszuschließen, muss der Preis des aus Arrow-Debreu Wertpapieren zusammengesetzten Wertpapiers der Summe der Preise der Arrow-Debreu Wertpapiere entsprechen.[47] Diese aus der Arbitragefreiheit abgeleitete Eigenschaft wird als Wertadditivität bezeichnet.[48] Der Preis des Wertpapiers n kann daher mit

$$v_n = \sum_{s=1}^{S} e_s a_{n,s} \qquad (1.19)$$

angeschrieben werden.

Ist der Markt vollständig, ist es immer möglich, ein risikoloses Wertpapier zu konstruieren. Es wird durch den Kauf eines Arrow-Debreu Wertpapiers für jeden Zustand s gebildet. Der Preis dieses Wertpapiers ergibt sich mit

---

[45] vgl. Raab, M., Steuerarbitrage, 1994, 19 f

[46] Mit diesem Übergang „kauft" man sich weitere Annahmen ein. So ist es zur Umsetzung einer dynamischen Handelsstrategie erforderlich, dass zu jedem Periodenbeginn Märkte vorhanden und geöffnet sind, an denen die langlebigen Wertpapiere gehandelt werden können. Bei Übergang auf eine zeitstetige Modellierung heißt das dann, dass der Wertpapierhandel zu jedem Zeitpunkt möglich sein muss.

[47] Das ist eine notwendige Bedingung für das Vorliegen eines Gleichgewichtszustandes.

[48] vgl. Kruschwitz, L., Finanzierung, 1995, 166 f

$$\sum_{s=1}^{S} e_s a_{n,s} = \sum_{s=1}^{S} e_s 1 = \frac{1}{1+r_f}. \qquad (1.20)$$

Definitionsgemäß glaubt jeder Investor, dass jedes Wertpapier durch die Abzinsung der erwarteten Auszahlung mit der erwarteten Rendite bewertet werden kann.[49] Jeder Investor geht also davon aus, dass der Preis des Wertpapiers n nach

$$v_n = \frac{E(\tilde{a}_n)}{E(\tilde{z}_n)} \qquad (1.21)$$

bestimmt werden kann. Die Unterstellung eines Gleichgewichtszustandes bedingt die Existenz eines Zustandspreisvektors **e**. Nun soll ein Preisvektor **e** angenommen werden, der beim Fehlen von Arbitragemöglichkeiten für alle Investoren zwingend der Gleiche sein muss. Nach der Annahme dieses Vektors soll

$$\hat{\boldsymbol{\pi}} \equiv \mathbf{e}\mathbf{r}_f \text{ und } \mathbf{r}_f \equiv (\mathbf{1}^T\mathbf{e})^{-} \qquad (1.22)$$

definiert werden.[50] Da ein Wertpapier in der Ökonomie als Linearkombination von Arrow-Debreu Wertpapieren dargestellt werden kann, ergibt sich der Preisvektor **v** mit

$$\mathbf{v} = \mathbf{A}^T\mathbf{e} \qquad (1.23)$$

Setzt man das in die Definition von (1.22) ein, ergibt sich für den Vektor der Wertpapierpreise

$$\mathbf{v} = \frac{\mathbf{A}^T\hat{\boldsymbol{\pi}}}{\mathbf{r}_f} \text{ oder } v_i = \frac{\hat{E}(\tilde{\mathbf{A}}_i)}{\mathbf{r}_f} \qquad (1.24)$$

Die Definition aus (1.22) kann ökonomisch interpretiert werden. Wenn ein positiver Preisvektor existiert, sind auch die Elemente des Vektor $\hat{\boldsymbol{\pi}}$ positiv. Außerdem muss die Summe der Elemente dieses Vektors eins ergeben $(\mathbf{1}^T\hat{\boldsymbol{\pi}} = 1)$. Der Vektor erfüllt alle Eigenschaften eines Wahrscheinlichkeitsvektors. Daher wird $\hat{\boldsymbol{\pi}}$ als Martingale-Wahrscheinlichkeit definiert. Dies ist nicht die subjektive Wahrscheinlichkeitseinschätzung der einzelnen Investoren, sondern die vom Markt ermittelte „Pseudo-Wahrscheinlichkeit". Sie hängt von den Preisen reiner Wertpapiere ab, in denen die Präferenzen der Marktteilnehmer stecken. Existiert ein solches Wahrscheinlichkeitsmaß, ist eine hinreichende Bedingung für die Existenz eines Gleichgewichtszustandes erfüllt, weil keine Arbitragemöglichkeiten existieren.[51]

---

[49] Diese Definition wurde implizit bereits bei der Definition eines eine Ökonomie unterstützenden Preisvektors eingeführt. Hier ist nur die Darstellung der Definition etwas anders.

[50] vgl. Ingersoll, J. E., Financial Decision Making, 1989, 62; Diese Martingale-Wahrscheinlichkeiten sind also die mit dem sicheren Zinssatz reskalierten Preise der zustandsabhängigen Preise e_s.

[51] vgl. Harrison, M. J./Krebs, D. M., Martingales, 1979, 390

Ein risikoloses Wertpapier muss durch den Preisvektor **e** in der Form bewertet werden, dass sich nach

$$\mathbf{e}^T(\mathbf{r}_f\ \mathbf{1}) = 1 \tag{1.25}$$

ergibt.[52] Daher kann Gleichung (1.24) auch mit

$$\frac{\hat{E}(\tilde{\mathbf{A}})}{\mathbf{r}_f} \equiv \frac{\mathbf{A}^T\hat{\boldsymbol{\pi}}}{\mathbf{r}_f} = \mathbf{v} \tag{1.26}$$

angeschrieben werden. Die Preise der Wertpapiere enthalten die Präferenzen der Marktteilnehmer. Das State-Preference-Modell kann daher als Modell zur Rechtfertigung der Preise der grundlegenden (fundamentalen) Wertpapiere gesehen werden.

Existiert für jeden Zustand ein Arrow-Debreu Wertpapier, ergibt sich der Wert nach (1.26) als mit dem sicheren Zinssatz abgezinster Barwert des mit den Pseudo-Wahrscheinlichkeiten ermittelten Erwartungswertes. Diese Bewertungsmethode wird als sicherheitsäquivalente Bewertung bezeichnet.[53] Die Martingale-Wahrscheinlichkeiten $\hat{\boldsymbol{\pi}}$ entsprechen nur im Fall eines risikoneutralen Investors den tatsächlichen Eintrittswahrscheinlichkeiten der Zustände s.

Diese Ergebnisse leiten sich alle aus der Existenz des Preisvektors **e** her. Daher ist die Aussage, dass ein Markt sich im Gleichgewicht befindet, den Aussagen, dass es keine Arbitragemöglichkeiten des Typ 2 und dass es ein Martingale-Wahrscheinlichkeitsmaß $\hat{\boldsymbol{\pi}}$ gibt, gleichwertig.

Für die Betrachtungen in der Betriebswirtschaftlichen Steuerlehre ist noch einmal herauszustellen, dass die Bewertung abgeleiteter Ansprüche nach diesen grundlegenden Ausführungen präferenzfrei erfolgen kann. Der Vorteil dieser Betrachtungsweise besteht mE darin, dass die Annahme des Fehlens von Steuern in einer Modellwelt aufgehoben werden kann, die hier aufgestellten hinreichenden Bedingungen für ein Modellgleichgewicht von einer Steuereinführung ins Modell aber nicht betroffen sind.

1.4.5 Einführung einer Beispielökonomie

1.4.5.1 Arbitrageüberlegungen

Um die Überlegungen plastischer zu gestalten, sollen diese jeweils anhand einer einfachen Modellökonomie dargestellt werden. Diese Ökonomie soll den größtmöglichen Abstraktions-

[52] vgl. Ingersoll, J. E., Financial Decision Making, 1989, 58

[53] vgl. Raab, M., Steuerarbitrage, 1994, 38

grad aufweisen, um die Überlegungen in einfacher Weise zu illustrieren, während die Darstellung in Matrizenschreibweise die Allgemeinheit der Aussagen garantieren soll.

In einer Zwei-Zeitpunkte Welt sollen sich die Marktteilnehmer einig darüber sein, dass zum Zeitpunkt t_1 nur zwei Zustände eintreten können.[54] Jeder der Marktteilnehmer kann subjektive Wahrscheinlichkeitsangaben zum Eintreten eines der beiden Zustände machen.

Es soll zwei Arten von Wertpapieren geben, die jeweils eine unterschiedliche Auszahlungsstruktur aufweisen. Die Auszahlungsmatrix **A** im Zeitpunkt t_1 hat daher die Dimension 2×2 $(S \times N)$ und soll folgendes Aussehen haben:

$$\mathbf{A} = \begin{pmatrix} 2 & 1 \\ 0 & 1 \end{pmatrix} \tag{1.27}$$

Die Spalten der Matrix **A** zeigen die Auszahlungsstruktur der Wertpapiere in Abhängigkeit vom eingetretenen Umweltzustand. Das Wertpapier 1 hat einen Auszahlungsvektor $\mathbf{a}_1{}' = (2{,}0)$. Ökonomisch interpretiert entspricht diese Auszahlungsstruktur der eines riskanten Eigenkapitaltitels bis zum Konkurs- oder Liquidationszeitpunkt. Entweder das Unternehmen hatte in der Vergangenheit eine zufriedenstellende Entwicklung hinter sich gebracht und garantiert dem Anteilseigner zum Liquidationszeitpunkt eine Zahlung von 2 (s_1), oder es ist Konkurs eingetreten, in dem der Anteilseigner leer ausgeht (s_2). Das zweite Wertpapier kann als sicheres Wertpapier interpretiert werden, da es mit dem Auszahlungsvektor $\mathbf{a}_2{}' = (\mathbf{1{,}1})$, unabhängig vom eingetretenen Umweltzustand, eine sichere Zahlung garantiert. Daher wird in weiterer Folge das Wertpapier n_1 als Aktie mit dem Preis v_1, das Wertpapier n_2 als Anleihe mit dem Preis v_2 bezeichnet.

Als erste Frage stellt sich im Zusammenhang mit der in (1.27) gezeigten Beispielökonomie, ob diese einem vollständigem Markt entspricht. Dies ist gleichbedeutend mit der Frage, ob für die Gleichung (1.7) eine Lösungsmatrix **N** existiert. Dies ist dann der Fall, wenn für die Matrix **A** eine Rechtsinverse existiert. Diese Bedingung ist nur dann erfüllt, wenn **A** eine quadratische Matrix ist. Es müssen also gleich viele Wertpapiere wie Zustände verfügbar sein. Existiert eine Rechtsinverse von **A**, dann stellen die Elemente der Lösungsmatrize **N** jene Portfolioanteile dar, mit denen die oben beschriebenen Arrow-Debreu Wertpapiere konstruiert werden können.

$$\mathbf{N} = \mathbf{A}^{-}\mathbf{I} = \mathbf{A}^{-} \tag{1.28}$$

[54] vgl. zu einer Mehrperiodenwelt: Huang, C./Litzenberger, R., Foundations, 1988, 223 ff

Für die angenommene Modellökonomie heißt das

$$\mathbf{N} = \mathbf{A}^{-} = \begin{pmatrix} 0,5 & -0,5 \\ 0 & 1 \end{pmatrix} \Rightarrow \mathbf{N}^{T} = \begin{pmatrix} 0,5 & 0 \\ -0,5 & 1 \end{pmatrix} \tag{1.29}$$

Die Zeilen der Matrix $\mathbf{N}^{T}$ zeigen die notwendigen Portfoliozusammenstellungen, um ein perfektes Wertpapier für den jeweiligen Zustand herzustellen. Soll ein Arrow-Debreu Wertpapier für den Zustand s_1 konstruiert werden, so müsste das Wertpapier n_1 0,5 mal gekauft werden.[55] Um ein Arrow-Debreu Wertpapier für den Zustand s_2 zu konstruieren, muss das Wertpapier n_1 0,5 mal leerverkauft werden, während ein Stück des Wertpapiers n_2 gekauft werden muss.

Aus einer Ökonomie sollen redundante Wertpapiere entfernt werden. Ein Wertpapier ist dann redundant, wenn es duplizierbar ist. Wenn $\mathbf{w}_1$ ein beliebiges Portfolio darstellt, dann ist es duplizierbar, wenn es ein anderes Portfolio mit $\mathbf{w}_1 \neq \mathbf{w}_2$ gibt, das den gleichen Auszahlungsstrom liefert ($\mathbf{Aw}_1 = \mathbf{Aw}_2$). In diesem Fall wäre $\mathbf{w}_2$ ein redundantes Wertpapier. Die Bestimmung der Vollständigkeit eines Marktes kann nur nach Elimination redundanter Wertpapiere erfolgen. In dieser Beispielökonomie gibt es kein redundantes Wertpapier, das aus dem Zahlungsstrom des anderen Wertpapiers dupliziert werden könnte.[56]

Eine Ökonomie enthält dann mindestens ein redundantes Wertpapier, wenn der Rang einer Renditenmatrix $\mathbf{Z}$ kleiner als $\mathbf{N}$ ist.

Nachdem weiter oben angenommen wurde, dass die Preise der Wertpapiere in der Ökonomie auf einem im Gleichgewicht befindlichen Markt ermittelt wurden und beobachtbar sind, sollen sich die Präferenzen der Marktteilnehmer in der Preismatrix $\mathbf{D}_v$ widerspiegeln.

$$\mathbf{D}_v = \begin{pmatrix} 1 & 0 \\ 0 & 0,8 \end{pmatrix}, \quad \mathbf{D}_v^{-} = \begin{pmatrix} 1 & 0 \\ 0 & 1,25 \end{pmatrix} \tag{1.30}$$

Aus (1.30) ergibt sich nach (1.4) die Renditematrix der Ökonomie mit

$$\mathbf{Z} = \mathbf{AD}_v^{-} = \begin{pmatrix} 2 & 1,25 \\ 0 & 1,25 \end{pmatrix}. \tag{1.31}$$

In dieser Renditematrix sind die Renditen in der Form $1+r$ angegeben und werden damit bezogen auf eine Ausgangsgröße von 1 gemessen.

---

[55] Da von einer unendlichen Teilbarkeit der Wertpapiere ausgegangen wird, stellen solche Portfolioanteile kein Problem dar.

[56] Eine alternative Formulierung zur Bestimmung redundanter Wertpapiere ist über ein Arbitrageargument möglich. Es gibt mindestens ein redundantes Wertpapier, wenn ein Portfolio mit $\mathbf{Aw} = 0$, $\mathbf{1}'\mathbf{w} = 0$, $\mathbf{w} \neq 0$ existiert.

Die Preise der grundlegenden Wertpapiere in der Ökonomie sind bekannt. In (1.29) wurden jene Portfolios bestimmt, die in genau einem Zustand eine Zahlung von eins und im anderen Zustand eine Zahlung von null erwarten lassen. Aus den gegebenen Preisen der grundlegenden Wertpapiere ergeben sich damit die Preise für die zustandsabhängigen Wertpapiere. Die Preise der grundlegenden Wertpapiere betragen $\mathbf{v} = (v_1 \quad v_2) = (1 \quad 0{,}8)$. Daraus leiten sich die Preise für die zustandsabhängigen Ansprüche e_1 und e_2 mit

$$\begin{aligned} e_1 &= 0{,}5 * 1 + 0 * 0{,}8 = 0{,}5 \\ e_2 &= -0{,}5 * 1 + 1 * 0{,}8 = 0{,}3 \end{aligned} \tag{1.32}$$

ab. Sie resultieren damit direkt aus der Annahme der gegebenen Preise für die zugrunde liegenden Wertpapiere vor Steuereinführung. Hier wird vorerst ausschließlich in einer Modellumgebung argumentiert. Wenn hier von Preisen gesprochen wird, sind damit nicht Preise auf realen Märkten gemeint, sondern Marktwerte als Ergebnis kapitalmarkttheoretischer Überlegungen.[57] Die weiteren Überlegungen haben auch nicht zum Ziel, Marktpreise als künftige Preise auf realen Finanzmärkten zu bestimmen, sondern nur Rahmenbedingungen einer logisch konsistenten Steuerpolitik abzuleiten. Die ausführliche Darstellung der Annahmen soll dazu dienen, nicht den Eindruck zu erwecken, etwas aussagen zu wollen, was nicht möglich ist.

Die in (1.32) berechneten Preise sollen der Definition eines die Ökonomie unterstützenden Preisvektors entsprechen. Für die Beispielökonomie lauten die Definitionsgleichungen aus (1.14):

$$\begin{aligned} 2e_1 + 0e_2 &= 1 \\ 1{,}25e_1 + 1{,}25e_2 &= 1\,. \end{aligned} \tag{1.33}$$

Definitionsgemäß unterstützt daher der Preisvektor $\mathbf{e} = (0{,}5 \quad 0{,}3)$ diese Ökonomie. Die Preise e_1 und e_2 sind Preise zustandsabhängiger Ansprüche.

In dieser Ökonomie gibt es keine Arbitragemöglichkeiten. Um die Folgen des Vorliegens von Arbitragemöglichkeiten zu zeigen, soll eine geänderte Ökonomie betrachtet werden.

$$\mathbf{A} = \begin{pmatrix} 1 & 0{,}4 \\ -0{,}5 & -0{,}2 \end{pmatrix} \text{ und } \mathbf{D}_v = \begin{pmatrix} 0{,}2 & 0 \\ 0 & 0{,}1 \end{pmatrix} \Rightarrow \mathbf{Z} = \begin{pmatrix} 5 & 2 \\ -5 & -2 \end{pmatrix} \tag{1.34}$$

In dieser Ökonomie scheitert die Bestimmung der Preise von zustandsabhängigen Ansprüchen, obwohl keine Arbitragemöglichkeit des Typ 1 vorliegt. Für die Ungleichungen $\mathbf{1}^T \eta \leq 0$

[57] vgl. Schneider, D., Unternehmensrechnung, 1998, 1474

und $\mathbf{Z}\eta \geq 0$ ist die Lösungsmenge die leere Menge. Es kann damit keine Position konstruiert werden, die jetzt nichts kostet oder sogar eine Einnahme in t_0 erbringt, in t_1 dann aber in mindestens einem Zustand eine Einzahlung liefert.

Theorem 2 besagt, dass dann und nur dann ein positiver Preisvektor für die zustandsabhängigen Ansprüche existiert, wenn keine Arbitragemöglichkeiten vom Typ 2 vorhanden sind. Es darf also nicht möglich sein, ein Portfolio zu konstruieren, das im Zeitpunkt t_0 eine Einzahlung liefert, zum Zeitpunkt t_1 aber garantiert nicht zu einer Auszahlung führt. In dieser Ökonomie ist allerdings die Möglichkeit für die Konstruktion eines solchen Portfolios gegeben.[58]

Das Engagement $\eta^T = (3 \quad -7{,}5)$ stellt in dieser Ökonomie eine Arbitragemöglichkeit des Typ 2 dar. $\mathbf{1}^T\eta = -4{,}5$ und $\mathbf{Z}\eta = 0$. Einer sicheren Einzahlung zum Zeitpunkt t_0 steht keine Auszahlung zum Zeitpunkt t_1 gegenüber. Für diese Ökonomie kann sich daher nach Theorem 2 kein der Definition entsprechender Preisvektor für zustandsabhängige Ansprüche ergeben.

In der ursprünglichen Beispielökonomie ergeben sich aber weder Arbitragemöglichkeiten vom Typ 1 noch vom Typ 2. Daher ist die Existenz eines positiven Preisvektors $\mathbf{e}$ gesichert. Nach der Definition (1.22) lassen sich die Martingale-Wahrscheinlichkeiten berechnen:

$$\hat{\pi}^T\mathbf{r}_f = (0{,}5 \quad 0{,}3)1{,}25 = (0{,}625 \quad 0{,}375). \qquad (1.35)$$

Ist in einer Ökonomie, im Unterschied zum hier dargestellten Beispiel, keine sichere Anlage und sind keine Arbitragemöglichkeiten vorhanden, so kann die in der Ökonomie implizit enthaltene sichere Verzinsung über die Martingale-Eigenschaft bestimmt werden. Dieser Umstand ist für Analysen in der Betriebswirtschaftlichen Steuerlehre in weiterer Folge von Bedeutung.

1.4.5.2 Übergang auf ein Mehrperiodenmodell

Um die Ökonomie aus 1.4.5.1 in eine Ökonomie mit mehreren Perioden umzuwandeln, wird hier eine geringfügige Adaption nötig. Die Preise sollen unverändert bleiben. Ändern muss sich jedoch die Auszahlungsstruktur am Ende der Periode, weil sonst im Fall des riskanten Titels bereits am Ende der ersten Periode der Konkursfall angenommen werden müsste.[59]

---

[58] Ist es möglich, ein solches Portfolio zu konstruieren, können unendlich viele solcher Portfolios konstruiert werden, weil jede Linearkombination von Lösungen eines homogenen linearen Gleichungssystems wieder eine Lösung dieses Gleichungssystems ist (vgl. Dück, W./Körth, H./Runge, W./Wunderlich, L., Mathematik, 1989, 225).

[59] Es wurde behauptet, dass der Markt dann intertemporal vollständig ist, wenn zwei langlebige Wertpapiere existieren. Würde die AG in Konkurs gehen, wäre die Annahme nicht mehr erfüllt. Es müsste dann geprüft werden, ob ein zweites, bisher als redundant erachtetes, langlebiges Wertpapier existiert.

Entwickelt sich die Ökonomie positiv, soll der Wert der Aktie um 0,5 Einheiten steigen, während der Wert der sicheren Anlage in allen Fällen um 0,2 Einheiten pro Periode steigen soll. Die Preise der Wertpapiere sollen der Annahme aus (1.30) entsprechen und betragen daher für die Aktie eine Einheit und für die Anleihe 0,8 Einheiten. Die Ökonomie soll auf zwei Perioden erweitert werden. Es gibt daher drei Zeitpunkte t_0, t_1 und t_2.

Es soll anhand dieses quantitativen Beispiels gezeigt werden, dass es möglich ist, mit diesen beiden langlebigen Wertpapieren für alle Zustände ein Arrow-Debreu Wertpapier zu konstruieren und damit dessen Preis zu bestimmen.[60] Ist die Konstruktion von Arrow-Debreu Wertpapieren für alle Zeitpunkte möglich, können Arbitrageargumente auch in die erweiterte Modellwelt übertragen werden. Die nach diesen Annahmen erweiterte Ökonomie wird in Abbildung 1-5 dargestellt.

Abbildung 1-5: Intertemporale Marktvollständigkeit

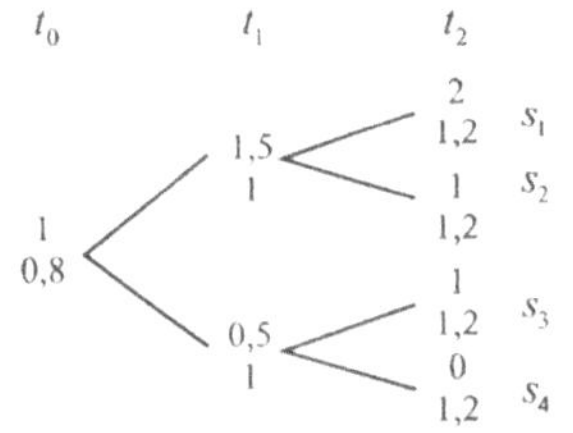

Um zu zeigen, dass der Markt intertemporal vollständig ist, muss die Frage, mit welcher dynamischen Strategie sich eine Auszahlungsstruktur ergibt, die in genau einem Zustand eine Zahlung von eins und in allen anderen Zuständen eine Zahlung von null garantiert, beantwortet werden. Aus Abbildung 1-5 ist ablesbar, dass es in dieser Ökonomie sechs mögliche Zustände gibt, für die ein Arrow-Debreu Wertpapier konstruiert werden muss. Wenn dies gelingt, ist diese Ökonomie auch intertemporal vollständig.[61]

Abbildung 1-6: Erfüllung intertemporaler Konsumpläne

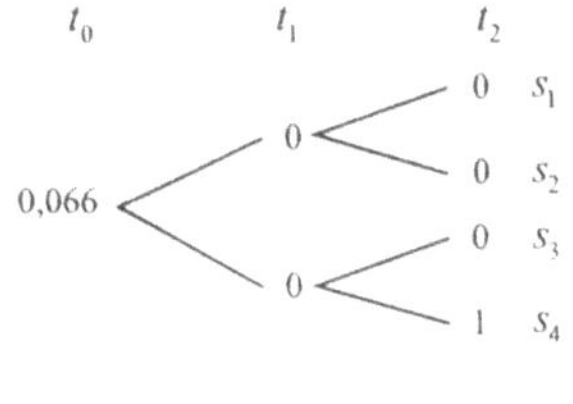

---

[60] Aus Platzgründen wird nur gezeigt, wie ein Arrow-Debreu Wertpapier für bspw. den Zustand s_4 konstruiert werden kann.

[61] Es kann dann jeder beliebige Zahlungsstrom hergestellt werden. Das ist gleichbedeutend mit der Möglichkeit, jeden Konsumplan zu finanzieren, den das Ausgangsbudget und die Anlageerträge erlauben.

Zur Konstruktion des Arrow-Debreu Wertpapiers muss vom gewünschten Zustand rückwärts das notwendige Portfolio ermittelt werden. Tritt zum Zeitpunkt t_1 der untere Ast ein, so muss der Investor eine Aktie (n_1) leerverkaufen und $0{,}8\dot{3}$ Anleihen (n_2) kaufen.[62] Die Kosten dieser Strategie betragen in t_1 $0{,}8\dot{3} * 1 - 1 * 0{,}5 = 0{,}\dot{3}$. Um diese Strategie zu finanzieren, muss Vermögen von t_0 nach t_1 transferiert werden. Wird von t_0 aus der obere Ast realisiert, muss sich aus der Transformationsstrategie eine Nettozahlung von null ergeben, während das in t_0 zusammengestellte Portfolio in t_1 einen Ertrag in Höhe von $0{,}\dot{3}$ abwerfen muss. Es kann also prinzipiell wieder gleich wie schon für den Zeitpunkt t_1 vorgegangen werden.[63] Das Portfolio, das genau diesen Auszahlungsstrom liefert, entspricht dem Erwerb der Stückzahlen $\begin{pmatrix} x_1 & x_1 \end{pmatrix} = \begin{pmatrix} \frac{1}{3} & -\frac{1}{2} \end{pmatrix}$. Die Strategie kostet daher zum Zeitpunkt t_0 $\frac{2}{30}$. Das sind zugleich die Kosten eines Arrow-Debreu Wertpapiers für den Zustand s_4 zum Zeitpunkt t_2. Ist der Markt vollständig, ist in den Preisen implizit auch die interne Verzinsung enthalten. Damit können wie in einer Einperiodenwelt Martingale-Wahrscheinlichkeiten definiert werden, welche sich mit den subjektiven Eintrittswahrscheinlichkeiten eines risikoneutralen Investors decken. Existieren diese Martingale-Wahrscheinlichkeiten, ist die hinreichende Bedingung für Arbitragefreiheit erfüllt.[64]

Ist der Übergang auf ein Mehrperiodenmodell möglich, stellt auch der Übergang zu einer zeitsteten Betrachtung kein ökonomisches Problem dar. Werden die Periodenlängen in der Modellbetrachtung gedanklich bis auf eine Länge von null reduziert, konvergiert die Binomialverteilung des diskreten Zustandsbaumes zu einer Normalverteilung.[65] Das ist auch intuitiv nachvollziehbar. Beschreitet man den Zustandsbaum und zählt, wie oft man an welchem Endpunkt ankommt, wird sich in der „Mitte" die größte Dichte ergeben. Die Randbereiche werden seltener erreicht.

Aus dem Versuch, die einperiodigen Modellüberlegungen auf ein Mehrperiodenmodell auszudehnen zeigt sich, dass die Überlegungen zwar komplexer werden, aber nicht grundsätzlich scheitern. Intuitiv wäre zu vermuten gewesen, dass die Annahme eines vollständigen Marktes bei der Erweiterung der Modellüberlegungen auf mehrere Perioden zu weiteren Problemen führt bzw. die Zahl der notwendigen Wertpapiere mit der Zahl der Perioden stark ansteigt. Ist

---

[62] Das ergibt sich aus den Gleichungen $1x_1 + 1{,}2x_2 = 0$ und $1{,}2x_2 = 1$.

[63] Es muss in t_0 jenes Portfolio gewählt werden, dessen Portfolioanteile (in Stück) die Lösung der Gleichungen $1{,}5x_1 + 1x_2 = 0$ und $0{,}5x_1 + 1x_2 = 0{,}\dot{3}$ sind.

[64] vgl. Huang, C./Litzenberger, R. H., Foundations, 1988, 250

[65] vgl. Huang, C./Litzenberger, R. H., Foundations, 1988, 254

eine dynamische Handelsstrategie möglich, ist dem aber nicht so. Es reichen zwei langlebige voneinander unabhängige Wertpapiere aus, um einen intertemporal vollständigen Markt zu bilden.

Als weiteres Ergebnis dieser Überlegungen kann festgehalten werden, dass durch die Ausbaufähigkeit des Modells auf mehrere Perioden auch eine Erweiterung auf eine stetige Modellformulierung möglich ist. Dieser Übergang hat, außer dass einige Annahmen ökonomisch angepasst werden müssen, nur mathematische Bedeutung. Nachdem gezeigt werden konnte, dass die Modellerweiterung möglich ist, soll daher in weiterer Folge in einer möglichst einfachen Modellumgebung argumentiert werden, bevor dann der Übergang auf die etwas komplexer formulierten allgemeineren Modelle erfolgt.

1.5 Betrachtungsweise bei der Einbeziehung von Steuern in die Modellwelt

In der Steuerwirkungslehre bzw. bei der Beurteilung der Investitions- und Finanzierungsneutralität eines Steuersystems ist ein geeigneter Referenzpunkt zu definieren. Dazu gibt es in der Literatur einige Vorschläge, die jedoch nicht auf Arbitrageüberlegungen beruhen.[66] Dabei wird von einem Modellsteuersystem ausgegangen, das Investitionsentscheidungen nicht verzerrt.

Die hier entwickelte Modellumgebung soll zur Steuerwirkungsanalyse eingesetzt werden können. Daher ist von Interesse, wie sich die Verhältnisse der oben dargestellten Ökonomie bei Berücksichtigung von Steuern ändern.

Die Modellumgebung soll die Beurteilung von Auswirkungen einer Steuerrechtsänderung auf den Steueranspruch des Fiskus ermöglichen. Es soll ein Unternehmen betrachtet werden, das ein zufälliges Bruttoergebnis erwirtschaftet. Das Steuerrecht an sich wird im Zeitablauf konstant angenommen. Steuerrechtsunsicherheit bleibt daher in dieser Form der Steuerwirkungsanalyse ausgeschlossen. Die durch das Modell vorgegebenen Spielregeln schränken daher auch die Menge der sinnvollen Fragen ein.[67] In diesem Modellrahmen sollen Fragen der Betriebswirtschaftlichen Steuerlehre diskutiert werden können.

Die Kenntnis der Annahmen, die hinter dem Zustandekommen eines Gleichgewichtszustandes stehen, ist für die praktische Umsetzung von Modellergebnissen von großer Bedeutung. Anwender müssen wissen, welche Annahmen zu akzeptieren sind, wenn ein bestimmtes Modell eingesetzt wird.[68] Hinsichtlich der steuerfreien Welt wurden folgende Annahmen getroffen:

1. Das zukünftige Ergebnis vor Zinsen und Steuern (*EBIT*) hängt nicht von der Finanzierungsstruktur des Unternehmens ab. Der Zustandsraum für das Bruttoergebnis ist allen Investoren bekannt. Das unsichere Bruttoergebnis ist die Schnittstelle des Systems zur Systemumgebung (Umwelt).
2. Es wird unterstellt, dass die vom Unternehmen emittierten Eigen- als auch Fremdkapitaltitel auf einem vollständigen Sekundärmarkt, an dem die Preisfeststellung kontinuierlich erfolgt, gehandelt werden.

---

[66] vgl. Schneider, D., Investition, Finanzierung, 1992, 193 ff

[67] Das ist vergleichbar mit einer Fragestellung aus dem Schach. Einen Schachspieler wird bspw. interessieren, in wie vielen Zügen der Gegner matt gesetzt werden kann. Es wird ihn aber nicht interessieren, welche Folgen sich ergeben, wenn die Bewegungsfreiheit bspw. der Dame eingeschränkt wird. Er spielt dann nicht mehr Schach, sondern ein anderes Spiel. Die Beantwortung dieser Frage ist im Bezugsrahmen Schach zwar nicht unmöglich, aber sinnlos.

[68] vgl. Schneider, D., Investition, Finanzierung, 1992, 505

3. Leerverkaufsmöglichkeiten bestehen für alle Marktteilnehmer.
4. Das Modellsystem wird in dem Sinne als geschlossen angenommen, als Mittel nur durch Leistungsbeziehungen in das System eingebracht bzw. dem System entzogen werden können.

Die Annahmen sind nicht sehr einschränkend. Sie dienen großteils nur der einfacheren Modellierung. Die durch das Modell vorgegebenen Spielregeln sollen dadurch einfach gehalten werden.

Unter dieser Annahmenkonstellation kann zu einem bestimmten Zeitpunkt t nur das am Beginn der Betrachtung im System befindliche Vermögen und das kumulierte Ergebnis des Leistungsprozesses zur Verteilung gelangen. Kassenhaltung wird nicht ausgeschlossen.

Der am Modellkapitalmarkt bestimmte Gesamtwert des Unternehmens ergibt sich unter diesen Annahmen aus der Summe der Marktwerte des Eigen- und Fremdkapitals.[69]

$$MWU^{brutto}{}_t = MWEK^{brutto}{}_t + MWFK^{brutto}{}_t \tag{1.36}$$

Werden in die Modellwelt Steuern eingeführt, werden folgende zusätzliche Annahmen getroffen:

5. Annahme 1 wird ausgedehnt. Der Bruttozahlungsstrom ist sowohl von der Finanzierungsstruktur als auch von der Steuereinführung unabhängig.[70]
6. Die Steuerberechnung auf der Ebene der Kapitalgesellschaft erfolgt aufgrund eines Steuergesetzes, das eine bilanzielle Ermittlung der Steuerbemessungsgrundlage vorsieht. Mit diese Annahme wird die Analyse von Normen des Bilanzsteuerrechts nicht prinzipiell ausgeschlossen.
7. Es wird angenommen, dass kontinuierliche Informationen über die Entwicklung der Bemessungsgrundlage verfügbar sind. Auf der Grundlage dieses Steuersystems ist es möglich, den fiktiven Steueranspruch jederzeit zu bestimmen. Ausschüttungen an Anteilseigner werden mit einem festen Steuersatz (=proportional) besteuert. Das entspricht der in Österreich bestehenden Endbesteuerung ohne der Möglichkeit der Veranlagung zum halben Durchschnittssteuersatz.

---

[69] vgl. zu diesem Ergebnis der Finanzwirtschaft: Ingersoll, J. E., Financial Decisions Making, 1989, 411 f; MacMinn, R. D./Martin, J. D., Fisher Model, 1988, 234; Raab, M., Steuerarbitrage, 1994, 153; Swoboda, P., Irrelevanz, 1991, 862; DeAngelo, H./Masulis, R. W., Leverage, 1980, 454; Zechner, J./Swoboda, P., Capital Structure, 1986, 329

[70] vgl. Kruschwitz, L., Finanzierung, 1995, 131; Diese Annahme impliziert, dass sowohl die Preise auf den Beschaffungs- als auch auf den Absatzmärkten von der Steuereinführung unberührt bleiben. Ertragsteuern werden im Modell als nicht überwälzbare Steuer betrachtet. Die Umsatzsteuer bleibt aus der Betrachtung ausgeschlossen.

8. Der Besteuerungszeitraum T wird mit einem Jahr angenommen.
9. Der Fiskus wird von der Teilnahme am Marktgeschehen nicht ausgeschlossen.[71]

Die Berücksichtigung von Steuern bewirkt in dieser vereinfachten Modellbetrachtung, dass in das System im Vergleich zur Betrachtung ohne Steuern neben den Eigen- und Fremdkapitalgebern noch der Fiskus als dritte Partei in das System aufgenommen werden muss. Aus Annahme 5 folgt, dass im Vergleich zur Situation ohne Steuern dem System weder Mittel zu- noch abgeführt werden. Die Aufnahme des Fiskus als zusätzlichen Stakeholder kann daher in dieser Betrachtungsweise nur zu einer Umverteilung des im System befindlichen Vermögens führen.[72]

In der Betrachtung ohne Steuern wurden die Preise der Wertpapiere als gegeben betrachtet. Diese können jedoch auf einem realen Markt nicht beobachtet werden, weil die Investoren die Titel nicht nach den Bruttozahlungsströmen, sondern anhand deren Nettozahlungsströmen beurteilen werden. Beobachtbar können also nur Nachsteuerpreise der Wertpapiere sein. Durch die Steuereinführung in das Modell wird die Modellbetrachtung näher an die Realität herangeführt. Im Vergleich zur Betrachtung ohne Steuern muss sich wieder ein Gleichgewichtszustand ergeben, ohne den eine Analyse nicht sinnvoll möglich ist.

Die vor Steuereinführung dargestellten Anforderungen an ein Marktgleichgewicht sind allgemeiner Natur. Das heißt, dass der Modellmarkt diese Eigenschaften auch nach Steuereinführung aufweisen muss. Gleichgewicht kann sich demnach nur ergeben, wenn es keine Arbitragemöglichkeiten vom zweiten Typ gibt. Diese Aussage ist zur Aussage, dass der Markt die Martingale-Eigenschaft erfüllen muss, äquivalent.

Bisherige Arbeiten, die steuerliche Effekte im Zusammenhang mit arbitrageorientierten Argumenten diskutieren, beschränken sich auf das Fehlen von Arbitragemöglichkeiten der am Markt befindlichen Investoren.[73] Von Steuerarbitrage wird in diesen Arbeiten dann gesprochen, wenn es durch Tausch von Ansprüchen gelingt, die Position eines Investor zu verbes-

---

[71] In anderen Arbeiten, die Besteuerung und Steuerarbitrage in einer ähnlichen Umgebung untersuchen, wurde der Fiskus nicht in die Betrachtung aufgenommen (vgl. Dybvig, P. H./Ross, S. A., Tax Clienteles, 1986, 751 ff; Dammon, R. M./Green, R. C., Tax Arbitrage, 1987, 1143 ff). Die Vorteile der Aufnahme des Fiskus in die Betrachtung zeigen Jones/Milne (vgl. Jones, C./Milne, F., Tax Arbitrage, 1992, 191).

[72] Der Begriff des Vermögens wird hier als Bestandsgröße verstanden. Dabei wird von der Vorstellung ausgegangen, dass das Unternehmen zu einem beliebigen Zeitpunkt fiktiv liquidiert wird und dabei eine Feststellung des Vermögens erfolgt. Dieses Vermögen kann dann zur Verteilung an die Stakeholder Eigenkapitalgeber, Fremdkapitalgeber und Fiskus gelangen.

[73] vgl. Ross, S. A., Arbitrage, 1987, 371 ff; Raab, M., Steuerarbitrage, 1994, 41, wobei Ross die Arbitragemöglichkeiten für alle Wirtschaftssubjekte unterstellt, während Raab argumentiert, dass es ausreicht, wenn ein Wirtschaftssubjekt eine Arbitragemöglichkeit ausnützt. Die Annahmen sind aus meiner Sicht aber identisch, weil Ross von einem repräsentativen Investor ausgeht. Daraus folgt, dass eine Arbitragemöglichkeit, wenn sie für einen Investor gegeben ist, für alle Investoren auszunützen ist.

sern, ohne einen anderen Investor schlechter zu stellen. Argumentiert wird auf Grundlage der aus der Mikroökonomik bekannten Edgeworth-Box. Die Steuerarbitragemöglichkeit geht damit zu Lasten des Fiskus, der als außerhalb des Systems befindlich gesehen wird. Diese Sichtweise klingt verständlich. Wie aber weiter unten gezeigt wird, stellt diese Sichtweise eine verkürzte Problembetrachtung dar. Preiseffekte werden damit keine ausgelöst, weil die Nettonachfrage durch den Tauschvorgang nicht verändert wird.

Das Ausklammern des Fiskus aus der Modellbetrachtung ist mE in einer arbitragefreien Welt nicht sinnvoll möglich. In dieser Welt kann kein Gleichgewicht bestehen, wenn nur ein einziger Investor Arbitragemöglichkeiten hat. Wird ein möglicher Arbitrageur in der Betrachtung „vergessen“, können die Modellergebnisse nie eine vernünftige Prognosekraft besitzen.[74]

Betrachtet man die Engagements der Staatshaushalte, so wird deutlich, dass eine Vernachlässigung staatlicher Aktivitäten in der Steuerlehre nicht sinnvoll erscheint. Von den in Österreich im September 1998 im Umlauf befindlichen 944 Mrd. S Anleihenvolumen entfallen ca. 400 Mrd. S (42%) auf den öffentlichen Sektor.[75] Der Staat hatte zu diesem Zeitpunkt also eine Kredit-Short-Position in Höhe dieser 400 Mrd. S. Daher scheint auch die Annahme des Leerverkaufs eines Wertpapiers „Kredit“ innerhalb des von anderen Wertpapieren aufgespannten Kegels akzeptabel.

Die Höhe des Engagements lässt mE nicht darauf schließen, dass der Staat und damit der Fiskus als Marktteilnehmer vernachlässigt werden kann.[76] Wird der Staat als Marktteilnehmer im Modell zugelassen, so ist die Ökonomie dann arbitragefrei, wenn es keinem der Marktteilnehmer gelingt, eine Arbitragemöglichkeit vom Typ 1 oder vom Typ 2 auszunutzen. Dies muss unabhängig von der Grundausstattung der Investoren gelten.

In der Betrachtung ohne Steuern wurde davon ausgegangen, dass die Investoren über eine Grundausstattung verfügen. Durch das geltende Steuerrecht wird der Staat zwangsweise mit einer Grundausstattung versehen. Der Steueranspruch kann als Wertpapier betrachtet werden, das aufgrund seiner Auszahlungsstruktur in t_0 einen positiven Wert besitzt. Diese Grundausstattung des Fiskus kann nur aus einer Umverteilung der ursprünglichen Grundausstattung der Investoren kommen. In wirtschaftlicher Betrachtungsweise werden die Investoren durch den

---

[74] vgl. Jones, Ch./Milne F., Tax Arbitrage, 1992, 191

[75] WIFO-Wirtschaftsdaten September 1998, Tabelle 16.12 Rentenmarkt

[76] Im privaten Bereich kann davon ausgegangen werden, dass Arbitragemöglichkeiten aufgrund von Transaktionskosten und anderen Kapitalmarktunvollkommenheiten nicht ausgenützt werden können. Im Bereich des Staates würden bezüglich des Marktzutrittes und der Transaktionskosten auch bei der tatsächlichen Umsetzung von Arbitragestrategien im Vergleich zu einzelnen privaten Investoren vernachlässigbare Probleme auftreten. Gesetzliche Einschränkungen der Möglichkeiten werden hier nicht betrachtet.

Staat aufgrund des Steuerrechts enteignet.

Vor diesem Hintergrund soll untersucht werden, welche Reaktionen sich auf die Steuereinführung im Vergleich zur Modellwelt ohne Steuern ergeben.

Es wird davon ausgegangen, dass Probleme der Steuerermittlung bereits gelöst sind. Hinsichtlich der Subsumtion eines Sachverhaltes unter einen steuerrechtlichen Tatbestand und der nachfolgenden Bestimmung der Bemessungsgrundlage bzw. der daraus resultierenden Steuerzahlung ergeben sich keine Diskrepanzen zwischen der Ansicht des Steuerpflichtigen und der Finanzverwaltung.[77] Diese Annahme kann mE aus dem Verhältnis der Steuerrechtswissenschaft zur Betriebswirtschaftlichen Steuerlehre her begründet werden. Demnach wird das Steuerrecht von der Steuerlehre bei ihren Analysen als Datum hingenommen.[78] Die Probleme, die sich aus den Unschärfen des Steuerrechts ergeben, werden hier also den Steuerrechtswissenschaften zugeordnet.[79]

Für die Modellierung bedeutet der Ausschluss der Steuerrechtsunsicherheit, dass aus dem bekannten Bruttoraum der Zahlungsströme durch jeden Steuerpflichtigen und den Fiskus die Steuerbelastung ermittelt werden kann. Im Bereich der proportionalen Besteuerung kann der Nettoraum als Linearkombination des Bruttoraumes dargestellt werden. Werden progressive Tarife in die Modellbetrachtung einbezogen, muss diese Linearität nicht verloren gehen.[80]

Im Sinne der unter 1.4.3 dargestellten Vorgangsweise bei der Beurteilung einer Ökonomie muss nach der Steuereinführung als erstes untersucht werden, ob die Ökonomie mit Steuern durch die Steuereinführung ein redundantes Wertpapier enthält. Ist das der Fall, so muss dieses Wertpapier zur Bestimmung der Vollständigkeit des Marktes außer Betracht bleiben. Der Steueranspruch lässt sich unabhängig vom Tarifsystem als Linearkombination des Bruttozahlungsstromes der Ausgangsökonomie darstellen.

---

[77] Eine Steuerrechtsunsicherheit wird damit wegdefiniert. Dass die Steuerrechtsunsicherheit einen erheblichen Einfluss auf die Bewertung riskanter Wertpapiere haben kann, wird aus der Modellbetrachtung ausgeschlossen (vgl. Daumann, R., Prognoseproblematik, 1991, 264 ff). Interessante Modelluntersuchungen zur Steuerrechtsunsicherheit zeigen auf einer ähnlichen methodischen Grundlage Pestieau/Possen/Slutsky (vgl. Pestieau, P./Possen U. M./Slutsky, S. M; Randomization, 1998, 81 ff).

[78] vgl. Tipke, K./Lang, J., Steuerrechtsordnung, 1993, 21

[79] Im Gegensatz dazu bezeichnet Rose Steuerrechtsrisiken als planungsrelevant (vgl. Rose, G., Steuerrisiken, 1995, 482)

[80] Die meisten Untersuchungen der Betriebswirtschaftlichen Steuerlehre im Bereich der Personengesellschaften sind mit dem Problem der Nichtlinearität konfrontiert. Üblicherweise begegnet man dem durch die Unterstellung eines genügend hohen Einkommens des Steuerpflichtigen, womit der progressive Steuertarif wieder in einen proportionalen Steuertarif umgewandelt wird.

Zur Verdeutlichung der Argumentation soll die Beispielökonomie, die in (1.27) dargestellt wurde, fortgesetzt werden. Die Integration von Steuern in die Modellüberlegungen wird durch Abbildung 1-7 gezeigt.

Abbildung 1-7: Situation nach Steuereinführung in die Modellwelt

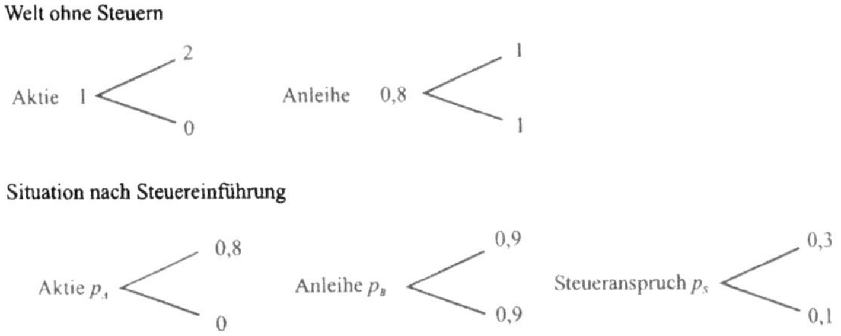

Nach der Steuereinführung sind zwar die Nettozahlungsströme, vorerst aber nicht die Nettopreise der Wertpapiere bekannt. Als erster Schritt soll die Überprüfung der Vollständigkeit der Ökonomie erfolgen. Zu diesem Zweck sind redundante Wertpapiere aus der Auszahlungsmatrix $\mathbf{A}_S$ zu entfernen. Aus Abbildung 1-7 lässt sich ableiten, dass der Steueranspruch eine Linearkombination aus Aktie und Anleihe ist.[81]

Das Portfolio zur Nachbildung (Duplikation) des Steueranspruches ermittelt sich nach folgenden Gleichungen.

$$\begin{aligned} 1{,}8x_1 + 0{,}9x_2 &= 0{,}3 \\ 0x_1 + 0{,}9x_2 &= 0{,}1 \end{aligned} \qquad (1.37)$$

Als Lösung dieses Gleichungssystems ergibt sich der Vektor $(x_1 \quad x_2) = (0{,}1^{\bullet} \quad 0{,}1^{\bullet})$. Der Steueranspruch ist also ein redundantes Wertpapier. Diese Eigenschaft des Steueranspruches ist für die weitere Analyse von zentraler Bedeutung. Die Auszahlungsmatrix der Ökonomie nach Steuern kann, wie in (1.38) dargestellt, vereinfacht werden.

$$\mathbf{A}_S = \begin{pmatrix} 1{,}8 & 0{,}9 & 0{,}3 \\ 0 & 0{,}9 & 0{,}1 \end{pmatrix} \hat{=} \begin{pmatrix} 1{,}8 & 0{,}9 \\ 0 & 0{,}9 \end{pmatrix} \qquad (1.38)$$

[81] Diese Duplizierbarkeit ist eine Eigenschaft, die nicht speziell dem Steueranspruch, sondern der ganzen Ökonomie anhaftet (vgl. Ingersoll, J. E., Financial Decision Making, 1989, 49). Es könnte daher auch jedes andere Wertpapier als redundant bezeichnet werden. Nachdem aber auf realen Märkten Preise für Wertpapiere und (noch) nicht für Steueransprüche festgestellt werden, soll auch hier der Steueranspruch als aus den grundlegenden Wertpapieren abgeleitete Größe definiert werden.

Das inhomogene Gleichungssystem aus (1.37) ist nur lösbar, wenn die Koeffizienten der Basisvariablen x_1 und x_2 linear unabhängig sind.[82] In der reduzierten Auszahlungsmatrix gibt es nach Steuereinführung $\mathbf{A}_S$ genau gleich viele linear unabhängige Wertpapiere wie Zustände. Die Ökonomie ist daher auch nach Steuereinführung vollständig. Es kann für jeden Zustand ein Arrow-Debreu Wertpapier konstruiert werden. Die Existenz eines Preisvektors $\mathbf{e}$ für die Arrow-Debreu Wertpapiere ist damit aber noch nicht gesichert.

Der Preisvektor muss die Definition aus (1.14) erfüllen. Diese Definition bedeutet umgelegt auf eine Welt mit Steuern, dass es einen Lösungsvektor $\mathbf{e}_S$ für Gleichung (1.39) geben muss. Dieser stellt die Preise der Arrow-Debreu Wertpapiere nach Steuereinführung dar.

$$\mathbf{Z}_s^T \mathbf{e}_S = \mathbf{1} \tag{1.39}$$

Die Präferenzen der Marktteilnehmer über die Zahlung einer Einheit in einem Zustand s haben sich durch die Steuereinführung nicht verändert.[83] Die Investoren sehen sich nach der Steuereinführung der Nettoauszahlungsmatrix der Ökonomie gegenüber. Die Frage, wie die Preise der grundlegenden Wertpapiere auf die Steuereinführung reagieren, soll in der eingeführten Beispielökonomie diskutiert werden.

Angenommen, die Preise ändern sich beliebig, so kann sich die in Abbildung 1-8 gezeigte Konstellation ergeben.

Abbildung 1-8: Ökonomie nach Steuereinführung

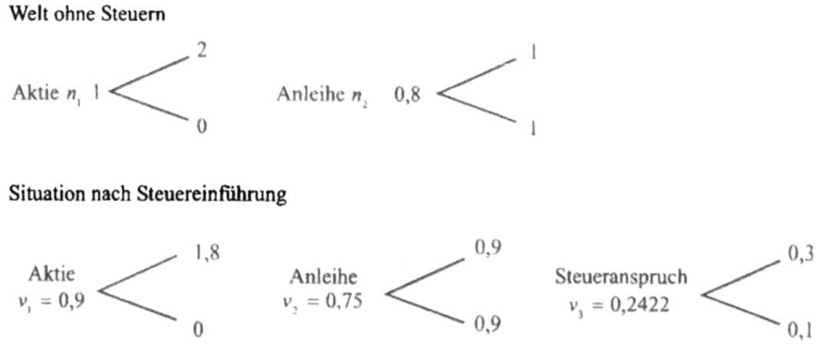

Würden die Preise am Markt nach Steuereinführung sich bspw. mit $(v_1 \quad v_2) = (0{,}9 \quad 0{,}75)$ ergeben, muss der Steueranspruch zwingend mit 0,2422 bewertet werden. In jedem anderen Fall ergeben sich Aribitragemöglichkeiten. Die Preise für die Arrow-Debreu Wertpapiere

[82] In jedem anderen Fall würde sich das Gleichungssystem nicht in die kanonische Form bringen lassen und daher keine Lösung besitzen (vgl. Dück, W./Körth, H./Runge, W./Wunderlich, L., Mathematik, 1989, 213).

[83] Würde eine solche Änderung zugelassen, könnte die Ursache einer Preisänderung nicht mehr den steuerlichen Einflüssen zugeschrieben werden.

haben in diesem Fall auf die Einführung der Steuer reagiert.

Der Preisvektor für die beiden Arrow-Debreu Wertpapiere ergibt sich aus den beiden fundamentalen Wertpapieren n_1 und n_2 nach Steuereinführung und beträgt $(e_1 \quad e_2)_s = (0{,}5294 \quad 0{,}3039)$. Die Preise sind damit durch die Steuereinführung gestiegen.

Bewertet man sämtliche Ansprüche in der Ökonomie bei den in Abbildung 1-8 angenommenen zustandsabhängigen Preisen, zeigt sich, dass der Marktwert der Ansprüche durch die Steuereinführung gestiegen ist. Der Marktwert der Ökonomie vor Steuereinführung betrug 1,8 Einheiten, nach Steuereinführung ergibt sich 1,8922. Durch die Besteuerung würden also Werte geschaffen, bzw. durch die Steuereinführung anders eingeschätzt. Die Präferenzen sollen aber konstant angenommen werden. Daher kann sich der Marktwert der Titel durch eine Steuereinführung nicht ändern. Die Preise der am Markt gehandelten Wertpapiere müssen in der Form auf die Steuereinführung reagieren, dass die Preise für die zustandsabhängigen Wertpapiere unverändert bleiben. In jedem anderen Fall würde sich der Gesamtwert der Ökonomie ändern. Daher müssen die Preise der fundamentalen Wertpapiere wie in Abbildung 1-9 auf die Einführung der Steuer reagieren.

Die Annahme, dass sich die Preise von Arrow-Debreu Wertpapieren durch eine Steuereinführung nicht ändern, wurde auch von anderen Autoren getroffen.[84]

Abbildung 1-9: Beispielökonomie nach Steuereinführung und Preisreaktion

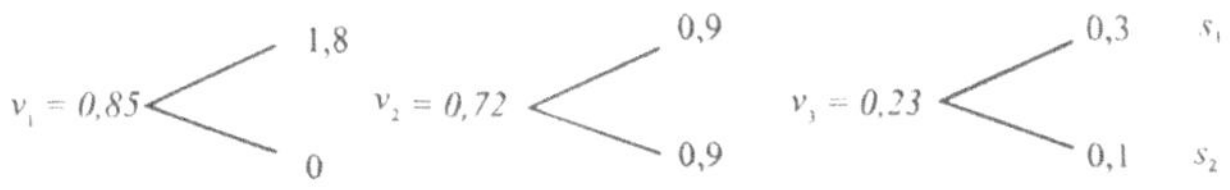

Abbildung 1-10 zeigt diesen Zusammenhang grafisch. Die Auszahlungsvektoren der Wertpapiere a_1 und a_2 werden zwar durch die Einführung der Besteuerung kürzer, sie spannen jedoch weiterhin die gleiche (in der Abbildung grau schraffierte) Fläche wie vor Steuereinführung auf. Der Steueranspruch a_S liegt aufgrund der Eigenschaften des Steuersystems immer innerhalb des konvexen Kegels, der durch die Wertpapiere n_1 und n_2 aufgespannt wird.

[84] vgl. Bond, S. R./Devereux M. P., Neutral Business Tax, 1995, 59; Fane, G., Neutral Taxation, 97

Abbildung 1-10: Spanning mit Besteuerung

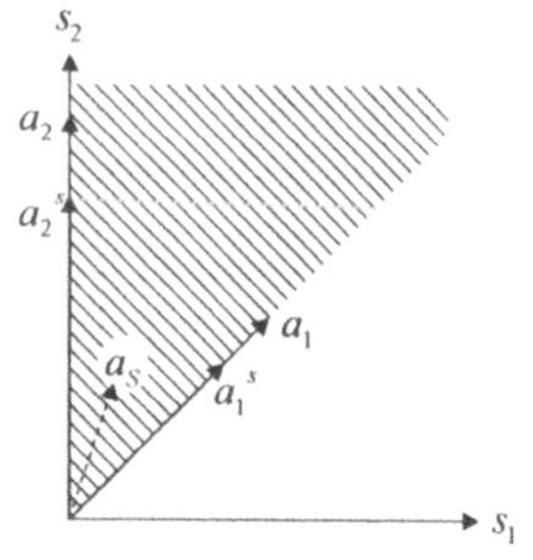

Diese Eigenschaft des Steueranspruches ist im Zusammenhang mit Leerverkaufsmöglichkeiten von Bedeutung. Wie weiter oben bereits gezeigt wurde, kann durch die Leerverkaufsmöglichkeit eines Wertpapiers, das im Inneren des von zwei Wertpapieren aufgespannten Kegels liegt, jeder beliebige Punkt im Raum $\mathbb{R}^{++}$ erreicht werden. Der Steueranspruch bietet daher bei Besteuerung aller Wertpapiere die Möglichkeit, die gesamte Fläche $\mathbb{R}^{++}$ aufzuspannen, auch wenn sonst kein Wertpapier leerverkauft werden kann.[85] Dies ist unabhängig von der Höhe des Steuersatzes. Gibt es keine Leerverkaufsbeschränkungen, schadet auch die Ausnahme eines Wertpapiers aus der Besteuerung nicht. Im Fall von Leerverkaufsbeschränkungen der grundlegenden Wertpapiere wäre bei Steuerbefreiung oder Steuerhinterziehung eines Wertpapiers nicht mehr jeder Punkt in $\mathbb{R}^{++}$ zu erreichen, weil der Vektor des Steueranspruchs dann auf der Hülle des aufgespannten Kegels zu liegen kommt.

Da in dieser Modellbetrachtung beweisbar ist, dass sich das wesentliche Ergebnis der Arbitragepreistheorie von einer Welt ohne Steuern auf eine Modellumgebung mit Steuern übertragen lässt, ist es möglich, aus der Kenntnis des Zustandsraumes der Brutto- bzw. Nettozahlungen der Wertpapiere die Nachsteuerpreise der Wertpapiere der Ökonomie zu ermitteln. Dies soll wieder durch Fortführung der Beispielökonomie gezeigt werden.

Der Bruttozahlungsstrom ist annahmegemäß nicht von der Steuereinführung betroffen. Die Steuereinführung beteiligt den Fiskus mit in der Beispielökonomie angenommenen 10% an diesem Bruttozahlungsstrom. Da nun nur mehr 90% den Investoren zufließen, müssen aufgrund sonst entstehender Arbitragemöglichkeiten die Wertpapierpreise auf 90% des Ausgangspreises fallen. Damit ist auch der Wert des Steueranspruches eindeutig bestimmt. Der Wert beträgt 10% des Bruttomarktwertes der in der Ökonomie vorhandenen Wertpapiere.

[85] vgl. 1.4.3.1, S. 17

Abbildung 1-11 zeigt diese Zusammenhänge.

Abbildung 1-11: Der Steueranspruch als abgeleiteter Anspruch

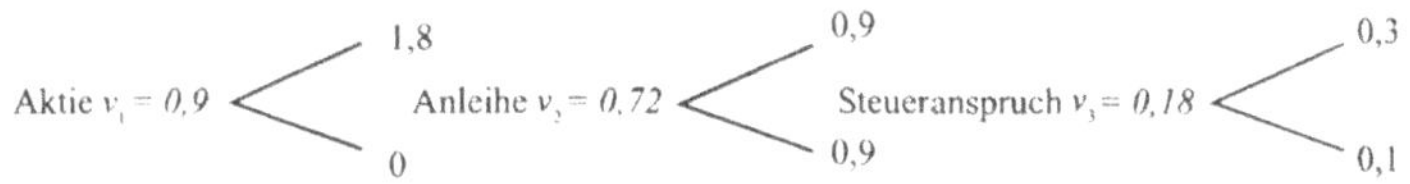

Der Bruttomarktwert der Wertpapiere vor Steuereinführung betrug 1,9. Wie aus Abbildung 1-11 ersichtlich wird, verändert sich durch die Steuereinführung die Summe der Marktwerte nicht. Hier sei ausdrücklich noch einmal darauf hingewiesen, dass sich die Preise zwangsläufig in dieser Form ergeben müssen, da eine Abweichung davon Arbitragemöglichkeiten eröffnen würden, die ein Gleichgewicht ausschließen. Auch das soll anhand eines Beispiels verdeutlicht werden.

Angenommen, der Preis des Steueranspruches würde nicht 0,18 sondern lediglich 0,10 betragen. Für diesen Fall würde sich kein Gleichgewicht ergeben, da mit $\eta = (-1 \quad -0{,}5 \quad 1)$ eine Arbitragemöglichkeit vom Typ 2 vorliegt.[86] Die Position wird unabhängig von der Grundausstattung eingegangen. Dies ist praktisch nur möglich, wenn der Steueranspruch handelbar ist.

Wird der Fiskus aus der Betrachtung ausgeschlossen, bzw. als systemextern definiert, so geht diese Arbitragemöglichkeit unter. In einem solchen Modell kann es also vorkommen, dass die Modellüberlegungen ein Gleichgewicht erwarten lassen. Dieses Beispiel zeigt aus meiner Sicht plastisch, warum der Fiskus als potentieller Arbitrageur nicht ausgeschlossen bleiben darf.

Aufgrund der Linearität des Bewertungsergebnisses kann der vor der Steuereinführung vorhandene Bruttozahlungsstrom nur umverteilt werden. Daher ergibt sich der Bruttomarktwert eines Unternehmens nach Steuereinführung im Vergleich zu (1.36) nach der Gleichung (1.40).[87,88]

$$MWU^{brutto}{}_t = MWEK^{netto}{}_t + MWFK^{netto}{}_t + MWSt_t \qquad (1.40)$$

Aus der Sicht der Betriebswirtschaftlichen Steuerlehre ist nach diesen Modellüberlegungen interessant, welche Größen beobachtbar sind. Die Kapitalmarktteilnehmer werden die Wertpapiere über deren Nettozahlungsstrom bewerten. Daher müssen die auf realen Märkten beob-

---

86 Die Bedingungen $\mathbf{Z}_s\eta \geqslant \mathbf{0}$ und $\mathbf{1}^T\eta < \mathbf{0}$ sind erfüllt, da $\mathbf{1}^T\eta = -0{,}5$ und $\mathbf{Z}\eta = (0{,}375 \quad 0{,}375)^T$. Damit ist aus der Sicht des Fiskus ein semipositiver Zahlungsstrom zu einem negativen Preis zu erwerben.

87 Nachdem hier Wertpapiere als jegliche Form der Vermögenstransformation definiert wurden, gilt das nicht nur für Unternehmen, sondern für jede mögliche Einkunftsquelle und unabhängig vom Steuersystem.

88 vgl. Pennings, E., Taxes under uncertainty, 2000, 385

achtbaren Preise Nettopreise sein, die steuerlichen Wirkungen also schon im Marktpreis abgebildet sein. Für den Steueranspruch ist kein Marktpreis beobachtbar bzw. wird kein Marktpreis festgestellt. Die folgenden Ausführungen beruhen darauf, dass der Steueranspruch des Fiskus und damit der Wert des Steueranspruches aus den am Markt befindlichen Wertpapieren abgeleitet werden kann.

Neben den Nettopreisen sind aber auch die möglichen Bruttozahlungsströme bekannt.[89] Aus den Bruttozahlungsströmen kann annahmegemäß die Steuerzahlung und damit der Nettozahlungsstrom abgeleitet werden. Der Differenzbetrag ist der Zahlungsstrom, den sich der Fiskus durch die Schaffung steuerrechtlicher Normen sichert. Durch welche steuerrechtlichen Normen der Zahlungsstrom zustande kommt, ist letztlich irrelevant. Einzig die Ableitbarkeit des Steueranspruches muss gewährleistet sein.[90]

Bisher wurde nur die Einführung einer proportionalen Steuer auf alle Wertpapiere diskutiert. Für österreichische Verhältnisse ist damit der Fall einer Vermögensanlage in einer Kapitalgesellschaft in Verbindung mit der Endbesteuerung abgedeckt. Sollte das Modell auch Prognosen für nichtlineare Steuersysteme ermöglichen, müssen die Überlegungen erweitert werden.

Der hier angewandten Betrachtungsweise liegt die Annahme zugrunde, dass das vor Steuereinführung vorhandene Vermögen bzw. die daraus abgeleiteten Zahlungsströme nur umverteilt werden. Der Umverteilungsschlüssel ergibt sich aus dem geltenden Steuerrecht. Von der ursprünglichen Bruttoauszahlungsmatrix **A** erhält der Fiskus

$$\mathbf{A}_F = \mathbf{TA}. \qquad (1.41)$$

In Gleichung (1.41) muss betont werden, dass die Matrix **T** eine Steuersatzmatrix ist. Die Matrix **T** hat den gleichen Rang wie die Matrix **A**. Die Steuersatzmatrix muss für den Fall der ungleichmäßigen Besteuerung von Wertpapieren „manuell“ ermittelt werden. So werden bspw. die Zahlungsströme aus einer verbrieften Anleihe und der Zahlungsstrom aus einer Personengesellschaft steuerlich unterschiedlich behandelt. Die Erträge aus der Anleihe werden in der Regel endbesteuert, während die Erträge aus der Personengesellschaft dem normalen (progressiven) Einkommensteuertarif unterliegen. Durch die manuelle Ermittlung werden also zusätzliche Informationen über die Beschaffenheit des Steuersystems in das Modell aufgenommen. Bei der Ermittlung der Steuersatzmatrix **T** wird von der Annahme Gebrauch ge-

[89] Es reicht aus, dass der Ereignisraum bekannt ist. Hier wird also nicht die Unsicherheit wegdefiniert.

[90] Diese Voraussetzung dürfte in der Realität nicht erfüllt sein. Sonst wäre die Zahl der Verfahren, die vom VwGH entschieden werden, nicht zu erklären. Dabei handelt es sich gerade um jene Fälle, bei denen eine eindeutige Ableitung der Steuerzahlung aufgrund unterschiedlicher Ansichten bzw. unterschiedlicher Sachverhaltsbeurteilung scheitert.

macht, dass der Übergang vom Brutto- auf den Nettoergebnisraum als bekannt angenommen wird.[91] Als Ergebnis der Steuerrechtswissenschaft wird die aus einem Sachverhalt abgeleitete Steuerzahlung übernommen. Damit sind in Gleichung (1.41) die Matrizen **A** und $\mathbf{A}_F$ bereits definiert. Da die Matrix **A** eine quadratische Matrix ist, existiert für sie eine Inverse. Gleichung (1.41) kann daher zu Gleichung (1.42) umformuliert werden.

$$\mathbf{T} = \mathbf{A}_F \mathbf{A}^- \tag{1.42}$$

Wird das Wertpapier n_1 der Beispielökonomie als Auszahlung (bzw. Ertrag) einer Kapitalgesellschaft interpretiert, so werden auf Unternehmensebene 34% Körperschaftsteuer (KSt) und auf der Ebene der Gesellschafter 25% Kapitalertragsteuer (KESt) erhoben.[92] Die Gesamtbelastung beträgt daher 50,5%, während die Belastung der Anleiheerträge nur die 25% KESt betragen. Für die Beispielökonomie ergeben sich die Vor- und Nachsteuerauszahlungen damit nach (1.43).

$$\mathbf{A} = \begin{pmatrix} 2 & 1 \\ 0 & 1 \end{pmatrix} \text{ und } \mathbf{A}_F = \begin{pmatrix} 1{,}01 & 0{,}25 \\ 0 & 0{,}25 \end{pmatrix}; \ \mathbf{A}^- = \begin{pmatrix} 0{,}5 & -0{,}5 \\ 0 & 1 \end{pmatrix} \tag{1.43}$$

Aus (1.44) ergibt sich die Steuersatzmatrix **T** mit

$$\mathbf{T} = \mathbf{A}_F \mathbf{A}^- = \begin{pmatrix} 0{,}505 & -0{,}255 \\ 0 & 0{,}25 \end{pmatrix}. \tag{1.44}$$

An den Elementen der Matrix **T** ist zu erkennen, dass trotz proportionaler Besteuerung der Wertpapiere sich nicht nur die gesetzlich definierten Grenzsteuersätze wiederfinden, sondern die Matrix **T** bereits zusätzliche Information über die Art der Besteuerung der einzelnen Wertpapiere enthält. Mit dieser Technik der Ermittlung kann jedes Steuersystem modelliert werden. Es muss nur möglich sein, jedem Zustand eine Steuerzahlung zuzuordnen und somit den Übergang von der Bruttoauszahlungsmatrix auf die Auszahlungsmatrix des Fiskus zu schließen. Den Investoren verbleibt nach der Einführung der Steuer in das Analysemodell der Rest des Bruttozahlungsstromes. Daher muss gelten, dass sich die Auszahlungsmatrix der Ökonomie aus der Sicht der Investoren mit

$$\mathbf{A}_S = (\mathbf{E} - \mathbf{T})\mathbf{A} \tag{1.45}$$

ergibt. Die Annahme eines geschlossenen Systems bedingt, dass $\mathbf{A} = \mathbf{A}_F + \mathbf{A}_S$.

---

[91] Dies bedeutet, dass die Probleme der Ableitung einer Steuerzahlung aus einem realisierten Sachverhalt als Probleme der Steuerrechtswissenschaft gesehen werden und damit kein spezifisches Problem der Betriebswirtschaftlichen Steuerlehre darstellen (vgl. Tipke, K./Lang, J., Steuerrechtsordnung, 1993, 21).

[92] Die Zahlungen müssten dann als Ertrag aufgefasst werden.

Für die Bewertung der Ökonomie vor Steuereinführung war die Matrix **A** maßgeblich. Auf dieser Grundlage wurden die Werte für die Arrow-Debreu Wertpapiere bestimmt. Nach der Steuereinführung spalten sich die Bruttoauszahlungen in einen Teil, der an den Fiskus geht und in einen Teil, den die Investoren erhalten, auf. Es gilt daher

$$\mathbf{A} = \mathbf{A}_F + \mathbf{A}_S = \mathbf{TA} + (\mathbf{E} - \mathbf{T})\mathbf{A} = \mathbf{EA} = \mathbf{A}. \tag{1.46}$$

In dieser Modellbetrachtung muss die für die Bewertung der Arrow-Debreu Wertpapiere maßgebliche Auszahlungsmatrix von der eingeführten Steuer unabhängig sein. Dieses Ergebnis begründet sich offensichtlich aus der Sichtweise des Modells. Würde der Fiskus als außerhalb des Systems befindlich definiert, wäre dieses Ergebnis nicht zu erreichen.

Die Sichtweise soll anhand eines Beispiels verdeutlicht werden. Abbildung 1-12 zeigt die schon bekannte Beispielökonomie. Der Steueranspruch wurde jetzt jedoch aufgrund anderer Normen ermittelt. Dieses Steuersystem ist nicht mehr proportional.[93]

Abbildung 1-12: Steueranspruch bei nichtproportionalem Steuertarif

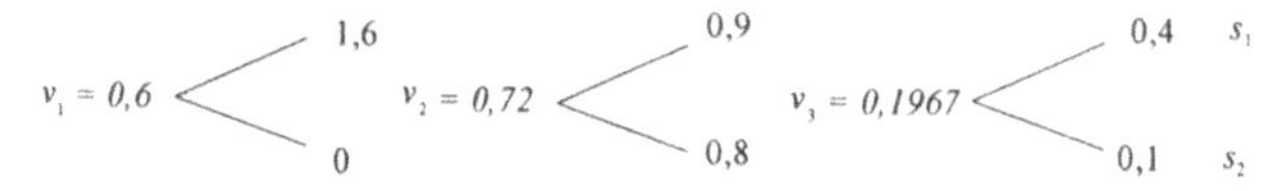

Das sichere Wertpapier wird, wie man aus den Zahlungsströmen schließen kann, in Abhängigkeit des eingetretenen Zustandes s besteuert. Dies lässt sich auch ökonomisch sinnvoll interpretieren. Tritt der Zustand s_1 ein, hat die Ökonomie eine Aufwärtstendenz gezeigt. Das zu versteuernde Einkommen ist also insgesamt hoch. Tritt jedoch der Zustand s_2 ein, ist das Einkommen insgesamt niedrig. Daher würde bei einer progressiven Besteuerung überproportional weniger besteuert als im Zustand s_1. Da die Preise der Aktie und der Anleihe auf einem Markt festgestellt wurden, sind sie in diesem Beispiel als gegeben zu betrachten. Daher ergibt sich zwingend der in Abbildung 1-12 dargestellte Wert des Steueranspruches. In jedem anderen Fall wäre Arbitrage möglich und ein Gleichgewichtszustand ausgeschlossen. Da keine Arbitragemöglichkeit vom Typ 2 existiert, ist die Martingale-Eigenschaft der Ökonomie erfüllt. Es ist also möglich, auch bei Vorliegen einer nicht proportionalen Besteuerung, Preise für Arrow-Debreu Wertpapiere abzuleiten.

---

[93] Die Besteuerung wäre im Sinne einer synthetischen Einkommensteuer dann proportional, wenn in allen Zuständen das Verhältnis zwischen Steueranspruch und Auszahlungen der Wertpapiere konstant wäre $\frac{\tau_1 a_{1,1}}{\sum_{n=1}^{N} a_{1n}} = \cdots = \frac{\tau_2 a_{1,s}}{\sum_{n=1}^{N} a_{Sn}}$. Im Sinne einer analytischen Einkommensteuer wäre das Steuersystem dann proportional, wenn das Verhältnis für jedes Wertpapier konstant wäre.

Kann für jeden Zustand ein Arrow-Debreu Wertpapier konstruiert werden, ist die Konstruktion eines sicheren Wertpapiers möglich. Dieses sichere Wertpapier muss nach Gleichung (1.25) bewertet werden. Aus dieser Gleichung kann daher die implizite sichere Verzinsung bestimmt werden, obwohl kein sicheres Wertpapier existiert. Diese ermittelt sich mit r_f =1,1881. Daher muss sich der Preis eines sicheren Wertpapiers in der Nachsteuerbetrachtung mit $1/r_f$ ergeben. In dieser Beispielökonomie muss dieses Wertpapier, das in allen Zuständen eine Zahlung einer Einheit abwirft, also 0,8417 kosten. Zu beachten ist, dass die sichere Verzinsung aus den gegebenen (bzw. beobachtbaren) Wertpapieren abgeleitet werden kann. Diese sichere Verzinsung muss sich für alle Investoren (einschließlich des Fiskus) ergeben. Eine Argumentation über Opportunitätskosten, wie sie Kapitalwertmodellen unter Sicherheit zugrunde liegen, muss hier nicht erfolgen.

Ein auf der Hand liegender Einwand dieser Betrachtungsweise wäre, dass der Fiskus die Möglichkeit hat, ein Wertpapier, das ihm einen Bruttozahlungsstrom garantiert, zum Nettopreis am Markt zu erwerben. Aus dieser Sichtweise wären dann alle Wertpapiere falsch bewertet. Der Fiskus würde sich durch Kauf und Leerverkauf eines Wertpapiers am Ende der Periode eine sichere Bruttoeinzahlung schaffen, der eine niedrigere Nettozahlungsverpflichtung gegenüberstehen würde. Damit wäre eine Arbitragemöglichkeit vom Typ 1 gegeben, welche die Existenz eines Gleichgewichtszustandes ausschließen würde.

Diesem Einwand kann mit der genauen Analyse der „Arbitragetransaktion" begegnet werden. Das System wurde als geschlossen angenommen. Die Verbindung zur Systemumwelt ist der unsichere Bruttozahlungsstrom. Kauft daher der Fiskus bspw. eine Aktie, halten die anderen im System befindlichen Investoren eine Aktie weniger. Der Fiskus muss, obwohl ihm der Bruttozahlungsstrom zufließt, auf die aus dieser Aktie resultierenden Steuereinnahmen verzichten. Für die Aktie aus der Beispielökonomie bedeutet das, dass der Fiskus durch den Kauf einen Steueranspruch von 0,2 Einheiten aufgibt. Diese Opportunitätskosten müssen der Aktie zugerechnet werden. Die Nettoeinnahme des Fiskus beträgt saldiert 1,8 Einheiten. Diese entspricht wieder der Nettoeinnahme der übrigen im Markt befindlichen Investoren. Der gleiche Vorgang wird auch beim Leerverkauf eines Wertpapiers mit umgekehrten Vorzeichen realisiert. Im Grenzfall würde der Fiskus alle Wertpapiere halten. Dies würde einer Verstaatlichung gleichkommen. Die Verpflichtungen des Staates können dann nicht mehr durch Steuereinnahmen, sondern durch die Einnahmen aus den Wertpapieren bestritten werden. Als Nettoposition des „Investors" ergibt sich wieder der Nettozahlungsstrom, den auch die anderen Investoren erwerben können.

Aus diesen Überlegungen folgt, dass in diesem Modell nur ein Zinssatz für alle Marktteilnehmer existieren kann. Grund dafür ist die Annahme, dass der Marktwert aller Titel in einer Ökonomie durch eine Steuereinführung nicht steigt.

Noch offen bleibt die Frage, ob dieser Zinssatz ein Brutto- oder Nettozinssatz ist. Nachdem im vollständigen Markt kein sicheres Wertpapier existieren muss, hängt der sichere Zinssatz von den Preisen der unsicheren Wertpapiere ab. Da nach den oben angestellten Überlegungen auch der Fiskus nicht in der Lage ist, Bruttozahlungsströme zu vereinnahmen, können die Preise nur Nettopreise sein. Daher wird sich der Preis eines sicheren Wertpapiers als Nettopreis ergeben. Nach Einführung des Fiskus in das geschlossene Modellsystem ist nur eine Nettoverzinsung möglich.

Verglichen mit den Standardbarwertmodell unter Sicherheit ist diese Modellumgebung also ähnlich. Es wird ebenfalls davon ausgegangen, dass zukünftige Ein- und Auszahlungen mit einem Nettozinssatz zu diskontieren sind. Dieser Nettozinssatz leitet sich aus den Wertpapierpreisen der grundlegenden Wertpapiere ab. Über das Zustandekommen dieser Preise bei unterschiedlicher Besteuerung soll in dieser Arbeit keine Aussage gemacht werden. Wesentlich ist aber, dass es in dieser arbitragefreien Modellumgebung nur einen Zinssatz geben kann.[94]

Eine Kritik an der Arbitragepreistheorie als Theorie zur Erklärung von Wertpapierpreisen ist, dass mit ihr nur redundante Wertpapiere, nicht jedoch grundlegende Wertpapiere bewertet werden können. Zur Vervollständigung eines Marktes tragen nur grundlegende Wertpapiere bei. Abgeleitete Wertpapiere wären gesellschaftlich nicht relevant, da durch ihre Existenz keine weiteren Möglichkeiten zur Umsetzung eines Konsumplanes geschaffen werden. Daraus folgend sei es eine Schwäche der Arbitragepreistheorie, dass nur gesellschaftlich nicht relevante Wertpapiere bewertet werden können.[95]

Dieser Kritik kann mE aus der Sicht der Betriebswirtschaftlichen Steuerlehre begegnet werden. Der Steuerlehre geht es nicht um die Begründung bzw. Prognose der Preise von grundlegenden Zahlungsansprüchen. Das Erkenntnisziel beschränkt sich auf die Analyse und die Prognose der Auswirkung steuerlicher Handlungen. Es geht also um die Bewertung eines abgeleiteten Zahlungsanspruches und eben nicht um die Bewertung von grundlegenden Wertpapieren. Dieses Bewertungsproblem wird hier der Finanzwirtschaft zugeschrieben und damit nicht als Wissenschaftsziel für die Betriebswirtschaftliche Steuerlehre festgesetzt. Für die

[94] Dieser kann durch unterschiedliche Steuerbelastung bzw. Steuerhinterziehung von Marktteilnehmern nicht durch die einfache Multiplikation mit dem Steuerfaktor ermittelt werden. Der Zinssatz ergibt sich aus den Preisen der grundlegenden Wertpapiere und ist damit automatisch ein Nettozinssatz.

[95] vgl. Hakansson, N. H., Free Lunch, 1979, 717 ff

Modellierung bedeutet diese Aufgabenverteilung, dass angenommen wird, dass die Finanzwirtschaft theoretische Modelle liefern kann, die das Zustandekommen der fundamentalen Wertpapierpreise, die einen vollständigen Markt bilden, ermöglichen. Diese Annahme mag vor dem derzeitigen Stand der Forschung in der Finanzwirtschaft unplausibel klingen.

Beachtet man aber, was diese Annahme für die praktische Umsetzung der Modellergebnisse bedeutet, so heißt die Annahme aus der Sicht der Betriebswirtschaftlichen Steuerlehre „nur", dass die Nettopreise für Wertpapiere als beobachtbar angenommen werden. Für Ansprüche, die aus nicht gehandelten Wertpapieren resultieren, ist daher nur eine theoretische Diskussion möglich. Werden Ansprüche an Märkten gehandelt, die den gemachten Annahmen entsprechen, so können die Modellaussagen auch gemessen werden. Wird nicht unter annahmegemäßen Bedingungen gemessen, sind die Modelle einer empirischen Überprüfung nicht zugänglich. Obwohl die Annahmen, die diesen Überlegungen zugrunde liegen, sehr einschränkend wirken, sind sie weniger einschneidend, als in Modellen, die den Anspruch erheben, einen unsicheren Zahlungsanspruch absolut, und nicht nur wie hier relativ, zu bewerten. Dies wird einem aber meist nicht bewusst, da die Methoden der Bewertung sicherer Zahlungsströme auch unter Steuereinfluss nahezu selbstverständlich angewandt werden, ohne jedes Mal die gesammelten Annahmen darzustellen.

Aus meiner Sicht ist jede Modelldiskussion, die das Restentscheidungsfeld der Investoren durch Opportunitätskosten einbezieht, problematischer als eine arbitrageorientierte Argumentation. Bei dieser Art der Generierung von Aussagen sind hinsichtlich der unterstellten Nutzenfunktionen weniger Annahmen über die Präferenzen notwendig, als bei anderen gleichgewichtsorientierten Analysen. Bei diesen wird bei der Begründung eines Gleichgewichtszustandes meist von einem repräsentativen Investor ausgegangen. Diese Annahme impliziert, dass alle Investoren die unsichere Zukunft gleich einschätzen und daraus folgend gleich handeln. Diese Annahme schränkt die erzielbaren Ergebnisse stark ein.[96]

Wird die hier unterstellte Sichtweise als brauchbar akzeptiert, so bleibt durch die Aufnahme von Steuern in einem sonst perfekten Marktmodell die Linearität des Bewertungsergebnisses erhalten. Dies ist der Fall, weil auch der Fiskus als Arbitrageur zugelassen wird. Weil die Wertadditivität im Vergleich zum Modell ohne Steuereinfluss erhalten bleibt, ist es möglich, den Steueranspruch als abgeleitetes Wertpapier zu betrachten und zu bewerten.[97]

---

[96] vgl. Levy, M./Levy, H., Homogeneous Expectations, 1996, 66 ff

[97] Zu den ähnlichen Annahmen über die Ökonomie nach Steuereinführung vgl. Bond, S. R./Devereux, M. P., Neutral Business Tax, 1995, 59.

Die Sichtweise impliziert, dass es für alle Marktteilnehmer nur einen sicheren Marktzinssatz geben kann. In allen anderen Fällen würde sich mindestens für einen Marktteilnehmer eine Arbitragemöglichkeit ergeben. Dies würde ein Gleichgewicht am Modellkapitalmarkt ausschließen. Dieses Ergebnis wird mit einer Arbitrageargumentation und nicht über Opportunitätskosten begründet.

1.6 Optionsbewertung

1.6.1 Grundlagen

Eine Kaufoption (Call) stellt das Recht dar, ein in Menge und Beschaffenheit spezifiziertes Basisobjekt zu einem bestimmten Zeitpunkt in der Zukunft zu einem festgelegten Preis zu kaufen. Der Preis, zu dem das Basisobjekt B zum zukünftigen Zeitpunkt gekauft werden kann, wird als Ausübungspreis X definiert.

Besteht die Möglichkeit, die Option zu einem beliebigen Zeitpunkt bis zum Verfallstag auszuüben, liegt eine amerikanische Option vor. Kann die Option nur am Verfallstag ausgeübt werden, liegt eine europäische Option vor.

Der Optionskäufer kauft ein Recht. Er hält eine Long-Position. Der Optionsverkäufer, der Stillhalter, ist nach dem Verkauf in einer Short-Position.

Im Gegensatz zu einem Festgeschäft handelt es sich bei einer Option um ein Recht, das der Optionseigner auch verfallen lassen kann. Kann der Optionseigner das Basisobjekt am Verfallstag günstiger kaufen als ihm das durch die Optionsausübung möglich wäre, wird er die Option ungenützt verfallen lassen. Dem Stillhalter erwächst dann keine Verpflichtung aus dem Verkauf der Option. Bei ihm hat sich in diesem Fall nur die vereinnahmte Optionsprämie aus dem Verkauf positiv ausgewirkt.

Der Steueranspruch entsteht an einem vom Steuerrecht normierten zukünftigen Zeitpunkt, dem Besteuerungsstichtag. Vorher kann der Steueranspruch durch den Fiskus nicht ausgeübt werden.[98] Daher werden in weiterer Folge nur mehr europäische Optionen behandelt und für die Modellierung des Steueranspruches unter Unsicherheit eingesetzt. Diese Optionen können nur am Ende der Optionslaufzeit, dem Verfallstag, ausgeübt werden. Für eine Kaufoption ergibt sich am Verfallstag das in Abbildung 1-13 dargestellte Gewinnprofil als Funktion der Realisation der Basisgröße.

---

[98] Das System der Vorauszahlungen ändert an diesem Umstand prinzipiell nichts. Die entstehenden Zinseffekte durch die verspätete Anpassung der Steuerzahlung werden hier vernachlässigt.

Abbildung 1-13: Gewinnprofil einer Call-Option

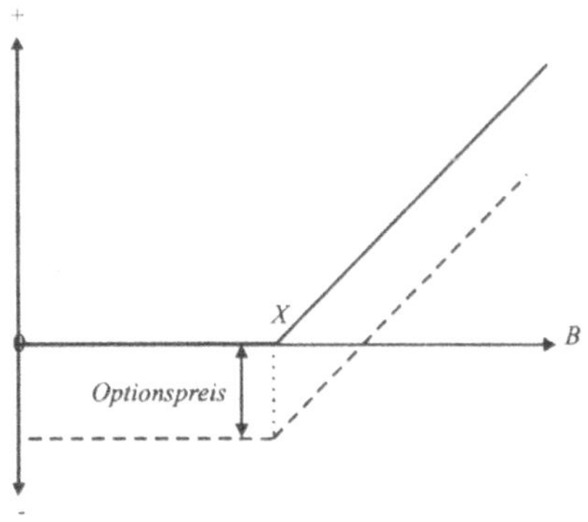

Liegt die Realisation der Basisgröße am Verfallstag über dem vereinbarten Ausübungspreis, wird der Optionseigner die Option ausüben. Im Vergleich zum Kauf des Basisobjektes zum Marktpreis erzielt er am Verfallstag einen Gewinn in der Höhe

$$\max(B - X, 0). \tag{1.47}$$

Der Stillhalter der Option hat die Gegenposition. Daher ergibt sich beim ihm ein Verlust in entsprechender Höhe. Die Formulierung in (1.47) zeigt, dass es sich um einen bedingten Anspruch handelt, der am Verfallstag auch wertlos sein kann.

Im Fall einer Verkaufsoption (Put) ist die Situation umgekehrt. Liegt der Ausübungspreis über der Realisation der Basisgröße am Verfallstag, so wird der Optionseigner die Option ausüben und das Basisobjekt am Verfallstag dem Stillhalter des Put verkaufen.

Das Gewinnprofil eines Put ist in Abbildung 1-14 dargestellt.

Abbildung 1-14: Gewinnprofil eines Put

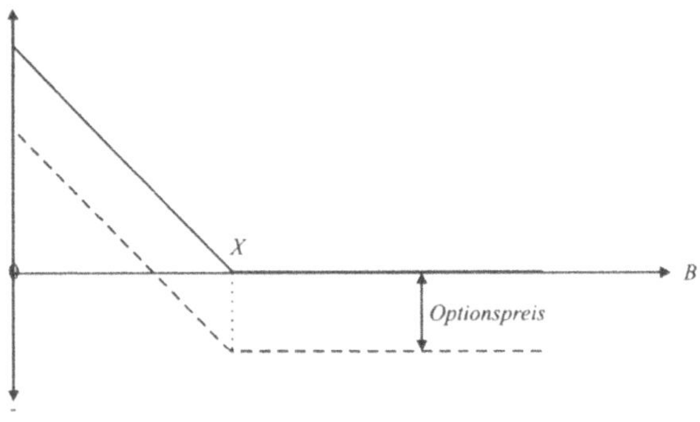

Der Optionseigner erzielt damit im Vergleich zur Situation ohne Option einen Gewinn von

$$\max(X - B{,}0). \qquad (1.48)$$

Liegt der Preis des Basisobjekts über dem vereinbarten Ausübungspreis X, so wird der Optionseigner das Basisobjekt am Markt verkaufen und die Option verfallen lassen. Die in Abbildung 1-13 und Abbildung 1-14 strichliert dargestellten Linien zeigen die mit dem (aufgezinsten) Optionspreis kombinierte Position.

Durch Kombination verschiedener Optionen, die unterschiedliche Ausübungspreise aufweisen, können theoretisch alle Gewinnprofile hergestellt werden. Mit Hilfe der sog. Butterfly-Kombination kann jeder beliebige Verlauf konstruiert werden. Damit besteht zumindest theoretisch die Möglichkeit, beliebige Profile zu einem zukünftigen Zeitpunkt herzustellen.

Aus methodischer Sicht bedeutet das, dass auch ein beliebiger Steueranspruch durch ein Optionsportfolio dargestellt werden kann. Es ist dann zu überprüfen, ob diese Darstellung auch praktikabel ist und damit als Modell für die Betriebswirtschaftliche Steuerlehre in Frage kommt.

Die Situation zum Verfallstag einer Option bzw. eines Optionsportfolios ist relativ leicht bestimmbar. Der entscheidende Schritt ist allerdings die Bewertung dieses Anspruches.

Da die Grundideen der Optionspreisbestimmung in weiterer Folge für den vorgeschlagenen Modellaufbau entscheidend sind, werden die zentralen Konzepte der Optionsbewertung und deren Annahmen kurz dargestellt. Die Bewertungsidee soll in einer diskreten Modellumgebung gezeigt werden. Die Konzepte lassen sich in eine stetige Modellumgebung überführen.

Die Annahme über den zeitlichen Verlauf der Basisgröße bestimmt die Komplexität des Modellaufbaus. Wie weiter oben gezeigt wurde, lassen sich grundlegende Aussagen auch über ein einperiodiges Binomialmodell gewinnen. Wird auf eine mehrperiodige Modellierung übergegangen, nimmt die Realitätsnähe zu. Lässt man die Periodendauer gegen null konvergieren, ist der Übergang zu einer zeitstetigen Modellierung gegeben.[99]

Für die modelltheoretische Analyse des Steueranspruches werden im Wesentlichen zwei Konzepte eingesetzt. Bei der Entwicklung der Bewertungsideen wird das überschaubare Binomialmodell angewandt. Die elegantere Form der Modellierung ist die Abbildung über ein stetiges Bewertungsmodell. Die stetige Modellierung wird beim Aufbau des Grundmodells eingesetzt. Bei der Erweiterung des Modells auf mehrere Besteuerungszeiträume kommen wieder Binomialmodelle zur Anwendung.

---

[99] Mit dem Übergang auf ein stetiges Modell ist von der Modellierung her größte Allgemeinheit erreicht. Die Basisgröße ist in diesem Fall dann nicht mehr praktisch beobachtbar.

1.6.2 Diskrete Modellumgebung

1.6.2.1 Diskrete Entwicklung der Basisgröße

In der einfachsten Form der Abbildung der Basisgröße kann ein zeitdiskretes Modell zur Anwendung kommen. Die Darstellung orientiert sich an Bingham/Kiesel.[100] Die unsichere Basisgröße $\tilde{B}$ wird dabei durch

$$B_{t+1} = \begin{cases} uB_t \text{ mit } p \\ dB_t \text{ mit } 1-p \end{cases} \qquad \forall t = 0,1,\ldots,T-1 \tag{1.49}$$

modelliert. Nach einem Zeitraum Δt sind genau zwei Realisationen der Basisgröße möglich. Die Modellierung des Basisprozesses einer Option im Binomialmodell kann daher mit einem Münzwurf verglichen werden. Die Münze ist unfair, wenn die Wahrscheinlichkeit einer Aufwärtsbewegung $p \neq 0{,}5$ gesetzt wird.

Abbildung 1-15: Diskrete Darstellung der Basisgröße

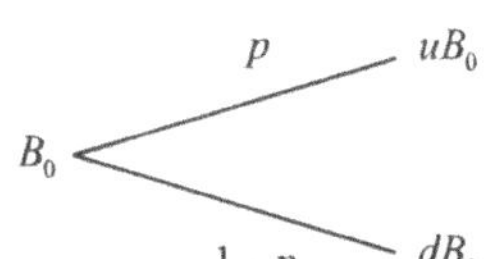

Erfolgt eine Aufwärtsbewegung, wird der Ausgangswert mit dem Faktor u multipliziert. Der Faktor d beschreibt eine Abwärtsbewegung.

Der Wert am Ende und am Beginn des betrachteten Zeitraumes kann in Beziehung gesetzt werden.

$$R_{t+1} = \frac{B_{t+1}}{B_t} \qquad t = 0,1,\ldots,T-1 \tag{1.50}$$

Nachdem zum Zeitpunkt t nicht bekannt ist, welche Realisation eintritt, ist diese Rendite eine Zufallsvariable. In der bisherigen Formulierung des Basisprozesses ist es irrelevant, ob der Renditeprozess oder direkt der Prozess der Basisvariablen beschrieben wird. Hier wird im Hinblick auf die weitere Verwendung des Basisprozesses auf die Rendite abgestellt.

Ist das Ergebnis der Ziehung eine Aufwärtsbewegung, ergibt sich die Rendite mit

$$R^u{}_{t+1} = \frac{B^u{}_{t+1}}{B_t} = u. \tag{1.51}$$

Wird die Abwärtsbewegung „gezogen", beträgt die Rendite im betrachteten Zeitraum Δt

---

[100] vgl. Bingham, N. H./Kiesel, R., Valuation, 1998, 103 ff

$$R^d{}_{t+1} = \frac{B^d{}_{t+1}}{B_t} = d. \tag{1.52}$$

Zu jedem Zeitpunkt ergibt sich damit der mögliche Ereignisraum mit

$$\widetilde{\Omega}_t = \Omega = \{u, d\}. \tag{1.53}$$

Beschreibt man die Basisgröße im Zeitablauf, wird das im diskreten Modell als Abfolge gleicher Zeitabschnitte Δt gesehen.

Eine bestimmte Historie von Ziehungen der Zufallsvariablen wird als Filtration $\mathcal{F}_t$ zum Zeitpunkt t bezeichnet. Kennt man die Filtration $\mathcal{F}_t$, ist der Knotenpunkt des Binomialmodells, in dem man sich befindet, eindeutig bestimmt.

Einer Filtration $\mathcal{F}_t$ kann ein Wahrscheinlichkeitsmaß $\mathcal{P}_t$ zugeordnet werden. Damit ist der Verlauf der Basisgröße im diskreten Modell mit dem Wahrscheinlichkeitstripel

$$\left(\widetilde{\Omega}_t \quad \widetilde{\mathcal{F}}_t \quad \widetilde{\mathcal{P}}_t\right) \tag{1.54}$$

beschrieben.

Der Ereignisraum zum Zeitpunkt T ergibt sich aufgrund von (1.53) mit

$$\Omega = \Omega_1 \times \ldots \times \Omega_T = \Omega^T = \{u, d\}^T. \tag{1.55}$$

Diese Form der Modellierung des Basisprozesses hat eine aus meiner Sicht ökonomisch brauchbare Eigenschaft. Mit zunehmender Länge des Betrachtungshorizontes steigt die Größe des Ergebnisraumes Ω an. Anders formuliert nehmen die verfügbaren Informationen mit zunehmendem Zeithorizont ab. Diese Eigenschaft widerspricht der intuitiven Vorstellung über „reale" Basisprozesse mE nicht.

Numerische Methoden der Optionsbewertung beruhen zumeist auf der Annahme einer Binomialverteilung der Basisgröße. Hier sollen die ökonomischen Eigenschaften des Binomialmodells auf der Grundlage von Cox/Ross/Rubinstein dargestellt werden. Die Diskussion der Modelleigenschaften soll zeigen, warum dieser Modellaufbau mE für Fragestellungen der Betriebswirtschaftlichen Steuerlehre ebenso wie in der finanzwirtschaftlichen Optionsbewertungstheorie als geeignet angesehen werden kann.

Der Modellaufbau nach Cox/Ross/Rubinstein ist eine Konkretisierung der allgemeinen Modellierung der Basisgröße in diesem Modellrahmen.[101] Ziel der folgenden Darstellung ist die Bestimmung der Parameter einer Auf- (u) bzw. Abwärtsbewegung (d).

---

[101] vgl. Cox, J. C./Ross, S. A./Rubinstein, M., Option Pricing, 1979, 229 ff

In einer risikoneutralen Welt muss sich der Erwartungswert der Basisgröße als mit dem risikolosen Zinssatz aufgezinster Wert der Ausgangsgröße ergeben. Im Binomialmodell ist nur eine Auf- oder Abwärtsbewegung möglich. Daraus folgend ergibt sich der risikoneutrale Erwartungswert der Basisgröße mit

$$\hat{E}\left(\tilde{B}_{t+1}\right) = B_t e^{r\Delta t} = pB_t u + (1-p)B_t d \,. \tag{1.56}$$

Dies gilt für jeden Knotenpunkt im Binomialmodell. Bei Unterstellung einer log-Normalverteilung der Basisgröße ergibt sich die Varianz des Prozesses in einem kurzen Zeitintervall Δt mit

$$\sigma^2{}_{\Delta t} = B_t{}^2 e^{2r\Delta t}\left(e^{\sigma^2 \Delta t} - 1\right).^{102} \tag{1.57}$$

Die Varianz einer Zufallsvariablen $\tilde{B}$ ist mit $E(\tilde{B}^2) - \left[E(\tilde{B})\right]^2$ definiert. Aus (1.56) folgt,

$$E(\tilde{B}^2) = pB^2u^2 + (1-p)B^2d^2 \text{ und } \left[E(\tilde{B})\right]^2 = B^2 e^{2r\Delta t} \,. \tag{1.58}$$

Setzt man diese Implikationen einer risikoneutralen Ökonomie in die Definition der Varianz ein, ergibt (1.59) neben dem Erwartungswert eine weitere einschränkende Bedingung für die Faktoren u und d.

$$B_t{}^2 e^{2r\Delta t}\left(e^{\sigma^2 \Delta t} - 1\right) = pB^2u^2 + (1-p)B^2d^2 - B^2 e^{2r\Delta t} \tag{1.59}$$

(1.59) lässt sich weiter zu (1.60) vereinfachen.

$$e^{2r\Delta t + \sigma^2 \Delta t} = pu^2 + (1-p)d^2 \tag{1.60}$$

Zur Überführung der Eigenschaften der log-Normalverteilung in das Binomialmodell ist noch eine zusätzliche Bedingung notwendig. Hier soll auf die von Cox/Ross/Rubinstein eingeführte Bedingung zurückgegriffen werden. Demnach sollen die Faktoren einer Auf- und einer Abwärtsbewegung reziprok in Zusammenhang stehen.

$$u = \frac{1}{d} \tag{1.61}$$

Diese Annahme führt zu ökonomisch sinnvollen Eigenschaften. Als Lösung dieses Systems ergeben sich die Faktoren für eine Auf- bzw. Abwärtsbewegung im Rahmen des Binomialmodells mit

$$u = e^{\sigma\sqrt{\Delta t}} \text{ und } d = e^{-\sigma\sqrt{\Delta t}} \,. \tag{1.62}$$

---

[102] vgl. Hull, J. C., Derivatives, 1997, 230

Die implizite Wahrscheinlichkeit einer Aufwärtsbewegung berechnet sich in diesem Modell mit

$$p_u = \frac{e^{r\Delta t} - d}{u - d}. \tag{1.63}$$

Diese Wahrscheinlichkeit entspricht einer Pseudowahrscheinlichkeit und kann nicht mit subjektiven Wahrscheinlichkeiten gleichgesetzt werden. Die Pseudowahrscheinlichkeit für den Eintritt eines bestimmten Umweltzustandes hängt von der Verzinsung eines sicheren Wertpapiers und von der Varianz der Basisgröße ab.

1.6.2.2 Optionsbewertung im Binomialmodell

Die einfachste Form, die Idee der Bewertung abgeleiteter Ansprüche darzustellen, ist die Darstellung im Binomialmodell. Funktioniert die Bewertungsidee im Binomialmodell, ist sichergestellt, dass eine präferenzfreie Bewertung als abgeleiteter Anspruch möglich ist.

Das Binomialmodell hat den Vorteil, dass es übersichtlich ist. In dieser Modellumgebung fällt es leichter, Eigenschaften von Wertpapieren zu erkennen. Dies ist insbesondere für die Steuerlehre von Bedeutung, weil jeder Realisation der Zufallsvariablen „Bemessungsgrundlage" in gewohnter Form eine Steuerzahlung zugeordnet werden kann. Die Formulierung eines stetigen Steueranspruches ist in der Steuerlehre bisher nicht üblich und dürfte insbesondere Juristen ohne betriebswirtschaftliche Ausbildung vor Probleme stellen. Daher halte ich das Binomialmodell für eine didaktisch sinnvolle Modellumgebung, um Grundfragen der Betriebswirtschaftlichen Steuerlehre unter Unsicherheit zu diskutieren.

Die Bewertungsidee abgeleiteter Ansprüche soll im Binomialmodell anhand eines einfachen Beispiels erläutert werden.

Es gibt zwei Zeitpunkte, jetzt und später. Die Betrachtung geht daher über eine Periode Δt. Es existieren zwei grundlegende Wertpapiere. Beide kosten jetzt 100 Einheiten. Der erste Wertpapier zahlt im Umweltzustand s_1 110 Einheiten, in s_2 90 Einheiten. Das zweite Wertpapier zahlt am Ende der betrachteten Periode unabhängig vom eingetretenen Umweltzustand 105 Einheiten.

Abbildung 1-16: Grundlegende Wertpapiere bei der Optionsbewertung

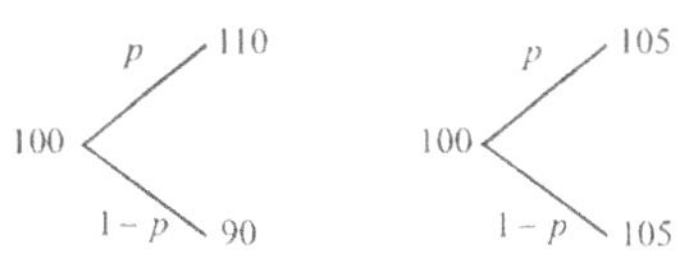

Da diese beiden Wertpapiere voneinander linear unabhängig sind, wird von ihnen ein vollständiger Markt aufgespannt. Es ist mit diesen beiden Wertpapieren möglich, Arrow-Debreu Wertpapiere für jeden Zustand zu konstruieren. Diese Wertpapiere garantieren in genau einem Umweltzustand eine Zahlung von einer Einheit, während sie im anderen Zustand keine Einzahlung aufweisen.

Die Preise dieser Wertpapiere können nach (1.29) ermittelt werden. Die Zusammensetzung des Arrow-Debreu Wertpapiers für den Umweltzustand s_1 kann aus (1.64) ermittelt werden. Die Anteile beziehen sich auf das unsichere n_1 bzw. sichere Wertpapier n_2.

$$\begin{aligned} 110x_1 + 105x_2 &= 1 \\ 90x_1 + 105x_2 &= 0 \end{aligned} \tag{1.64}$$

Eine Zusammenstellung der beiden Wertpapiere, welche 0,05 Anteile des unsicheren Wertpapiers und -0,04286 Anteile des sicheren Wertpapiers enthält, ist die Lösung zu Gleichung (1.64). Dieses Portfolio kostet jetzt

$$e_1 = 100(0{,}05 - 0{,}04286) = 0{,}714\,.^{103} \tag{1.65}$$

Das Arrow-Debreu Wertpapier für den Umweltzustand s_2 muss ebenfalls die in (1.29) aufgestellte Bedingung erfüllen.

$$\begin{aligned} 110x_1 + 105x_2 &= 0 \\ 90x_1 + 105x_2 &= 1 \end{aligned} \tag{1.66}$$

Als Lösung dieses Gleichungssystems ergibt sich $(-0{,}05 \quad 0{,}05238)$. Damit ist auch der Preis des Arrow-Debreu Wertpapiers für den Zustand s_2 festgelegt.

$$e_2 = 100(-0{,}05 + 0{,}05238) = 0{,}238 \tag{1.67}$$

Damit ist bekannt, wie viel eine Zahlungseinheit in einem bestimmten Umweltzustand kostet. Durch eine Kombination der Arrow-Debreu Wertpapiere kann jede beliebige Zahlung hergestellt werden. Da der Preis der Arrow-Debreu Wertpapiere bekannt ist, können diese beliebigen Zahlungen auch bewertet werden. Der Preis dieses beliebigen Wertpapiers ergibt sich aus der Linearkombination der Preise der Arrow-Debreu Wertpapiere.

Die Preise der Arrow-Debreu Wertpapiere haben eine aus der Wahrscheinlichkeitsrechnung bekannte Eigenschaft. Die Kombination aller Arrow-Debreu Wertpapiere sichert unabhängig vom eingetretenen Umweltzustand eine Einzahlung von genau einer Einheit. Der aufgezinste

[103] Die 100 Einheiten konnten in diesem Beispiel herausgehoben werden, da beide Wertpapiere den gleichen Preis aufweisen.

Preis dieses Portfolios muss also eins ergeben. Für das angeführte Beispiel ergibt sich die Summe der Preise der Arrow-Debreu Wertpapiere mit

$$\sum_{i=1}^{n} e_i = 0{,}714 + 0{,}238 = 0{,}952\,. \tag{1.68}$$

Aus dem Wertpapier n_2 folgt, dass die sichere Verzinsung für den Zeitraum von Δt 5% beträgt. Daher lässt sich der aufgezinste Preis aller Arrow-Debreu Wertpapiere sich mit

$$\sum_{i=1}^{n} e_i(1+r) = 0{,}952 * 1{,}05 = 1 \text{ und } e_i(1+r) \geq 0 \tag{1.69}$$

berechnen.

Dieser Zusammenhang zeigt die Analogie zur Wahrscheinlichkeitsrechnung. Die Summe der Wahrscheinlichkeiten des Eintritts aller möglichen Ereignisse ist auch immer eins. Daher können die aufgezinsten Preise der Arrow-Debreu Wertpapiere als Wahrscheinlichkeitsmaß verstanden werden. Dieses Wahrscheinlichkeitsmaß entspricht nicht mehr den subjektiven Wahrscheinlichkeiten p aus Abbildung 1-16, sondern einem Pseudowahrscheinlichkeitsmaß. Dieses Maß wird aus den Preisen der grundlegenden Wertpapiere ermittelt.[104]

Für die Bewertung eines aus den grundlegenden Wertpapieren abgeleiteten Anspruches kann auf der oben beschriebenen Grundlage ein einfaches Bewertungsschema angewandt werden.

Im ersten Schritt kann der risikoneutrale Erwartungswert des zu bewertenden Papiers ermittelt werden.[105] Dieser Erwartungswert kann dann im zweiten Schritt mit dem risikolosen Zinssatz diskontiert werden.

Soll bspw. der Anspruch n_3 $\begin{pmatrix}10 & 0\end{pmatrix}$ bewertet werden, ergibt sich der risikoneutrale Erwartungswert mit

$$\hat{E}(n_3) = \hat{p}_1 a_3 = 0{,}75 * 10 = 7{,}5\,. \tag{1.70}$$

Der Barwert ergibt sich für dieses Beispiel mit

$$BW\left(\hat{E}(n_3)\right) = \frac{\hat{p}_1 a_3}{1+r} = \frac{7{,}5}{1{,}05} = 7{,}1428\,. \tag{1.71}$$

Das ist der arbitragefreie Preis dieses Wertpapiers. Die Arbitragefreiheit bezieht sich auf das

[104] Dieses Wahrscheinlichkeitsmaß existiert immer dann, wenn keine Arbitragemöglichkeiten bestehen (vgl. Punkt 1.4.4, S. 20).

[105] Risikoneutral deshalb, weil der Erwartungswert auf Basis der Pseudowahrscheinlichkeiten und nicht der subjektiven Wahrscheinlichkeiten berechnet wird. Entscheidend für den Erwartungswert sind deshalb die Präferenzen, die zu den Preisen der grundlegenden Wertpapiere geführt haben.

durch die grundlegenden Wertpapiere festgelegte Preissystem.

Zentrale Idee der Bewertung eines abgeleiteten Anspruches ist, den Anspruch auf mindestens zwei Wegen zu bewerten. Der Preis bei der Bewertung über die Arrow-Debreu Wertpapiere ist als Preis des notwendigen Portfolios bekannt. Damit ist auch der Preis des zu bewertenden abgeleiteten Wertpapiers bestimmt, weil sich sonst Arbitragemöglichkeiten ergeben würden, die ein Marktgleichgewicht ausschließen.

1.6.3 Stetige Modellumgebung

Bei einer zeitstetigen Formulierung des Modells müssen andere Annahmen als bei der zeitdiskreten Sichtweise in Form des Binomialmodells getroffen werden.

Um eine Einschätzung dieser Annahmen zu ermöglichen, sollen diese kurz dargestellt werden. Im Wesentlichen geht es wieder um die Vorstellung, wie die Basisgröße eines abgeleiteten Anspruches im Zeitablauf modelliert werden soll. Ob das weiter unten vorgeschlagene Analysemodell akzeptiert werden kann, hängt von der ökonomischen Brauchbarkeit der unterstellten Zeitreihenmodelle ab. Die diskutierten Zeitreihenmodelle sind aus meiner Sicht geeignet, einen sinnvollen Ausschnitt aus der komplexen und nichttrivialen Welt herauszuschneiden und so die Modellwelt zu einem beherrschbaren Modellrahmen zu machen.

1.6.3.1.1 Stetige Zeitreihenmodelle

Hier wird angenommen, dass sich die Veränderung der Basisgröße im Zeitablauf als stochastischer Prozess darstellen lässt. Praktisch sind nur diskrete stochastische Prozesse beobachtbar. Für die theoretischen Überlegungen im Grundmodell wird jedoch ein zeitstetiger stochastischer Prozess unterstellt.

Zu diesem kontinuierlichen stochastischen Prozess müssen die Annahmen im Vergleich zum diskreten Binomialmodell anders dargestellt werden, bleiben aber vom ökonomischen Gehalt her gleich.

Der Basisprozess soll die Markov-Eigenschaft besitzen. Ökonomisch bedeutet das, dass die Vergangenheit für die zukünftige Entwicklung keine Rolle spielt. Der Prozess hat kein Gedächtnis. Man kann sich daher das Zustandekommen einer Realisation als Ziehung mit Zurücklegen vorstellen. Es wird damit die gleiche Annahme wie bei der diskreten Modellierung der Basisgröße getroffen.

Neben der Markov-Eigenschaft ist die Annahme eines bestimmten Verhaltens im Zeitablauf notwendig. Die Basisvariable soll sich nach einem Wiener-Prozess entwickeln. Auf die ökonomische Begründung dieser Annahme wird weiter unten eingegangen. Ein diskreter Wiener-Prozess Δz wird mit

$$\Delta z = \varepsilon\sqrt{\Delta t} \tag{1.72}$$

definiert. Der Term ε wird durch eine Ziehung aus einer Grundgesamtheit mit den Parametern der Standardnormalverteilung $(\varepsilon \sim [0,1])$ ermittelt. Aus der Markov-Eigenschaft dieses Prozesses folgt, dass Δz normalverteilt ist. Der Erwartungswert $E(\Delta z)$ ist wegen der Verteilung von ε

$$E(\Delta z) = 0\,.^{106} \tag{1.73}$$

Die Varianz des Prozesses ergibt sich aufgrund der gleichen Argumentation mit

$$\operatorname{var}(\Delta z) = N\Delta t = T\,. \tag{1.74}$$

Dies impliziert, dass die Markov-Eigenschaft eingehalten wird. Grafisch kann man sich diesen Prozess als Schwankung um die Abszisse im Zeitablauf vorstellen. Dies wird in Abbildung 1-17 gezeigt. Die Varianz des Prozesses nimmt mit der Entfernung vom Startpunkt zu.

Abbildung 1-17: Diskretes Zeitreihenmodell für die Basisgröße

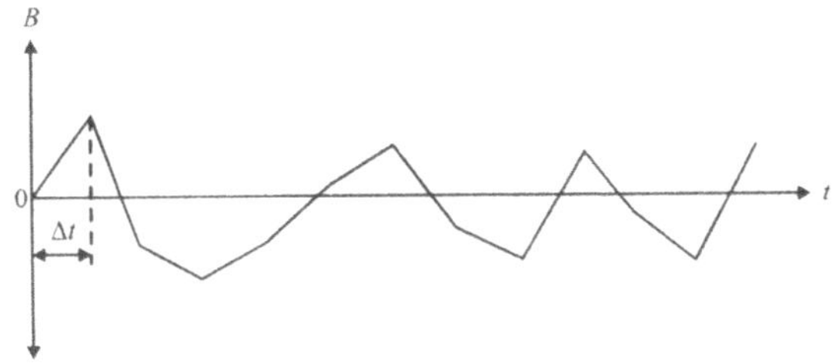

Durch die Wahl der Zeitspanne zwischen den Beobachtungspunkten kann jeder beliebige diskrete Verlauf durch dieses Modell dargestellt werden. Der Übergang auf ein stetiges Modell wird durch $\Delta t \rightarrow 0$ erreicht. Damit wird die Varianz des Prozesses zu $\int_0^T dt$.

Dieses Modell beinhaltet keine Driftrate. Dieses Zeitreihenmodell weist damit noch keine zufriedenstellenden ökonomischen Eigenschaften auf. Das Modell wird allgemeiner, wenn

---

[106] Die Eigenschaften der Parameter der Basisgröße folgen unmittelbar aus den Eigenschaften einer Normalverteilung. Wenn eine Variable sich aus der Summe einer mehrfachen Ziehung aus einer normalverteilten Grundgesamtheit zusammensetzt, ist auch die zusammengesetzte Variable normalverteilt. Der Erwartungswert und die Varianz der zusammengesetzten Zufallsvariable entspricht der Summe der Erwartungswerte bzw. der Summe der Varianzen der einzelnen Ziehungen.

eine Driftrate zugelassen wird. Dieser erweiterte Prozess wird als verallgemeinerter Wiener-Prozess bezeichnet.

$$dx = adt + bdz, \text{ wobei } \frac{da}{dt} = 0 \tag{1.75}$$

In (1.75) wird die stochastische Differentialgleichung der Größe x als Funktion der Zeit gezeigt. Die Koeffizienten müssen noch zusätzliche Bedingungen erfüllen.[107]

Der verallgemeinerte Wiener-Prozess entspricht intuitiv eher dem Preisverlauf einer Basisgröße. Die zufällige Schwingung wird bei diesem Prozess nicht auf die x-Achse, sondern auf eine Gerade mit der Steigung a aufgeprägt. Dieser Prozess kann grafisch wie in Abbildung 1-18 dargestellt werden.

Abbildung 1-18: Zeitreihenmodell der Basisgröße mit Driftkomponente

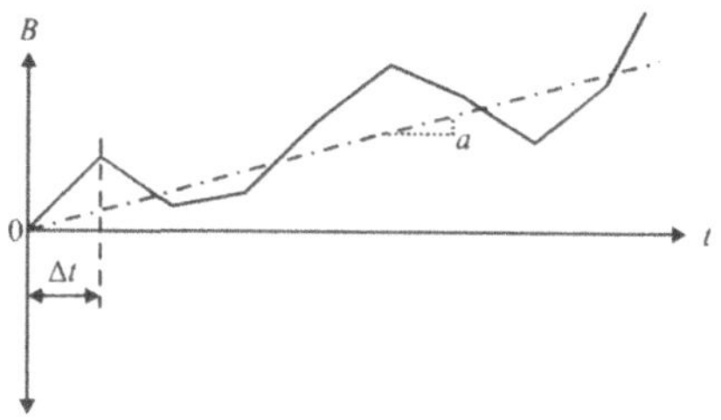

Aus der grafischen Darstellung des unterstellten Modells über den Verlauf des zugrunde gelegten Wertpapiers lässt sich schließen, dass reale Prozesse durch ein solches Modell eher nachgebildet werden können. Eine genauere Betrachtung dieses Modells zeigt, dass auch andere ökonomische Gründe für die Akzeptanz dieses Modells sprechen.

Der Erwartungswert der Veränderung einer durch dieses Modell abgebildeten Größe beträgt im Gegensatz zum normalen Wiener-Prozess

$$E(dx) = adt, \text{ weil } E(bdz) = 0. \tag{1.76}$$

Der Erwartungswert der unsicheren Größe ist null. Der von der Zeit abhängige Erwartungswert leitet sich daher nur aus der Driftkomponente her.

Die Varianz des verallgemeinerten Wiener-Prozesses ergibt sich mit

$$\text{var}(dx) = b^2 dt. \tag{1.77}$$

Die Varianz der Größe nimmt im Zeitablauf immer mehr zu. Ökonomisch bedeutet das, dass die Unsicherheit immer größer wird, desto weiter man in die Zukunft blickt.

---

[107] vgl. Baxter M./Rennie, A., Financial Calculus, 1996, 56

Der verallgemeinerte Wiener-Prozess weist den Nachteil auf, dass die Koeffizienten keine Funktion der Zeit sein können. Für die Basisgröße wird damit unterstellt, dass sie zwar schwankt, aber auf lange Sicht immer mit der Steigung a anwächst.

Das zugrunde gelegte Modell kann noch weiter verallgemeinert werden. Es wird die Annahme aufgegeben, dass die Koeffizienten a und b im Zeitablauf konstant sind. Ein solcher Prozess wird als Ito-Prozess bezeichnet.[108]

$$dx = a_{(x,t)}dt + b_{(x,t)}dz \tag{1.78}$$

Die Veränderung der Basisgröße hängt in diesem Modell im Zeitablauf vom zufälligen Teil dz und den Koeffizienten a und b ab. Diese Koeffizienten können sich im Zeitablauf ändern und hängen vom Ausgangspunkt der Änderung der Basisgröße und der Zeit ab.

Die wesentlichen Eigenschaften Erwartungswert und Varianz ergeben sich auch in der stetigen Modellumgebung als Summe von Ziehungen mit Zurücklegen. Die aus dieser Annahme zum Basisprozess folgenden ökonomischen Eigenschaften sind mE sinnvoll, auch wenn man sie in weiterer Folge auf eine Größe wie die steuerliche Bemessungsgrundlage anwendet.

1.6.3.1.2 Modellierung der Bemessungsgrundlage

Die stochastischen Differentialgleichungen als Zeitreihenmodell werden auf die Basisgröße „steuerliches Gesamtvermögen" angewandt. Der Begriff Gesamtvermögen bezieht sich in den nachfolgenden Überlegungen ausschließlich auf das steuerliche Gesamtvermögen.

Das Modell soll dann die Veränderung des Gesamtvermögens als Basis der Bemessungsgrundlage im Zeitablauf beschreiben. Im Hinblick auf den folgenden Modellvorschlag wird eine Größe „steuerliches Gesamtvermögen" $\widetilde{V}$ als stochastische Größe definiert.[109, 110]

Die Mengen und Wertkomponente des Betriebsvermögens können unterschiedliche Unsicherheitsquellen aufweisen. Durch die hier vorgeschlagene Modellierung wird die aggregierte Unsicherheit dieser beiden Komponenten für den Steueranspruch als maßgeblich definiert.

Wird die Unsicherheit vorerst ausgeschlossen, so kann die momentane Veränderung des Vermögens mit

$$dV = \mu V dt \tag{1.79}$$

---

[108] vgl. Hull, J. C., Derivatives, 1997, 215; Duffie, D., Dynamic Asset Pricing, 1992, 80

[109] Diese Größe wird vor Zinszahlung definiert. Damit soll eine Untersuchung der steuerlichen Implikationen der Kapitalstruktur möglich werden.

[110] Eine ähnliche Form der Modellierung der Unsicherheit wendet Pennings an (vgl. Pennings, E., Taxes under uncertainty, 2000, 384 f).

beschrieben werden. Dividiert man diese Gleichung durch das Gesamtvermögen V, so ergibt sich die momentane Rendite der Bemessungsgrundlage.

$$\frac{dV}{V} = \mu dt \,. \tag{1.80}$$

Wird dieses Zeitreihenmodell unterstellt und die Varianz des Prozesses mit null angenommen, ergibt sich das bekannte Ergebnis, dass der Wert des steuerlichen Gesamtvermögens zum Zeitpunkt t als aufgezinster Wert des Startwertes V_0 dargestellt werden kann.

Wird die Unsicherheit berücksichtigt, ist es sinnvoller, die Varianz als Varianz der momentanen Rendite des Gesamtvermögens zu definieren.[111] Das bedeutet, dass die gleiche Unsicherheit besteht, unabhängig von welchem Stand aus sich das Gesamtvermögen verändert. Als Varianz σ^2 wird daher die Varianz der momentanen Rendite des „Wertpapiers" $\tilde{V}$ definiert. Im Zeitablauf ergibt sich die Varianz der momentanen Rendite mit $\sigma^2 dt$. Die Varianz des steuerlichen Gesamtvermögens ergibt sich mit $\sigma^2 V^2 dt$.

$$\frac{dV}{V} = \mu dt + \sigma dz \tag{1.81}$$

Wird diese Definition angewandt, kann die momentane Rendite des steuerlichen Gesamtvermögens als Ito-Prozess aufgefasst werden. Multipliziert man Gleichung (1.81) mit dem momentanen Wert des Gesamtvermögens V, so ergibt sich

$$dV = \mu V dt + \sigma V dz \,, \tag{1.82}$$

wobei μ die erwartete Driftrate und σ die Volatilität (definiert als Standardabweichung) des steuerlichen Gesamtvermögens darstellt.

Bei dieser Formulierung des steuerlichen Gesamtvermögens könnte das (Gesamt-) Vermögen auch negative Werte annehmen. Dies ist ökonomisch nicht sinnvoll. Um negative Werte auszuschließen, soll angenommen werden, dass das Gesamtvermögen log-normalverteilt ist. Eine Variable ist dann log-normalverteilt, wenn der Logarithmus der Variablen normalverteilt ist. Durch die Annahme wird eine mE realistische log-Normalverteilung für das steuerliche Vermögen unterstellt. Das Vermögen kann Werte von null bis unendlich annehmen. Die Verteilung ist rechtsschief. Für die weitere Analyse ist zu prüfen, ob eine aus (1.82) über die Funktionsvorschrift des Logarithmierens abgeleitete Variable normalverteilt ist.

---

[111] vgl. Hull, J. C., Derivatives, 1997, 216

Da der stochastische Prozess nicht differenzierbar ist, muss der Zusammenhang zwischen der Veränderung der Basisgröße und der Veränderung der abgeleiteten Größe anders beschrieben werden.[112] Dieser Zusammenhang wird durch den Satz von Ito beschrieben.

Der Ito-Prozess beschreibt allgemein den Verlauf einer Basisvariablen x. Ein solcher Basisprozess ist in (1.78) dargestellt.

Das Ito-Lemma zeigt, dass eine Funktion, G, die von x und t abhängt, auch einem Wiener-Prozess in der Form

$$dG = \left(\frac{\partial G}{\partial x} a + \frac{\partial G}{\partial t} + \frac{1}{2} \frac{\partial^2 G}{\partial x^2} b^2 \right) dt + \left(\frac{\partial G}{\partial x} b \right) dz \tag{1.83}$$

folgt.[113] Der erste Klammerausdruck entspricht der Driftrate des abgeleiteten Prozesses, der zweite Klammerausdruck dem Varianzkoeffizienten des abgeleiteten Prozesses.

Das Ito-Lemma soll auf das steuerliche Gesamtvermögen angewandt werden. Die Bewegung der zugrunde liegenden Größe ist dann nicht dx, sondern dV. Für die Funktion G soll

$$G = \ln(V) \tag{1.84}$$

angenommen werden. Damit kann das steuerliche Gesamtvermögen vor Zinszahlung keine negativen Werte annehmen. Das Ito-Lemma beschreibt dann die Änderung des Logarithmus des steuerlichen Gesamtvermögens .

$$dG = d\ln(V) = \left(\frac{\partial G}{\partial V} \mu V + \frac{\partial G}{\partial t} + \frac{1}{2} \frac{\partial^2 G}{\partial V^2} \sigma^2 V^2 \right) dt + \left(\frac{\partial G}{\partial V} \sigma V \right) dz. \tag{1.85}$$

Mit der angenommenen Funktion (1.84) lassen sich die partiellen Ableitungen in (1.85) bestimmen und die Terme vereinfachen.

$$\frac{\partial G}{\partial V} \mu V = \mu; \quad \frac{1}{2} \frac{\partial^2 G}{\partial V^2} \sigma^2 V^2 = -\frac{1}{2} \sigma^2; \frac{\partial G}{\partial t} = 0; \quad \frac{\partial G}{\partial V} \sigma V = \sigma \tag{1.86}$$

Eingesetzt ergibt sich der Zusammenhang

$$dG = d\ln(V) = \left(\mu - \frac{\sigma^2}{2} \right) dt + \sigma dz. \tag{1.87}$$

Die Bewegung der abgeleiteten Größe $\ln(V)$ entspricht wieder einem Wiener Prozess, der einen Erwartungswert von $\left(\mu - \frac{\sigma^2}{2} \right)$ und eine Varianz von $\sigma^2 dt$ aufweist. Die Verteilungs-

[112] vgl. Ingersoll, J. E., Financial Decision Making, 1989, 347

[113] vgl. Ikeda, N./Watanabe, S., Stochastic Differential Equations, 1989, 66 ff

parameter stammen aus der Annahme eines Wiener-Prozesses für das steuerliche Vermögen. Da die Funktion $\ln(V)$ normalverteilt ist, wird für die Variable V damit implizit angenommen, dass diese log-normalverteilt ist.

Vergleicht man zwei Zeitpunkte miteinander, so ergibt sich der Erwartungswert für die Größe $\ln(V)$ mit

$$E\left[\ln(V)\right]=\left(\mu-\frac{\sigma^2}{2}\right)(T-t) \tag{1.88}$$

und eine Varianz von

$$\operatorname{var}\left[\ln(V)\right]=\sigma^2(T-t). \tag{1.89}$$

Hier zeigt sich mE die ökonomisch sinnvolle Eigenschaft des unterstellten Zeitreihenmodells. Der Erwartungswert ist eine Funktion der Zeit, wobei der Driftkoeffizient vom subjektiven Driftkoeffizienten μ und dem subjektiven Varianzkoeffizienten σ abhängt. Zusätzlich ist auch die Varianz des Prozesses eine Funktion der Zeit. Mit zunehmendem Zeitabstand sinken damit die Informationen über eine mögliche Realisation des unsicheren Gesamtvermögens.

1.6.3.2 Zentrale Konzepte der präferenzfreien Optionsbewertung

1.6.3.2.1 Duplikation eines Zahlungsanspruches

Die Grundidee einer arbitragefreien und damit präferenzfreien Bewertung eines derivativen Anspruches ist die Duplikation von Ansprüchen. Im diskreten Modell wurde die Duplikation des abgeleiteten Anspruches über Arrow-Debreu Wertpapiere gezeigt. Hier soll die ähnliche Bewertung über den Ansatz eines zeitsteten Duplikationsportfolios gezeigt werden. Diese Idee liegt der Optionsbewertung nach Black/Scholes zugrunde. Der Optionswert ist ein Element der folgenden Modellierung des Steueranspruches. Als Basisobjekt wird im Hinblick auf diese Modellierung das nach steuerlichen Regeln ermittelte Gesamtvermögen $\widetilde{V}$ einer Kapitalgesellschaft vor Zahlungen an Kapitalgeber definiert.

Um eine Kaufoption (Call) nachzubilden, muss das Duplikationsportfolio bei einer Änderung der Basisgröße die gleiche Wertänderung wie der Call selbst aufweisen. Diese Änderung kann durch den (teilweisen) Kauf des Basisobjekts hergestellt werden. Zu jedem Zeitpunkt der Duplikationsstrategie müssen $\partial C/\partial V$ Einheiten des Basisobjekts angeschafft werden. Hier wird die nicht unkritische Annahme getroffen, dass die Basisgröße „steuerliches Gesamtvermögen" eine handelbare Größe darstellt. Probleme, die bei einer praktischen Umsetzung der Duplikationsstrategie entstehen, werden im Anhang diskutiert.[114]

Der Ankauf des Basisobjekts wird fremdfinanziert. Damit ergibt sich die Position für die Duplikation des Call im Zeitablauf mit

$$H = \frac{\partial C}{\partial V} V - F . \tag{1.90}$$

Wird kein Zeitindex angegeben, ist der Stand der Variablen zum Zeitpunkt t dargestellt. Für die Entwicklung der Basisgröße wird ein oben beschriebener Ito-Prozess unterstellt. Die Veränderung der Basisgröße V und des Fremdkapitalanteils F im Zeitablauf lassen sich durch die Differentialgleichungen

$$dV = V\mu dt + V\sigma dz \text{ und } dF = rFdt \tag{1.91}$$

beschreiben. Damit ergibt sich die momentane Änderung des Duplikationsportfolios mit

$$dH = \frac{\partial C}{\partial V}\left(V\mu dt + V\sigma dz\right) - rFdt . \tag{1.92}$$

Die Änderung des Callpreises ergibt sich im Zeitablauf nach dem totalen stochastischen Differential. Dieses folgt aus der Anwendung des Ito-Lemma auf den unterstellten Verlauf des Basisobjektes. Das totale Callpreisdifferential

$$dC = \left(\frac{\partial C}{\partial V} V\mu + \frac{\partial C}{\partial t} + \frac{1}{2}\frac{\partial^2 C}{\partial V^2} V^2 \sigma^2 \right) dt + \frac{\partial C}{\partial V} V\sigma dz \tag{1.93}$$

beschreibt die Änderung des Callpreises als Funktion der Änderung der Basisgröße im Zeitablauf. Durch die Duplikation des Call soll diese stochastische Differentialgleichung nachgebildet werden. Ziel der Duplikation ist (1.93) und (1.92) gleichzusetzen. Die einzige „Einstellvariable" ist die Verschuldung F in (1.92). Es stellt sich die Frage, wie die Verschuldung gewählt werden muss, damit sich die stochastischen Differentialgleichungen gleichen. Durch Gleichsetzen von (1.92) mit (1.93) und Auflösen nach F erhält man die Lösung

$$F = -\frac{\frac{\partial C}{\partial t} + \frac{1}{2}\frac{\partial^2 C}{\partial V^2} V^2 \sigma^2}{r} . \tag{1.94}$$

Um das totale Wertänderungsdifferential des Call nachzubilden, müssen also im Zeitablauf immer $\partial C / \partial V$ Anteile des Basisobjekts gehalten werden, die durch die Position F aus (1.94) finanziert werden.

---

[114] vgl. Punkt 5.1; S. 205

Aus den geforderten Anteilen ist ersichtlich, dass die Strategie im Zeitablauf angepasst werden muss. Die Duplikation ist daher eine bedingte dynamische Duplikationsstrategie.[115]

Diese Darstellung zeigt bisher nur, dass die Duplikation eines Calls möglich ist.[116]

Die Umsetzung der Strategie ist so lange nicht möglich, als die Ableitungen des Optionspreises nach der Zeit bzw. die erste und zweite Ableitung des Callpreises nach der Basisgröße nicht bekannt sind. Die Umsetzung der Strategie erfordert daher eine nach den genannten Größen (zweimal) differenzierbare Bewertungsfunktion.

1.6.3.2.2 Ansatz eines stetigen perfekten Hedgeportfolios

Die wesentliche Idee zur Ermittlung der Bewertungsfunktion nach Black/Scholes ist der Ansatz einer risikolosen Position. Diese Position wird aus dem Basisobjekt und einem Call gebildet. Es wird also nicht der Call selbst nachgebildet, sondern durch die Bildung einer Gegenposition insgesamt eine risikolose Position aufgebaut.

$$H = x_V . V + x_C . C \tag{1.95}$$

Die Änderung dieses Portfolios im Zeitablauf ergibt sich durch Einsetzen der unterstellten stochastischen Prozesse. Die Basisgröße entwickelt sich im Zeitablauf nach einem Ito-Prozess. Die Änderung des Callpreises ergibt sich nach (1.93) durch das totale Callpreisdifferential. Als Gesamtänderung des Portfolios (1.95) ergibt sich

$$dH = x_V \left(V \mu dt + V \sigma dz \right) + x_C \left[\left(\frac{\partial C}{\partial V} V \mu + \frac{\partial C}{\partial t} + \frac{1}{2} \frac{\partial^2 C}{\partial V^2} V^2 \sigma^2 \right) dt + \frac{\partial C}{\partial V} V \sigma dz \right]. \tag{1.96}$$

Die Entwicklung des Hedgeportfolio dH ist eine stochastische Differentialgleichung (SDE). Um die Portfolioentwicklung in eine normale Differentialgleichung zu überführen, müssen die Anteile x_V und x_C so gewählt werden, dass der Wiener-Prozess aus der Entwicklung des Hedgeportfolio eliminiert wird. Dies gelingt, wenn die Anteile

$$x_V = +1 \text{ und } x_C = -\frac{1}{\partial C / \partial V} \tag{1.97}$$

gesetzt werden. Mit der Wahl dieser Anteile wird (1.96) zu

$$dH = V \mu dt + V \sigma dz - \frac{\partial C}{\partial V} \frac{\partial V}{\partial C} V \mu dt - \frac{\partial C}{\partial t} \frac{\partial V}{\partial C} dt - \frac{1}{2} \frac{\partial^2 C}{\partial V^2} \frac{\partial V}{\partial C} V^2 \sigma^2 dt - \frac{\partial C}{\partial V} \frac{\partial V}{\partial C} V \sigma dz, \tag{1.98}$$

---

[115] vgl. Schwaiger, W. S. A., Cash-and-Carry, 1994, 17

[116] Sie wäre unmöglich, wenn sich die Anteile des Duplikationsportfolios im Zeitablauf stochastisch entwickeln würden. Dies wäre der Fall, wenn die stochastischen Terme beim Gleichsetzen von $dH=dC$ nicht wegfallen würden.

Das Produkt aus partieller Ableitung mit dem Kehrwert der partiellen Ableitung ergibt eins. Damit vereinfacht sich (1.98) zu (1.99).

$$dH = -\frac{\partial V}{\partial C}\left(\frac{\partial C}{\partial t}dt - \frac{1}{2}\frac{\partial^2 C}{\partial V^2}V^2\sigma^2 dt\right) \tag{1.99}$$

Mit der Wahl der Anteile für das Basisobjekt $\tilde{V}$ und dem Call C wurde die Unsicherheit aus dem Hedgeportfolio eliminiert. Die stochastische Differentialgleichung wurde in eine normale Differentialgleichung überführt. Wesentlich ist, dass in (1.99) auch die an Präferenzen gebundene Driftrate des Basisprozesses eliminiert wurde. Die Portfolioentwicklung ist sicher. Ein sicheres Portfolio muss den sicheren Zinssatz abwerfen und sich damit auch im Zeitablauf wie eine sichere Anlage entwickeln. Die Entwicklung des Hedgeportfolios kann demnach mit

$$dH = Hrdt = \left(x_V V + x_C C\right)rdt = \left(+1V - \frac{\partial V}{\partial C}C\right)rdt \tag{1.100}$$

gleichgesetzt werden. Setzt man (1.99) und (1.100) gleich, ergibt sich eine normale Differentialgleichung, die nach C_t aufgelöst werden kann. Ergebnis ist der Wert eines Calls auf die unsichere Basisgröße $\tilde{V}$ im Zeitablauf.

$$C = \frac{\frac{\partial C}{\partial t} - \frac{1}{2}\frac{\partial^2 C}{\partial V^2}V^2\sigma^2}{r} + \frac{\partial C}{\partial V}rV \tag{1.101}$$

Aus dieser Umstellung folgt noch nicht die Lösung der Differentialgleichung. Black/Scholes haben in ihrem Aufsatz 1973 gezeigt, wie diese Differentialgleichung gelöst werden kann.[117] Ergebnis ist die Optionspreisformel nach Black/Scholes, die in weiterer Folge den Überlegungen bei stetiger Modellierung des Steueranspruches zugrunde gelegt wird.

$$C_t = VN\left(d_1\right) - Xe^{-r(T-t)}N\left(d_2\right) \tag{1.102}$$

$$d_1 = \frac{\ln\left(V/X\right) + \left(r + \sigma^2/2\right)(T-t)}{\sigma\sqrt{T-t}} \text{ und } d_2 = d_1 - \sigma\sqrt{T-t} \tag{1.103}$$

1.6.4 Grundlegende Eigenschaften des Optionswertes

Der Optionswert nach Black/Scholes hängt von sechs Einflussgrößen ab. Bei der Ableitung des Optionswertes wurde unterstellt, dass der Zinssatz r, die Volatilität σ und der Ausübungspreis X während der Laufzeit T der Option konstant sind. Die Laufzeit T wird ebenso

---

[117] vgl. Black, F./Scholes M., Pricing of Options, 1973, 637 ff

als gegeben angenommen. Damit wird bei dieser Ableitung des Optionspreises nur die Basisgröße $\tilde{V}$ und die vergangene Optionslaufzeit t als variabel betrachtet.

Für die Bestimmung der ökonomischen Eigenschaften einer Option ist die Ableitung des Optionspreises nach den Einflussgrößen brauchbar. Diese Ableitungen sind aus der Finanzwirtschaft als die „Griechen“ bekannt. Hier sollen einige Eigenschaften, welche die Modellsichtweise wesentlich beeinflussen, kurz dargestellt werden. Eine auf diesen Eigenschaften aufbauende Analyse erfolgt bei der Diskussion der Eigenschaften des Grundmodells.

Die Ableitungen des Optionspreises nach bestimmenden Parametern können als Kennzahlen interpretiert werden. Diese Kennzahlen sind für die Umsetzung der Duplikationsstrategie in Form eines Delta-Hedge notwendig.

Die wichtigste Kenngröße des Optionspreises ist die erste partielle Ableitung nach der Basisgröße. Diese Kenngröße wird als Delta definiert. Delta einer Option beschreibt, um wieviel sich der Wert der Option bei einer marginalen Änderung der Basisgröße ändert.

Für die praktische Umsetzung einer oben beschriebenen Duplikationsstrategie ist diese Kennzahl wesentlich, weil sie die Reagibilität des Callpreises gegenüber der Basisgröße beschreibt und damit nach (1.90) bestimmt, welcher Anteil der Basisgröße gehalten werden muss.

Die zweite partielle Ableitung des Optionspreises nach der Basisgröße, Gamma, beschreibt die Veränderung von Delta bei einer marginalen Änderung der Basisgröße. Ist dieser Kennwert klein, ändert sich Delta bei einer Änderung der Basisgröße wenig. Die Funktion des Callpreises in Abhängigkeit der Basisgröße ist dann annähernd linear. Zum Zeitpunkt $t=T$ ist dieser Zusammenhang immer linear und Gamma damit null.

Die Callpreisfunktion fällt zu diesem Zeitpunkt mit dem Gewinnprofil zusammen. In T ist sie damit nicht mehr differenzierbar, weil die Funktion einen Knick aufweist.

Die Kenngrößen Vega und Rho beschreiben den Einfluss einer Änderung der Volatilität bzw. des Zinssatzes. Diese Kenngrößen spielen in der theoretischen Bestimmung des Optionspreises über den Ansatz eines Hedgeportfolios keine Rolle, weil beide Größen während der Optionslaufzeit als konstant angenommen werden.

Im Zusammenhang mit dem Steueranspruch ist die Kenngröße Theta wesentlich. Sie beschreibt den Einfluss des Zeitablaufs unter Konstanz aller anderen Parameter. Mit abnehmender Restlaufzeit nähert sich die Callpreisfunktion dem Gewinnprofil zum Zeitpunkt T an. Der Zeitwert der Option nimmt ab. Als Komponente des Optionswertes bleibt nur mehr der innere Wert der Option. Das Verhalten des Callpreises im Zeitablauf wird in Abbildung 1-19 gezeigt.

Abbildung 1-19: Verhalten des Callpreises im Zeitablauf

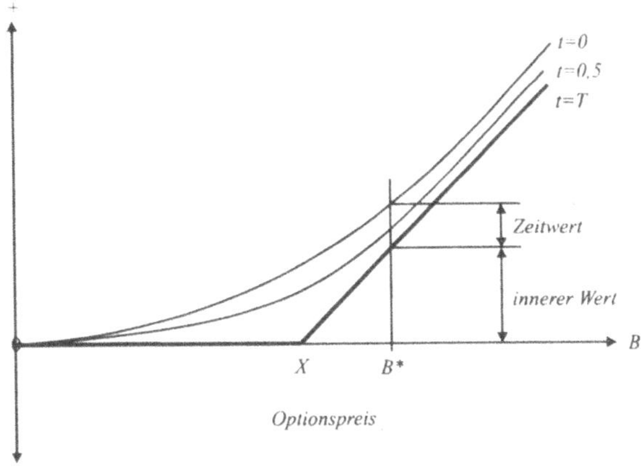

Umso größer Theta ist, desto schneller bewegt sich die Callpreisfunktion in Richtung des endgültigen Gewinnprofils zum Zeitpunkt $t=T$.

Der Wert der Option während der Laufzeit kann zweigeteilt betrachtet werden. Ist die Option bereits während der Laufzeit im Geld $(B_t > X)$, dann weist sie einen inneren Wert und einen Zeitwert auf. Der innere Wert ergibt sich aus der Differenz von Basisgröße B_t und Ausübungspreis X. Der Zeitwert kann als Chance interpretiert werden, dass sich die Situation noch verbessert. Während der Laufzeit hat also auch eine Option, die zum Zeitpunkt $t<T$ noch aus dem Geld $(B_t < X)$ ist, einen positiven Wert. Dieser Umstand wird beim Einsatz von Optionen bei der Modellierung des Steueranspruches unter Unsicherheit im Vergleich zur Analyse unter Sicherheit, wesentliche Unterschiede verursachen.

1.6.5 Bewertung exotischer Optionen

Im Bereich der Modellierung des Steueranspruches ist eine Modellierung mit „normalen" Optionen nicht immer möglich. Vor allem spielt die Filtration $\mathcal{F}_T$, die zu einer Realisation am Besteuerungsstichtag führt, eine wesentliche Rolle. Ist das der Fall, liegt ein pfadabhängiges Wertpapier vor. Eine Bewertung über die Callpreisfunktion nach Black/Scholes ist dann nicht mehr möglich. Es gibt aber andere Bewertungsvorschläge aus der Finanzwirtschaft.

Zur Modellierung des Steueranspruches eignen sich vor allem Down-and-Out-Optionen (DO-Optionen). Diese weisen neben dem Ausübungspreis X auch eine im Zeitpunkt t_0 bekannte Barriere K auf. Wird diese Barriere unterschritten, hört die Option auf zu bestehen.

Damit ist der Weg, wie eine Realisation zum Zeitpunkt T erreicht wird, nicht mehr wie bei normalen Optionen irrelevant.

DO-Optionen sind die einfachste Art von Barrier-Optionen. Für diesen Optionstyp gibt es bekannte Bewertungsverfahren aus der Finanzwirtschaft.[118]

Abbildung 1-20 soll den Unterschied zwischen einer normalen Kaufoption und einer DO-Option verdeutlichen. Gezeigt werden drei mögliche Wege zu einer Realisation im Zeitpunkt T. Bei der durchgezogenen Linie wird zwar während der Optionslaufzeit der Ausübungspreis unterschritten, am Ende ist die Option aber im Geld. Die Filtration $\mathcal{F}_1$ führt damit zu einer Einzahlung bei einem normalen Call und bei einer DO-Option.

Die in Abbildung 1-20 strichliert gezeichnete Filtration $\mathcal{F}_2$ unterschreitet während der Optionslaufzeit die Barriere K. Damit fällt die DO-Option weg. Nach dem Unterschreiten der Option endet der normale Call aber im Geld. Ein normaler Call führt zu einer Einzahlung, die DO-Option nicht.

Abbildung 1-20: Grundproblem „Barrier-Option“

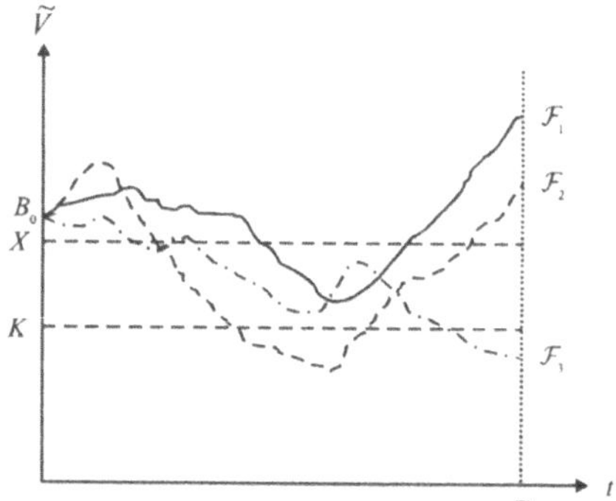

Die strichpunktierte Linie in Abbildung 1-20 repräsentiert die Filtration $\mathcal{F}_3$. Zum Zeitpunkt T sind die Optionen aus dem Geld. Sowohl die normale Kaufoption, als auch der DO-Call sind aus dem Geld. Mit dem Unterschreiten der Barriere fällt der DO-Call weg. Obwohl die Kaufoption aus dem Geld ist, besteht noch Hoffnung, dass sie im Geld endet. Der Hoffnungswert ist zum Zeitpunkt des Wegfalls der DO-Option also noch größer null.

Bei den drei beispielhaft gezeigten Filtrationen dominiert eine normale Option eine DO-Option mit demselben Ausübungspreis, weil der normale Call bei der Filtration $\mathcal{F}_2$ im

[118] vgl. Burkhardt, T., Down-and-Out Optionen, 1994, 24

Gegensatz zum DO-Call eine Einzahlung liefert.

Das Prinzip einer DO-Option kann vereinfacht auch im Binomialmodell gezeigt werden.

Abbildung 1-21: Bewertungsprinzip „Down and Out" Option

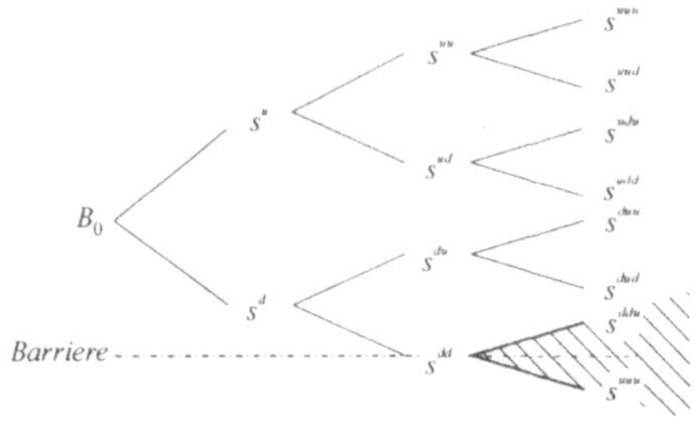

Ein Konkurszustand stellt einen absorbierenden Zustand dar. Vom Zustand s^{dd} wäre die Wahrscheinlichkeit, dass der Zustand s^{ddu} erreicht wird, null, obwohl diese Realisation am Ende des Besteuerungszeitraumes über der Barriere *K* liegen würde.

Das Modell entspricht bei dieser Sichtweise nicht mehr den Regeln der Wahrscheinlichkeitsrechnung. Der in der arbitragefreien Umgebung richtige Weg wäre die Anpassung der Auszahlungsstruktur des Wertpapiers. Das Wertpapier liefert bei allen Wegen, die über einen Konkursknotenpunkt führen, eine Auszahlung von null.[119] In Abbildung 1-21 wären das die Punkte s^{ddu} und s^{ddd}.

Abbildung 1-21 zeigt den Fall einer DO-Option. Dies bedeutet, dass die Option bei Unterschreiten der vorgegebenen Grenze *K* aufhört zu existieren. Im Gegensatz dazu entsteht eine Down-and-In-Option, wenn die vorgegebene Grenze unterschritten wird. Die Kombination einer Down-and-In und einer DO-Option ergibt eine normale Option.[120,121]

$$c^{di} + c^{do} = c$$

Diese Beziehung ist grundlegend für die Bewertung dieser exotischen Optionen.

[119] Es kann im Binomialmodell dann, wie in Abbildung 1-21 gezeigt, nicht mehr von $ud = du$ ausgegangen werden. Die Bewertung eines solchen Anspruches ist daher mit dem Binomialmodell weit weniger praktikabel, als wenn diese Beziehung als gültig vorausgesetzt werden kann.

[120] Hört die Down-and-Out-Option auf zu bestehen, wird die Down-and-In-Option generiert. Es besteht also unabhängig vom Verlauf der Basisgröße eine Option mit vorgegebener Laufzeit und Ausübungspreis.

[121] vgl. Rubinstein, M./Reiner, M.; Barriers, 1991, 33

Für eine stetige Modellierung existieren Lösungen des Bewertungsproblems solcher Optionen.[122] Für den Fall, dass der Ausübungspreis gleich oder größer der Barriere ist, kann der Wert eines Down-and-In-Calls mit

$$c^{di} = V\left(\frac{K}{V}\right)^{2\lambda} N_{(y)} - Xe^{-rT}\left(\frac{K}{V}\right)^{2\lambda-2} N_{(y-\sigma\sqrt{T})}$$

beschrieben werden. Die Werte für λ und y ermitteln sich aus

$$\lambda = \frac{r+\frac{\sigma^2}{2}}{\sigma^2} \text{ und } y = \frac{\ln\left[\frac{K^2}{VX}\right]}{\sigma\sqrt{T}} + \lambda\sigma\sqrt{T}\,.$$ [123]

Für die Ermittlung des Optionswertes einer Barrier-Option ist neben den Informationen, die zur Berechnung des Black/Scholes-Optionspreises erforderlich sind, nur die Kenntnis der Barriere erforderlich. Im Rahmen der weiter unten folgenden Modellierung ergibt sich diese Grenze aus der Kapitalstruktur eines betrachteten Unternehmens.

Die Bewertungsgleichung wurde unter der Bedingung einer im Zeitablauf konstanten Barriere abgeleitet. Eine Bewertung ist prinzipiell auch bei einer exponentiellen Konkursgrenze möglich.[124] Die „Realitätsnähe" steigt zwar, damit verbunden ist aber auch eine Erhöhung der Modellkomplexität.[125] Ziel der Modellierung ist eine Reduktion der Komplexität, um die Fragestellungen unter Unsicherheit sinnvoll analysieren zu können. Daher erfolgt in dieser Arbeit ausschließlich die Modellierung über DO-Optionen mit im Zeitablauf konstanter Konkursgrenze.

Ein für die Modellierung der ökonomischen Eigenschaften des Steueranspruches wesentlicher Unterschied zwischen normalen Calls und einer DO-Option ist die Optionspreisentwicklung bei unterschiedlicher Volatilität.[126]

Abbildung 1-22 zeigt, dass der Optionspreis eines normalen Calls mit steigender Volatilität zunimmt, während der Wert des DO-Calls bei höherer Volatilität abnehmen kann.

---

[122] vgl. Hull, J. C., Derivatives, 1997, 461 ff; Sbuelz, A., Barrier Options, 1998, 17 ff; Cox, J. C./Rubinstein, M., Options Markets, 1985, 410

[123] vgl. Hull, J. C., Derivatives, 1997, 462; Hudson, M., Going Out, 1991, 29

[124] vgl. Burkhardt, T., Down-and-Out Optionen, 1994, 184 ff

[125] Es steigt die Nähe zu dem, was intuitiv als Realität vermutet wird. Eine Annäherung an die Realität kann wegen der Unkenntnis über das Aussehen der Realität nicht behauptet werden. Damit wird eine Annäherung an eine subjektive Realität behauptet.

[126] Hier wird nicht die Volatilität während der Optionslaufzeit geändert. Das wäre definitionsgemäß nicht möglich. Es werden unterschiedliche Optionen verglichen.

Dieses unterschiedliche Verhalten der Wertpapiere kann intuitiv damit begründet werden, dass im Fall der normalen Option die Chance auf Gewinn mit höherer Volatilität steigt. Bei der Barrier-Option steigt dagegen die Chance, dass die Option überhaupt wegfällt, mit höherer Volatilität ebenfalls. Dieser Effekt kann bei der Barrier-Option die Gewinnchance überwiegen. Die Darstellung aus Abbildung 1-22 zeigt Optionswerte bei unterschiedlicher Volatilität.[127] Der Ausübungspreis X wurde mit der Konkursbarriere K gleichgesetzt und mit 300 Einheiten angenommen. Der Stand der Basisgröße zum Zeitpunkt der Betrachtung V_0 wurde mit 350 Einheiten angenommen. Die Optionen sind daher im Geld.

Dargestellt wird die Differenz der Optionspreise bei Variation der Volatilität. Es wird die Differenz zwischen dem Wert der normalen Kaufoption und der DO-Option berechnet und in Abbildung 1-22 dargestellt.

Liegt die Volatilität unter dem sicheren Zinssatz, ergibt sich zwischen den beiden Optionswerten kein Unterschied. Unter Sicherheit ist daher eine Barriere irrelevant. Steigt die Volatilität, nimmt der Wert des normalen Calls zu, während der Wert des DO-Calls auch abnehmen kann. Die Zunahme des Hoffnungswerts und die steigende Wahrscheinlichkeit des Wegfalls der Option sind gegenläufig.

Abbildung 1-22: Differenz eines DO-Calls und einer normalen Kaufoption als Funktion der Volatilität

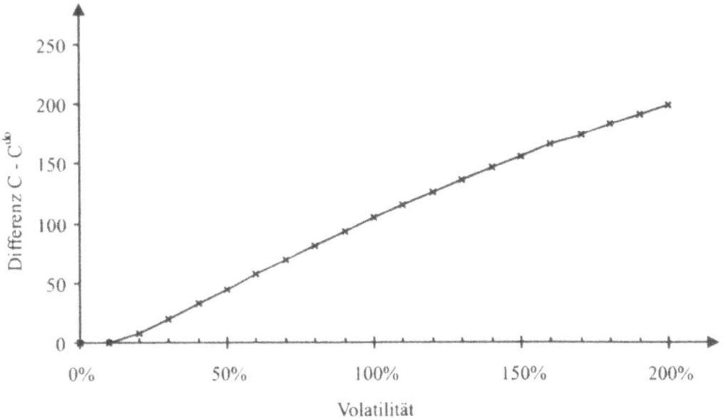

Eng mit dieser Interpretation hängt auch die unterschiedliche Reaktion der Optionspreise auf eine unterschiedliche Höhe der Basisgröße zusammen. Bei fixiertem Ausübungspreis und konstanter Volatilität unterscheiden sich die Preise einer normalen und einer Barrier-Option dann stark, wenn die Optionen am Geld sind. In diesem Fall ist die Wahrscheinlichkeit größer, dass die Barrier-Option aufhört zu bestehen, während diese Gefahr bei einem normalen

[127] vgl. Benson, R./Daniel, N., Up, Over and Out, 1991, 17 ff

Call nicht existiert. Eine DO-Option, die genau am Geld ist, weist somit keinen Zeitwert auf, weil die Chance, die Grenze zu unterschreiten, sehr groß ist. Abbildung 1-23 zeigt die Differenz der Optionswerte als Funktion der Basisgröße. Bei höherer Basisgröße nimmt bei konstanter Barriere der Unterschied ab. Liegt ein DO-Call weit im Geld, unterscheidet sich sein Wert nur geringfügig von dem eines normalen Calls.

Interpretiert man die DO-Option als Option auf das Eigenkapital eines Unternehmens, wäre die Basisgröße der Option das Gesamtvermögen der Gesellschaft. Der Fremdkapitalstand F kann dann als Konkursgrenze K interpretiert werden.

Abbildung 1-23: Unterschied zwischen einem normalen Call und einer Barrier-Option

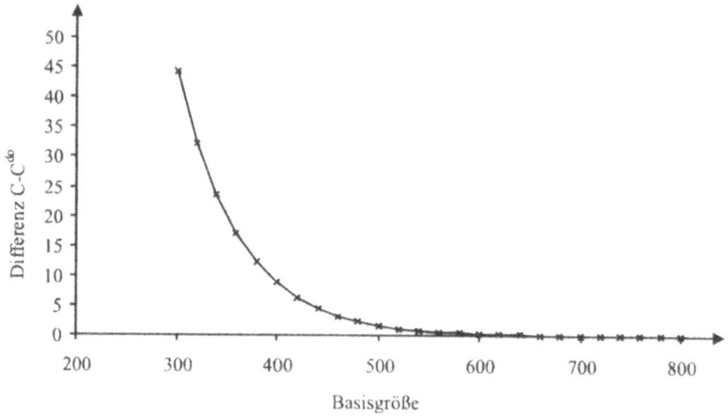

Abbildung 1-23 zeigt, dass der Unterschied zwischen einem normalen Call und einem DO-Call mit steigender Basisgröße abnimmt. Für den Fall der Option auf das Eigenkapital zeigt die Abbildung daher, wie sich der Wert der Eigenkapitaloption als Funktion des Gesamtvermögens verändert. Mit steigendem Gesamtvermögen nimmt auch der Eigenkapitalpolster zu. Daher ist bei einem großen Gesamtkapitalstand die Wahrscheinlichkeit gering, dass das Unternehmen in Konkurs geht. Die beiden Optionstypen unterscheiden sich in dieser Situation nicht wesentlich.

1.6.6 Zusammenfassung

Die Darstellung der für die Optionsbewertung maßgeblichen Annahmen erfolgte hier deshalb so detailliert, weil das weiter unten vorgeschlagene Analysemodell für den Steueranspruch auf dieser Grundlage aufgebaut ist. Daher hier kurz die Zusammenfassung der Kernpunkte.

Der zentrale Punkt ist, dass beide Zahlungsansprüche (der grundlegende und der daraus abgeleitete) von derselben Unsicherheitsquelle beeinflusst werden. Um die Idee der Bewertung abgeleiteter Ansprüche analytisch handhabbar zu machen, ist eine Reihe von Zusatzannahmen notwendig. Es wird ein Modell zur Beschreibung des Verhaltens des Basisobjekts im Zeitablauf benötigt. Für „klassische" Lösungen des Optionsbewertungsproblems wird ein Ito-Prozess der Basisgröße unterstellt. Dieser Prozess ist so allgemein formuliert, dass der Informationsgehalt der darauf aufbauenden Modellaussagen durch diese Annahme nicht von vornherein beeinträchtigt wird. Die Unterstellung eines Ito-Prozesses ermöglicht auch die Anwendung des Ito-Lemma. Daraus folgt, dass Lösungen des stetigen Optionsbewertungsproblems für die Steuerlehre eingesetzt werden können.

Mit den getroffenen Annahmen wird auch sichergestellt, dass eine diskrete Modellierung in eine stetige überführt werden kann. Die ökonomischen Eigenschaften des Basisprozesses bleiben beim Übergang von einer diskreten auf eine stetige Modellumgebung erhalten.

Als kritische Annahme ist die Handelbarkeit eines Wertpapiers „steuerliches Gesamtvermögen" einzuschätzen. Märkte für solche Titel existieren nicht.

Für das Ziel, ein brauchbares Problemlösungsinstrument zu schaffen, stört diese Annahme nicht unmittelbar. Sonst wären auch alle Modelle, die Sicherheit unterstellen, prinzipiell unbrauchbar.

Für die praktische Umsetzung einer Duplikationsstrategie bedeutet das Fehlen einer solchen handelbaren Größe ein Problem. Die Umsetzung könnte aber mit dem aus der Finanzwirtschaft bekannten Cross-Hedging erfolgen.

Die Annahmen, die einen Einsatz von Optionsbewertungsmodellen ermöglichen, sind mE weniger einschränkend, als die bei präferenzgebundenen Bewertungsverfahren. Die darauf aufbauende Modellumgebung ist daher allgemeiner.

2 Aufbau des Grundmodells

2.1 Ausgangspunkt der Modellierung

Nach den einführenden Darstellungen geht es hier um die Entwicklung eines vorgeschlagenen Analysemodells für die Steuerlehre unter Unsicherheit. Anhand dieses Denkmodells soll untersucht werden können, ob unter Berücksichtigung der Unsicherheit, im Vergleich zur Betrachtung mit engeren Modellstrukturen, andere Ergebnisse abgeleitet werden müssen.

Anstoß zur hier vorgeschlagenen Modellierung waren Untersuchungen zur Kapitalstruktur. Die Untersuchung der Finanzierungsneutralität eines Steuersystems ist für die Steuerlehre ein zentrales Problem. In einer perfekten Modigliani/Miller-Welt spielt die Kapitalstruktur keine Rolle. Werden Steuern berücksichtigt, kann diese Aussage nicht mehr uneingeschränkt gelten. Es ist dann für jedes Steuersystem zu untersuchen, ob das System die Kapitalstruktur eines Unternehmens zugunsten einer Finanzierungsart systematisch verzerrt. Die Finanzierungsneutralität eines Steuersystems ist in vielen Arbeiten mit unterschiedlichen Ergebnissen diskutiert worden. Das Spektrum der Aussagen reicht dabei von einer Irrelevanz der Steuern für die Kapitalstruktur bis zur Verzerrung, zumeist zugunsten der Fremdfinanzierung. Ergibt sich im Modell eine Randlösung, wird dann meist über andere Beschränkungen des Systems (bspw. handelsrechtlicher Erfordernisse) die beobachtbare Existenz von Eigenkapital erklärt. Hier soll nicht eine dieser Arbeiten für die österreichische Situation adaptiert werden, obwohl auch diese Vorgangsweise interessante Ergebnisse erwarten lassen würde. Seit der Einführung der Endbesteuerung wurde für Österreich keine Analyse der Bedeutung der Kapitalstruktur, die methodisch mit den vorangegangenen Arbeiten vergleichbar ist, durchgeführt.[128] Die Behandlung von Zinszahlungen spielt in diesen Modellüberlegungen eine wesentliche Rolle. Gerade diese wurde durch die Endbesteuerung verändert und würde damit andere Ergebnisse erwarten lassen.[129]

Dies soll deshalb nicht erfolgen, weil die Modelle alle rein zahlungsstromorientiert sind. Eine Erklärung der Funktion des handelsrechtlichen Abschlusses in einer Modellumgebung unter Unsicherheit kann damit nicht erfolgen, weil die Besteuerungsgrundlage im derzeitigen Steuersystem nicht auf Cash-flow Basis ermittelt wird. Wird in einer Modellumgebung die handelsrechtliche Bilanz aufgrund vorweg getroffener Annahmen zwecklos, sind keine Aussagen über die Wirkungen einer bestimmten Bilanzpolitik unter Unsicherheit zu erwarten. Modelle,

---

[128] vgl. Swoboda, P., Irrelevanz, 1991, 851 ff

[129] Durch die Steuerreform 2000 wurde in Österreich zusätzlich die Möglichkeit der Abzugsfähigkeit von Eigenkapitalzinsen geschaffen. Daher liegen wesentlich geänderte steuerliche Rahmenbedingungen vor.

die rein zahlungsstromorientiert sind, können auch im Bereich der außerbetrieblichen Einkunftsarten oder der Einnahmen-Ausgaben-Rechnung nicht zur Steuerwirkungsanalyse eingesetzt werden. Die Besteuerungsgrundlage wird zwar eher auf Cash-flow Basis ermittelt, in den entscheidenden Bereichen, wie bspw. der Abschreibung bestehen aber Abweichungen.

Zahlungsstromorientierte Arbeiten vernachlässigen Bestandsgrößen.[130] Wie weiter unten gezeigt wird, führt die Berücksichtigung von Bestandsgrößen zu unterschiedlichen Ergebnissen. Daher sollen Bestandsgrößen nicht aus Vereinfachungsgründen aus der Betrachtung ausgeschlossen werden. Bestandsgrößen können (in den meisten Fällen) in Stromgrößen umgewandelt werden. Daraus könnte geschlossen werden, dass sich die Betrachtungsweisen entsprechen. Wie gezeigt werden wird, ist dies bei Berücksichtigung steuerlicher Effekte nicht der Fall.

Als Referenz für die Überlegungen zur Kapitalstruktur soll das Lehrbuch von Kruschwitz herangezogen werden.[131] Die Frage der Relevanz der Kapitalstruktur wird dort mit verschiedenen methodischen Ansätzen diskutiert. Für diese Arbeit ist vor allem die Diskussion auf der Grundlage von Arbitrageüberlegungen von Bedeutung.

Der Einfluss der Kapitalstruktur auf den Unternehmenswert (definiert als Summe der Marktwerte des Eigen- und Fremdkapitals) soll aus dem Vergleich zweier Unternehmen abgeleitet werden, die sich nur durch ihre Kapitalstruktur unterscheiden. Eine solche Vorgangsweise scheint geboten, weil sonst der Einfluss der Kapitalstruktur nicht isoliert werden kann.

Ohne Berücksichtigung steuerlicher Effekte tritt Konkurs ein, wenn der Schuldner, in diesem Fall das Modellunternehmen, zahlungsunfähig ist (§ 66 KO). Konkurs ist einer der möglichen Zustände am Ende des Betrachtungszeitraumes. Im anderen Fall wird das Unternehmen liquidiert und die Rückzahlung an die Kapitalgeber bestimmt.[132]

Angenommen wird ein zufälliges Ergebnis der getätigten Investitionen $\tilde{I}$. Dieses soll unabhängig von der Art der Finanzierung sein. Da eine Zinszahlung in dieser Größe nicht inkludiert sein soll, wird diese Zufallsgröße als Ergebnis der gewöhnlichen Geschäftstätigkeit interpretiert.[133] Weiter muss unterstellt werden, dass kein außerordentliches Ergebnis vorliegt.

Mit dieser Annahme ergibt sich für ein verschuldetes und unverschuldetes Unternehmen

---

[130] vgl. Kruschwitz, L., Finanzierung, 1995, 247 ff; Zechner, J./Swoboda, P., Capital Structure, 1985, 327 ff

[131] vgl. Kruschwitz, L., Finanzierung, 1995, 247 ff

[132] Es reicht eine gedankliche Liquidation aus. Belassen die Kapitalgeber ihr Kapital in der Gesellschaft, wird eine neuerliche Investitionsentscheidung, gleich wie in der Vorperiode, unterstellt. Die Lebensdauer eines Unternehmens wird so gedanklich in eine Abfolge von Betrachtungsperioden unterteilt.

[133] Sind die Zinsen in der unsicheren Größe enthalten, wäre eine Untersuchung der Kapitalstruktur unmöglich. Andere Aufwandspositionen, wie bspw. die Abschreibung, sind in der unsicheren Größe enthalten.

$$\tilde{I}_s^U = \tilde{I}_s^V \quad \forall s. \tag{2.1}$$

Meines Erachtens ist diese Annahme kritisch. Sie besagt, dass eine Investitionsentscheidung unabhängig von der Kapitalstruktur und damit vom Insolvenzrisiko getroffen wird. Weigel vergleicht zwei Unternehmen mit derselben Annahme.[134] Er kombiniert diese Annahme damit, dass die Finanzierungszinsen als sicher betrachtet werden. Damit fallen im Vergleich zweier Körperschaften (Unternehmen) alle mit Unsicherheit behafteten Größen weg. Die Analyse unter Unsicherheit wird auf eine Analyse unter Sicherheit zurückgeführt. Im Modellaufbau unter Sicherheit und Steuereinfluss spielt die Kapitalstruktur eine weitaus geringere Rolle, da kein Insolvenzrisiko besteht.

Aus der Annahme in (2.1) folgt bisher, dass eine reine Stromgrößenbetrachtung erfolgt. Der in § 67 KO normierte Tatbestand der Überschuldung kann daher nicht modelliert werden, weil keine Erfassung und Bewertung der Vermögensgegenstände erfolgt.

Für den Fall ohne Steuern ergeben sich die Ansprüche der Kapitalgeber aufgrund dieser Annahmen am Ende des Betrachtungszeitraumes nach Tabelle 2-1.[135]

Tabelle 2-1: Zahlungsansprüche der Kapitalgeber ohne die Berücksichtung von Bestandsgrößen

f	Konkurs $F+Z>\tilde{I}$	kein Konkurs $F+Z\leq\tilde{I}$
F-Geber	$\tilde{I}$	$F+Z$
E-Geber	0	$\tilde{I}-F-Z$
Summe der Ansprüche	$\tilde{I}$	$\tilde{I}$

Das bedeutet, dass den Kapitalgebern unabhängig von der Finanzierungsform immer der Zahlungsstrom der Investitionen des Betrachtungszeitraumes zufließt. Da dies unabhängig vom eingetretenen Zustand der Fall ist, und der Investitionszahlungsstrom bei der verschuldeten Unternehmung definitionsgemäß gleich dem der unverschuldeten Unternehmung ist, ist der Marktwert des Gesamtkapitals ($E+F$) vom Verschuldungsgrad unabhängig. Das Ergebnis dieser Betrachtung ist das bekannte Irrelevanztheorem von Modigliani/Miller, das auch unter Unsicherheit ohne Steuern aufrecht erhalten werden kann.

Diese Aussage ist ohne die Berücksichtigung von Steuern aus der Sicht der Steuerlehre wertlos. Es wäre zu fragen, ob das Irrelevanztheorem auch nach der Einführung von Steuern in die Modellbetrachtung aufrecht erhalten werden kann.

---

[134] vgl. Weigel, W., Investitionsentscheidung, 1989, 84 ff

[135] vgl. Kruschwitz, L., Finanzierung, 1995, 248; Bei dieser Definition des Konkurses wird implizit unterstellt, dass die Investitionsauszahlungen alle am Beginn der Periode getätigt werden und sich alle Einzahlungen während der Periode ergeben. Die Rückzahlungen an die Kapitalgeber erfolgen am Ende der Periode nach allen Einzahlungen aus den Investitionen.

Kruschwitz wählt zur Beantwortung dieser Fragestellung die Selbe Beweisgrundlage, erweitert aber die Betrachtung implizit um eine Partei, den Fiskus.[136] Damit wird die Finanzierung weiterhin als Partenteilung betrachtet. Neben den Eigen- und Fremdkapitalgebern partizipiert nun auch der Fiskus am Investitionszahlungsstrom. Er kommt auf dieser Grundlage zum Ergebnis, dass die Kapitalstruktur im Fall einer proportionalen Körperschaftsteuer nicht mehr irrelevant ist. Wird neben der Körperschaftsteuer auch eine Einkommensteuer erhoben (Dividendeneinkünfte auf der Ebene der Gesellschafter), so geht die Irrelevanz der Kapitalstruktur nicht verloren.

Entscheidend bei diesen Überlegungen ist die Annahme, bei welcher Realisation der Zufallsgröße ein Unternehmen in Konkurs geht. Kruschwitz stellt auf die Zahlungsunfähigkeit ab und vernachlässigt implizit Bestandsgrößen.[137] Es wird von der begrenzten Haftung der Gesellschafter ausgegangen. Innerhalb des Betrachtungszeitraumes können die Gesellschafter jedoch das eingesetzte Eigenkapital verlieren. Dies ist in der Zahlungsstrombetrachtung von Kruschwitz nicht enthalten. Der Ausschluss von Bestandsgrößen führt bei Berücksichtigung von Steuern im Modell zu unterschiedlichen Ergebnissen.

Aus der Sicht der Betriebswirtschaftlichen Steuerlehre ist das Abstellen auf eine Cash-flow Besteuerung nicht sinnvoll. Im derzeitigen Steuersystem ist in keiner Einkunftsart diese Form der Ermittlung der Einkünfte vorgesehen. Die Annahme der Cash-flow Besteuerung hat aus der Sicht der Betriebswirtschaftlichen Steuerlehre den großen Nachteil, dass alle Formen der Gewinnermittlung, insbesondere der handelsrechtlichen Gewinnermittlung, auf die Modellaussagen keinen Einfluss haben. Meines Erachtens kann diesen Modellen kein großer Erklärungs- bzw. Prognoseanspruch zugemessen werden.

Als Quelle der Unsicherheit wird für den Modellaufbau das Ergebnis vor Zinsen und Steuern (*EBIT*) definiert. Auf den ersten Blick ergibt sich inhaltlich damit kein allzu großer Unterschied in der Form der berücksichtigten Unsicherheit. Hier ist allerdings ein wesentlicher Unterschied zur Vorgangsweise zu den Modellen der Finanzwirtschaft gegeben. Im hier vorgeschlagenen Modellaufbau wird also nicht die Unsicherheit des Zahlungsstromes an sich, sondern dessen Abbildung über die Rechnungslegung zugrunde gelegt.

Mit der Definition des *EBIT* als unsicherer Größe sind auch alle anderen daraus abgeleiteten Größen unsicher. Das bezieht sich zum einen auf das Gesamtvermögen der Gesellschaft zu

[136] vgl. Kruschwitz, L., Finanzierung, 1995, 253 ff

[137] vgl. Kruschwitz, L., Finanzierung, 1995, 248

(steuerlichen) Buchwerten, aber auch auf die „sichere" Zinszahlung. Das Modell umfasst daher alle steuerlich relevanten Situationen.

Für die Besteuerung bietet sich die Wahl zweier Bezugssysteme an. Aus dem Prinzip der doppelten Buchführung folgt, dass sich die Steuerbemessungsgrundlage sowohl aus der Stromgröße „Jahresüberschuss", als auch aus der Bilanz als Veränderung des Eigenkapitals ergeben muss. Das Bezugssystem Stromgröße oder Bestandsgröße wird in weiterer Folge alternativ verwendet. Die Quelle der Unsicherheit ist in beiden Fällen die gleiche. Werden die Bestandsgrößen als Bezugspunkt verstanden, ist damit immer der Wert zu Beginn des Betrachtungszeitraumes gemeint. Die Buchwerte zum 1. 1., Null-Uhr stellen in diesem Fall dann die Referenzwerte für die Besteuerung der folgenden Periode dar.

2.2 Ergebnisprofile zum Besteuerungsstichtag

Der Unterschied der Sichtweisen Cash-flow Betrachtung und der hier angestellten Sichtweise zeigt sich plastisch in Form der unterschiedlichen Ergebnisprofile zum Besteuerungsstichtag.

Das Steuersystem wird in der Weise vereinfacht, dass erhaltene Zinserträge bei natürlichen Personen endbesteuert werden. Alle anderen Formen der Besteuerung von Zinseinkünften oder Gewinnanteilen sind damit nicht durch die Modellierung abgebildet.

Auf der Ebene der betrachteten Gesellschaft wird Körperschaftsteuer erhoben. Werden Gewinne erzielt, so kommt es zur Doppelbelastung mit KSt und ESt in Form der KESt bei der Ausschüttung dieser Gewinne. Es wird vorerst unterstellt, dass diese Gewinne, die in einem Besteuerungszeitraume entstanden sind, auch tatsächlich ausgeschüttet werden.[138]

2.2.1 Grafische Darstellung

In den folgenden Darstellungen wird versucht, die Modellentwicklung schrittweise grafisch darzustellen. Ausgehend von der Argumentation Kruschwitz's, wird schrittweise gezeigt, wie eine Erweiterung der Betrachtung zum hier vorgeschlagenen Analysemodell für die Betriebswirtschaftliche Steuerlehre führt.

Dargestellt werden Gewinnprofile. Diese zeigen die Zahlungen an einen Anspruchsberechtigten abhängig von der Realisation der unsicheren Basisgröße. Betrachtungszeitpunkt ist das Ende des ersten Besteuerungszeitraumes T_1.

Die Darstellung erfolgt ohne die Berücksichtigung des Kapitaleinsatzes zum Beginn des Betrachtungszeitraumes. Die Haftungsbeschränkung der Eigenkapitalgeber führt dazu, dass sich

[138] Dies entspricht einer fiktiven Liquidation der Gesellschaft am Ende des Besteuerungszeitraumes.

in T nur semipositive Auszahlungen als Funktion der unsicheren Größe $\tilde{I}$ ergeben. Würde der Kapitaleinsatz als Kosten für den Erwerb des Zahlungsanspruches berücksichtigt, würde sich eine Verschiebung der Funktionen um den Preis nach unten ergeben.

Abbildung 2-1: Anspruchsprofile der Kapitalgeber ohne Bestandsgrößen

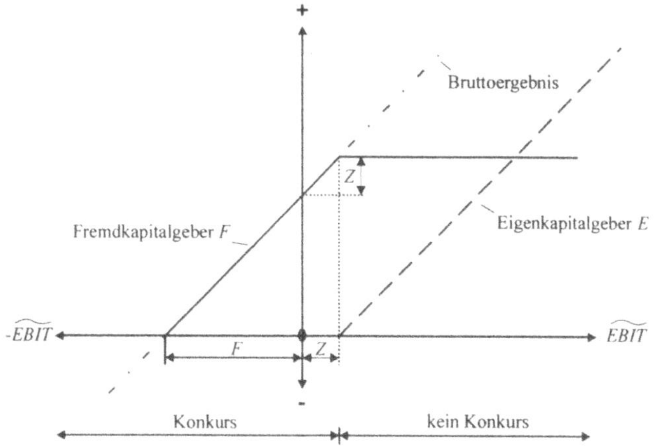

In Abbildung 2-1 sind noch keine Steuern berücksichtigt. Erst mit diesen wird die Bedeutung des Eigenkapitals für die Steuerlehre im Modellzusammenhang offensichtlich. Abbildung 2-2 zeigt die geänderten Verhältnisse, wenn ein von null verschiedenes Eigenkapital unterstellt wird.

Abbildung 2-2: Anspruchsprofile der Kapitalgeber mit Bestandsgrößen

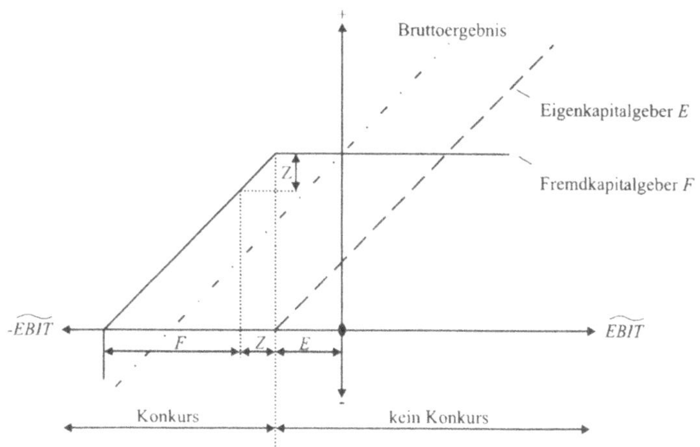

Die Funktion des Zahlungsanspruches der Gläubiger verschiebt sich um die Höhe des am Beginn der Periode eingezahlten Eigenkapitals nach links. Das führt dazu, dass ein geringeres unsicheres Ergebnis vor Zinsen ausreicht, um die Ansprüche der Gläubiger zu befriedigen. Eine negative Realisation des *EBIT* reduziert, bevor es zu einem Konkurs kommt, den Eigenkapitalstand.

Ohne die Berücksichtigung steuerlicher Effekte stellt zusätzliches Eigenkapital nur eine Verschiebung der Funktionen nach links dar. Die Betrachtung soll um steuerliche Effekte erweitert werden, um den steuerlichen Einfluss der unterschiedlichen Annahmen zum Eigenkapital aufzuzeigen.

Abbildung 2-3: Anspruchsprofile bei Besteuerung

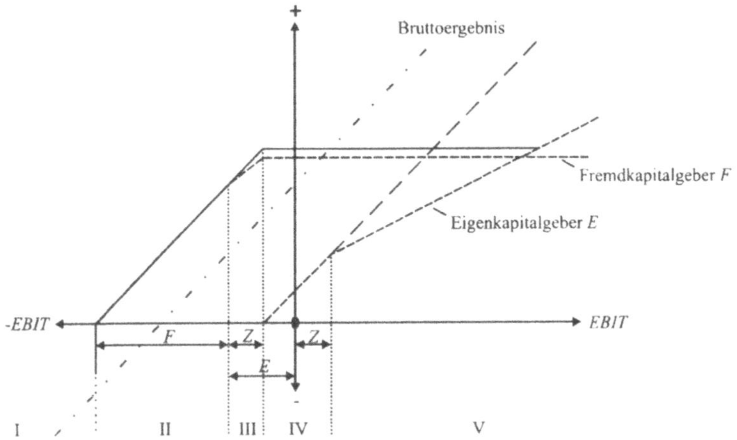

In Abbildung 2-3 wird die Situation nach Berücksichtigung von Steuern gezeigt. Erzielen die Gläubiger einen Zinsertrag, so hat der Zahler der Zinserträge die KESt einzubehalten und abzuführen. Beim derzeitigen KESt-Satz von 25% ergibt sich damit eine Reduktion des Anstiegswinkels von 45° auf 36,87°. In diesem Bereich weicht der Nettozahlungsstrom, den die Fremdkapitalgeber erhalten, vom ursprünglichen Bruttozahlungsstrom ab.

Im Bereich des Risikokapitals ergibt sich nach Steuereinführung folgende Situation. Reicht das Ergebnis der Investitionstätigkeit aus, die Ansprüche der Fremdkapitalgeber zu bedienen, erhalten auch die Eigenkapitalgeber am Ende des Betrachtungszeitraumes Kapital (fiktiv) zurück. Die Besteuerung setzt erst ein, wenn durch die Investitionstätigkeit ein Gewinn entsteht. Für die Eigenkapitalgeber ergeben sich daher erst steuerliche Folgen, wenn das zufällige Ergebnis *EBIT* größer als die Zinsen auf das Fremdkapital ist.

2.2.2 Tabellenform

Die Darstellung des Anspruches kann auch in Form einer Funktion dargestellt werden. Wie aus Abbildung 2-3 hervorgeht, muss zwischen fünf relevanten Bereichen der Realisation der unsicheren Basisgröße unterschieden werden.

Ist das Ergebnis der Periode so negativ, dass keine Ansprüche mehr erfüllt werden können, erhält keiner der Stakeholder am Ende des Betrachtungszeitraumes Kapital zurück. Dieser Bereich ist in Tabelle 2-2 als Bereich I gekennzeichnet. Für die weiteren steuerlichen Überlegungen hat dieser Bereich keine Relevanz.

Der Bereich II kann dadurch charakterisiert werden, dass durch einen Verlust das gesamte Eigenkapital aufgezehrt wird, keine Zinsen bezahlt werden können und auch nicht mehr das gesamte Fremdkapital zurückgezahlt werden kann. Die Fremdkapitalgeber sind die Einzigen, die in diesem Bereich eine Zahlung erhalten.[139] Es ergeben sich keine steuerlichen Auswirkungen, weil keine Zinsen gezahlt werden und Wertänderungen der Einkunftsquelle im außerbetrieblichen Bereich nicht berücksichtigt werden.

Steuerliche Effekte ergeben sich erst im Bereich III. Der Verlust der Periode ist kleiner als die Eigenkapitalausstattung des Unternehmens. Daher kann an die Fremdkapitalgeber der gesamte Kreditbetrag und eine Verzinsung, nicht jedoch die geforderte Verzinsung gezahlt werden. Dieser Zustand führt immer noch zum Konkurs der Gesellschaft. Der Fiskus hat in diesem Bereich einen Anspruch auf KESt aufgrund der Zinserträge. Der Anspruch des Fiskus steigt in diesem Bereich linear mit wachsender Realisation des *EBIT* an. Die Eigenkapitalgeber erhalten auch in diesem Bereich bei einer fiktiven Liquidation der Gesellschaft kein Kapital zurück.

Liegt die Realisation der Zufallsgröße im positiven Bereich, ist aber immer noch kleiner als die Zinszahlung, ergibt sich der Bereich IV. Die Fremdkapitalgeber erhalten die vereinbarten Zinsen ausbezahlt. Für die Eigenkapitalgeber ergibt sich noch kein Gewinn und daher auch keine Ertragsteuerzahlung. Im Vergleich zum Bereich III erhalten jetzt die Eigenkapitalgeber im Fall der fiktiven Liquidation der Gesellschaft wieder Kapital zurück. Es ergibt sich also kein Konkurs. Der erzielte Verlust kann aufgrund des Trennungsprinzips von den Gesellschaftern nicht steuerlich verwertet werden. Da vorerst nur die Betrachtung einer Besteuerungsperiode erfolgt, spielt der Verlustvortrag bei der Gesellschaft noch keine Rolle. Eine Erweiterung auf eine Betrachtung mehrerer Besteuerungszeiträume erfolgt weiter unten.

---

[139] Die Mindestkörperschaftsteuer für Kapitalgesellschaften wird hier vorerst vernachlässigt.

Der Bereich V ist jener Bereich, der normalerweise den Analysen unter Sicherheit zugrunde gelegt wird. In diesem Bereich ist auch das *EBT* positiv. Es ergibt sich daher ein Gewinn. Die Situation der Fremdkapitalgeber bleibt im Vergleich zum Bereich IV unverändert. Auf der Ebene der Gesellschaft ergibt sich jetzt ein Gewinn, der zur Belastung mit Körperschaftsteuer führt. Da unterstellt wird, dass der Gewinn nicht thesauriert wird, folgt daraus auch die Belastung der Ausschüttung mit der KESt. In Abbildung 2-3 ergibt sich daher ein Knick, der den Übergang vom Bereich IV in den Bereich V markiert.

Damit sind alle steuerlich relevanten Realisationen der unsicheren Größe abgesteckt. Tabelle 2-2 zeigt zusammenfassend die Funktionen der Ansprüche der Stakeholder in den fünf relevanten Bereichen der Realisation der Zufallsvariablen *EBIT* $\left(\tilde{I}\right)$.

Tabelle 2-2: Anspruchsprofile der Kapitalgeber und des Fiskus

Bereich	II	III	IV	V
Realisation des *EBIT* $(\tilde{I})$	$-(E+F) \rightarrow -E$	$-E \rightarrow -E+Z$	$-E+Z \rightarrow Z$	$Z \rightarrow \infty$
BGL KSt	0	0	0	$\tilde{I}-Z$
BGL KESt	0	$\tilde{I}+E$	Z	$\Theta_{KSt}(\tilde{I}-Z)+Z$
Fiskus	0	$(\tilde{I}+E)\tau_{KESt}$	$Z\tau_{KSt}$	$\left[\Theta_{KSt}(\tilde{I}-Z)+Z\right]\tau_{KESt}$
Eigenkapitalgeber	0	0	$\tilde{X}+E-Z$	$E+\Theta_{KSt}\Theta_{KESt}(\tilde{I}-Z)$
Fremdkapitalgeber	$\tilde{I}+E+F+Z$	$(\tilde{I}+E)\Theta_{KESt}+F$	$F+Z\Theta_{KESt}$	$F+Z\Theta_{KESt}$
Summe Kapitalgeber	$\tilde{I}+E+F+Z$	$(\tilde{I}+E)\Theta_{KESt}+F$	$\tilde{I}+F+F+Z\tau_{KSt}$	$\tilde{X}+F+\tau_{KESt}\left[\tau_{KSt}(\tilde{I}-Z)+Z\right]$

Aus der letzten Zeile „Summe der Kapitalgeber" in Tabelle 2-2 ist ersichtlich, dass der Gesamtwert des Unternehmens von der Besteuerung abhängt und damit die Kapitalstruktur beim unterstellten Steuersystem relevant ist.

Im Bereich III hängen die steuerlichen Konsequenzen wesentlich von der Höhe der Bestandsgröße Eigenkapital ab. Daher kann bei der Ableitung des Steueranspruches aus dem zufälligen Investitionsergebnis die Bestandsgröße „Eigenkapital" nicht vernachlässigt werden.[140]

2.2.3 Laufende Besteuerung/Liquidationsbesteuerung

Aus der letzten Zeile der Tabelle 2-2 geht hervor, dass die Kapitalgeber am Ende des Betrachtungszeitraumes, außer im Fall eines zu negativen Ergebnisses vor Zinsen und Steuern, immer ihr Kapital zurückerhalten. Dies ist nur bei einer Liquidation der Gesellschaft zum Ende des

[140] Das Eigenkapital ergibt sich zwar als Residualgröße, hier wird aber darauf abgestellt, dass Grund- oder Stammkapital zur Verfügung steht, welches zur Befriedigung der Gläubiger herangezogen werden kann.

Betrachtungszeitraumes möglich. Die Liquidation erfolgt immer nur fiktiv. Die letzte Zeile darf daher nicht als Zahlungsstrom, sondern vielmehr als Wert der Anlage zum Ende des Betrachtungszeitraumes angesehen werden. Im Fall der laufenden Besteuerung erfolgt daher keine Rückzahlung des Kapitals, wie in der letzten Zeile dargestellt.

Es könnte auch gedanklich festgestellt werden, ob das aufgenommene Fremdkapital am Ende der Periode zurückgezahlt werden könnte. Es erfolgt also eine Überschuldungsprüfung.

Folgt dem ersten Besteuerungszeitraum ein zweiter, wird durch die laufende Besteuerung zum Ende des ersten Betrachtungszeitraumes ein Referenzwert für den nächsten Veranlagungszeitraum ermittelt. Dabei wird auf die Entscheidung, ob der Gewinn der Periode thesauriert wird, bei der Ermittlung der Körperschaftsteuer keine Rücksicht genommen. Auch die Körperschaftsteuerzahlung selbst ist aus steuerlicher Sicht erfolgsneutral.

Der Wert des Eigenkapitals zum 1. 1. des folgenden Betrachtungszeitraumes (Veranlagungszeitraumes) hängt mit der Ausgangseigenkapitalausstattung daher über

$$E_0 + \left(\tilde{I} - Z\right) \tag{2.2}$$

zusammen.

Die Modellierung der laufenden Besteuerung führt zu gewichtigen Problemen bei der Abbildung des Steueranspruches. Diese Probleme werden im Rahmen des Mehrperiodenmodells diskutiert.[141]

2.2.4 Der Steueranspruch des Fiskus

2.2.4.1 Darstellung des Steueranspruchs

Ziel des Modells ist, eine Bewertung des Steueranspruches unter Unsicherheit zu ermöglichen. Daher steht von hier an der Steueranspruch und nicht mehr der Gesamtwert des Unternehmens im Mittelpunkt. Dargestellt wird der Steueranspruch des Fiskus. Aufgrund der arbitragefreien Modellumgebung ist die Analyse aus der Sicht des Steuerpflichtigen identisch, nur mit einem negativen Vorzeichen durchzuführen.

Tabelle 2-2 zeigt den Steueranspruch des Fiskus zum Ende des Besteuerungszeitraumes. Abbildung 2-4 zeigt diesen funktionalen Zusammenhang grafisch.

---

[141] vgl. Punkt 3 (S. 118 f)

Abbildung 2-4: Steueranspruch des Fiskus

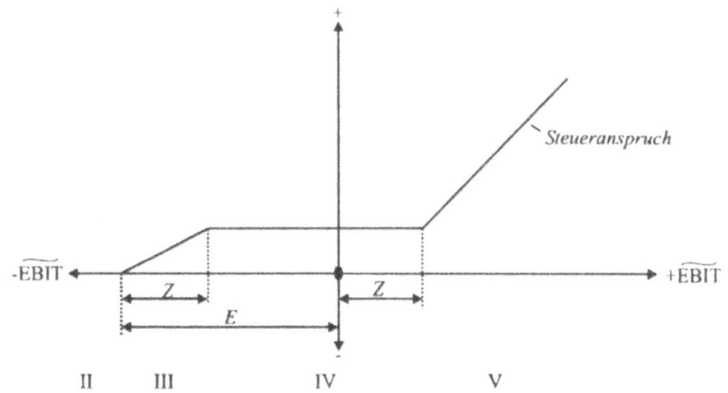

Als Bezugssystem wurde in Abbildung 2-4 die Stromgröße „*EBIT*" gewählt. Daher ist die Bestandsgröße Fremdkapital nicht von Bedeutung. Für die Besteuerung ist aber der Wert des Eigenkapitals zu Beginn des Betrachtungszeitraumes relevant, weil davon das steuerliche Ergebnis bei Besteuerung einer Kapitalgesellschaft abhängt.

Im Gegensatz zur laufenden Besteuerung ist für die Liquidationsbesteuerung auch die Bestandsgröße Fremdkapital maßgeblich. Ob es sich um eine Auflösung der Gesellschaft oder um eine laufende Besteuerung handelt, kann am Beginn des Betrachtungszeitraumes nicht entschieden werden. Ist die Realisation der Zufallsgröße so negativ, dass die Gesellschaft in Konkurs geht, handelt es sich zwangsläufig um eine Liquidationsbesteuerung, im anderen Fall kann eine freiwillige Liquidationsentscheidung fallen. Ist keiner dieser beiden Umstände gegeben, stellt die Besteuerung eine laufende Besteuerung dar.

2.2.4.2 Interpretation des Steueranspruchs

Bisher wurde der Steueranspruch nur dargestellt. Diese deskriptive Aufgabe löst das Bewertungsproblem noch nicht. Erst die Interpretation des Steueranspruches führt zum hier vorgeschlagenen Bewertungsmodell.

Der Verlauf des Steueranspruches in Abbildung 2-4 erinnert an ein Gewinn-/Verlustprofil eines Optionsportfolios. Daher wird hier vorgeschlagen, den Steueranspruch des Fiskus als Optionsportfolio zu betrachten.[142] Diese Sichtweise bietet den methodischen Vorteil, dass Ergebnisse der Optionspreistheorie auf die hier diskutierten Probleme angewandt werden können.

---

[142] Diese Sichtweise findet sich auch in neuerer Literatur (vgl. Wijnbergen van, S./Estache, E., Option pricing approach, 1999, 79).

Der Wert des Steueranspruches, der dem Fiskus durch eine gesetzliche Grundlage übertragen wird, kann daher in dieser Sichtweise als Wert eines Optionsportfolios bestimmt werden. Das Ergebnis der Modellbetrachtung ist ein theoretischer, stetiger Wert des Steueranspruches unter Unsicherheit. Durch diese Betrachtungsweise können Faktoren, die den Wert des Steueranspruches beeinflussen, isoliert und analysiert werden. Die Ergebnisse müssen im Modellzusammenhang interpretiert werden. Daher soll hier eine schrittweise Darstellung der Entwicklung des vorgeschlagenen Analysemodells erfolgen.

Gelingt es, ein Optionsportfolio herzustellen, das am Ende des Betrachtungszeitraumes den gleichen Auszahlungsstrom wie der Steueranspruch liefert, können folgende Aussagen gemacht werden:[143]

1. Da das Duplikationsportfolio am Ende des Betrachtungszeitraumes den gleichen Zahlungsstrom wie der Steueranspruch sichert, muss es gleich viel wert sein. Ist dies nicht gegeben, ergeben sich Arbitragemöglichkeiten und damit kein gleichgewichtiges Ergebnis.
2. Die Preisidentität der beiden Portfolios muss auch während des Betrachtungszeitraumes gelten. Ist diese Bedingung verletzt, würden sich wieder Arbitragemöglichkeiten ergeben. Das bedeutet, dass der Steueranspruch auch im Zeitablauf das gleiche Verhalten wie das Optionsportfolio aufweisen muss.

Diese Aussagen gelten nur für handelbare Zahlungsströme. Für die Modellierung muss daher unterstellt werden, dass die unsichere Bemessungsgrundlage ein handelbares Wertpapier darstellt.[144]

Der Steueranspruch kann als Portfolio verschiedener Optionstypen dargestellt werden. Abbildung 2-5 zeigt eine Zerlegung des Steueranspruches in ein Optionsportfolio. Die Bezeichnungen Eigen- (*E*) und Fremdkapital (*F*) beziehen sich auf das nominelle Eigen- und Fremdkapital zu Beginn des Betrachtungszeitraumes.

[143] Die Implikationen folgen aus den Eigenschaften stochastischer Differentialgleichungen. Ausgangspunkt ist die Funktion des Vermögens über die Zeit $V_t = V_0 + \int_0 \sigma_s dz + \int_0 \mu ds$ (in Differentialform: $dV_t = \sigma_t dz + \mu_t dt$). Weisen zwei Funktionen V_t' und V_t'' den selben Ausgangswert auf ($V_t' = V_t''$) und weisen die Prozesse die gleiche Volatilität und den gleichen Driftkoeffizienten auf, dann sind die beiden Prozesse äquivalent (vgl. Baxter, M./Rennie, A., Financial Calculus, 1996, 56).

[144] Die Rechnungslegung bildet den von einem Unternehmen erwirtschafteten Zahlungsstrom mit anderen Zielsetzungen abweichend ab. Daher ergibt sich ein zeitliches Auseinanderfallen zwischen Ein-/Auszahlungen und Ertrag/Aufwand.

Abbildung 2-5: Steueranspruch als gemischtes Optionsportfolio

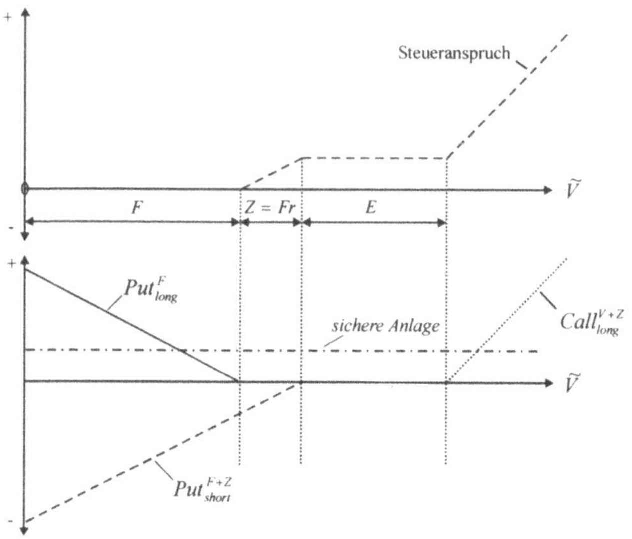

Das in Abbildung 2-4 dargestellte Gewinnprofil kann durch das in Abbildung 2-5 Optionsportfolio nachgebildet werden. Der gesamte Steueranspruch des Fiskus gegenüber einer in Form einer Kapitalgesellschaft organisierten Einkunftsquelle, besteht in dieser Betrachtungsweise aus zwei Puts, einem Call und einer sicheren Anlage.

Im Vergleich zu Abbildung 2-4 fällt auf, dass hier das Fremdkapital als relevante Größe in die Betrachtung eingeht. Dies ist durch die Unterstellung einer anderen Basisgröße bedingt. In Abbildung 2-4 wurde das *EBIT* als Basisgröße definiert. Diese Größe beeinflusst das Gesamtvermögen der Gesellschaft am Ende des Besteuerungszeitraumes. Das Gesamtvermögen der Gesellschaft ist die Basisvariable des Optionsportfolios „Steueranspruch“. Daher entsprechen sich diese beiden Betrachtungsweisen. In Abbildung 2-5 wird nur ein absolutes Bezugssystem eingeführt, das in Abbildung 2-4 nicht vorhanden ist. Die Aussagen sind aber identisch.

Aus Abbildung 2-5 lässt sich ableiten, dass sich der Zahlungsstrom des Steueranspruches mit drei Grundoptionen nachbilden lässt. Zusätzlich ist eine sichere Anlage erforderlich, um das Niveau des Steueranspruchs zu erreichen. Die Optionen werden auf die Basisgröße „Gesamtvermögen der Kapitalgesellschaft“ $\tilde{V}$ vor Zinszahlung geschrieben.

Der Verfallstag ist bei allen drei Optionen der 31. 12. des Betrachtungszeitraumes. Die Optionen unterscheiden sich nur durch die Ausübungspreise.

Beginnend von niedrigen Ausübungspreisen enthält das Duplikationsportfolio einen long Put. Der Ausübungspreis dieses Puts entspricht der Höhe des Fremdkapitals der Kapitalgesellschaft. Ist die Basisgröße kleiner als der Ausübungspreis, so ist dieser Put im Geld. Das zeigt das Gewinnprofil in Abbildung 2-5 für Put_{long}^{F}. Übersteigt die Basisgröße zum Verfallstag den ursprünglichen Fremdkapitalstand F, so ist der long Put wertlos und verfällt. Daher fällt das Gewinnprofil in diesem Bereich mit der Abszisse zusammen.

Der zweite Put im Portfolio weist den Ausübungspreis Fremdkapital plus Zinsen (F+Z) auf. Dieser Put stellt eine Short-Position dar. Wird der Ausübungspreis von (F+Z) am Verfallstag unterschritten, resultiert aus dem Engagement eine Zahlungsverpflichtung. Liegt die Realisation der Basisgröße über dem Ausübungspreis, so wird der Käufer der Option diese verfallen lassen. Daraus folgend ergeben sich in diesem Bereich keine Wirkungen für das Gewinnprofil. Das Gewinnprofil des Put_{short}^{F+Z} fällt mit der x-Achse zusammen.

Die dritte Option zur Nachbildung des Steueranspruches ist ein long Call. Der Ausübungspreis entspricht dem Gesamtkapital V_0 plus Zinsen. Die Option $\text{Call}_{long}^{F+Z+E}$ ist im Geld, wenn die Basisgröße den Ausübungspreis überschreitet. Dies führt zu einer Einzahlung, während beim Unterschreiten des Ausübungspreises das Gewinnprofil der Option wieder mit der Abszisse zusammenfällt.

Zusätzlich ist noch eine sichere Anlage notwendig, die unabhängig von der Realisation der Zufallsgröße immer eine Einzahlung von $Z\tau_{KESt}$ garantiert. Diese sichere Anlage führt zu einer Niveauanhebung des Gewinnprofils.

Die Gewinnprofile der Optionen würden eine Steigung von eins aufweisen. Für die Nachbildung ist aber eine geringere Steigung erforderlich. Beispielsweise darf das Duplikationsportfolio die beiden Puts nur τ_{KESt} mal enthalten. Der Fiskus hat nur Anspruch auf den durch den Steuersatz normierten Bruchteil des Bruttoanspruches.

Fasst man die Gewinnprofile der einzelnen Elemente des Optionsportfolios zusammen, so ergibt sich der nachgebildete Steueranspruch.

Liegt die Realisation der Basisvariablen unterhalb des ersten Ausübungspreises F, so heben sich die Wirkungen der Long- und der Short-Put-Position auf. Die Steigung der Nettoposition dieser beiden Optionen ist null. Der Wert der beiden Optionen ist insgesamt negativ. Durch die Addition der sicheren Anlage wird das Gewinnprofil auf null angehoben.

Liegt die Realisation der Basisvariablen im Bereich III, beeinflusst nur mehr der short Put das Ergebnis. Das Gewinnprofil steigt in diesem Bereich. Addiert mit dem sicheren Anspruch ergibt sich daher der positive Verlauf des Gewinnprofils des Steueranspruchs im Bereich III.

Fällt die Realisation der Basisgröße zwischen die Ausübungspreise $F+Z$ und $F+Z+E$, sind beide Puts aus dem Geld und beeinflussen daher das Gewinnprofil nicht. Dieses Ergebnis charakterisiert Bereich IV.

Kommt die Basisvariable im Bereich V zu liegen, so ist der $\text{Call}_{long}^{F+Z+E}$ im Geld. Für den Bereich V ergibt sich daher das Gewinnprofil des Duplikationsportfolios durch die Überlagerung des sicheren Anspruchs mit dem Gewinnprofil des Call. Die Steigung des Gewinnprofils in diesem Bereich entspricht nur in der Skizze ca. 45°. Wären beide Achsen gleich skaliert, ergäbe sich ein Steigungswinkel von 26,8°. Das entspricht einer Steigung mit dem Steuersatz $1-\Theta_{KSt}\Theta_{KESt}$. Von jedem Schilling, um den das Vermögen ansteigt, stehen im Bereich V dem Fiskus demnach 0,505 S zu.

Durch dieses Portfolio derivativer Wertpapiere und der sicheren Anlage kann der Steueranspruch, den der Fiskus mit den unterstellten Annahmen bei einer personenbezogenen Betrachtungsweise gegenüber den Kapitalgebern hat, nachgebildet werden. Da diese Nachbildung möglich ist, kann der Steueranspruch entsprechend dem Duplikationsportfolio bewertet werden.

Für die weitere Diskussion des Steueranspruches erfolgt hier eine Darstellung des Optionsportfolios.

Tabelle 2-3: Der Steueranspruch als Optionsportfolio

Bestandteil	Position	Ausübungspreis	Steueranspruch
Put P'	long	F	$\max(F-\tilde{V},0)\tau_{KSt}$
Put P''	short	$F+Z$	$\min(\tilde{V}-F-Z,0)\tau_{KSt}$
Call C'''	long	$E+F+Z$	$\max[\tilde{V}-(E+F+Z),0](1-\Theta_{KSt}\Theta_{KESt})$
Forderung	long	-	$\max(\tau_{KESt}Z,\tau_{KESt}Z)$

Für die weitere Behandlung soll dieses Portfolio in ein Portfolio einheitlicher Optionstypen überführt werden. Dabei wird von der Put-Call-Parität Gebrauch gemacht. Die Put-Call-Parität beschreibt den Zusammenhang zwischen dem Wert eines Calls und eines Puts, die auf die Selbe Basisgröße geschrieben sind und den Selben Ausübungspreis aufweisen.

Die Put-Call-Parität lautet in allgemeiner Formulierung

$$P+B=C+Xe^{-r(T-t)}.\text{[145]} \qquad (2.3)$$

Die beiden Seiten der Gleichung (2.3) sind ökonomisch identisch. Es ist gleichgültig, ob ein Investor mit einem Put und einem Wertpapier, oder mit einem Call und einem Geldbetrag, der

[145] vgl. Ingersoll, J. E., Financial Decision Making, 1989, 304

dem diskontierten Ausübungspreis entspricht, ausgestattet ist. Würden sich die beiden Seiten der Gleichung nicht entsprechen, ergäben sich Arbitragemöglichkeiten, welche die Put- und Callpreise so lange beeinflussen würden, bis Gleichung (2.3) wieder erfüllt wäre.

Für die Anwendung im Zusammenhang mit dem Steueranspruch wird die Größe B durch die unsichere Entwicklung des Periodenendvermögens $\widetilde{V}$ ersetzt. Der Ausübungspreis der jeweiligen Optionen wird aus Tabelle 2-3 abgeleitet.

Auf dieser Grundlage kann das Portfolio des Fiskus in ein Portfolio, das nur mehr aus Calls besteht, umgewandelt werden. Der long Put P^{I} wird durch das Portfolio

$$P^{I} = C^{I} - \widetilde{V} + Fe^{-r(T-t)}. \tag{2.4}$$

ersetzt. Statt dem Put P^{II}, welcher im Portfolio des Fiskus als Short-Position enthalten ist, wird das Portfolio

$$P^{II} = C^{II} - \widetilde{V} + (F+Z)e^{-r(T-t)} \tag{2.5}$$

in den Steueranspruch aufgenommen. Diese beiden Optionen modellieren den KESt-Anspruch gegenüber den Fremdkapitalgebern. Sie sind daher mit τ_{KESt} im Portfolio des Fiskus enthalten.

Werden die Long- und die Short-Position der beiden Puts zusammengefasst, ergibt sich nach einigen Umformungen

$$\tau_{KESt}\left(P^{I} - P^{II}\right) = \tau_{KESt}\left(C^{I} - C^{II} - Ze^{-r(T-t)}\right).^{146} \tag{2.6}$$

Kombiniert (2.6) mit den noch verbleibenden Komponenten des Steueranspruches kann für den Wert des Steueranspruches während des Betrachtungszeitraumes

$$MWSt_{t} = \tau_{KESt}\left(C^{I} - C^{II}\right) + \left(1 - \Theta_{KESt}\Theta_{KESt}\right)C^{III} \tag{2.7}$$

geschrieben werden.[147]

Aus (2.7) folgt, dass sich der Wert des Steueranspruches zum Zeitpunkt t_0 wegen t=0 mit

$$MWSt_{0} = \tau_{KESt}\left(C^{I} - C^{II}\right) + \left(1 - \Theta_{KESt}\Theta_{KESt}\right)C^{III} \tag{2.8}$$

ergibt.

Die Gleichungen (2.7) und (2.8) stellen das zentrale Element dieser Betrachtungsweise dar.

---

[146] Der Term $Ze^{-r(T-t)}$ stammt aus der Umwandlung des Put über die Put-Call-Parität.

[147] Durch die Berücksichtigung der sicheren Anlage fällt der Term $Ze^{-r(T-t)}$ aus der Bewertungsgleichung wieder heraus.

Über dieses Modell kann der Wert des Steueranspruches kontinuierlich bewertet werden und Aussagen über die Veränderung dieses Wertes durch steuerpolitische Maßnahmen unter Unsicherheit abgeleitet werden.

Tabelle 2-4 zeigt zusammenfassend, aus welchen Bestandteilen sich der Steueranspruch des Fiskus nach Umwandlung des gemischten Steuerportfolios in cin Call-Portfolio besteht.

Tabelle 2-4 : Steueranspruch als Call-Portfolio

Bestandteil	Position	Ausübungspreis	Anspruch
C^{I}	long	F	$\tau_{KESt} \max(\tilde{V} - F,0)$
C^{II}	short	$F+Z$	$-\tau_{KESt} \max(F + Z - \tilde{V},0)$
C^{III}	long	$E+F+Z$	$(1 - \Theta_{KSt}\Theta_{KESt}) \max[\tilde{V} - (E + F + Z),0]$

2.3 Wertbestimmende Einflussfaktoren

Aus der oben gezeigten Betrachtungsweise bei der Einbeziehung von Steuern in eine arbitragefreie Modellumgebung folgt, dass sich der Bruttowert des Unternehmens durch die Steuereinführung in das Analysemodell nicht verändert.[148] Basierend auf dieser Betrachtungsweise kann der Bruttowert des Unternehmens nach Gleichung (1.40) dargestellt werden.

$$MWU_t^{brutto} = MWEK_t^{netto} + MWFK_t^{netto} + MWSt_t \tag{2.9}$$

Ziel des Modells ist es, eine plausible Bewertung des Steueranspruches unter Unsicherheit zu ermöglichen. Die beiden ersten Komponenten aus (2.9) sollen durch das Modell nicht prognostiziert werden.[149,150]

Aus der Modellbetrachtung folgt, dass der Marktwert des Steueranspruches aus dem Verlauf des Reinvermögens laut Steuerbilanz abgeleitet wird.[151,152] Damit ist die Analyse unterschiedlicher Bilanzpolitiken nicht definitionsgemäß ausgeschlossen. Neben dieser grundlegenden Modelleigenschaft ergeben sich durch die arbitragefreie Argumentation Eigenschaften des

[148] Damit wird das Verhältnis einer Analyse ohne Steuereinfluss im Gegensatz zur Berücksichtigung von Steuereinflüssen angesprochen. Hier wird die Steuereinführung als Einführung eines dritten Stakeholders gesehen. Die Steuereinführung schafft oder vernichtet daher keine Werte. Das im Vergleich zur Betrachtung ohne Steuereinfluss zusätzliche Problem ist ein Verteilungsproblem.

[149] Die Prognose beinhaltet aus meiner Sicht auch den Anspruch, erklären zu können. Dies ist aber bspw. nicht der Fall, wenn durch Modellüberlegungen eine neue „Realität" geschaffen wird. Daher ist der Prognoseanspruch mE allgemeiner als der Anspruch, Vergangenes erklären zu können.

[150] Der Umstand, dass sich der Bruttomarktwert als Summe von Komponenten darstellen lässt (bzw. dargestellt wird), impliziert, dass zwischen den Größen der rechten Gleichungsseite keine Abhängigkeiten bestehen und daher eine isolierte Betrachtung und Bewertung erfolgen kann.

[151] Die Handelsbilanz kann durch Rückgängigmachen der Mehr-Weniger-Rechnung aus der Steuerbilanz ermittelt werden.

[152] Die Modellergebnisse lassen sich auch auf außerbetriebliche Einkunftsarten anwenden. Dort ändert sich die Zusammensetzung des Optionsportfolios.

Marktwertes des Steueranspruches, die nun auf ihre ökonomische Plausibilität hin untersucht werden sollen.

Die Darstellung erfolgt auf der Grundlage einer Simulation für das Modellunternehmen. Gezeigt werden jene Einflussfaktoren, die prinzipiell jede Option betreffen. Eigenschaften, die durch die Portfoliobildung bestimmt sind, werden weiter unten bei der Analyse der Bedeutung der Kapitalstruktur bestimmt.

2.3.1 Änderung des Betriebsvermögens

Die Änderung des Reinbetriebsvermögens im Zeitablauf erfolgt unsicher. Aus der Unterstellung bestimmter Zeitreihenmodelle für die Entwicklung der Basisgröße folgt, dass nur Informationen, die in das Zeitreihenmodell gepackt werden, durch dieses Analysemodell erfasst werden können. Die Vorgabe eines Ito-Prozesses hält die Modellumgebung aber relativ offen.[153]

Zum Besteuerungszeitpunkt t_1 ist die Realisation dieser Größe der einzige verbleibende Einflussfaktor auf den Steueranspruch. Der Wert des Steueranspruches kann grafisch wie in Abbildung 2-4 dargestellt werden.

Während des Zeitablaufs ist die Änderung des Steueranspruches bei einer Änderung des steuerlichen Gesamtvermögens von Interesse. Aus der Sicht des Unternehmens zeigt diese Betrachtung die Veränderung des Zeitwertes des Steueranspruches als Funktion des Geschäftsverlaufes. Mathematisch entspricht das der ersten partiellen Ableitung des Steueranspruches nach dem steuerlichen Gesamtvermögen.

Diese Kenngröße ist für eine praktische Umsetzung der hier vorgeschlagenen Modellbetrachtung von zentraler Bedeutung. Durch die Kenntnis des Verhaltens des Steueranspruches als Funktion des zugrunde liegenden Wertes ist die Duplikation des Steueranspruches möglich. Diese Duplikationsmöglichkeit ist auch ohne das Vorhandensein von Märkten für Steueransprüche (bzw. Bemessungsgrundlagen) gegeben. Die Duplikation müsste dann über ähnliche Werte (Cross-hedging) erfolgen.

Es kann gezeigt werden, dass das Ergebnis der ersten Ableitung des Callpreises nach der Basisgröße $N(d_1)$ ist.[154] Von diesem Ergebnis wird hier ausgegangen.

Für die Ableitung sei folgendermaßen vorgegangen. Der Steueranspruch aus Gleichung (2.7) wird als Summe der drei enthaltenen Calls gesehen. Damit kann die Ableitung des Steueran-

---

[153] vgl. Punkt 1.6.3.1.1, S. 56

[154] vgl. Hull, J. C., Derivatives, 1997, 314

spruches als Summe der Ableitungen der Portfolioanteile dargestellt werden. Die steuerlichen Einflussgrößen bleiben bei dieser Ableitung als Konstante erhalten.[155]

$$\frac{\partial MWSt_t}{\partial V} = \tau_{KESt}\left(N(d_1^I) - N(d_1^{II})\right) + \left(1 - \Theta_{KSt}\Theta_{KESt}\right)\left(N(d_1^{III})\right) \tag{2.10}$$

Dieser Zusammenhang wird in Abbildung 2-6 für t=0 dargestellt.

Abbildung 2-6: Delta des Steueranspruches

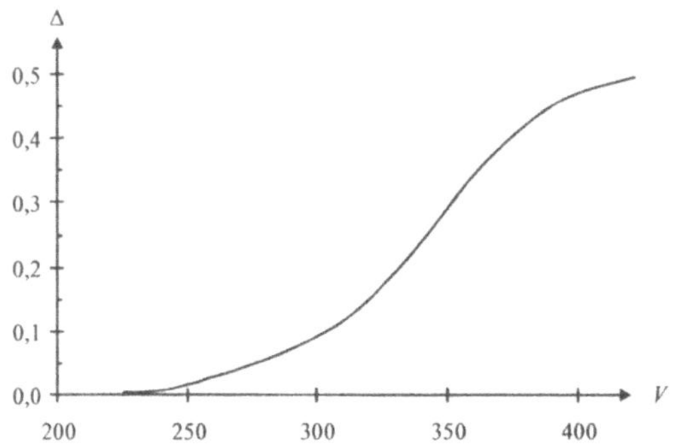

Der Steueranspruch reagiert am stärksten, wenn der Call, der den Steueranspruch gegenüber den Eigenkapitalgebern modelliert, am Geld ist. Durch die Ableitung der Summe kompensieren sich die Ableitungen der Calls, die den Kapitalertragsteueranspruch gegenüber den Fremdkapitalgebern abbilden. Der Steueranspruch reagiert auf eine Änderung des Gesamtvermögens bei zunehmendem Vermögen immer stärker. Die Variation des Gesamtvermögens erfolgt bei konstantem Fremdkapitalstand F. Variiert wird daher nur der Eigenkapitalanteil E.

Aus den Eigenschaften von Delta folgt, dass der Steueranspruch am Beginn der Periode bei einer Änderung des steuerlichen Gesamtvermögens als Basisgröße am stärksten reagiert. Aus der Sicht des Fiskus ist die Volatilität der Position aus dem Steueranspruch daher am Beginn am größten.

2.3.2 Unternehmensrisiko

Der aus meiner Sicht interessanteste wertbeeinflussende Faktor ist die Unsicherheit der Entwicklung des Reinbetriebsvermögens. Dieser Einfluss stellt die wesentliche Modellerweiterung im Vergleich zu Untersuchungen unter Sicherheit dar. Auf diesem Gebiet fehlen in der Betriebswirtschaftlichen Steuerlehre Ergebnisse bisher weitgehend.

---

[155] Es wird eine Summe abgeleitet. Die Ableitung der Summe entspricht der Summe der Ableitungen (vgl. Hull, J. C., Derivatives, 1997, 230).

Die Unsicherheit wird in der hier gezeigten Formulierung in das Modell durch den Varianzkoeffizienten des Zeitreihenmodells einbezogen. Auf die Bewertung des Steueranspruches hat das Risiko der Veränderung des Reinvermögens deshalb großen Einfluss, weil der Wert der Optionen wesentlich von der Volatilität des Prozesses abhängt.

Die aus der Optionsbewertung bekannte Größe, welche den Einfluss der Volatilität auf den Optionswert beschreibt, ist Vega. Die Ableitung des Steueranspruches nach der Volatilität ist eigentlich nicht zulässig. Der Optionswert nach Black/Scholes ist unter der Annahme ermittelt, dass die Volatilität im Zeitablauf konstant bleibt. Es kann aber gezeigt werden, dass die Ableitung ein brauchbares Näherungsergebnis sein kann.[156] Hier soll nur ein Einblick in die prinzipiellen Eigenschaften des Steueranspruches ermöglicht werden. Für diesen Zweck sollte die Näherungslösung ausreichen.

Abbildung 2-7: Vega des Steueranspruches als Funktion des Reinvermögens

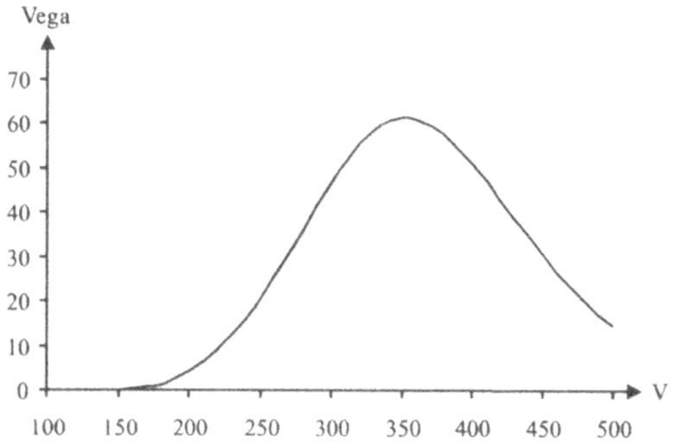

Abbildung 2-7 zeigt Vega mit dem steuerlichen Gesamtvermögen als unabhängige Variable. Die Sensitivität gegenüber einer Änderung der Volatilität der zugrunde liegenden Größe erreicht beim Ausübungspreis des Call C^{III} ein Maximum.

Da der Ausübungspreis gerade in dieser Modellierung immer knapp über 350 Einheiten liegt und das Gesamtvermögen am Beginn der Periode immer kleiner ist, zeigt Abbildung 2-7, dass die Einschätzung der Volatilität gerade bei der Bewertung des Steueranspruches wesentlich ist.

Für die praktische Anwendung dieses Modellansatzes ist die Prognose der Volatilität nötig. Wie sich aus Abbildung 2-7 ableiten lässt, ist der Wert besonders dann kritisch, wenn das Gesamtvermögen sich im Zeitablauf wenig ändert bzw. wenig geändert hat.

---

156 vgl. Hull J. C./White, A., Stochastic Volatility, 1987, 281 ff

Abbildung 2-7 zeigt, wie sich die Reagibilität des Steueranspruches als Funktion der Basisgröße gegenüber der Volatilität ändert. Diese Betrachtungsweise ist interessant für einen Vergleich innerhalb eines Unternehmens. Sollen aber zwei verschiedene Unternehmen oder zwei unterschiedliche Strategien auf ihre Auswirkung auf den Marktwert des Steueranspruches untersucht werden, ist der Einfluss der Volatilität auf den Steueranspruch die aussagekräftigere Kenngröße. Während also Vega die Reagibilität des Steueranspruches auf eine Änderung der Volatilität näherungsweise beschreibt, zeigt Abbildung 2-8 die Funktion des Steueranspruches mit der Volatilität als unabhängige Variable.

Abbildung 2-8: Steueranspruch als Funktion der Volatilität

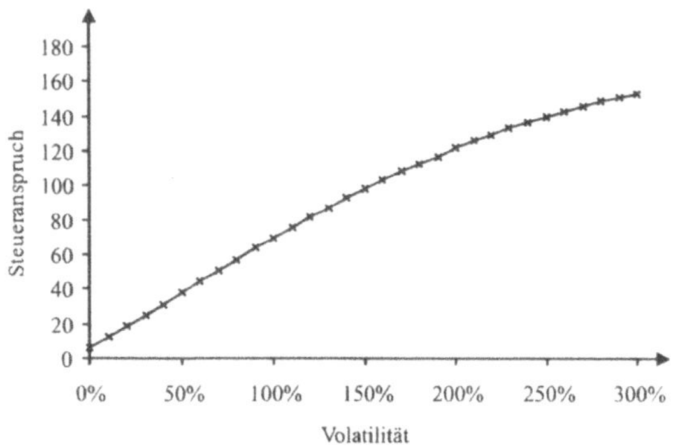

In dieser Betrachtungsweise steigt der ökonomische Wert des Steueranspruches mit steigender Volatilität der Bemessungsgrundlage an. Vom Steuerpflichtigen übernommenes Risiko weist aus der Sicht des Fiskus einen abnehmenden Grenznutzen auf. Im Bereich geringer Volatilitäten ist der Anstieg aber annähernd linear.

Aus der Sicht der Kapitalgeber partizipiert der Fiskus am Risiko, das der Steuerpflichtige übernommen hat. In einer risikoneutralen Modellumgebung ist der Erwartungswert einer Investition aber vom Risiko unabhängig. Der Erwartungswert ergibt sich nur durch das Aufdiskontieren mit dem risikoneutralen Zinssatz.

Das derzeitige Steuerrecht bevorzugt durch die Ausgestaltung als Optionsportfolio risikoärmere Unternehmen. Der Fiskus partizipiert damit an den Chancen eines Unternehmens, während auf der anderen Seite durch eine fehlende negative Steuer keine sofortige Beteiligung an

Verlusten geschaffen wird.[157]

Hier wird als generelles Ergebnis festgehalten, dass der Wert des Steueranspruches mit steigender Volatilität des Gesamtvermögens bzw. dessen Abbildung durch die Rechnungslegung positiv korreliert.[158]

2.3.3 Änderung durch Zeitablauf

Die Kenngröße Theta gibt an, wie sich der Wert des Steueranspruches durch Zeitablauf verändert, während alle anderen Größen konstant gehalten werden. Am Ende des Betrachtungszeitraumes *T* besteht der Wert des Optionsportfolio nur mehr aus dem inneren Wert. Die Basisgröße „Gesamtvermögen“ wird konstant gehalten. Die Betrachtung ist daher von geringer praktischer Bedeutung. Sie zeigt aber deutlich, dass in diesem Modellaufbau die Zeit den ökonomischen Wert des Steueranspruches erheblich beeinflusst.

Abbildung 2-9: Theta des Steueranspruches

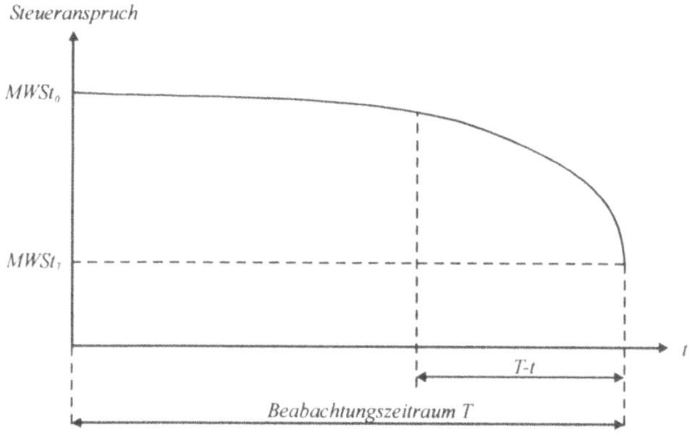

Der Zeitwert des Steueranspruches nimmt aus der Sicht des Fiskus immer mehr ab. Am Ende verbleibt nur mehr der innere Wert des Steueranspruches. In Abbildung 2-9 wird unterstellt, dass der Steueranspruch einen inneren Wert hat ($MWSt_T>0$). Die Realisation der Zufallsgröße *EBIT* liegt damit implizit in den Bereichen III bis V. Sonst nimmt der Wert des Steueranspruches bis zum Besteuerungsstichtag bis auf null ab.

---

[157] Im Bereich der Investitionsförderung soll mit steuerlichen Anreizen wie dem IFB die Investitionstätigkeit gefördert werden. Diese Maßnahme beeinflusst also die Bemessungsgrundlage. Werden insgesamt in einem Betrieb Verluste erzielt, so sind diese, wenn sie durch die Inanspruchnahme des IFB entstanden oder erhöht wurden, als Wartetastenverluste nicht ausgleichsfähig. Im Bereich der Kapitalgesellschaften bleibt der Verlust ohnehin in der Sphäre der Körperschaft und hat damit keine Auswirkungen auf die Steuerzahlung der Periode.

[158] Wesentlich ist das Abstellen auf das Gesamtvermögen. Unter Unsicherheit müssen demnach einzelne Investitionen nach ihrem Beitrag zur Volatilität des Gesamtzahlungsstromes beurteilt werden. In der Portfoliotheorie ist diese Erkenntnis schon lange bekannt. Die Anwendung auf steuerliche Wirkungen ist aber neu.

Die Funktion des Steueranspruches im Zeitablauf ist konvex. Daher nimmt der Wert des Steueranspruches im Zeitablauf (bei konstanter Basisgröße) kontinuierlich ab. Der Steueranspruch als Optionsportfolio hat aus der Sicht des Fiskus am Fälligkeitstag zwingend den minimalen Wert während der gesamten Optionslaufzeit.

Dies kann als Argument dafür verwendet werden, den Steueranspruch handelbar zu machen und damit zumindest den Fiskus besser als in der derzeitigen Situation zu stellen. Ergibt sich für andere Wirtschaftssubjekte keine Schlechterstellung, weil bspw. der Erwartungswert des Risikonutzen nicht verändert wird, ist die Situation ohne Handel des Steueranspruches nicht paretoeffizient.

Neben der Eigenschaft, dass der Zeitwert des Steueranspruches mit fortschreitender Zeit abnimmt, ist auch von Interesse, wie stark die Reagibilität gegenüber der Zeit c. p. ist. Das ist gleichbedeutend mit der Frage, bei welchem Stand des steuerlichen Gesamtvermögens die Zeit die größte Rolle spielt.

Diese Eigenschaft einer Option oder eines Optionsportfolios wird mit der Kennzahl Theta beschrieben. Abbildung 2-10 zeigt den Funktionsverlauf von Theta mit dem Gesamtvermögen als Basisgröße.

Abbildung 2-10:Theta als Funktion des Reinvermögens

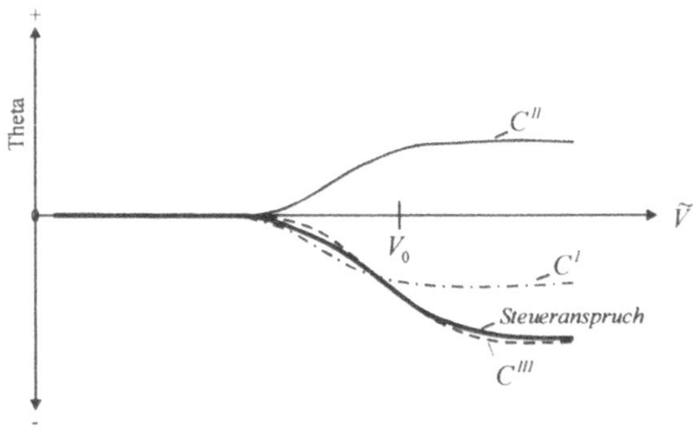

Theta ist normalerweise negativ. Das bedeutet, dass eine Option c. p. im Zeitablauf immer weniger wert wird. Die Option C^{II} aus Abbildung 2-10 weist ein positives Theta auf, weil sie aus der Sicht des Fiskus eine Short-Position darstellt. Das Theta der Gesamtposition des Steueranspruches ist aber negativ und wird in Abbildung 2-10 als dicke Linie gezeigt. Die Reagibilität des Steueranspruches gegenüber dem Zeitablauf ist dann hoch, wenn die im Portfolio enthaltenen Optionen am bzw. im Geld sind.

Abbildung 2-10 zeigt, dass Theta am Beginn der Betrachtung hoch ist. Dies gilt in jedem Besteuerungszeitraum, weil durch das Steuerrecht immer Optionen geschaffen werden, die aus dem Geld sind. Die Calls I und II sind weiter, der Call III, je nach Fremdkapitalanteil, näher am Ausübungspreis. Zu Beginn des Besteuerungszeitraums weist das Steuerportfolio daher nie einen inneren Wert auf. Der Wert bestimmt sich nur durch den Hoffnungswert, der wesentlich von der verbleibenden Zeitspanne bis zum Ende des Besteuerungszeitraumes abhängt.

2.4 Konkursmöglichkeit in der ersten Periode

Die bisherigen Überlegungen beruhen auf der Annahme, dass das Gewinnprofil des Fiskus durch normale Optionen dargestellt werden kann. Die Auszahlungen an den Fiskus am Ende des Besteuerungszeitraumes werden mE in der vorliegenden Formulierung des Modells brauchbar dargestellt. Die Aussage muss relativiert werden, wenn auch während des Besteuerungszeitraumes ein Konkurs wegen Überschuldung eintreten kann.[159]

Bei der bisher erfolgten Modellierung wurde aber implizit angenommen, dass dieser Konkurs erst am Ende des Besteuerungszeitraumes festgestellt werden kann. Trotz eines stetig beobachtbaren Gesamtvermögens wird aufgrund dieser Annahme die Erfüllung des Konkurstatbestandes „Überschuldung" nur am Ende eines Besteuerungszeitraumes überprüft.

Wird diese einschränkende Annahme aufgegeben, muss der Steueranspruch anders bewertet werden. Verfügt ein Unternehmen über kein Eigenkapital, reicht vom Ausgangspunkt aus die geringste Abwärtsbewegung des handelsrechtlichen Vermögens, um das Unternehmen in Konkurs zu führen. Danach ergibt sich für den Fiskus kein Steueranspruch mehr in der beschriebenen Weise. Das Portfolio fällt, wenn die Basisgröße den Fremdkapitalstand unterschreitet, vorzeitig weg. Diese Eigenschaft beinhaltet der Modellaufbau bisher noch nicht. Eine Erweiterung der Betrachtungsweise um diese Konkursgefahr und deren Folgen auf den Wert des Steueranspruches erfolgt weiter unten bei der Analyse des Einflusses der Kapitalstruktur.[160]

Abbildung 2-11 zeigt das Problem grafisch. Abgebildet wurde ein zufälliges Simulationsergebnis für das oben eingeführte Modellunternehmen. Vom Ausgangspunkt von 350 Einheiten Gesamtkapital sinkt das Niveau während des Besteuerungszeitraumes unter den Fremdkapitalstand von 300 Einheiten. Damit ist das Unternehmen ab dem ersten Schnittpunkt der Basisgröße mit dem ursprünglichen Fremdkapitalstand F in Abbildung 2-11 in Konkurs.[161] Für den Fiskus fällt zu diesem Zeitpunkt der Steueranspruch weg.

[159] Im Rahmen dieser Arbeit wird nur die Konkursmöglichkeit „Überschuldung" modelliert. Zahlungsunfähigkeit bleibt als Konkursgrund ausgeschlossen.

[160] vgl. Punkt 2.5.2, S. 113

[161] Die Fremdkapitalzinsen sind erst am Ende der Periode fällig und daher nicht als Verbindlichkeit zu bilanzieren. Die Verbindlichkeiten werden mit dem Rückzahlungsbetrag angesetzt. Das für die Überschuldung maßgebliche Fremdkapital ändert sich in dieser Betrachtung während eines Besteuerungszeitraumes nicht.

Abbildung 2-11: Konkurs während der ersten Periode

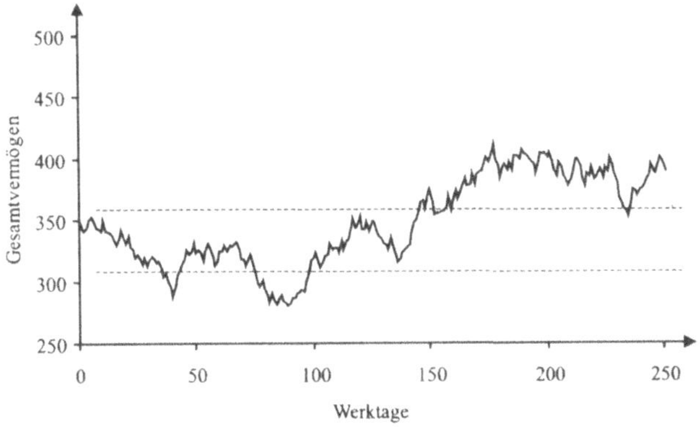

Betrachtet man aber nur den Beginn und das Ende dieses Besteuerungszeitraumes, ergibt sich insgesamt ein Gewinn. Dieser Gewinn wäre mit einer Zahlung an den Fiskus verbunden, die bei stetiger Beobachtung des Gesamtvermögens nicht auftritt. Daher wird der Steueranspruch in der bisherigen Modellumgebung zu hoch bewertet.

Im Rahmen der weiteren Analysen wird sich zeigen, dass die Zahl der Beobachtungen der Basisgröße in Verbindung mit der Konkursmöglichkeit bei einer Analyse unter Unsicherheit einen erheblichen Einfluss auf die Bewertung des Steueranspruches des Fiskus gegenüber den Kapitalgebern des Unternehmens hat.

2.5 Bedeutung der Kapitalstruktur im Grundmodell

Die bisherigen Überlegungen hatten die Entwicklung der „Spielregeln" des Modells zum Gegenstand. In diesem Punkt der Arbeit wird nun versucht, das Spiel zu spielen und die Resultate mit dem einfacheren Spiel „Analysemodell unter Sicherheit" zu vergleichen. Jetzt soll beurteilt werden, wie sinnvoll bestimmte Züge im neuen Spiel sind. Die Züge (Fragen) sind im Vergleich zu Modellen unter Sicherheit aber die gleichen geblieben. Es geht wieder um die Beantwortung der oben angesprochenen zentralen Fragen der Finanzierungs- und Rechtsformneutralität des Steuersystems.

2.5.1 Ausgangskapitalstruktur

In dieser Modellumgebung bedeutet eine unterschiedliche Ausgangskapitalstruktur eine andere Zusammensetzung des Optionsportfolios, das dem Fiskus durch das Steuerrecht garantiert wird. Entscheidend ist die Ausgangskapitalstruktur. Das Verhältnis von Eigen- und Fremdkapital bestimmt den ökonomischen Wert des Steueranspruches mit. Es wird vereinfachend davon ausgegangen, dass Eigenkapital nur in Form von Außenfinanzierung und Fremdkapital nur in Form einer Anleihe oder eines endfälligen Darlehens aufgenommen wird.

Die Betrachtung der vollständigen Fremdfinanzierung ist theoretischer Natur. Ohne Eigenkapital würde die gesamte Vermögensänderung vor Zinsen und Steuern den Fremdkapitalgebern zugute kommen. Aus steuerlicher Sicht würde sich kein Unterschied zu Eigenkapitalgebern ergeben. In diesem Fall würden die Voraussetzungen für verdecktes Eigenkapital vorliegen.[162] Unter Berücksichtigung dieser rechtlichen Rahmenbedingung kann eine Obergrenze des Fremdkapitals, die wesentlich unter 100% liegt, angenommen werden.

Es macht daher keinen Sinn, diesen Extremwert in das Modell aufzunehmen. Er ist in diesem Modell auch nicht inkludiert. Wird eine vollständige Fremdfinanzierung angenommen, so wird im Modellzusammenhang unterstellt, dass die Fremdkapitalgeber weiter als solche behandelt werden und Erträge der Fremdkapitalgeber als Zinsertrag besteuert werden.

Hier wird das Optionsportfolio als Call-Portfolio in Form von Gleichung (2.7) dargestellt. Abbildung 2-12 skizziert das „Gewinnprofil" des Fiskus am Ende des Besteuerungszeitraumes für unterschiedliche Verschuldungsgrade. Der Verschuldungsgrad wird als Anteil des

---

[162] vgl. Berger, K., Eigenkapitalersatz, 1996, 837 ff; Karollus, M., Kapitalersetzende Leistungen1997, 105 ff; Bei vollständiger Fremdfinanzierung würde es keine Gesellschafter geben. Diese wären dann nach den Regeln des Eigenkapitalersatzrechts zu bestimmen. Die Fremdkapitalgeber wären dann (zumindest teilweise) als Gesellschafter zu betrachten.

Fremdkapitals am Gesamtkapital definiert. Das gesamte Finanzierungsvolumen ist damit in allen Fällen gleich.

Abbildung 2-12: Gewinnprofil des Fiskus bei unterschiedlicher Kapitalstruktur

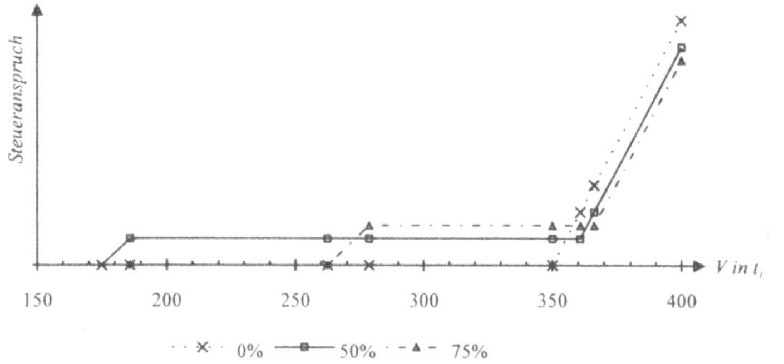

Aus Abbildung 2-12 lässt sich mE bereits vermuten, dass in dieser Modellumgebung die Kapitalstruktur relevant ist. Der aus steuerlicher Sicht große Unterschied zwischen den verschiedenen Kapitalstrukturen wird durch die Höhe des Eigenkapitals verursacht. Ist der Eigenkapitalanteil groß, ergibt sich trotz eines negativen Geschäftsverlaufes für den Fiskus die Möglichkeit, Zinseinkünfte zu besteuern. Bei vollständiger Eigenfinanzierung führt jede Erhöhung des Reinvermögens zum Anfall der Körperschaft- und Kapitalertragsteuer.

Im Zusammenhang mit Abbildung 2-12 ist zu beachten, dass Konstanz des Gesamtkapitals unterstellt wird. Dies gilt nicht im Zeitablauf, sondern nur für den Ausgangspunkt der Beobachtung. Daher setzt sowohl bei der vollkommenen Eigen- als auch Fremdfinanzierung die Besteuerung bei der gleichen Ausgangshöhe des Gesamtvermögens an.

Der Steueranspruch des Fiskus in Abhängigkeit der Kapitalstruktur soll nun nach der eher intuitiven Feststellung, dass in diesem Modellaufbau die Kapitalstruktur nicht irrelevant sein kann, analytisch untersucht werden. Tabelle 2-5 zeigt den Steueranspruch für zwei unterschiedliche Kapitalstrukturen υ' und υ''.

Tabelle 2-5: Steueranspruch des Fiskus bei unterschiedlicher Kapitalstruktur

Bestandteil	Anspruch Kapitalstruktur υ'	Anspruch Kapitalstruktur υ''
Call I	$\tau_{KESt}\max(\tilde{V}-F',0)$	$\tau_{KESt}\max(\tilde{V}-F'',0)$
Call II	$-\tau_{KESt}\max(\tilde{V}-F'e^{rT},0)$	$-\tau_{KESt}\max(\tilde{V}-F''e^{rT},0)$
Call III	$(1-\Theta_{KSt}\Theta_{KESt})\max(\tilde{V}-E'-F'e^{rT},0)$	$(1-\Theta_{KSt}\Theta_{KESt})\max(\tilde{V}-E''-F''e^{rT},0)$

Entscheidend ist, ob sich bei einer Änderung der Kapitalstruktur der Marktwert des Steuerportfolios ändert. Steigt der Wert des Steueranspruches bei einer Erhöhung des Fremdkapitals, würde das einer steuerlichen Förderung des Eigenkapitals gleichen. Sinkt der Wert des Steueranspruches mit steigendem Fremdkapitalanteil, wird durch das geltende Steuerrecht die Eigenfinanzierung gegenüber der Fremdfinanzierung diskriminiert.

Eine Änderung der Kapitalstruktur ändert die Ausübungspreise der Optionen. Um die Beeinflussung des Steueranspruches durch die Kapitalstruktur unter Unsicherheit zu untersuchen, würde sich daher anbieten, auf eine Beweisstruktur zur Konvexität von Callpreisen bei unterschiedlichen Ausübungspreisen zurückzugreifen.

Der Beweis der Konvexität zeigt vorerst nur, dass der Wert des Steueranspruches trotz der Short-Position nicht negativ werden kann. Die Beweisidee soll für die spätere Anwendung kurz skizziert werden.

Für drei Calls, die auf die gleiche Basisgröße geschrieben werden, kann für die Ausübungspreise

$$X_1 < X_2 < X_3 \tag{2.11}$$

gezeigt werden, dass die Beziehung

$$C_2 \leq wC_1 + (1-w)C_3 \tag{2.12}$$

gelten muss.[163] Im Fall des Steuerportfolios stellt der Call C_2 mit dem mittleren Ausübungspreis X_2 die Short-Position dar. Aufgrund von (2.12) ist der Wert des Steueranspruches semipositiv.

Die Beweisidee der Konvexität der Callpreisfunktion besteht darin, zu zeigen, dass das Portfolio $wC_1 + (1-w)C_3$ das Portfolio C_2 dominiert.[164] Ein dominantes Portfolio muss immer mehr wert sein, als das andere Portfolio.

Würde man diese Beweisidee auf das hier diskutierte Problem der Kapitalstruktur übertragen, wären zwei Steueransprüche bei unterschiedlicher Kapitalstruktur zu vergleichen. Es müsste die Dominanz einer Kapitalstruktur gezeigt werden.

Die Betrachtung von Abbildung 2-12 zeigt, dass diese Beweisidee nicht auf das vorliegende Problem übertragbar ist. Je nach Kapitalstruktur ist der Wert des Steueranspruches bei unterschiedlichen Realisationen der Basisgröße verschieden hoch. Eine Kapitalstruktur dominiert eine andere am Ende des Besteuerungszeitraumes also nicht prinzipiell.

Sieht man den Steueranspruch des Fiskus gegenüber einem Unternehmen und den daran

---

[163] vgl. Terstege, U., Optionsbewertung, 1995, 99 ff; Figlewski S./Silber W. L./Subrahmanyam M. G., Financial Options, 1990, 34 ff

[164] Zwei Portfolios zahlen in allen bis auf mindestens einen möglichen Zustand am Verfallstag gleich viel. Das Portfolio, das im verbleibenden Zustand eine höhere Auszahlung liefert, dominiert das andere.

beteiligten natürlichen Personen als bedingten Anspruch, würde es mE intuitiv verwundern, wenn der Einfluss der Kapitalstruktur auf den Steueranspruch unbedingt wäre.[165] Im Folgenden soll nun versucht werden, den Einfluss der Kapitalstruktur im Rahmen der hier vorgeschlagenen Sichtweise zu bestimmen.

Verglichen werden zwei verschiedene Ausgangskapitalstrukturen υ' und υ''. Es wird die Frage gestellt, bei welcher Finanzierungsvariante eines notwendigen Investitionsbudgets der Marktwert des Steueranspruches höher ist. Unterscheiden sich die Marktwerte der Steueransprüche bei unterschiedlicher Kapitalstruktur nicht, wäre das Modellsteuersystem unter Unsicherheit finanzierungsneutral.

Der Steueranspruch soll für die folgenden Diskussionen gespalten werden. Im ersten Schritt wird der Einfluss der Kapitalstruktur auf den Steueranspruch gegenüber den Eigenkapitalgebern ermittelt. Dieses Ergebnis sollte mit anderen Untersuchungen der Steuerlehre vergleichbar sein, die sich in den meisten Fällen aufgrund des Barwertmodells als methodischer Grundlage nur auf diesen Teil des Steueranspruches konzentrieren.

Im zweiten Schritt soll auch der Einfluss der Kapitalstruktur auf den Steueranspruch des Fiskus gegenüber den Fremdkapitalgebern für diese Modellumgebung bestimmt werden. Die Erweiterung der Betrachtung um den Steueranspruch gegenüber den Fremdkapitalgebern ist erforderlich, wenn die Modellergebnisse nicht nur für Analysen aus der Sicht von Eigenkapitalgebern brauchbar sein sollen.[166] Werden steuerliche Maßnahmen diskutiert, Eigenkapital zu fördern, ist aus der Sicht des Fiskus relevant, wie sich der Marktwert des gesamten Steueranspruches verändert. Aus diesem Grund erachte ich eine Einschränkung auf den Steueranspruch gegenüber den Eigenkapitalgebern für viele Fragestellungen nicht sinnvoll.[167]

Die Analyse unterschiedlicher Kapitalstrukturen erfolgt unter folgenden zwei Prämissen.

$$\begin{aligned} E' + F' &= E'' + F'' \\ E'' &= E' + F' - F'' = E' - \left(F'' - F'\right) \\ &= E' - \Delta F \end{aligned} \tag{2.13}$$

[165] Dieses Ergebnis folgt zwingend aus Analysemodellen unter Sicherheit.

[166] Wird ein Unternehmen in der Rechtsform einer Kapitalgesellschaft betrieben, lässt sich die Kapitalstruktur auch durch Gesellschafter „beliebig" einstellen. Das Trennungsprinzip ermöglicht eine Fremdkapitalgewährung bis zu einem durch das Institut des verdeckten Eigenkapitals begrenzten Maß. Innerhalb dieses Spielraumes werden Unternehmer, wenn sie den Marktwert des Steueranspruches im Fall der steuerlichen Diskriminierung von Eigenkapital minimieren wollen, den Fremdkapitalanteil erhöhen. Das Konkursrisiko steigt nur theoretisch, weil die Gesellschafter die Zahlungen auf „ihr" Fremdkapital nicht leisten müssen. Im Grenzfall wird das Fremdkapital dann später zu verdeckten Eigenkapital umqualifiziert.

[167] Mit dieser Einschätzung ist automatisch eine Kritik an Arbeiten in der Steuerlehre zur Finanzierungsneutralität, die auf methodischer Basis des Kapitalwertmodells erfolgen, verbunden.

Gleichung (2.13) beschreibt die Annahme, dass der Gesamtkapitalstand konstant gehalten wird. Unter der Bedingung

$$\Delta F > 0 \tag{2.14}$$

ist damit E'' kleiner als E'. Der Fremdkapitalanteil υ nimmt zu.

2.5.1.1 Steueranspruch gegenüber Eigenkapitalgebern

Am Ende des Besteuerungszeitraumes entsteht beim Fremdkapitalanteil υ' die bedingte Bemessungsgrundlage

$$BGL' = \max\left(\tilde{V} - E' - F'e^{rT}, 0\right) \tag{2.15}$$

Bei einer Finanzierungsstruktur mit höherem Fremdkapitalanteil υ'' verschiebt sich der Ausübungspreis der Option gegenüber den Eigenkapitalgebern.

$$BGL'' = \max\left(\tilde{V} - E' - F''e^{rT}, 0\right) \tag{2.16}$$

Die Differenz der Bemessungsgrundlagen bei unterschiedlicher Kapitalstruktur kann nicht ohne weiteres vereinfacht werden.[168] Der Unterschied der Bemessungsgrundlage ergibt sich am Ende des Besteuerungszeitraumes in Abhängigkeit der Finanzierungsstruktur mit

$$\Delta BGL = \max\left[\tilde{V} - \left(E'' + F''e^{rT}\right), 0\right] - \max\left[\tilde{V} - \left(E' + F'e^{rT}\right), 0\right]. \tag{2.17}$$

Die Differenz der Bemessungsgrundlagen ist, wie zu erwarten war, wieder ein bedingter Anspruch.

Die Differenz wird durch eine reine Darstellung noch nicht bewertet. Die Betrachtung von Gleichung (2.17) zeigt, dass diese Differenz, also der Unterschied des Steueranspruches als Funktion der Finanzierungsstruktur wieder als Optionsportfolio interpretiert werden kann. Durch Anwendung der Optionspreistheorie und der Unterstellung des geeigneten Zeitreihenmodells für die Basisgröße $\tilde{V}$ ist die ökonomische Bestimmung des Einflusses der Kapitalstruktur möglich.

Die Differenz der Bemessungsgrundlage kann als Portfolio bestehend aus einem Long- und einem Short-Call interpretiert werden. Beide sind auf die selbe Basisgröße geschrieben und unterscheiden sich nur in ihren Ausübungspreisen. Eine Kombination eines Short- mit einem

---

[168] Es muss die Differenz zweier Vektoren gebildet werden, deren Elemente nicht alle eine Lineartransformation des anderen Vektors darstellen. Der Differenzvektor hat eine andere Lage im Raum, daher ist eine Vereinfachung nur dann möglich, wenn ein eindimensionaler Vektor vorliegt. Dieser ergibt sich für den Sonderfall der Sicherheit.

Long-Call mit höherem Ausübungspreis ist als Bear-Spread bekannt.[169] Der Unterschied der Ausübungspreise ist in diesem Modellaufbau nur durch die unterschiedliche Kapitalstruktur determiniert.

$$\begin{aligned} \Delta X &= X'' - X' = E'' + F''e^{rT} - \left(E' + F'e^{rT}\right) \\ &= E'' - E' + \left(F'' - F'\right)e^{rT} \\ &= \Delta E + \Delta F e^{rT} \end{aligned} \quad (2.18)$$

Mit der Annahme des konstanten Gesamtkapitals V_0 aus Gleichung (2.13) entspricht $\Delta E = -\Delta F$. Gleichung (2.18) kann damit zu

$$\Delta X = -\Delta F + \Delta F e^{rT} = \Delta F\left(e^{rT} - 1\right) \quad (2.19)$$

umgeformt werden. Der Ausübungspreis der Bemessungsgrundlagenoption gegenüber den Eigenkapitalgebern steigt nach (2.19) um die wegen des höheren Fremdkapitalanteils gestiegenen Zinsen. Der Unterschied der Ausübungspreise bestimmt die Spannbreite und damit den ökonomischen Wert des Spread. Steigen c. p. die Zinsen, steigt die Bedeutung der Kapitalstruktur. Die Zeit spielt üblicherweise wegen der Festlegung eines Besteuerungszeitraumes mit einem Kalenderjahr kein Rolle. Mit steigendem Unterschied in der Finanzierungsstruktur nimmt auch der Unterschied der Marktwerte des Steueranspruches zu. Die Spannbreite des Spread nimmt linear nach (2.20) mit steigender Fremdkapitaldifferenz zu.

$$\frac{\partial \Delta X}{\partial \Delta F} = e^{rt} - 1 \quad (2.20)$$

Der Einfluss des Fremdkapitalanteils υ auf die Bemessungsgrundlage des Steueranspruches gegenüber den Eigenkapitalgebern kann auch grafisch dargestellt werden. Sind am Ende des zukünftigen Besteuerungszeitraumes beide Optionen aus dem Geld, entsteht unabhängig von der Finanzierungsstruktur des Unternehmens kein Steueranspruch.

Aus dem höheren Eigenkapitalanteil E' folgt der niedrigere Ausübungspreis X'. Bei steigender Realisation der Basisgröße beginnt der Steueranspruch bei hohem Eigenkapitalanteil zu steigen, während bei höherem Fremdkapitalanteil aufgrund der höheren Zinszahlung noch kein Gewinn und damit kein Steueranspruch entsteht. Die Differenz des Steueranspruches steigt so lange, bis sich auch bei der Finanzierung mit höherem Fremdkapitalanteil υ'' eine Steuerzahlung ergibt. Danach bleibt die Differenz konstant. In der folgenden Abbildung 2-13 wurde bereits die Lineartransformation von der Bemessungsgrundlage zum Steueranspruch

[169] Unter den getroffenen Annahmen ist $E'' + F''e^{rT} > E' + F'e^{rT}$.

über den proportionalen Tarif durchgeführt. Daher ergibt sich die Steigung nicht mit 45°, wie bei einem normalen Optionsgewinnprofil, sondern mit 22,725°.

Abbildung 2-13: Bedeutung der Kapitalstruktur im Einperiodenmodell (Eigenkapitalgeber)

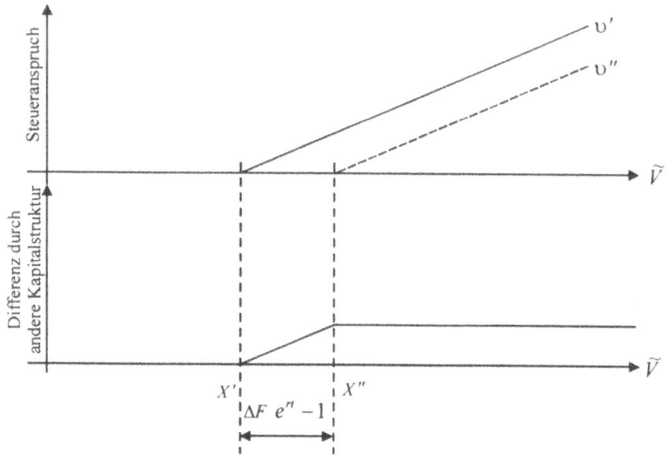

Aufgrund der Konvexität von Callpreisen bei steigendem Ausübungspreis muss das in Abbildung 2-13 gezeigte Gewinnprofil einen positiven Wert haben.

Berechnet wird die Differenz des Steueranspruches als Funktion der Kapitalstruktur, wobei der Fremdkapitalanteil $\upsilon'' > \upsilon'$ ist. Aus der Sicht des Steuerpflichtigen ist die Differenz $BGL'' - BGL'$ zu berechnen. Für die weiteren grafischen Darstellungen wird die Sichtweise gewechselt. Die Betrachtung des Gewinnprofils erfolgt aus der Sicht des Fiskus. Dieser hält genau die Gegenposition zum Steuerpflichtigen. Durch den Vorzeichenwechsel wird die Differenz $BGL' - BGL''$ dargestellt.

Aus der Sicht des Fiskus ist der Steueranspruch gegenüber den Eigenkapitalgebern bei höherem Eigenkapitalanteil auch unter Unsicherheit größer als bei geringerem Eigenkapitalanteil. Die Aussagen decken sich damit mit den Ergebnissen, die in einem Modell unter Sicherheit erzielt werden können.[170] Mit der hier vorgeschlagenen Modellierung kann zusätzlich die Benachteiligung des Eigenkapitals unter Unsicherheit quantifiziert werden. Sie entspricht dem ökonomischen Wert des in Abbildung 2-13 gezeigten Spread.

Um eine quantitative Abschätzung der Bedeutung der Kapitalstruktur zu ermöglichen, wurden Simulationen für das Modellunternehmen durchgeführt. Das Ergebnis der Simulation zeigt

---

[170] Sicherheit kann in diesem Zusammenhang als Spezialfall der Unsicherheit gesehen werden. Die hier vorgeschlagene Modellierung ist damit allgemeiner als ein Modell unter Sicherheit.

die Differenz des Steueranspruches bei vollständiger Eigenfinanzierung und einer Mischfinanzierung.

Abbildung 2-14: Differenz Steueranspruch „Eigenkapitalgeber" als Funktion des Fremdkapitalanteils

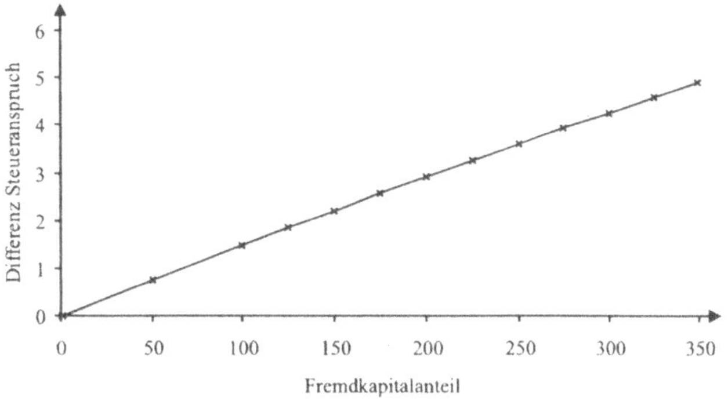

Aus dem Simulationsergebnis zeigt sich, dass sich eine Randlösung ergibt. Aus der Sicht des Anteilseigners wird der Steueranspruch dann minimiert, wenn der Fremdkapitalanteil maximiert wird. Die Differenz erreicht in Abbildung 2-14 ihr Maximum bei einer vollkommenen Fremdfinanzierung. Da sich kein Wendepunkt ergibt, dominiert eine Kapitalstruktur mit höherem Fremdkapitalanteil den Steueranspruch gegenüber den Eigenkapitalgebern mit niedrigerem Fremdkapitalanteil.

2.5.1.2 Steueranspruch gegenüber den Fremdkapitalgebern

Neben dem Steueranspruch gegenüber den Eigenkapitalgebern soll auch der Wert des Steueranspruches gegenüber den Fremdkapitalgebern modelliert werden.

In der hier vorgeschlagenen Modellierung wird nach Gleichung (2.7) dieser Teil des gesamten Steueranspruches durch einen Long- und einen Short-Call abgebildet. Für den Fremdkapitalanteil υ' und υ'' werden die Bemessungsgrundlagen mit

$$\begin{aligned} BGL' &= \max\left(\tilde{V} - F',0\right) - \max\left(\tilde{V} - F'e^{rT},0\right) \\ BGL'' &= \max\left(\tilde{V} - F'',0\right) - \max\left(\tilde{V} - F''e^{rT},0\right) \end{aligned} \tag{2.21}$$

bestimmt. Aus Gleichung (2.21) folgt unmittelbar der Unterschied in der Bemessungsgrundlage bei unterschiedlichem Fremdkapitalanteil.

$$\Delta BGL = \max\left(\tilde{V} - F',0\right) - \max\left(\tilde{V} - F'e^{rt},0\right) - \max\left(\tilde{V} - F'',0\right) + \max\left(\tilde{V} - F''e^{rt},0\right) \tag{2.22}$$

Der Unterschied im Marktwert des Steueranspruches kann für die Fremdkapitalgeber damit durch vier Calls abgebildet werden. In (2.22) sind die Optionen unter der Annahme $F'' > F'e^{rt}$ nach steigenden Ausübungspreisen geordnet.

Die ersten beiden Optionen können als Bull-Spread interpretiert werden. Fasst man die beiden folgenden Optionen zusammen, ergibt sich ein Bear-Spread. Diese Analyse ergibt sich aus der Sicht des Fiskus. Aus der Sicht des Steuerpflichtigen kehren sich die Vorzeichen um.

Auch beim Steueranspruch gegenüber den Fremdkapitalgebern zeigt sich, dass sich der Unterschied zwischen zwei Kapitalstrukturen als Portfolio bedingter Ansprüche darstellen lässt. Abbildung 2-15 zeigt die unterschiedlichen Steueransprüche und den in (2.22) gezeigten Unterschied zwischen den Kapitalstrukturen grafisch.[171]

Abbildung 2-15: Bedeutung der Kapitalstruktur im Einperiodenmodell (Fremdkapitalgeber)

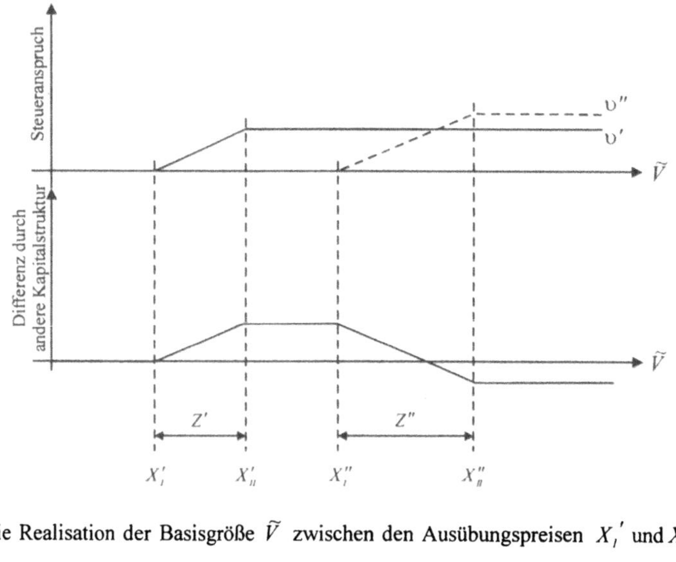

Liegt die Realisation der Basisgröße $\tilde{V}$ zwischen den Ausübungspreisen $X_I{}'$ und $X_{II}{}'$, entsteht bei der Kapitalstruktur mit dem geringeren Fremdkapitalanteil bereits ein Steueranspruch gegenüber den Fremdkapitalgebern, während bei der Kapitalstruktur mit größerem Fremdkapitalanteil die Gesellschaft am Ende des Betrachtungszeitraumes in Konkurs geht, weil die vereinbarten Zinsen nicht entrichtet werden können. Aus der Sicht des Fiskus ist in diesem Bereich ein geringerer Verschuldungsgrad günstiger.

---

[171] Der Maßstab der Ordinate wurde im Vergleich zur Abszisse halbiert. Damit wird die Darstellung übersichtlicher. Ansonsten würde sich aufgrund des KESt-Steuersatzes von 25% eine Steigung von nur 11,25° ergeben.

Liegt die Realisation des steuerlichen Gesamtvermögens $\tilde{V}$ zwischen X_{II}' und X_I'', bleibt die Differenz konstant. Wird der Ausübungspreis X_I'' überschritten, ergibt sich auch beim höherem Fremdkapitalanteil υ'' ein Steueranspruch. Dieser wächst bei steigender Realisation der Basisgröße weiter als beim Fremdkapitalanteil υ', weil die besteuerten Zinsen höher sind.

Aus der Sicht des Fiskus dreht sich der Vorteilhaftigkeitsvergleich bei steigender Realisation des steuerlichen Gesamtvermögens um. Ergibt sich während des Besteuerungszeitraumes eine positive Entwicklung, ist am Ende der Steueranspruch gegenüber den Fremdkapitalgebern bei höherem Fremdkapitalanteil offensichtlich höher.

Bei höherem Fremdkapitalanteil υ setzt aus der Sicht des Fiskus aber auch die Besteuerung der Eigenkapitalgeber später ein. Daher ergibt sich aus dieser Sicht ein zusätzlicher Nachteil bei höherer Realisation der Basisgröße „steuerliches Gesamtvermögen".

In Abbildung 2-15 wurden zwei verschiedene Kapitalstrukturen gegenübergestellt.

Der Steueranspruch gegenüber den Fremdkapitalgebern wurde als Funktion des Fremdkapitalanteils für das Modellunternehmen simuliert. Abbildung 2-16 zeigt die Simulationsergebnisse für einen relevanten Bereich der Fremdfinanzierung. Der Simulation wurde im linken Teil der Abbildung ein Gesamtkapital von 350 Einheiten und eine jährliche Volatilität von 30% unterstellt.

Abbildung 2-16: Steueranspruch als Funktion der Kapitalstruktur ($\sigma = 30\%$ und $\sigma = 0\%$)

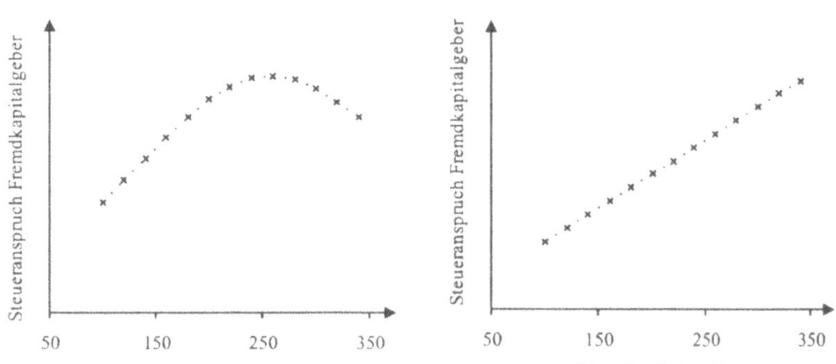

Erklärungsbedürftig ist aus meiner Sicht der Wendepunkt im linken Teil von Abbildung 2-16. Dieser lässt sich aus grundlegenden Optionseigenschaften ableiten.

Eine unterschiedliche Kapitalstruktur bedeutet in der hier vorgeschlagenen Modellierung eine Verschiebung von Ausübungspreisen. Der Wendepunkt kann über das Verhalten von Callpreisen bei unterschiedlichem Ausübungspreis erklärt werden. Die Funktion $C = C(X)$

ist zwingend konvex.[172] Das Portfolio, das den Steueranspruch gegenüber den Fremdkapitalgebern abbildet, besteht aus zwei Calls mit unterschiedlichen Ausübungspreisen. Die Distanz zwischen den Ausübungspreisen ist, wie in (2.19) gezeigt, vom Fremdkapitalstand abhängig. Von reiner Eigenfinanzierung ausgehend unterscheiden sich die Ausübungspreise nicht. Bei vollständiger Fremdfinanzierung erreicht die Distanz zwischen den Ausübungspreisen ihr Maximum.

Mit zunehmendem Fremdkapitalanteil steigt die Differenz der Ausübungspreise der Optionen linear an.

$$\Delta X = \Delta F\left(e^{rT} - 1\right) = \Delta Z \tag{2.23}$$

Damit wird das durch die Realisation zu treffende „Gewinnfenster" breiter. Der Hoffnungswert spielt bei geringem Fremdkapitalanteil keine Rolle, weil beide Optionen weit im Geld sind.

Wird der Fremdkapitalanteil erhöht, kommt neben der Vergrößerung des Fensters ein weiterer Effekt zum Tragen. Der Spread wird weiter Richtung „am Geld" bewegt. Der Wert der Position nimmt damit stark ab. Der innere Wert wird geringer, es verbleibt nur mehr der Hoffnungswert. Damit sinkt der Wert des Steueranspruches, wenn die Ausübungspreise in Richtung Basisgröße V_0 verschoben werden.

Wird der Ausübungspreis ins Unendliche verschoben, ist der Wert der Position wieder null, weil die Gewinnzone vom Ausgangspunkt der Basisgröße V_0 aus nicht erreicht werden kann.

Bei reiner Eigenfinanzierung und reiner Fremdfinanzierung weist der Steueranspruch einen Wert von null auf. Dazwischen ist der Wert aber positiv. Daraus folgend muss sich ein Wendepunkt ergeben.

Der Wendepunkt verlagert sich mit steigendem Risiko des steuerlichen Gesamtvermögens weiter nach rechts in Richtung einer höheren Fremdfinanzierung.

Der rechte Teil von Abbildung 2-16 zeigt die Simulationsergebnisse für eine angenommene Volatilität der Basisgröße von 0%. Diese Simulation kann als Grenzfall gesehen werden und zeigt die Ergebnisse unter Sicherheit. Daraus folgend ist bei einer reinen Betrachtung des Steueranspruches gegenüber den Fremdkapitalgebern aus der Sicht des Fiskus verständlicherweise eine „vollständige" Fremdfinanzierung vorteilhaft. Unter Sicherheit ergibt sich ein linearer Zusammenhang, der sich aus dem jeweiligen Barwert der Zinszahlung multipliziert mit dem Kapitalertragsteuersatz ermittelt.

[172] Zum Beweis siehe die weiter oben gezeigte Beweisstruktur.

Um die gesamte Wirkung einer unterschiedlichen Kapitalstruktur im vorgeschlagenen Analysemodell abschätzen zu können, ist aufgrund der gegenseitigen Abhängigkeit der Steueransprüche eine Betrachtung des gesamten Steueranspruches zielführend.[173]

Abbildung 2-17 zeigt den Unterschied des Steueranspruches bei unterschiedlicher Kapitalstruktur als Funktion des steuerlichen Gesamtvermögens zum Ende des Besteuerungszeitraumes. Am Beginn der Betrachtung weist die Basisgröße einen Stand von V_0 (Übergang von Bereich 4 und 5) auf. Damit sind die ersten vier Optionen aus dem Geld, während die Optionen, die den Steueranspruch gegenüber den Eigenkapitalgebern modellieren, im Geld. Dies ist für die Bewertung am Beginn des Besteuerungszeitraumes von wesentlicher Bedeutung.

Abbildung 2-17: Gesamtsteueranspruch bei unterschiedlicher Kapitalstruktur

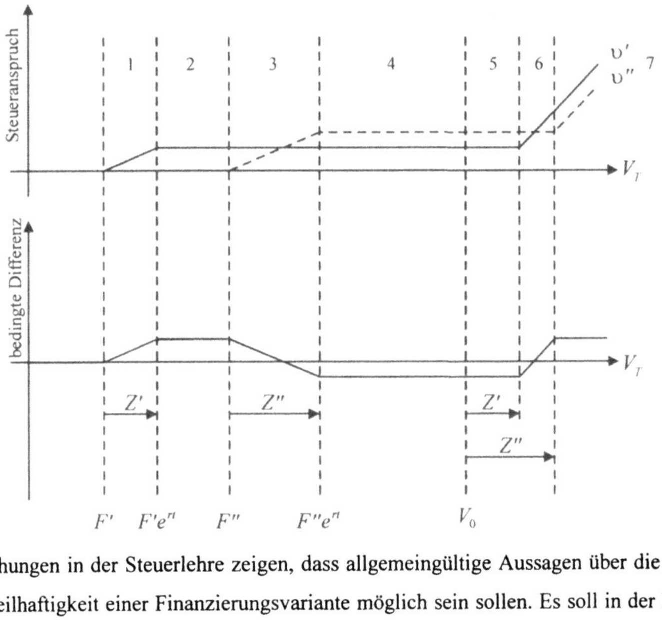

Untersuchungen in der Steuerlehre zeigen, dass allgemeingültige Aussagen über die steuerliche Vorteilhaftigkeit einer Finanzierungsvariante möglich sein sollen. Es soll in der hier vorgeschlagenen Modellierung überprüft werden, ob dies auch in diesem Rahmen möglich ist.

Der Unterschied des Steueranspruches bei unterschiedlicher Kapitalstruktur wird hier als

[173] Die Abhängigkeit der Steueransprüche gegenüber den Fremd- und Eigenkapitalgebern kann in einer Analyse basierend auf dem Barwertmodell nicht gezeigt werden. Aus meiner Sicht ist damit ein weiteres Argument für die Zweckmäßigkeit der hier vorgeschlagenen Modellierung zu sehen.

Portfolio von sechs Optionen aufgefasst. Der Gesamtwert dieses Portfolios wurde für das Modellunternehmen simuliert. Die Optionswerte wurden nach Black/Scholes berechnet. Verglichen wird der Steueranspruch bei einem Fremdkapitalanteil von 0% mit einem von 75%. Die Simulation wurde c. p. durchgeführt. Außer der Zeit wurden alle Variablen konstant gehalten.

Am Beginn des Besteuerungszeitraumes ergibt sich aus der Sicht des Fiskus bei reiner Eigenfinanzierung ein höherer Marktwert des Steueranspruches. Die Differenz stellt den Ausgangspunkt der Funktion in Abbildung 2-18 dar. Im Zeitablauf nimmt der Hoffnungswert des Steueranspruches bei konstanter Basisgröße ab. Am Ende des Besteuerungszeitraumes wird, wenn die Basisgröße auf dem Niveau von V_0 konstant gehalten wird, die Realisation der Basisgröße zwischen dem Bereich 4 und 5 in Abbildung 2-17 erreicht. In diesem Fall wäre aus der Sicht des Fiskus eine teilweise Fremdfinanzierung günstiger, weil sich bei den Eigenkapitalgebern kein Gewinn ergibt.

Aus der Sicht des (der) Steuerpflichtigen heißt das, dass der Steueranspruch insgesamt geringer ist, als bei höherer Fremdfinanzierung. Ein Ergebnis, das dem vieler bisheriger Arbeiten in der Steuerlehre, dass Fremdfinanzierung aus steuerlicher Sicht immer der Eigenfinanzierung vorgezogen werden muss, widerspricht.

Abbildung 2-18: Vorteil der Kapitalstruktur im Zeitablauf

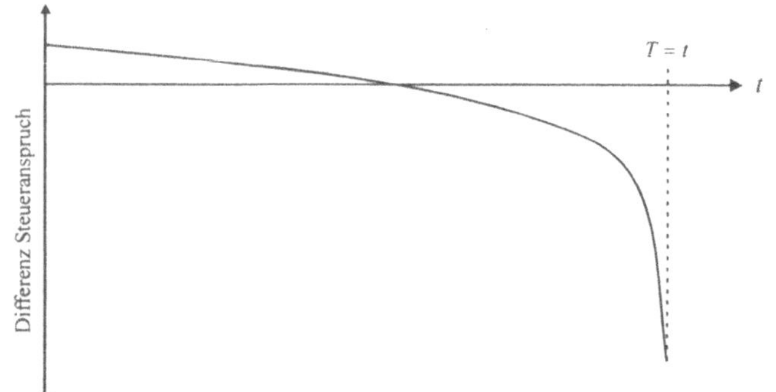

Die Umkehrung des Vorteilhaftigkeitsvergleiches zwischen Eigen- und Fremdfinanzierung im Zeitablauf zeigt mE klar, dass die Aussage über die Diskriminierung des Eigenkapitals beim unterstellten Steuersystem nicht allgemein aufrecht erhalten werden kann.[174]

[174] Ein sofortiger Verlustausgleich ist bei einer Kapitalgesellschaft aufgrund des Trennungsprinzips nicht möglich. Der Verlustvortag spielt damit im Einperiodenmodell noch keine Rolle.

Die Analyse des Einflusses der Kapitalstruktur im Grundmodell soll mit einem Simulationsergebnis für das Modellunternehmen abgeschlossen werden. Dargestellt wird der Steueranspruch als Funktion des Fremdkapitalanteils. Abbildung 2-19 zeigt diesen Zusammenhang.

Abbildung 2-19: Simulation Gesamtsteueranspruch ohne Konkursmöglichkeit

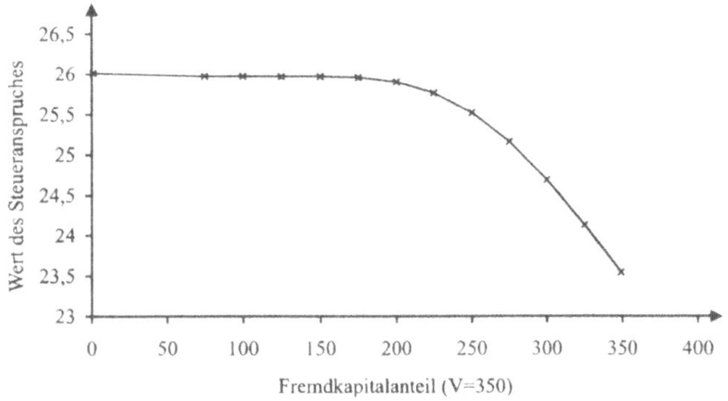

Betrachtet man die Ordinate, lassen sich für die Simulationsrahmenbedingungen ($\sigma = 30\%$, $V_0 = 350$ und $r = 6\%$) die möglichen Einsparungspotentiale bestimmen.

Bei voller Eigenfinanzierung ergibt sich ein Gesamtsteueranspruch von ca. 26 Einheiten. Bei vollständiger Fremdfinanzierung sinkt der Marktwert des Steueranspruches auf ca. 23,5 Einheiten. Durch Steigerung des Fremdkapitalanteils lässt sich der Marktwert des Steueranspruches damit unter Unsicherheit um etwa 10% senken. Dieses Maß hängt wesentlich von der unterstellten Volatilität und dem Zinssatz ab.

2.5.2 Einfluss der Kapitalstruktur bei vorzeitiger Konkursmöglichkeit

Bisher wurde bei der Diskussion des Einflusses der Kapitalstruktur, wie auch beim Aufbau des Grundmodells, ein Konkurs wegen Überschuldung während des Besteuerungszeitraumes nicht berücksichtigt. Dies wäre mit der praktischen Situation vergleichbar, in der ein Entscheidungsträger zwar das Gesamtvermögen der Gesellschaft stetig beobachtet, aber bei einer unterjährigen Überschuldung keinen Konkurs anmeldet.[175] Im Fall von kleinen und mittleren Unternehmen ist auch der Fall vorstellbar, dass aufgrund personeller Engpässe die Beobach-

[175] Dies gilt nur vor dem Hintergrund der in der Investitionsrechnung üblicherweise unterstellten Nebenbedingung, dass das Unternehmen trotz Überschuldung liquide ist. Aufgrund der fehlenden unterjährigen Rechnungslegungspflicht gibt es nur wenig äußeren Druck, einen Konkurs wegen Überschuldung anzumelden. Ist die angespannte Situation des Unternehmens erkennbar, würde eine verschärfte Selbstinformationspflicht gefordert werden. Ist diese Situation nicht erkennbar, wird der Unternehmer auch die verschärften Selbstinformationspflichten nicht erkennen. Die weiteren Modellergebnisse zeigen, dass auch von Seiten des Fiskus kein großes Interesse an einem Konkurs besteht. Würde das Unternehmen bei Überschuldung liquidiert, sinkt der Wert des Steueranspruches.

tungsmöglichkeiten fehlen und damit eine Überschuldung während des Besteuerungszeitraumes nicht erkannt werden kann. Die Annahme, dass während des Besteuerungszeitraumes kein Konkurs eintritt, muss daher nicht unbedingt unrealistisch sein.

Soll im Modell das Unternehmen bereits mit dem erstmaligen Unterschreiten der Konkursbarriere liquidiert werden, fällt der Steueranspruch des Fiskus weg. Bei dieser Modellbetrachtungsweise muss der Steueranspruch über Barrier-Optionen modelliert werden.

Im Punkt 2.4 (S. 98) wurde bereits diskutiert, dass eine Konkursmöglichkeit während des Besteuerungszeitraumes durch Barrier-Optionen modelliert werden kann. Da die Auswirkungen unterschiedlicher Kapitalstrukturen als Optionsportfolio modelliert wurden, lässt sich diese Idee übertragen. Das Gewinnprofil des Fiskus am Ende des Besteuerungszeitraumes bleibt von der Konkursmöglichkeit unberührt. Es ändert sich aber die Zahl der Wege, über die eine „Gewinnrealisation" erreicht werden kann.

Eine Einschätzungsmöglichkeit des Einflusses der vorzeitigen Konkursmöglichkeit soll die Simulation für das Modellunternehmen bieten. Die „normalen" Optionen des Steuerportfolio wurden durch Barrier-Optionen ersetzt. Simuliert wird der Einfluss der Konkursmöglichkeit auf den Steueranspruch gegenüber den Fremdkapitalgebern und dem Gesamtsteueranspruch.

Das Gesamtkapital wird auf dem Niveau von 350 Einheiten konstant gehalten. Variiert wird wieder der Fremdkapitalanteil am Gesamtkapital. Die Volatilität, die wesentlichen Einfluss auf die Simulationsergebnisse hat, wurde mit 30% angenommen und ein Zinssatz von 6% unterstellt.

Abbildung 2-20: Simulation Steueranspruch „Fremdkapitalgeber" bei Konkursmöglichkeit

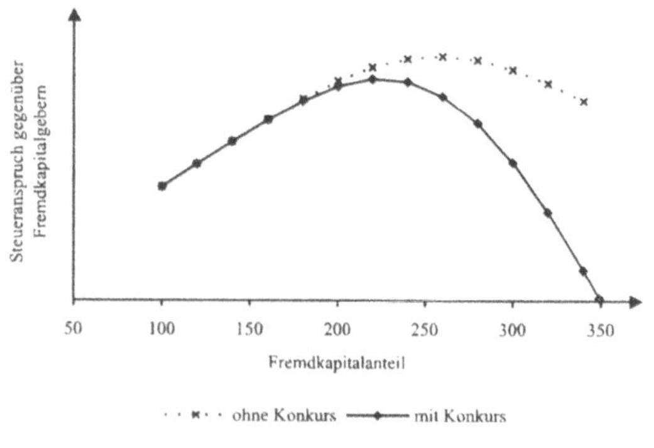

Abbildung 2-20 zeigt, dass der Steueranspruch gegenüber den Fremdkapitalgebern bei steigendem Fremdkapitalanteil aufgrund der steigenden Zinsen ansteigt. Ohne Konkursmöglichkeit nimmt der Steueranspruch aufgrund der Optionseigenschaften bei sehr hohem Fremdkapitalanteil wieder ab.

Die untere Kurve in Abbildung 2-20 zeigt den Verlauf des Steueranspruches gegenüber den Fremdkapitalgebern bei Berücksichtigung der Konkursgefahr. Die Wahrscheinlichkeit, dass das Unternehmen mit steigendem Fremdkapitalanteil in Konkurs geht, nimmt zu. Daher fallen die Betrachtungsweisen stark auseinander. Die Annahme, dass während des Besteuerungszeitraumes Konkurs eintreten kann, beeinflusst die Modellergebnisse damit wesentlich.

Abbildung 2-21 zeigt die Simulation unter gleichen Bedingungen für den Gesamtsteueranspruch. Bei einer Ausgangskapitalstruktur, die annähernd kein Eigenkapital enthält, sinkt der Marktwert des Steueranspruches gegen null. Bei dieser Ausgangskapitalstruktur reicht die kleinste negative Entwicklung aus, um Konkurs aufgrund von Überschuldung eintreten zu lassen.

Abbildung 2-21: Simulation Gesamtsteueranspruch bei Konkursmöglichkeit

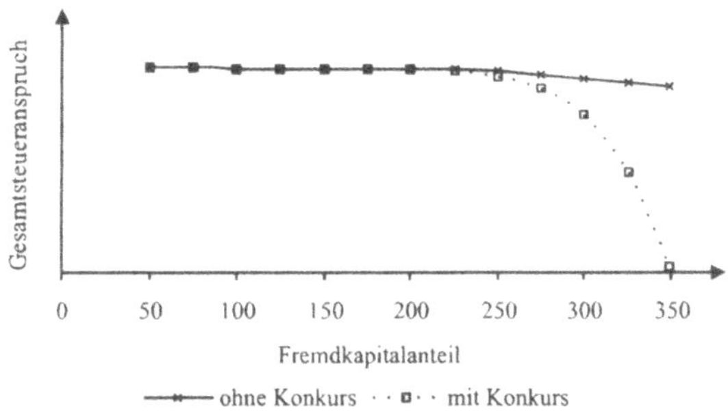

Ist der Verschuldungsgrad nicht hoch, spielt diese Konkursmöglichkeit während der Periode keine große Rolle. Bis zu einem Fremdkapitalanteil von 150 Einheiten ($\upsilon \cong 43\%$) decken sich die Modellergebnisse annähernd. Steigt der Fremdkapitalanteil weiter, ist die Wahrscheinlichkeit, dass das Unternehmen während des betrachteten Besteuerungszeitraumes in Konkurs geht, relativ hoch. Damit sinkt der Wert des Steueranspruches in diesem Bereich stark ab. Unterstellt man die theoretisch mögliche vollständige Fremdkapitalausstattung bereits zum Beginn der Periode, hat der Steueranspruch mit Berücksichtigung der Konkursmöglichkeit keinen Wert. Diese Eigenschaft des Steueranspruches unter Unsicherheit ist mE plausibel.

Das vollkommen unterschiedliche Verhalten des Steueranspruches in diesem Modell unter Unsicherheit bei Berücksichtigung der Konkursmöglichkeit „Überschuldung" hat mE zwei interessante Implikationen.

Aus der Sicht des Fiskus ergibt sich bei dieser Betrachtung des Steueranspruches, dass das Interesse an einem Konkurs der Gesellschaft wegen Überschuldung gering sein muss, obwohl der Konkurstatbestand erfüllt ist. Diese Interessenslage dürfte daher oft den praktischen Interessen des Managements entsprechen, das sich durch Verzögern der Anmeldung des Konkurses eine Verbesserung der Situation erhofft. Erkennt das Management erst mit der Erstellung des Jahresabschlusses den Konkurs der Gesellschaft, ist diese Situation aus der Sicht des Fiskus günstig. Bei einer ständigen Beobachtung des Gesamtkapitals sinkt der Wert des Steueranspruches stark.[176] Wege zu einer positiven Realisation, die unter der Konkursgrenze durchführen, dann aber im positiven Bereich des Gewinnprofils des Fiskus enden, sind bei hohem Fremdkapitalanteil υ aus der Sicht des Fiskus ökonomisch wertvoll, werden aber durch die Regelungen des Insolvenzrechts abgeschnitten.

Soll aus der Sicht des Managements nur der Steueranspruch minimiert werden, müsste demnach der Konkurs sofort bei Überschuldung angemeldet werden.[177]

Die zweite Implikation betrifft die Rechtsformneutralität. Im Rahmen von Analysen unter Sicherheit kann als Ergebnis die annähernde Rechtsformneutralität zwischen Personen- und Kapitalgesellschaften bei der laufenden Ertragsbesteuerung abgeleitet werden. Unterschiede ergeben sich vor allem im Bereich der sozialversicherungsrechtlichen Behandlung der Gesellschafter/Unternehmer, wenn diese im Unternehmen mittätig sind.

Unter Unsicherheit ergibt sich ein anderes Bild. Je höher der Verschuldungsgrad einer Kapitalgesellschaft ist, desto höher ist die Wahrscheinlichkeit, dass die Kapitalgesellschaft während des aktuellen Besteuerungszeitraumes wegen Überschuldung in Konkurs geht. Im Konkursfall ergibt sich keine Bemessungsgrundlage, weil das Reinvermögen der Gesellschaft unter den Fremdkapitalstand gesunken ist.[178]

Sind die Gesellschafter natürliche Personen und Vollhafter, greift der Überschuldungstatbestand nach § 69 KO nicht. Steuerlich wird in diesen Fällen regelmäßig nach dem Durchgriffsprinzip des Einkommensteuerrechts besteuert. Damit wird der Steueranspruch nicht automatisch mit einer Überschuldung des Unternehmens null. Der Fiskus hat immer noch die Chance, dass sich die Situation in der Restlaufzeit des Besteuerungszeitraumes bessert und sich noch eine Gewinnsituation ergibt. Damit ist nur die Realisation der Basisgröße „Bemessungsgrundlage“ zum Ende des Besteuerungszeitraumes von Bedeutung, nicht aber wie sie

---

[176] Eine Änderung des Gesamtkapitals ist bei der Annahme eines konstanten Fremdkapitalstandes mit einer Änderung des Eigenkapitals und damit einer Änderung der Steuerbemessungsgrundlage gleichzusetzen.

[177] Diese Aussage betrifft nur den Steueranspruch. Sonstige Ansprüche und Interessen bleiben in diesem Bewertungsmodell für den Steueranspruch unberücksichtigt. Dieser aus dem Modell abgeleitete Handlungsvorschlag geht damit von einer reinen Zielvorstellung „Minimierung des Wertes des Steueranspruches“ aus. Die Ergebnisse müssen daher, wie in der Steuerlehre üblich, im Rahmen der anderen Zielvorstellungen gesehen werden.

[178] Ein Steueranspruch gegenüber den Fremdkapitalgebern entsteht ebenfalls nicht, weil als Überschuldungsgrenze der Fremdkapitalstand definiert wurde. Wird diese Grenze unterschritten, können keine Zinsen an die Fremdkapitalgeber gezahlt werden.

erreicht wurde. Wie viele Beobachtungen während des Besteuerungszeitraumes stattfinden, ist für den Wert des Steueranspruches bedeutungslos.

Damit ist bei einer Betrachtung in einem Modell unter Unsicherheit der Wert des Steueranspruches bei einem Einzelunternehmen (einer Personengesellschaft) vor allem bei hohem Verschuldungsgrad höher als bei einer Kapitalgesellschaft. Damit ist unter Unsicherheit keine steuerliche Rechtsformneutralität gegeben.

2.6 Zusammenfassende Einschätzung des Grundmodells

Durch die Abbildung des Steueranspruches als Optionsportfolio gelingt auch die Bewertung. Aus methodischer Sicht ergeben sich in diesem Modellaufbau andere Ergebnisse als in einem Modell unter Sicherheit.

Das Modell weist zwei wesentliche Eigenschaften auf:

- Es beinhaltet den Spezialfall der Sicherheit. Damit ist gesichert, dass die Ergebnisse einer Modellanalyse allgemeiner sind als unter Sicherheit. Im Fall der Sicherheit widersprechen die Ergebnisse Aussagen anderer Arbeiten unter Sicherheit nicht.

- In der verallgemeinerten Sichtweise unter Unsicherheit zeigt sich, dass Aussagen nicht mehr generell aufrecht erhalten werden können. Beispielsweise dominiert eine Kapitalstruktur aus steuerlicher Sicht eine andere nicht zwingend. Ein Ergebnis, das der Betrachtung unter Sicherheit bei nicht finanzierungsneutralen Steuersystemen widerspricht.

Das vorgeschlagene Modell kann als Werkzeug zur Transformation mehrwertiger Ergebnisse in einen ökonomisch sinnvoll zu interpretierenden Wert gesehen werden. Aus methodischer Sicht liegt der Vorteil in der Ausschaltung der Risikonutzenfunktion bei der Bewertung des Steueranspruches als abgeleiteter Anspruch.

Das Modell ist auch praktisch für die Steuerplanung einsetzbar. Hier wurde nur die Modellidee gezeigt. Für eine praktische Umsetzung wäre die Frage der Beeinflussung der Basisgröße durch isolierte Maßnahmen der Steuerpolitik zu klären. Diese Diskussion erfolgt hier nicht. Die Möglichkeit der Abbildung steuerpolitischer Maßnahmen eines Steuerpflichtigen ist mE gegeben. Sie ist mE allerdings erst nach der grundsätzlichen Akzeptanz der Modellidee sinnvoll.

3 Ausbau zum Mehrperiodenmodell

Die Betrachtung des aktuellen Besteuerungszeitraumes liefert aus meiner Sicht interessante Einblicke über Eigenschaften des Steueranspruches unter Unsicherheit. Bei der Betrachtung eines isolierten Besteuerungszeitraumes können aber wesentliche Fragestellungen der Steuerlehre nicht diskutiert werden.

Eine dieser Fragestellungen ist, wie die Ausschüttungspolitik und damit die dynamische Kapitalstruktur den Wert des Steueranspruches beeinflusst. Bisher wurde unterstellt, dass der gesamte Gewinn der Gesellschaft in der Periode, in der er entstanden ist, an die Anteilseigner ausgeschüttet wird. Die Thesaurierung der Gewinne stellt im Gegensatz zu dieser Annahme eine Handlungsmöglichkeit dar, zu der die Betriebswirtschaftliche Steuerlehre auch unter Unsicherheit theoretische Aussagen liefern können soll.

In bisherigen Arbeiten zur ökonomischen Analyse des Steuerrechts wurde meistens das Barwertkonzept unterstellt und damit die zukünftigen steuerlichen Wirkungen einer Handlung in das Modell aufgenommen.[179]

Durch die Betrachtung mehrerer Besteuerungszeiträume wird es möglich, entscheidende Eigenschaften des Steuerrechts zu modellieren. Bei der Beschränkung auf einen Besteuerungszeitraum muss die Wirkung von Verlustvorträgen ausgeschlossen bleiben. Die Vernachlässigung dieser Eigenschaft des Steuerrechts kann die erzielten Ergebnisse verzerren. Daher soll nach der Modellerweiterung auch die Bedeutung des Verlustvortrages im Mehrperiodenzusammenhang eingeschätzt werden.

Neben dem Optionsportfolio der bereits bisher betrachteten ersten Periode hält der Fiskus ein vom Betrachtungszeitpunkt aus nicht bekanntes Portfolio von Optionen, deren Laufzeit erst in der Zukunft beginnt und deren Ausübungspreise vom zufälligen Verlauf der Basisgröße „steuerliches Gesamtvermögen" abhängen.

Auch die Zahl dieser Optionsportfolios ist vom Betrachtungszeitpunkt aus nicht bekannt. Von t_0 aus betrachtet kann über die Lebensdauer des Unternehmens keine Aussage gemacht werden. Eine Kapitalgesellschaft ist zumeist auf eine unbestimmte Lebensdauer ausgelegt. Im

[179] vgl. Swoboda, P., Irrelevanz, 1991, 851 ff; Swoboda unterstellt zwei Steuersätze. Einen für die sofortige Ausschüttung und einen anderen für spätere Ausschüttungen (bzw. Besteuerung der Wertsteigerung). Er geht davon aus, dass der Steuersatz für die spätere Ausschüttung bei Konstanz des Steuerrechts wegen des Zinseffektes immer kleiner ist, als der Steuersatz für die sofortige Ausschüttung. Wie weiter unten gezeigt wird, kann unter Unsicherheit auf eine solche Annahme nicht mehr zurückgegriffen werden. Aus methodischer Sicht müssen die Ergebnisse unter Unsicherheit daher in Frage gestellt werden. Die Betrachtung des Steueranspruches unter Unsicherheit stellt daher mE trotz der damit verbundenen Probleme eine lohnende Modellerweiterung dar.

Gesellschaftsvertrag kann jedoch auch bestimmt werden, dass die Gesellschaft durch Zeitablauf oder mit dem Eintritt eines bestimmten Ereignisses aufgelöst wird. Wird nichts vereinbart, ist die Gesellschaft für unbestimmte Zeit eingegangen.[180]

Die Lebensdauer endet aus steuerlicher Sicht mit der einem Konkurs oder einer freiwilligen Auflösung folgenden Liquidation der Kapitalgesellschaft. Da dieser Zeitpunkt in der Regel nicht bekannt ist, muss damit auch die Zahl der zukünftigen Optionsportfolios aus der Sicht der Gegenwart unbestimmt bleiben.[181]

Neben der unbekannten Zahl der durch das Steuerrecht geschaffenen Optionen ist auch der Ausübungspreis der zukünftigen Optionen nicht bekannt. Dies begründet sich durch die stochastische Entwicklung der Basisgröße. Die Realisation der Basisgröße zum Zeitpunkt t_1 bestimmt die Ausübungspreise der Optionen für den folgenden Besteuerungszeitraum T_2. Daraus folgt, dass der Ausübungspreis sich wie die Basisgröße bis zum Beginn des zukünftigen Besteuerungszeitraumes stochastisch entwickelt.

Die Modellierung des Steueranspruches unter Unsicherheit über bedingte Ansprüche kann trotz dieser Probleme interessante Ansatzpunkte liefern. Das Problem der Auflösung durch Konkurs ist keine freiwillige Entscheidung der Gesellschafter und damit in das Modell aufzunehmen.

Die Auflösung der Gesellschaft durch Gesellschafterbeschluss ist aus der Sicht der steuerlichen Modellbildung eine Entscheidungsvariable. Diese Variable ist daher exogen. Durch diese Handlungsmöglichkeit des Steuerpflichtigen, auf die der Fiskus keinen direkten Einfluss nehmen kann, ist es aus der Sicht des Fiskus unmöglich, den Wert des Steueranspruches über die Lebenszeit des Unternehmens zu bestimmen.

Wird die Gesellschaft durch Zeitablauf aufgelöst und ist eine vorherige Auflösung durch Gesellschafterbeschluss nicht möglich, ist die Zahl der durch das Steuerrecht geschaffenen Optionsportfolios bekannt.

Aus steuerlicher Sicht sind durch eine Umgründung motivierte Auflösungsgründe kein Problem. Bei diesen in der Regel steuerneutralen Vorgängen bleiben die stillen Reserven steuerhängig. Eine Umgründung ist damit einer Auflösung der Gesellschaft aus steuerlicher Sicht nicht gleichzusetzen. Im Rahmen von Umgründungsvorgängen hat der Steuerpflichtige aber auch wieder Gestaltungsmöglichkeiten, eine steuerneutrale Umgründung zu verhindern.

---

[180] vgl. Koppensteiner, H.-G., GmbH-Gesetz, 1999, §84 Rz 6

[181] Aus der Sicht einer dynamischen Betrachtung liegen unendlich viele „vertical terminal line“ Situationen vor (vgl. Chiang, A. C., Dynamic Optimization, 1992, 9).

In diesem Fall ist wieder keine Aussage über die Zahl der relevanten Besteuerungszeiträume möglich. Die Modellierung beschränkt sich bisher auf Kapitalgesellschaften, verbunden mit einer speziellen Behandlung der Kapitalerträge. Wird eine Kapitalgesellschaft in eine Personengesellschaft umgegründet, ändern sich zwangsläufig die steuerlichen Rahmenbedingungen. Von einem linearen Steuertarif kann dann nicht mehr ausgegangen werden.

Diese Probleme machen eine präferenzfreie Bewertung des Steueranspruches für ein Modellunternehmen problematisch. Die hohe Modellkomplexität ergibt sich bereits beim aus steuerlicher Sicht sehr einfachen Modellaufbau. Der aus steuerlicher Sicht einfache Modellaufbau lässt aus meiner Sicht keine weitere Abstraktion zu, ohne den Bezug zur konkreten Ausgestaltung des Steuerrechts zu verlieren.

Betrachtet man allerdings nicht den Steueranspruch des Fiskus gegenüber dem gesamten Modellunternehmen, sondern nur die Wirkung im Fall einzelner Handlungsalternativen bspw. im Rahmen einer Investitionsentscheidung oder einer bilanzpolitischen Maßnahme, stellt sich das Problem der unendlich vielen möglichen Optionen, die dem Fiskus durch das Steuerrecht eingeräumt werden, nicht.[182]

Im Rahmen einer diskreten Betrachtung bleibt die Zahl der Optionen ebenfalls endlich. Bei einer wie bisher verfolgten stetigen Analyse wird es aufgrund der unendlich vielen möglichen Zustände auch um die Bewertung unendlich vieler Optionen gehen. Ist der Zeithorizont aber bekannt, kann dieses Problem mit einer geeigneten Bewertungsstrategie gelöst werden. Für die Investitionsplanung oder die Beurteilung steuerpolitischer Maßnahmen im Jahresabschluss sollte das vorgeschlagene Modell daher geeignet sein.

Hier wird nach der Diskussion der methodischen Probleme einer Modellerweiterung auf mehrere Besteuerungszeiträume versucht, für die wesentlichen Probleme einen Lösungsvorschlag anzubieten.

Die Modellerweiterung erfolgt im ersten Schritt für den Steueranspruch gegenüber den Fremdkapitalgebern. Diese Modellerweiterung ist mit geringeren methodischen Problemen verbunden.

Danach werden die Probleme der Modellierung des Steueranspruches des Fiskus gegenüber den Eigenkapitalgebern behandelt.

---

[182] Der Betrachtungszeitraum wird durch die Dauer der untersuchten Maßnahme bestimmt. Eine Investition beeinflusst bspw. die Volatilität des steuerlichen Gesamtvermögens nur über den Zeitraum der Investitionsdurchführung. Damit ist auch die Zahl der zu untersuchenden Optionsportfolios begrenzt.

3.1 Steueranspruch gegenüber den Fremdkapitalgebern

Nach Gleichung (2.8) (S. 89) kann der Steueranspruch des Fiskus als Portfolio von drei Optionen aufgefasst werden. Der Steueranspruch gegenüber den Fremdkapitalgebern wird durch die beiden Calls C^{I} und C^{II} abgebildet. Diese Optionen weisen bei konstantem Fremdkapitalstand einen im Zeitablauf von der Bemessungsgrundlage unabhängigen Ausübungspreis auf. Unter Punkt 2.2.4.2 (S. 84) wurde gezeigt, dass der Ausübungspreis der ersten Option dem Fremdkapitalstand F entspricht. Die zweite Option weist einen Ausübungspreis in Höhe des Fremdkapitals F zuzüglich der Zinsen Z auf.

Diese Optionen charakterisieren jenen Teil des gesamten Steueranspruches, der auf die Fremdkapitalgeber entfällt. Sie sind also für die Ermittlung der steuerlichen Wirkung einer Investition aus der Sicht der Eigenkapitalgeber nicht relevant. Auch im Bereich des Kapitalwertmodells unter Sicherheit wird nur die Änderung des Eigenkapitals durch eine zusätzliche Investition ermittelt.[183] Daher können diese Optionen im Sinne einer Vergleichbarkeit der Ergebnisse mit dem Barwertmodell weggelassen werden.

Aus der Sicht des Fiskus und der Fremdkapitalgeber ist diese Einschränkung nicht sinnvoll. Für die Frage, ob die Entscheidung eines Fremdkapitalgebers durch steuerliche Effekte beeinflusst wird, muss auch dieser Teil des Steueranspruches modelliert werden. Daher soll hier auch im Mehrperiodenzusammenhang der Anspruch des Fiskus gegenüber den Fremdkapitalgebern ins Modell aufgenommen werden.

Folgt aus der Entwicklung der Basisgröße „steuerliches Gesamtkapital“, dass das Reinvermögen der Gesellschaft negativ wird, geht die Gesellschaft in Konkurs. Für die Fremdkapitalgeber bedeutet das, dass sie ihre Ansprüche im Konkurs anmelden und je nach Quote ihr ausstehendes Fremdkapital getilgt erhalten. Der Anspruch der Fremdkapitalgeber unterscheidet sich vom Eigenkapital in dieser Betrachtungsweise durch den Rang. Eine negative wirtschaftliche Entwicklung beeinflusst damit zuerst die Eigenkapitalgeber.

Aus der Sicht des Fiskus bedeutet ein Konkurs, dass er von den Fremdkapitalgebern keine Steuerzahlung mehr erhält. Wenn nicht einmal mehr der Nominalbetrag getilgt werden kann, ergeben sich auch keine Einkünfte aus Kapitalvermögen in Form einer Zinszahlung. Zusätzlich folgt aus dem Konkurs, dass das (potentielle) zukünftige Optionsportfolio des Fiskus bei

[183] vgl. Martin, J. D./Cox, S. H./MacMinn R. D., The Theory of Finance, 1988, 149 f

Unterschreiten einer Grenze aufhört zu bestehen.[184] Wird diese Grenze bis zum Eintritt bzw. während der Laufzeit der Optionen unterschritten, fallen beide Optionen, die den Steueranspruch gegenüber den Fremdkapitalgebern modellieren, weg.[185]

Die Bewertungsidee soll im Binomialmodell gezeigt werden. Im einfachsten Modellaufbau wird in einem Besteuerungszeitraum T nur eine „Ziehung" der Zufallsvariablen EBIT zugelassen. Durch diese und die Zinszahlung ändert sich das steuerliche Gesamtvermögen. Sinkt es unter den ursprünglichen Fremdkapitalstand F_0, fallen ab diesem Zeitpunkt alle zukünftigen Ansprüche des Fiskus gegenüber den Fremdkapitalgebern weg. Vom Punkt 1 in Abbildung 3-1 führen die Wege daher nicht mehr zu einer Steuereinzahlung in der Zukunft. Der Punkt 1 ist ein absorbierender Zustand.

Abbildung 3-1: Zukünftiger Steueranspruch gegenüber den Fremdkapitalgebern bei Konkursmöglichkeit

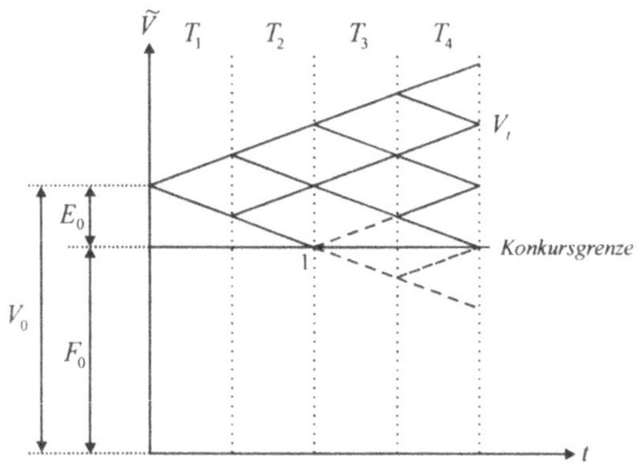

Weiter oben wurde die Bewertung von Barrier-Optionen bei stetiger Modellierung dargestellt.[186] Die Ergebnisse dieses Bewertungsansatzes können nun auf die Bewertung des Steueranspruches des Fiskus gegenüber den Fremdkapitalgebern herangezogen werden.

Der Steueranspruch des Fiskus gegenüber den Fremdkapitalgebern wird im hier vorgeschlagenen Modell als Portfolio von zwei Calls gesehen.[187] Der Long-Call weist einen Ausübungs-

---

[184] Erfolgt die Fremdkapitalbereitstellung aus einem Betriebsvermögen, würde bei Konkurs eines Schuldners die Bemessungsgrundlage des Gläubigers wegen der Abschreibung der Forderung vermindert. Dies würde aus der Sicht des Fiskus zu einer „negativen" Steuerzahlung des Fremdkapitalgebers führen. Die negative Steuerzahlung ist in diesem Modellaufbau nicht modelliert. Es wird damit implizit unterstellt, dass die Kapitalbereitstellung aus dem Privatvermögen erfolgt.

[185] Im Vergleich mit den aus der Finanzwirtschaft bekannten Barrier-Optionen ergibt sich hier eine Kombination von zwei exotischen Optionen. Das Grundprinzip bleibt aber gleich. Die Forward-Start-Optionen hören auf zu existieren, wenn die durch die Kapitalstruktur vorgegebene Grenze unterschritten wird.

[186] vgl. Punkt 1.6.5, S. 67

[187] vgl. Punkt 2.2.4.2, S. 84

preis in Höhe des Fremdkapitals F der Gesellschaft auf, der Short-Call einen von Fremdkapital F zuzüglich der vereinbarten Fremdkapitalverzinsung Z. Der Steuersatz der Kapitalertragsteuer bestimmt, welchen Bruchteil der Optionen der Fiskus hält.

Abbildung 3-2: Steueranspruch T_2 gegenüber den Fremdkapitalgebern als Funktion der Basisgröße

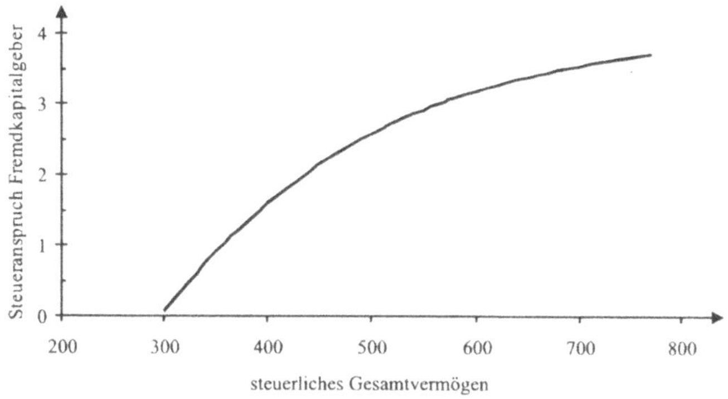

Steigt die Basisgröße im Vergleich zum Ausübungspreis und damit der Konkursgrenze an, wird der Steueranspruch des Fiskus ähnlich einem sicheren Anspruch. Durch die der Optionsbewertung zugrunde liegende log-Normalverteilung wird ein Erreichen des Ausübungspreises des Call C^{II} (Ausübungspreis $F+Z$) bzw. der Barriere in Höhe des Fremdkapitals F bei hohem Eigenkapitalanteil unwahrscheinlich. Daher konvergiert der Wert des Steueranspruches gegen den Barwert der maximal möglichen zukünftigen Steuerzahlung der Fremdkapitalgeber.

$$\lim_{V \to \infty}\left(C^{I} - C^{II}\right) = \tau_{KESt} Z e^{-rPT} \tag{3.1}$$

Diese Eigenschaft des über Barrier-Optionen modellierten Steueranspruches ist mE ökonomisch nachvollziehbar. Steigt das Gesamtvermögen $\tilde{V}$ bei konstantem Fremdkapital F, wird der Eigenkapitalpolster immer größer. Die Konkurswahrscheinlichkeit nimmt ab. Der Anspruch des Fiskus gegenüber den Fremdkapitalgebern wird in dieser Situation zu einem quasi sicheren Einzahlungsstrom. Ein Konkurs wird sehr unwahrscheinlich. Daher muss sich der Wert des Steueranspruches bei sehr geringem Fremdkapitalanteil als Barwert des sicheren Steueranspruches ergeben.

Dieser Sichtweise muss die Modellbetrachtung bei einer Volatilität der Basis von null entsprechen. Ist der Eigenkapitalpolster unendlich groß, entspricht der Steueranspruch des Fiskus bei endlicher Volatilität einem sicheren Anspruch.

Bisher wurde nur der zukünftige Steueranspruch T_2 betrachtet. Eine aus meiner Sicht interessante Fragestellung ist, ob der Wert des Steueranspruches bei unendlicher Lebensdauer des Unternehmens ebenfalls unendlich ist, oder ob er gegen einen bestimmten Wert konvergiert. Die Konvergenz gegen einen bestimmten Wert würde man aus der Analyse im Rahmen des Barwertmodells vermuten. Im Barwertmodell ergibt sich durch die Diskontierung für den Steueranspruch T_∞ ein Wert von null. Daher konvergiert auch der Wert des Steueranspruches unter Sicherheit gegen einen bestimmten Wert.

Der Wert eines Long-Call nimmt mit zunehmender Laufzeit zu. Die hier für die Modellierung verwendeten Barrier-Optionen unterscheiden sich auch im Verhalten gegenüber der Laufzeit von normalen Optionen. Der Wert einer DO-Option steigt langsamer als der eines normalen Calls.

Der Steueranspruch des Fiskus wird hier durch die Kombination einer Long- und einer Short-Position nachgebildet. Dabei unterscheiden sich die beiden Optionen im Ausübungspreis. Daraus folgend ist für das Verhalten des zukünftigen Steueranspruches das Gesamtportfolio relevant.

Liegt der Verfallstag der Option weit in der Zukunft, wird der Optionswert hauptsächlich vom Zeitwert (Hoffnungswert) bestimmt. Der innere Wert der Option spielt eine untergeordnete Rolle.[188] Wenn beide Optionen im Geld sind, unterscheiden sie sich aufgrund des annähernd gleichen Ausübungspreises nicht. Liegt der Verfallstag weit in der Zukunft, weisen beide Optionen annähernd den gleichen Wert auf.

Sind die beiden Optionen gleich viel wert, entsprechen sich die Long- und die Short-Position im Portfolio des Fiskus. Der Steueranspruch hat damit einen Wert von null. Ist die Laufzeit kürzer, das heißt, entsteht der Steueranspruch am Zeitstrahl weiter in Richtung Gegenwart, unterscheiden sich die beiden Optionen immer mehr. Da der Wert des Call mit dem niedrigeren Ausübungspreis immer höher ist als der Wert der Short-Option, steigt der Wert des Steueranspruches bei kürzerer Laufzeit.

Auch bei der Modellierung des zukünftigen Steueranspruches über Optionen konvergiert der Wert bei unendlicher Laufzeit damit gegen null.

Wesentlich ist auch das Verhalten des Steueranspruches bei geändertem Risiko. Das Verhalten des Steueranspruches kann auch in diesem Zusammenhang mit den Eigenschaften von Call Optionen abgeleitet werden.

---

[188] Bei Optionen, die zum Bewertungszeitpunkt out-of-the-money sind, ist kein innerer Wert vorhanden. Der Optionswert besteht nur aus dem Zeitwert.

Werden Kaufoptionen auf die selbe Basisgröße geschrieben, reagieren Optionen mit höherem Ausübungspreis relativ stärker auf eine Änderung der Volatilität.

Das bedeutet für die beiden Optionen im Portfolio des Fiskus, dass der Wert der Long-Position bei größerem Risiko weniger stark ansteigt, als die Short-Position. Damit sinkt der Wert des Steueranspruches im Vergleich zur Situation mit niedrigerem Risiko insgesamt.

Den Einfluss des Entstehungszeitpunktes und der Volatilität auf den Wert des Steueranspruches des Fiskus gegenüber den Fremdkapitalgebern zeigt Abbildung 3-3 für das Modellunternehmen.

Abbildung 3-3: Wert zukünftiger Steueransprüche gegenüber den Fremdkapitalgebern als Funktion der Zeit

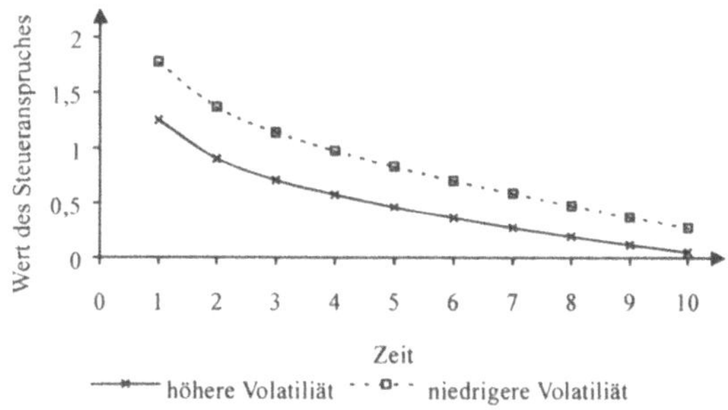

Wird die Volatilität der Basisgröße in dieser Modellbetrachtung mit null angenommen, so entsprechen die Werte des Steueranspruches in Abbildung 3-3 dem Barwert des sicheren Steueranspruches. Normiert auf eine Einheit des Steueranspruches zeigt die Abbildung dann die stetigen Diskontierungsfaktoren. Damit zeigt sich, dass dieses Modell den Fall der Sicherheit als Sonderfall impliziert.

Als Ergebnis der Betrachtung des Steueranspruches gegenüber den Fremdkapitalgebern kann festgehalten werden, dass der Wert des Steueranspruches des Fiskus mit steigendem Risiko sinkt. Ursache dieser Modelleigenschaft ist die Abbildung des Steueranspruches über eine Long- und Short-Position.

Der Steueranspruch des Fiskus gegenüber den Fremdkapitalgebern kann über bekannte Optionsbewertungsmodelle stetig modelliert werden, weil die zukünftigen Ausübungspreise als bekannt angenommen werden können.

Aus meiner Sicht sind die dargestellten Eigenschaften des Steueranspruches des Fiskus gegenüber den Fremdkapitalgebern einer Kapitalgesellschaft plausibel und stehen auch im Sonderfall der Sicherheit mit den Ergebnisses des Kapitalwertmodells nicht in direktem Widerspruch. Daher kann diese Modellsichtweise als Erweiterung der herkömmlichen Betrachtungsweise gesehen werden.

3.2 Steueranspruch gegenüber den Eigenkapitalgebern

Das Portfolio des Fiskus besteht in jedem Besteuerungszeitraum aus drei Calls. Die Ausübungspreise der beiden ersten Calls, welche die steuerliche Wirkung der Fremdfinanzierung modellieren, sind konstant, wenn die Kapitalstruktur nicht durch die Entscheidungsvariable Außenfinanzierung oder Ausschüttungen geändert wird. Aus der Sicht des Steuerpflichtigen wäre also eine Bewertung dieses Teils des Steueranspruches möglich, während eine Bewertung durch den Fiskus wegen der Informationsasymmetrie über den Auflösungszeitpunkt der Gesellschaft nicht möglich ist.[189]

Der Call C^{III} des Steuerportfolios weist im Gegensatz zu den Calls C^{I} und C^{II} einen vom Verlauf der Basisgröße abhängigen Ausübungspreis auf. Es ist daher zu klären, ob dieses Wertpapier noch als Option bezeichnet werden kann.

Der Call C^{III} modelliert die Ansprüche des Fiskus gegenüber den Eigenkapitalgebern. In diesem Punkt wird daher unter „Marktwert des Steueranspruches" nur mehr der Marktwert des Call C^{III} verstanden.

Das Bewertungsproblem des zukünftigen Steueranspruches soll Abbildung 3-4 skizzieren. Insgesamt werden P Besteuerungszeiträume T betrachtet.

Abbildung 3-4: Steueranspruch „Eigenkapitalgeber" im Mehrperiodenmodell

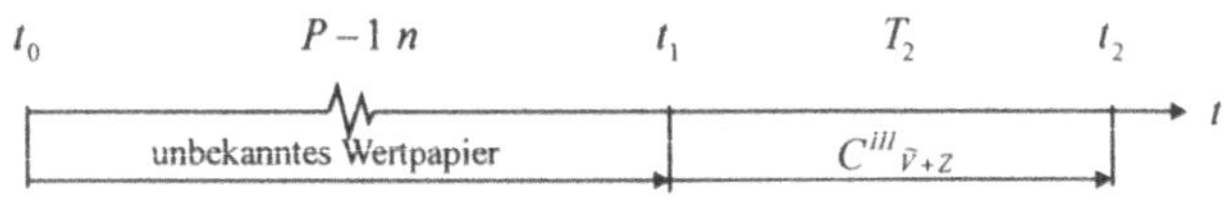

Das Grundproblem kann aus meiner Sicht plastisch im Binomialmodell gezeigt werden. Das Binomialmodell kann als Spezialfall der stetigen Modellierung aufgefasst werden. Die Bewertungsprinzipien ändern sich nicht. Ist eine (präferenzfreie) Bewertung des zukünftigen Steueranspruches im einfachen Modell möglich, müsste die Idee auch auf ein stetiges Modell übertragbar sein.

Im Binomialmodell sollen zur Vereinfachung zwei Besteuerungszeiträume betrachtet werden, wobei in jeder Periode nur zwei Zustände möglich sein sollen. Entweder es erfolgt eine Bewegung der Basisgröße Bemessungsgrundlage nach oben oder nach unten. Dieses Modell

[189] Auf das Problem des unbekannten Konkurszeitpunktes wird weiter unten eingegangen (vgl. Punkt 3.2.3, S. 147).

wird in Abbildung 3-5 dargestellt.

Abbildung 3-5: Zukünftiger Steueranspruch im Binomialmodell

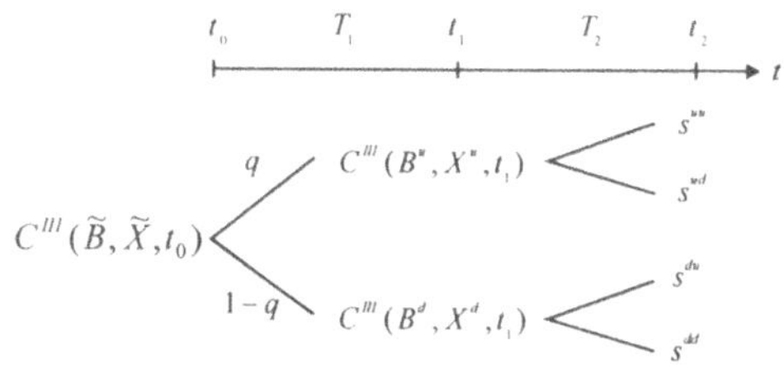

Im Zeitpunkt t_0 hält der Fiskus ein Wertpapier, das eine bedingte Option zum Zeitpunkt t_1 liefert. Im einfachen Binomialmodell liegen damit zwei Forward-Start-Optionen vor. Das sind Optionen, deren Laufzeit erst in der Zukunft beginnt.

Der Wert dieser Optionen kann in einer risikoneutralen Welt durch die Bildung des Erwartungswertes ermittelt werden.

$$E^Q\left(C^{III}\left(\widetilde{V},\widetilde{X},t\right)\right) = pC^{III}\left(V^u,X^u,t_1\right)+(1-p)C^{III}\left(V^d,X^d,t_1\right) \tag{3.2}$$

Der diskontierte Erwartungswert unter dem subjektiven Wahrscheinlichkeitsmaß $\mathcal{Q}$ entspricht theoretisch dem Wert des zukünftigen Steueranspruches. Die Werte der Calls zum Zeitpunkt t_1 lassen sich arbitragefrei ermitteln. Sind daher die Wahrscheinlichkeiten einer Auf- oder Abwärtsbewegung bekannt, kann der zukünftige Steueranspruch bewertet werden.

Bei mehr als zwei Zuständen kann der Erwartungswert allgemeiner über

$$E^Q\left(C^{III}\left(\widetilde{V},\widetilde{X},t\right)\right) = \sum_{s=1}^{S} C^{III}\left(V^s,X^s,t_1\right)p_s \tag{3.3}$$

dargestellt werden.

Der Umstand, dass hier von subjektiven Wahrscheinlichkeiten gesprochen wird, schließt eine präferenzfreie Bewertung noch nicht aus. Kann statt des subjektiven Wahrscheinlichkeitsmaßes $\mathcal{Q}$ ein Wahrscheinlichkeitsmaß $\mathcal{P}$, das die Martingale-Eigenschaft aufweist, gefunden werden, ist eine präferenzfreie Bewertung möglich.[190]

Sind mehrere Realisationen pro Besteuerungszeitraum möglich, wird das Zeitintervall zwischen den Realisationen Δt kleiner. Mit $\Delta t \to 0$ entspricht der Prozess der Basisgröße dann einer stochastischen Differentialgleichung. Der Erwartungswert des Steueranspruches kann dann nicht mehr als Summe abgebildet werden. Der Erwartungswert ergibt sich als Integral

[190] vgl. Baxter, M,/Rennie, A., Financial Calculus, 1996, 84

über die möglichen Realisationen am Beginn eines zukünftigen Besteuerungszeitraumes. Dieses Integral ist kein stochastisches Integral, weil nicht über die Zeit, sondern über die möglichen Zustände integriert wird. Der Erwartungswert über dem Wahrscheinlichkeitsmaß $\mathcal{Q}$ ergibt sich im zeitstetigen Fall mit

$$E^{Q}\left(C^{III}\left(\tilde{V},\tilde{X},t\right)\right)=\int_{s=1}^{\infty}C^{III}\left(\tilde{V},\tilde{X}_{(s)},t\right)ds\,. \tag{3.4}$$

Im Folgenden wird versucht, eine Strategie zu finden, diesen Erwartungswert unter dem Martingale-Wahrscheinlichkeitsmaß $\mathcal{P}$ präferenzfrei zu ermitteln.

Der Versuch der dynamischen Duplikation bis zum Beginn des zukünftigen Besteuerungszeitraumes wird im Anhang im Punkt 5.2 (S. 218 ff)gezeigt. Ergebnis dieser Überlegungen ist, dass trotz des stochastischen Ausübungspreises bis zum zukünftigen Besteuerungszeitraum der Ansatz eines Hedgeportfolios möglich sein müsste. Die praktische Umsetzung dieser Strategie gelingt erst, wenn die partiellen Ableitungen der Preisfunktion bekannt sind. Die analytische Bestimmung dieser Ableitungen und die dann mögliche Ermittlung der Preisfunktion für den Steueranspruch kann hier nicht erfolgen. Es soll vielmehr ein Modell entwickelt werden, wie der Steueranspruch unter Unsicherheit alternativ dargestellt werden kann. Dies führt mE zu leichter verständlichen Ergebnissen. Nach dem im Anhang gezeigt wird, dass auch der zukünftige Steueranspruch präferenzfrei zu bewerten ist und trotz des in der Gegenwart unbekannten Ausübungspreises ein bedingter Anspruch vorliegt, soll der Versuch unternommen werden, den Steueranspruch gegenüber den Eigenkapitalgebern mit Optionen nachzubilden.

Den Ausgangspunkt dieser Überlegungen bildet die Analyse des zukünftigen Steueranspruches im Binomialmodell. In diesem Rahmen wird die Bewertungsidee gezeigt. In weiterer Folge wird die entwickelte alternative Bewertungsidee auf ein stetiges Modell übertragen.

3.2.1 Unsicherer Ausübungspreis im Binomialmodell

Zu Beginn des Analysezeitraumes sind nur die möglichen Realisationen und deren Eintrittswahrscheinlichkeiten bekannt. Daher wäre intuitiv anzunehmen, dass der Ausübungspreis der Option des Fiskus gegenüber den Eigenkapitalgebern der Erwartungswert des zukünftigen steuerlichen Vermögens $E\left(\tilde{V}_1\right)$ sein könnte. In diesem Fall wäre die Analyse in einem arbitragefreien System relativ einfach durchzuführen, weil sich der Erwartungswert in einem risikoneutralen System als aufgezinster Wert der aktuellen Größe ergibt.

Die intuitive Annahme soll in einem einfachen Binomialmodell für das Modellunternehmen überprüft werden. Der Betrachtungszeitraum wird mit zwei Jahren gewählt, wobei in jedem

Jahr zwei Realisationen der Basisgröße möglich sind. Eine sichere Anlage soll sich mit 6% verzinsen. Die Bemessungsgrundlage soll eine jährliche Volatilität von 30% aufweisen. Der Gesamtkapitalstand V_0 zu Beginn des Betrachtungszeitraumes wird mit 350 Einheiten angenommen. Zur Vereinfachung der Betrachtung wird vollkommene Eigenfinanzierung unterstellt. Der Ausübungspreis des zukünftigen Calls ist damit insgesamt eine unsichere Größe.[191] Mit diesen Annahmen ergeben sich im Cox/Ross/Rubinstein-Modell die Parameter für eine Auf-/Abwärtsbewegung nach Gleichung (3.5).

$$u = e^{\sigma\sqrt{\Delta t}} = e^{0,3 \cdot \sqrt{1}} = 1,350 \text{ und } d = \frac{1}{u} = 0,741 \tag{3.5}$$

Die zum arbitragefreien System gehörenden Pseudowahrscheinlichkeiten einer Auf-/Abwärtsbewegung werden mit

$$p_u = \frac{e^{r\Delta t} - d}{u - d} = \frac{1,062 - 0,741}{1,350 - 0,741} = 52,7\% \text{ und } p_d = (1 - p_u) = (1 - 0527) = 47,3\% \tag{3.6}$$

berechnet. Auf dieser Grundlage lässt sich der in Abbildung 3-6 dargestellte Binomialbaum konstruieren.

Abbildung 3-6: Unsicherer Ausübungspreis im Binomialmodell

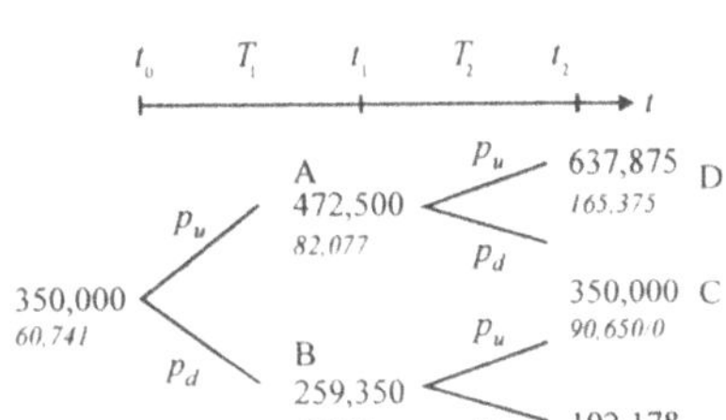

Wird zum Zeitpunkt t_1 der Punkt B erreicht, ist der Ausübungspreis für den zweiten Besteuerungszeitraum 259,350 Einheiten. Folgt dem Punkt B Punkt C, so ergibt sich eine Bemessungsgrundlage von 90,650 Einheiten. Wird zum Zeitpunkt t_1 Punkt A und zum Zeitpunkt t_2 Punkt D erreicht, ergeben sich 165,375 als Bemessungsgrundlage. Folgt dem Punkt A zum Zeitpunkt t_2 der Punkt C, ist die Bemessungsgrundlage null, weil in der Periode ein Verlust erzielt wurde.

[191] Mit Fremdfinanzierung teilt sich der Prozess in eine sichere und unsichere Komponente auf. Der Gesamtprozess des steuerlichen Vermögens ergibt sich als Summe der beiden Prozesse.

Bewertet man diesen „Zahlungsstrom" im risikoneutralen Modell vom Knotenpunkt A und B aus und bildet den risikoneutralen Erwartungswert, ergibt sich ein Wert der Bemessungsgrundlage zum Zeitpunkt t_0 von 60,741 Einheiten.[192]

Der Erwartungswert des Gesamtvermögens zum Zeitpunkt t_1 ist der aufgezinste Ausgangswert.

$$E(\tilde{V}_1) = V_0 e^{r\Delta t} = 350e^{0,06} = 371,643 \tag{3.7}$$

Eine „normale" europäische Forward-Start-Option mit diesem Ausübungspreis zahlt nur im Zustand D zum Zeitpunkt t_2. Die Bemessungsgrundlage ergibt sich in diesem Fall mit

$$V_{2,A} - E(\tilde{V}_1) = 637,875 - 371,643 = 266,232\,. \tag{3.8}$$

Der diskontierte risikoneutrale Erwartungswert dieser Bemessungsgrundlage beträgt für diese Modellkonstellation

$$\left[V_{2,A} - E(\tilde{V}_1)\right] p_u{}^2 e^{-2r} = (637,875 - 371,643) * 0,527^2 e^{-2*0,06} = 65,579\,. \tag{3.9}$$

Aus der „richtigen" Bewertung ergeben sich 60,741 Einheiten. Die Betrachtungsweisen entsprechen sich also nicht.

Daher soll der Versuch unternommen werden, das Binomialmodell zu verallgemeinern. Dazu wird die Zahl der Realisationen n in einem Besteuerungszeitraum erhöht.

Der Zeitabstand zwischen zwei Realisationen ergibt sich aus

$$\Delta t = \frac{T}{n}\,. \tag{3.10}$$

Mit $n \rightarrow \infty$ ergibt sich ein zeitstetiges Modell.

Zu Beginn des zukünftigen Besteuerungszeitraumes entsprechen sich die Zahl der Realisationen der Basisgröße und die Zahl der bedingten Optionen. Werden P Besteuerungszeiträume betrachtet, sind am Beginn des zukünftigen Besteuerungszeitraumes $(P-1)n+1$ Realisationen möglich.

Abbildung 3-7 zeigt einen Modellaufbau für n=4.

192 Für den Punkt C ergeben sich in Abhängigkeit der Geschichte des Prozesses zwei unterschiedliche Ausprägungen der Bemessungsgrundlage. Das Bewertungsproblem entspricht daher nicht dem einer normalen europäischen Option.

Abbildung 3-7: Aufbau des Mehrperiodenmodells

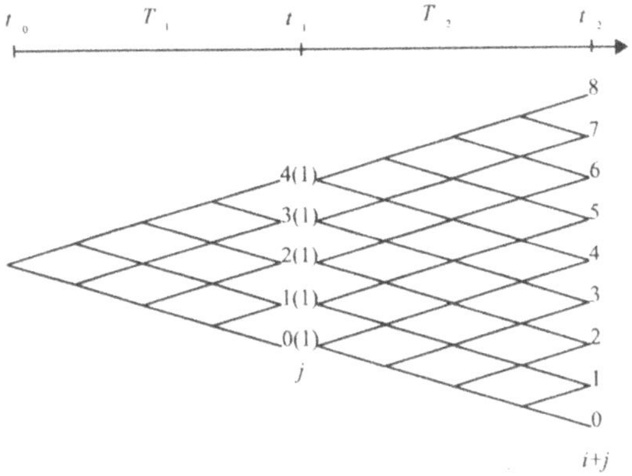

Am Ende des ersten Besteuerungszeitraumes sind damit fünf Realisationen der Zufallsgröße möglich. Der Stand der Basisgröße kann für jeden einzelnen Knotenpunkt *j* berechnet werden.[193]

$$V_{1,j} = V_0 u^j d^{(P-1)n-j} \quad \forall j \in \left\{0 \ldots (P-1)n+1\right\} \tag{3.11}$$

Diese Größe stellt den Ausübungspreis der Steueroption *i* dar. Von jedem Knotenpunkt *i* aus reduziert sich das Bewertungsproblem auf ein einperiodiges Optionsbewertungsproblem. Die bewertete Bemessungsgrundlage ergibt sich in jedem Knotenpunkt *j* als diskontierter risikoneutraler Erwartungswert der Bemessungsgrundlage zum Zeitpunkt t_2.

$$C^{III}{}_{1,i} = \left\{ \sum_{i=0}^{n} \frac{n!}{i!(n-i)!} p_u{}^i p_d{}^{n-i} \max\left[V_{1,i}\left(u^i d^{n-i} - 1\right); 0 \right] \right\} e^{-rT} \tag{3.12}$$ [194]

Der Erwartungswert dieser Optionen ergibt sich durch die Multiplikation des Wertes mit der Eintrittswahrscheinlichkeit der Realisation *j*. Durch die Diskontierung dieses Erwartungswertes ergibt sich die bewertete zukünftige Bemessungsgrundlage des Körperschaftsteueranspruches.[195]

---

[193] Damit wird mit *i*=0 der Ast, der nur aus Aufwärtsbewegungen besteht, gekennzeichnet.

[194] Der Stand der Basisgröße $V_{1,i}$ wurde herausgehoben, weil sich die Bemessungsgrundlage nur vom eingetretenen Zustand am Beginn der zukünftigen Periode weiterentwickeln kann. Die Modellierung erfolgt hier immer noch ohne Einfluss der Fremdfinanzierung. Diese würde die Bemessungsgrundlage durch die Zinszahlung schmälern.

[195] Die Transformation zur Steuerzahlung kann durch die Multiplikation mit dem Körperschaftsteuersatz erfolgen.

$$MWBGL_{t_0} = \left\{ \sum_{j=0}^{(P-1)n} \frac{\left[(P-1)n\right]!}{j!\left[(P-1)n-j\right]!} p_u^{\,j} p_d^{\,(P-1)n-j} C^{III}{}_{1,t} \right\} e^{-rT} \tag{3.13}$$

Soll in diese Modellumgebung Fremdfinanzierung eingebaut werden, ändert sich der grundlegende Basisprozess nicht.[196] Bei der Ermittlung der Bemessungsgrundlage am Ende des zukünftigen Besteuerungszeitraumes muss die Zinszahlung berücksichtigt werden. Die Zinszahlungen beeinflussen nur das Vermögen am Ende des zukünftigen Besteuerungszeitraumes. Der Referenzpunkt am Beginn des zukünftigen Besteuerungszeitraumes wird nicht verschoben. Die Auszahlung der Steueroption am Ende des zukünftigen Besteuerungszeitraumes wird um die Zinszahlung reduziert.[197]

$$C^{III}{}_{1,t} = \left\{ \sum_{i=0}^{n} \frac{n!}{i!(n-i)!} p_u^{\,i} p_d^{\,n-i} \max\left[V_{1,t}\left(u^i d^{n-i} - 1\right) - Z; 0 \right] \right\} e^{-rT} \tag{3.14}$$

Bei Fremdfinanzierung muss in (3.13) der Call durch den Ausdruck in (3.14) ersetzt werden. Die Pseudowahrscheinlichkeiten sind wegen der Unabhängigkeit des Basisprozesses von der Finanzierung keine Funktion der Kapitalstruktur.[198]

Die Darstellung des Steueranspruches im diskreten Binomialmodell ist bisher unhandlich. Mit der Zahl der Realisationen in einem Besteuerungszeitraum nimmt der rechentechnische Aufwand bei der Bewertung stark zu. Daher wird im nächsten Punkt versucht, eine alternative Lösung für die Bewertung des zukünftigen Steueranspruches basierend auf dem Binomialmodell zu entwickeln.

3.2.2 Bewertung des zukünftigen Steueranspruches gegenüber den Eigenkapitalgebern

Grundlage für die alternative Bewertung stellen Überlegungen im Binomialmodell dar. Diese Überlegungen sollen anhand des Modellunternehmens gezeigt werden.

Das Unternehmen weist am Beginn des Betrachtungszeitraumes einen Gesamtkapitalstand

---

[196] Die Volatilität eines Prozesses ändert sich nicht, wenn ein konstanter Prozess addiert wird. Der Erwartungswert wird größer, er beeinflusst den Aufbau des Binomialmodells aber nicht.

[197] Es wurde unterstellt, dass der Bruttozahlungsstrom des Unternehmens unabhängig von der Kapitalstruktur ist (vgl. Punkt 2.1 S. 74). Im in Abbildung 3-6 gezeigten Beispiel entwickelt sich das steuerliche Gesamtvermögen vor Zinsen im Zeitablauf mit $\left(350 \quad 472{,}5 \quad 637{,}875\right)$. Diese Veränderung des Gesamtvermögens impliziert ein *EBIT* von 122,5 im ersten und 165,375 im zweiten Jahr. Die Besteuerungsgrundlage ergibt sich unter den getroffenen Annahmen jeweils nach Subtraktion des Zinsaufwandes der Periode. Eine Anpassung des Vermögens durch die Zinszahlung erfolgt nicht.

[198] Würde der Modellierung ein Prozess nach Berücksichtigung der Zinszahlung zugrunde gelegt, würde sich die Modellbildung erheblich komplexer gestalten. Die „Auszahlungen" der Steueroption wären dann nicht durch eine einfache Korrektur um die Zinszahlung zu ermitteln. In diesem Fall müssten Zinseszinseffekte bei den Modellparametern berücksichtigt werden.

von $V_0 = 350$ Einheiten auf. Davon entfallen 50 auf Eigenkapital. Die restlichen 300 sind zinsforderndes Fremdkapital. Die jährliche Volatilität der Zufallsvariablen „steuerliches Gesamtvermögen" $\tilde{V}$ wird mit 15% angenommen.

Der Besteuerungszeitraum umfasst ein Kalenderjahr. Für die beispielhaften Überlegungen wird angenommen, dass pro Besteuerungszeitraum sechs Realisationen der Zufallsvariablen erfolgen. Damit beträgt der Zeitabstand Δt zwischen den Realisationen zwei Monate. So bleibt einerseits die Übersichtlichkeit (einigermaßen) erhalten, andererseits wird durch die Zahl der Realisationen der Zeitaspekt ausreichend berücksichtigt.

Die Annahme einer arbitragefreien Ökonomie wird neben dem unsicheren Wertpapier „steuerliches Gesamtvermögen" $\tilde{V}$ durch die Einführung eines zweiten, sicheren Wertpapiers umgesetzt.[199] Dieses Wertpapier soll eine sichere Verzinsung von jährlich 6% (stetig) aufweisen.

Abbildung 3-8 zeigt die möglichen Realisationen der beiden Wertpapiere „steuerliches Gesamtvermögen" und „sicheres Wertpapier" im ersten Besteuerungszeitraum.

Abbildung 3-8: Entwicklung der Basisgröße im ersten Jahr der Simulation

	Jahr 1 0	Jahr 1	Jahr 1 1	Jahr 1	Jahr 1 2	Jahr 1	Jahr 1 3	Jahr 1	Jahr 1 4	Jahr 1	Jahr 1 5	Jahr 1	Jahr 1 6	
													505,40	
												56,67%	106,18	$J=6$
											475,38			
										56,67%	105,13			
									447,14			43,33%	447,14	
								56,67%	104,08			56,67%	106,18	$J=5$
							420,58			43,33%	420,58			
						56,67%	103,05			56,67%	105,13			
					395,60			43,33%	395,60			43,33%	395,60	
				56,67%	102,02			56,67%	104,08			56,67%	106,18	$J=4$
			372,10			43,33%	372,10			43,33%	372,10			
		56,67%	101,01			56,67%	103,05			56,67%	105,13			
	350			43,33%	350,00			43,33%	350,00			43,33%	350,00	
	100			56,67%	102,02			56,67%	104,08			56,67%	106,18	$J=3$
		43,33%	329,21			43,33%	329,21			43,33%	329,21			
			101,01			56,67%	103,05			56,67%	105,13			
				43,33%	309,65			43,33%	309,65			43,33%	309,65	
FK		300			102,02			56,67%	104,08			56,67%	106,18	$J=2$
EK		50				43,33%	291,26			43,33%	291,26			
GK		350					103,05			56,67%	105,13			
EK/FK		16,67%						43,33%	273,96			43,33%	273,96	
Volatilität		15,000%							104,08			56,67%	106,18	$J=1$
$u=$		1,0632								43,33%	257,69			
$d=$		0,9406									105,13			
Zins=		6,000%										43,33%	242,38	
p_{up}		56,67%											106,18	$J=0$
p_{down}		43,33%												

[199] Die Annahme des sicheren Wertpapiers definiert nicht die Unsicherheit weg. Vielmehr wird durch den Preis des sicheren Wertpapiers in Kombination mit der unsicheren Basisgröße der Preis der Unsicherheit determiniert. Aus der Basisgröße und dem sicheren Wertpapier bestimmen sich die Pseudowahrscheinlichkeiten. Diese sind dann in weiterer Folge entscheidend für die Bewertung abgeleiteter Ansprüche.

Durch die Annahme, dass der Faktor einer Aufwärtsbewegung dem Kehrwert einer Abwärtsbewegung entspricht, ergeben sich am Ende des ersten Jahres sieben verschiedene Realisationen der Basisgröße. Über deren Eintreten kann vom Zeitpunkt t_0 aus nur die Pseudowahrscheinlichkeit angegeben werden.

Die modellierte Informationsstruktur vermindert die Unsicherheit im Zeitablauf. Zum Zeitpunkt t_6 ist die eingetretene Realisation dann bekannt. Damit wird auch der Ausübungspreis der Option C^{III} für den Besteuerungszeitraum T_2 determiniert.

Die Grundidee der alternativen Betrachtungsweise ist, dass sich für jede Realisation der Basisgröße zum Zeitpunkt t_1 ein bestimmter Optionswert ergibt. Für das oben dargestellte Beispiel liegen sieben Optionen vor. Der Wert des Steueranspruches in einer arbitragefreien Modellwelt ist dann der diskontierte risikoneutrale Erwartungswert dieser sieben Optionen.

Im Binomialmodell lässt sich dieser Erwartungswert unter dem Martingale-Wahrscheinlichkeitsmaß $\mathcal{P}$ ermitteln. Lässt man aber die Zahl der Realisationen während des Besteuerungszeitraumes steigen, ergeben sich am Ende der ersten Besteuerungsperiode immer mehr zu bewertende Optionen. Nach dem Übergang auf ein stetiges Modell hält der Fiskus dann ein Optionsportfolio, das unendlich viele bedingte Optionen enthält. An der Bewertungsmöglichkeit ändert sich dabei nichts, die mathematische Formulierung und Lösung des Problems führt aber zur im Anhang dargestellten Gleichung (5.29) (S. 221), deren versuchte Lösung gerade zu dieser alternativen Betrachtungsweise geführt hat.

Nun soll die Situation mit dem Informationsstand zum Zeitpunkt t_1 betrachtet werden. Die bedingte Entwicklung der Basisgröße und des sicheren Wertpapiers im zweiten Besteuerungszeitraum wird in Abbildung 3-9 gezeigt.

Abbildung 3-9: Entwicklung der Basisgröße im zweiten Jahr der Simulation

	Jahr 1 6		Jahr 2 7	Jahr 2	Jahr 2 8	Jahr 2	Jahr 2 9	Jahr 2	Jahr 2 10	Jahr 2	Jahr 2 11	Jahr 2	Jahr 2 12
													729,81
												56,67%	112,75
											686,46		
										56,67%	111,63		
									645,68			43,33%	645,68
								56,67%	110,52			56,67%	112,75
							607,33			43,33%	607,33		
						56,67%	109,42			56,67%	111,63		
					571,25			43,33%	571,25			43,33%	571,25
				56,67%	108,33			56,67%	110,52			56,67%	112,75
			537,32			43,33%	537,32			43,33%	537,32		
		56,67%	107,25			56,67%	109,42			56,67%	111,63		
j=6	505,40			43,33%	505,40			43,33%	505,40			43,33%	505,40
	106,18			56,67%	108,33			56,67%	110,52			56,67%	112,75
		43,33%	475,38			43,33%	475,38			43,33%	475,38		
		56,67%	107,25			56,67%	109,42			56,67%	111,63		
j=5	447,14			43,33%	447,14			43,33%	447,14			43,33%	447,14
	106,18			56,67%	108,33			56,67%	110,52			56,67%	112,75
		43,33%	420,58			43,33%	420,58			43,33%	420,58		
		56,67%	107,25			56,67%	109,42			56,67%	111,63		
j=4	395,60			43,33%	395,60			43,33%	395,60			43,33%	395,60
	106,18			56,67%	108,33			56,67%	110,52			56,67%	112,75
		43,33%	372,10			43,33%	372,10			43,33%	372,10		
		56,67%	107,25			56,67%	109,42			56,67%	111,63		
j=3	350,00			43,33%	350,00			43,33%	350,00			43,33%	350,00
	106,18			56,67%	108,33			56,67%	110,52			56,67%	112,75
		43,33%	329,21			43,33%	329,21			43,33%	329,21		
		56,67%	107,25			56,67%	109,42			56,67%	111,63		
j=2	309,65			43,33%	309,65			43,33%	309,65			43,33%	309,65
	106,18			56,67%	108,33			56,67%	110,52			56,67%	112,75
		43,33%	291,26			43,33%	291,26			43,33%	291,26		
		56,67%	107,25			56,67%	109,42			56,67%	111,63		
j=1	273,96			43,33%	273,96			43,33%	273,96			43,33%	273,96
	106,18			56,67%	108,33			56,67%	110,52			56,67%	112,75
		43,33%	257,69			43,33%	257,69			43,33%	257,69		
		56,67%	107,25			56,67%	109,42			56,67%	111,63		
j=0	242,38			43,33%	242,38			43,33%	242,38			43,33%	242,38
	106,18			56,67%	108,33			56,67%	110,52			56,67%	112,75
		43,33%	227,98			43,33%	227,98			43,33%	227,98		
			107,25			56,67%	109,42			56,67%	111,63		
				43,33%	214,44			43,33%	214,44			43,33%	214,44
					108,33			56,67%	110,52			56,67%	112,75
						43,33%	201,70			43,33%	201,70		
							109,42			56,67%	111,63		
								43,33%	189,72			43,33%	189,72
									110,52			56,67%	112,75
										43,33%	178,45		
											111,63		
												43,33%	167,85
													112,75

Ist die Unsicherheit durch den Zeitablauf reduziert worden, verkleinert sich auch der Kegel der noch möglichen Realisationen der Basisgröße am Ende des zweiten Besteuerungszeitraumes. In Abbildung 3-9 sind alle möglichen Realisationen der unsicheren Größe im Besteuerungszeitraum T_2 aus der Sicht von t_0 enthalten. Durch Zeitablauf wurde mehr Information über die unsichere Größe offenbart, da bspw. vom Knotenpunkt j=4 aus nur mehr der grau unterlegte Bereich der Realisationen erreicht werden kann.

Für den in Abbildung 3-9 gezeigten Knotenpunkt j=4 ergibt sich der Ausübungspreis des bedingten Steueranspruches damit aus (3.15).

$$X_{2,j}^{III} = V_{1,j} + 2Z = 395{,}60 + 2 * 18{,}55 = 432{,}70 \qquad (3.15)$$

Jedem Knotenpunkt j kann am Ende des ersten Besteuerungszeitraumes der Wert einer europäischen Option zugeordnet werden.

Abbildung 3-10: Zahlungsstrom einer zukünftigen Option im Binomialmodell

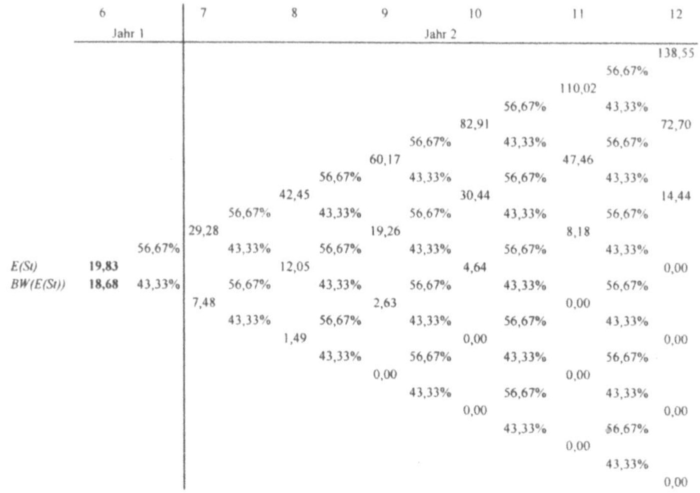

Die Zahlungen der Option am Ende des zweiten Besteuerungszeitraumes leiten sich aus der Differenz des Ausübungspreises der Option und der Realisation der Basisgröße ab. Die „Zahlungen" am Ende des zweiten Besteuerungszeitraumes ergeben sich nach der Vorschrift

$$BGL_{2,j+i} = \max\left(V_{2,j+i} - V_j - 2Z, 0\right). \tag{3.16}$$

Tritt am Ende der ersten Besteuerungsperiode die Realisation der Basisgröße $\tilde{V}$ mit j=4 ein, ergibt sich als dazugehöriger Optionswert am Ende des ersten Besteuerungszeitraumes $C_{1,4} = 18{,}68$.

Für jede Realisation j am Ende des ersten Besteuerungszeitraumes kann die Option bewertet werden. Der Wert des Steueranspruches ergibt sich als Bruchteil der gesamten Option. Der Bruchteil wird durch die Höhe des linearen Steuersatzes bestimmt. Werden die gesamten Gewinne ausgeschüttet, beträgt der relevante Grenzsteuersatz als Kombination des Körperschaftsteuersatzes und des Kapitalertragsteuersatzes 50,5%. Da die Anwendung des proportionalen Steuertarifs nur eine Lineartransformation darstellt, soll hier der Übersichtlichkeit halber zunächst noch auf den Steuersatz verzichtet werden.

Am Ende des ersten Besteuerungszeitraumes kann der Steueranspruch als Vektor dargestellt werden, dessen Elemente die Optionswerte in den möglichen Knotenpunkten j darstellen. Dieser „Auszahlungsvektor" kann risikoneutral bewertet werden.

Hier soll keine alternative Bewertung erfolgen, vielmehr soll eine Alternative zur mathematischen Lösung des stetigen Bewertungsproblems gefunden werden. Die Alternative zur mathematischen Bestimmung der Preisfunktion des zukünftigen Steueranspruches wird in drei Schritten entwickelt. Bisher wurden im ersten Schritt im Binomialmodell Simulationen durchgeführt. Im zweiten Schritt werden die Simulationsergebnisse beobachtet. Aus der Interpretation der Simulationsergebnisse folgt dann die Näherungslösung.

Ermittelt man für das oben dargestellte Beispiel die Optionswerte für sämtliche möglichen Realisationen am Ende des ersten Besteuerungszeitraumes, ergibt sich das in Abbildung 3-11 gezeigte Bild.

Abbildung 3-11: Wert des Steueranspruches am Ende des ersten Besteuerungszeitraumes

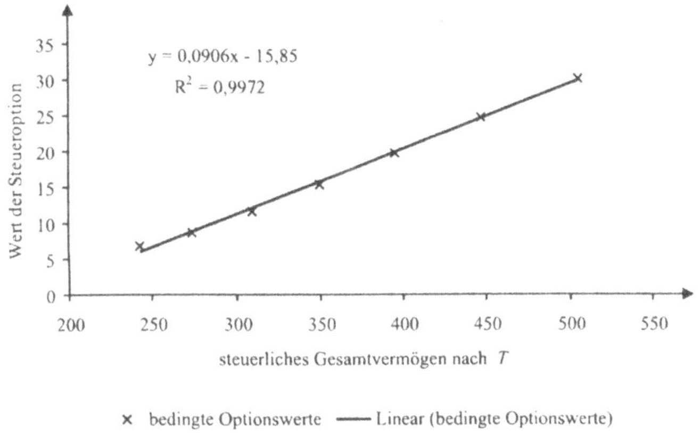

Abbildung 3-11 zeigt neben den Werten des Steueranspruches zum Zeitpunkt T auch eine lineare Regression der Steueroptionswerte gegen die Bemessungsgrundlage. Das R^2 der Regression wurde mit nahezu eins ermittelt. Die Regressionsgerade repräsentiert die Varianz der Simulationsergebnisse damit sehr gut.

Abbildung 3-11 zeigt die Verhältnisse zu Beginn des zukünftigen Besteuerungszeitraumes. Bei zwei Perioden ist vom Betrachtungszeitpunkt t_0 aus ein Besteuerungszeitraum T vergangen. Das steuerliche Gesamtvermögen ist die unabhängige Variable. Damit kann die Darstellung zum Ende des ersten Besteuerungszeitraumes T_1 als Gewinnprofil interpretiert werden.

Die Regressionsgerade weist in der Beispielkonstellation eine Steigung von 0,0906 auf. Eine Option weist im Gewinnprofil eine Steigung von eins auf. Damit entsprechen 9,06% des Optionswertes einer ganzen Option dem Wert der bedingten Bemessungsgrundlage.

Der Ausübungspreis der Option ist noch unbestimmt. Aus der Umformung der Regressionsgeraden lässt sich dieser Ausübungspreis bestimmen. In diesem Zusammenhang muss beachtet werden, dass von einem im Zeitablauf konstanten Fremdkapitalstand ausgegangen wurde. Es wurde aber für die gesamte Basisgröße die selbe Driftrate unterstellt. Damit ist am Ende einer Besteuerungsperiode der Stand der Bemessungsgrundlage zu hoch, weil die Zinsen doppelt berücksichtigt wurden. Dies kann durch die Anpassung des Ausübungspreises ausgeglichen werden. Diese Vorgangsweise entspricht der Festsetzung des Ausübungspreises in der Einperiodenbetrachtung. Der Ausübungspreis der fiktiven Bemessungsgrundlagenoption ermittelt sich aus dem Schnittpunkt der Regressionsgeraden mit der Abszisse zuzüglich der vereinbarten Verzinsung.[200]

Für diese Beispielkonstellation errechnet sich der Ausübungspreis der zugrundeliegenden Option mit

$$X^{fiktiv} = -\frac{d}{k} + Z = -\frac{-15{,}8497}{0{,}09055} + 2*18{,}5506 = 212{,}1391. \qquad (3.17)$$

Damit ist eine alternative Bewertung des zukünftigen Steueranspruches (näherungsweise) als Option möglich.[201] Der Steueranspruch wird im Rahmen des alternativen Bewertungsvorschlages nicht mehr als Option mit zeitweilig stochastischem Ausübungspreis gesehen. Dieses Wertpapier wird durch eine „normale" Option mit einperiodiger Laufzeit ersetzt.

Der Ausübungspreis dieser Option muss im Einzelfall ermittelt werden. Bei Unterstellung eines linearen Zusammenhanges zwischen den verschiedenen Optionswerten am Ende des ersten Besteuerungszeitraumes müssen für die Ermittlung des Ausübungspreises nur zwei beliebige Knotenpunkte berechnet werden. Aus der damit festgelegten Geradengleichung kann der Ausübungspreis der alternativen Steueroption ermittelt werden.

Bisher wurde nur der Steueranspruch der zweiten Besteuerungsperiode betrachtet. Diese Bewertungsidee kann auch verallgemeinert werden. Der Steueranspruch einer beliebigen zukünftigen Periode wird dann als Option mit der Laufzeit bis zum Beginn des zukünftigen Besteuerungszeitraumes gesehen.

Bisher erfolgte eine dynamische, aber zeitdiskrete Betrachtung des zukünftigen Steueranspruches. Die alternative Betrachtungsweise lässt sich in eine zeitstetige Modellumgebung über-

---

[200] Die Vorgangsweise wird klar, wenn die Betrachtung wieder auf Sicherheit beschränkt wird. Unter dieser einfachen Sichtweise zeigt sich die Ähnlichkeit der Betrachtung mit der Beurteilung des Steueranspruches unter Sicherheit (vgl. Punkt 3.2.2.1, S. 141).

[201] Näherungsweise meint in diesem Zusammenhang, dass eine Annäherung an die mathematische Lösung angestrebt wurde. Damit soll nicht ausgesagt werden, dass eine Annäherung an eine „Realität" erfolgt. Worin die Näherung besteht, wird weiter unten gezeigt (vgl. Punkt 3.2.2.2, S. 145 ff).

führen. Die Zeitabstände zwischen den Realisationen der Zufallsgröße $\tilde{V}$ konvergieren dann gegen null. In diesem Fall ist eine Bewertung des zukünftigen Steueranspruches unter den in dieser Arbeit gemachten Annahmen über die Callpreisfunktion nach Black/Scholes möglich.

Die Vorgangsweise soll anhand des oben eingeführten Modellunternehmens veranschaulicht werden.

Abbildung 3-12: Ermittlung des Ausübungspreises der fiktiven Steueroption

fiktiver Call I			
rf=	6,000%	GK=	350
S=	350,000	FK-Anteil	85,71%
vol=	15,000%	FK=	300
T-t=	1	Zinsen	18,55
X=	300		
KSt	0,34	KESt	0,25
Strike = GK+Z I			
rf=	0,06		
S=	350,000		
vol=	30		
T=	1		
X=	368,550964		
Call long			
	d1=	0,1307	
	d2=	-0,0193	
	N(d1)=	0,5520	
	N(d2)=	0,4923	
	S*N(d1)=	193,1970	
	-X*exp(-r*(T-t))*N(d2)=	-170,8710	
	CALL	22,3260	

fiktiver Call II			
rf=	6,000%	GK=	800
S=	800,000	FK-Anteil	37,50%
vol=	15,000%	FK=	300
T-t=	1	Zinsen	18,55
X=	300		
KSt	0,34	KESt	0,25
Strike=GK+Z II			
rf=	0,06		
S=	800		
vol=	0,15		
T=	1		
X=	818,550964		
Call long			
	d1=	0,3222	
	d2=	0,1722	
	N(d1)=	0,6263	
	N(d2)=	0,5683	
	S*N(d1)=	501,0715	
	-X*exp(-r*(T-t))*N(d2)=	-438,1306	
	CALL	62,9409	

Im ersten Schritt werden zwei beliebige Realisationen der Basisgröße zu Beginn des zukünftigen Steueranspruches ausgewählt. Im ersten Fall wird angenommen, dass die Basisgröße unverändert bleibt, im zweiten Fall wird unterstellt, dass die Basisgröße im ersten Besteuerungszeitraum von 350 auf 800 Einheiten ansteigt. Aus dieser Annahme folgen die Ausübungspreise der Steueroptionen für den zukünftigen Besteuerungszeitraum. Die beiden Calls weisen eine Laufzeit von einem Jahr auf. Die beiden Optionswerte sind unter der angenommenen Volatilität der Basisgröße zwei Elemente der oben dargestellten Regressionsgeraden. Mit diesen zwei Punkten kann durch den unterstellen linearen Zusammenhang die fiktive Steueroption mit der Laufzeit bis zum zukünftigen Besteuerungszeitraum berechnet werden. Die Steigung der Geraden ergibt sich aus

$$k = \frac{\Delta y}{\Delta x} = \frac{C^{fiktiv,II} - C^{fiktiv,I}}{V^{fiktiv,II} - V^{fiktiv,I}} = 0{,}0902\,. \quad (3.18)$$

Nach der Bestimmung der Steigung kann der Ordinatenabschnitt ermittelt werden.

$$d = C^{fiktiv,I} - kV^{fiktiv,I} = \text{-}9{,}2634 \quad (3.19)$$

Damit ist die Geradengleichung des fiktiven Gewinnprofils bestimmt. Der Schnittpunkt der Abszisse mit der Regressionsgeraden ist der Ausübungspreis der alternativen Steueroption auf die Bemessungsgrundlage.

$$X^{fiktiv} = -\frac{d}{k} + Z = -\frac{-9,2634}{0,0902} + 2*18,5501 = 139,74 \tag{3.20}$$

Dieser Schnittpunkt stellt den Ausübungspreis der fiktiven Steueroption dar.[202] Diese Option hat eine Laufzeit bis zum Beginn des zukünftigen Besteuerungszeitraumes und ist daher mit der Bewertungsformel von Black/Scholes zu bewerten.

Abbildung 3-13: Bewertung der alternativen Steueroption

"alternativer Ausübungspreis"			
rf=	6,000%	GK=	350
S=	350,000	FK-Anteil	85,71%
vol=	15,000%	FK=	300
T-t=	1	Zinsen	18,55
X=	139,74		
KSt	0,34	KESt	0,25
Call long			
	d1=	1,5027	
	d2=	1,3527	
	N(d1)=	0,9335	
	N(d2)=	0,9119	
-X*exp(-r*(T-t))*N(d2)=		-120,0087	
	CALL	206,7296	

Für diese fiktive Option ergibt sich für das Modellunternehmen ein Wert von 206,73 Einheiten. Das Gewinnprofil einer ganzen Option weist eine Steigung von eins auf. Aus der Steigung der Regressionsgeraden in Abbildung 3-11 folgt demnach, dass die Bemessungsgrundlage im alternativen Bewertungsvorschlag durch die Multiplikation des ganzen Calls mit der Steigung der Regressionsgeraden ermittelt werden kann.

$$MWBGL_{T_2} = kC^{fiktiv} = 0,0902 * 206,73 = 18,65 \tag{3.21}$$

Gleichung (3.21) zeigt den Marktwert der Bemessungsgrundlage. Der Wert des Steueranspruches ergibt sich durch Multiplikation des Marktwertes des Steueranspruches mit dem proportionalen Steuersatz.

---

[202] Für die weitere Analyse ist nur der positive Teil des Gewinnprofils von Bedeutung. Der Steueranspruch kann bei einer Kapitalgesellschaft durch das Trennungsprinzip zwischen der juristischen Person und den an der Gesellschaft beteiligten natürlichen Personen in einer Periode nicht negativ werden. Diese Eigenschaft des Steueranspruches wird durch die Modellierung als bedingter Anspruch in das Modell aufgenommen.

3.2.2.1 Modelleigenschaften unter Sicherheit

Die meisten Analysen im Rahmen der Betriebswirtschaftlichen Steuerlehre erfolgen unter Sicherheit. Im Rahmen dieser Arbeit wird eine weiter gefasste Modellumgebung entwickelt. Die Modellbetrachtung unter Sicherheit stellt einen Spezialfall des allgemeinen Modells dar. Die Ergebnisse sollten daher auch in diesem Fall plausibel sein. Ansonsten kann davon ausgegangen werden, dass auch die Modellbetrachtung unter Unsicherheit wenig sinnvoll ist. Die Modelleigenschaften werden damit als Plausibilitätstest des vorgeschlagenen Modells verstanden. Aufgrund der Überlegungen unter Sicherheit lässt sich das Modell nicht rechtfertigen. Die Reduktion der Komplexität im Modell führt aber dazu, dass die Überlegungen mit den Ergebnissen, der in der Praxis häufig eingesetzten Investitions- und Finanzierungsmodelle, vergleichbar werden. In diesen Modellen wird unter Sicherheit ebenfalls davon ausgegangen, dass eine Zielgröße nur einen bekannten Wert annehmen kann.

Die Überlegungen sollen wieder für das oben eingeführte Modellunternehmen angestellt werden. Der Unterschied in der Betrachtung liegt darin, dass ein sicherer Pfad angenommen wird.[203] Damit liegt eine Situation unter Sicherheit mit vollkommener Information vor.

Im ersten Schritt werden im Rahmen des alternativen Bewertungsansatzes zwei Optionswerte bei beliebigem Stand der Basisgröße am Beginn des zukünftigen Besteuerungszeitraumes bestimmt. Bei einem Stand von 350 Einheiten zum Zeitpunkt t_1 ergibt sich zum Zeitpunkt t_2 ein Erwartungswert des Gesamtvermögens von

$$E(V_2) = V_1 e^{rt} = 350e^{0,06} = 371{,}6428\,. \tag{3.22}$$

Unter Sicherheit ist das die einzige mögliche Realisation in t_2. Da sich Realisation und Erwartungswert entsprechen, ist die Varianz null. Der Ausübungspreis der Steueroption zum Zeitpunkt t_1 ermittelt sich aus der Summe des Gesamtkapitals und der Zinsen.

$$\begin{aligned} X_2{}^I &= V_1{}^I + Z = V_1{}^I + F\left(e^{rT}-1\right) = E_1{}^I + Fe^{rT} \\ &= 50 + 300e^{0,06} = 368{,}5510 \end{aligned} \tag{3.23}$$

Da unter Sicherheit und vollkommener Information der eingetretene Umweltzustand immer dem Erwarteten entspricht, ergibt sich als Basis des Steueranspruches zum Zeitpunkt t_2 die

---

[203] Bei einer Volatilität von null ist die Optionsbewertung nach Black/Scholes nicht mehr automatisiert rechenbar, weil sich eine Division durch null ergibt. Daher wurde bei den Modellberechnungen eine sehr kleine Volatilität angenommen, womit sich inhaltlich das gleiche Ergebnis ergibt. Im diskreten Modell lässt sich die Volatilität, die zu einem sicheren Pfad führt, angeben. Sie hängt vom sicheren Zinssatz und der Zeitspanne zwischen den Realisationen ab. Das steuerliche Gesamtvermögen weist dann zwar eine Volatilität größer null auf, es gibt aber nur mehr eine Filtration der „unsicheren" Größe. Damit weist der Erwartungswert keine Standardabweichung auf.

Bemessungsgrundlage mit

$$BGL_{T_2,2}{}^{I} = \max\left(V_2{}^{I} - X_2{}^{I},0\right) = \max(371{,}6428 - 368{,}5510;0) = 3{,}0918\,. \tag{3.24}$$

Für die Berechnung der Geradengleichung interessiert aber nicht der Wert der Bemessungsgrundlage zum Zeitpunkt t_2, sondern zum Zeitpunkt t_1. Daher muss die Bemessungsgrundlage noch um eine Besteuerungsperiode diskontiert werden.

$$BGL_1{}^{I} = BGL_2{}^{I} e^{-rT} = 3{,}0918e^{-0{,}06} = 2{,}9117 \tag{3.25}$$

Damit ist der erste Punkt der Geradengleichung bestimmt. Er hat die Koordinaten $(350 \quad 2{,}9117)$.

Zur Bestimmung der Geradengleichung muss noch eine zweite beliebige Realisation der Bemessungsgrundlage zum Zeitpunkt t_1 mit dem dazugehörigen Wert der Bemessungsgrundlage bestimmt werden. Der Einfachheit halber soll hier ein Wert von 340 Einheiten angenommen werden. Bei dieser Realisation zum Zeitpunkt t_1 ergibt sich für den Zeitpunkt t_2 ein Erwartungswert von

$$E\left(V_1{}^{II}\right) = V_1{}^{II} e^{rT} = 340e^{0{,}06} = 361{,}0244 \tag{3.26}$$

Der Ausübungspreis ergibt sich analog zu (3.23) mit

$$\begin{aligned} X_2{}^{II} &= V_1{}^{II} + Z = V_1{}^{II} + F\left(e^{rT} - 1\right) = E_1{}^{II} + Fe^{rT} \\ &= 40 + 300e^{0{,}06} = 358{,}5510 \qquad .^{204} \end{aligned} \tag{3.27}$$

Daher kann die Bemessungsgrundlage zum Zeitpunkt t_2 berechnet werden.

$$BGL_{T_2,2}{}^{II} = \max\left(V_2{}^{II} - X_2{}^{II},0\right) = \max(361{,}0244 - 358{,}551;0) = 2{,}4734 \tag{3.28}$$

Nach der Transformation auf den Zeitpunkt t_1 ergibt sich der Wert der Bemessungsgrundlage mit

$$BGL_{T_2,1}{}^{II} = BGL_{T_2,1}{}^{II} e^{-rT} = 2{,}4734e^{-0{,}06} = 2{,}3294\,. \tag{3.29}$$

Damit ist ein zweiter Punkt des (unterstellten) linearen Zusammenhanges ermittelt. Die Koordinaten dieses Punktes sind $(340 \quad 2{,}3594)$.

[204] Die Änderung des Ausübungspreises bei einer Änderung der Realisation der Basisgröße zum Zeitpunkt t_1 ist proportional.

Die Steigung der durch die beiden Punkte definierten Geraden ergibt sich mit

$$k = \frac{\Delta y}{\Delta x} = \frac{2{,}9117 - 2{,}3294}{350 - 340} = 0{,}05823 = 5{,}8231\,\% \,. \tag{3.30}$$

Im Vergleich zu einer normalen Option, die im Gewinnprofil eine Steigung von eins aufweisen würde, entspricht die Bemessungsgrundlage 5,8231% der gesamten Option.

Unter Sicherheit kann die Steigung der Geraden auch allgemein hergeleitet werden. Die Bemessungsgrundlage zum Zeitpunkt t_2 $\max(V_2 - X_2, 0)$ kann unter Sicherheit nach t_1 transformiert werden. Nach einigen Umformungen ergibt sich (3.31).

$$\begin{aligned} BGL_{2,1} &= \left[V_1 e^{rT} - \left(E_1 + F e^{rT}\right)\right] e^{-rT} \\ &= \left(E_1 e^{rT} - E_1\right) e^{-rT} \\ &= E_1\left(1 - e^{-rT}\right) \end{aligned} \tag{3.31}$$

Die Gleichung (3.31) zeigt, dass der Anspruch des Fiskus gegenüber den Eigenkapitalgebern unter Sicherheit nur von der Eigenkapitalausstattung und der risikolosen Verzinsung abhängt. Betrachtet man die Eigenkapitalausstattung als unabhängige Variable, ergibt sich ein linearer funktionaler Zusammenhang. Der Ordinatenabschnitt der Funktion fällt mit dem Ursprung des Koordinatensystems zusammen. Die aus der oben dargestellten Beispielberechnung abgeleitete Steigung von 5,8231% entspricht dem Klammerausdruck in der letzten Zeile von Gleichung (3.31).

Diese Betrachtung sagt noch nicht viel über die Modelleigenschaften aus. Die wesentliche Aussage des alternativen Bewertungsmodells ist, dass sich der künftige Steueranspruch durch eine fiktive Option beschreiben lässt. Bisher wurde nur die Steigung des fiktiven Gewinnprofils zum Zeitpunkt t_1 ermittelt. Der Ordinatenabschnitt und damit der Ausübungspreis der fiktiven Option blieb noch unbestimmt. Der Ordinatenabschnitt kann aus einem bekannten Punkt der Geraden und der Steigung ermittelt werden. Ein Punkt der Geradengleichung lässt sich nach (3.31) durch den Vektor $\left(V_1 \quad E_1{}^{I}\left(1 - e^{-rT}\right)\right)$ beschreiben. Die Steigung der Geraden wurde mit $\left(1 - e^{-rT}\right)$ bestimmt. Daraus folgend ergibt sich der Ordinatenabschnitt der Geradengleichung mit

$$d = E_1\left(1 - e^{-rT}\right) - V_1\left(1 - e^{-rT}\right) = -F\left(1 - e^{-rT}\right). \tag{3.32}$$

Mit diesen Komponenten kann die Geradengleichung für das Gewinnprofil aufgestellt werden. Aus den beiden ermittelten Werten der Bemessungsgrundlage zum Zeitpunkt t_1 ergibt sich die Geradengleichung mit

$$y = \left(1 - e^{-rT}\right)V_1 - F\left(1 - e^{-rT}\right). \tag{3.33}$$

Aus dieser Geradengleichung lässt sich nun der Schnittpunkt der Geraden mit der Abszisse ermitteln. Durch Nullsetzen von Gleichung (3.33) ergibt sich der Ordinatenabschnitt des fiktiven Gewinnprofils.

$$\begin{aligned} 0 &= \left(1 - e^{-rT}\right)x - F\left(1 - e^{-rT}\right) \\ x &= \frac{F\left(1 - e^{-rT}\right)}{\left(1 - e^{-rT}\right)} = F \end{aligned} \tag{3.34}$$

Dieser Ordinatenabschnitt entspricht aber noch nicht dem Ausübungspreis. Bei der Modellbildung wurde unterstellt, dass der Fremdkapitalstand während der Laufzeit konstant bleibt. Es wurde aber auch für die Basisgröße eine Driftrate in Höhe der risikolosen Verzinsung angenommen. Daraus folgend sind die Zinsen in der derzeitigen Modellformulierung doppelt berücksichtigt. Die Gerade muss, um diese Doppelberücksichtigung zu vermeiden, um die Zinsen parallelverschoben werden. Diese Parallelverschiebung entspricht die Erhöhung des Ausübungspreises der Option gegenüber den Eigenkapitalgebern um die Zinszahlung. Der Ausübungspreis der fiktiven Option entspricht dann dem konstanten Fremdkapitalstand zuzüglich der vereinbarten (stetigen) Verzinsung. Der zukünftige Steueranspruch kann unter Sicherheit als Option mit dem Ausübungspreis

$$X^{fiktiv} = F + Z \tag{3.35}$$

dargestellt werden.[205]

Unter Sicherheit bedeutet der zukünftige Steueranspruch in diesem Modellzusammenhang nichts anderes, als dass das sichere Ergebnis der Option diskontiert wird. Die Vorgangsweise entspricht dem Barwertmodell unter Sicherheit. Besteuert wird das, was am Verfallstag als Gewinn (nach fiktiver Rückzahlung des Fremdkapitals und Zinszahlung) verbleibt. Das Modell steht damit mit dem Standardbarwertmodell mit Steuereinfluss nicht im Widerspruch.

Nachdem sich das Modell unter Sicherheit zu einem bekannten Modellansatz reduziert, stellt die Bewertung unter Unsicherheit eine Modellerweiterung dar. Dieses Modell kann über die Annahme der Sicherheit hinaus Anhaltspunkte für eine „rationale" Bewertung des Steueranspruches bei Unsicherheit der Bemessungsgrundlage liefern. Die Forderung nach einem Einsatz des Analysemodells in der Steuerlehre wäre bei völlig widersprüchlichen Ergebnissen nur schwer zu fordern gewesen.

---

[205] Wird der Steueranspruch von weiter in der Zukunft liegenden Perioden betrachtet, verschiebt sich der Ausübungspreis um die kumulierte Zinszahlung.

3.2.2.2 Fehler bei der stetigen Bewertung

Wie im vorigen Punkt angesprochen, handelt es sich beim Ergebnis des alternativen Bewertungsansatzes um eine Näherung an die mathematische Lösung des Bewertungsproblems. Aus der Sicht einer empirischen Arbeit würde kein Problem auftreten.[206] Bei jeder praktischen Analyse würde ein R^2 von Eins als „Beweis" eines behaupteten Zusammenhanges aufgefasst und keine weiteren Überlegungen mehr angestellt werden.

Aus der Simulation im Modellzusammenhang ergab sich ein solches Ergebnis. Das Regressionsergebnis zeigt Abbildung 3-11. Das R^2 von Eins bedeutet, dass durch die Regressionsgerade die gesamte Streuung der Grundgesamtheit erklärt wird. Die Gerade bildet den simulierten Zusammenhang perfekt ab.

In der geschaffenen Modellrealität bedeutet der lineare Zusammenhang zwischen den Optionswerten und der Realisation der Basisgröße, dass das Wertpapier „zukünftiger Steueranspruch" durch eine Option modelliert werden kann. Es wurde in der Modellwelt ein Zusammenhang entdeckt, zu dessen Bewertung wieder das bekannte Werkzeug „Optionspreistheorie" herangezogen werden kann.

Aus dem im Modell beobachteten Zusammenhang wird geschlossen, dass sich Optionspreise bei unterschiedlichem Ausübungspreis und Stand der Basisgröße proportional verhalten. Für eine genauere Betrachtung dieser aus der Beobachtung mit einem statistischen Instrument gewonnene Aussage soll noch einmal die von Black/Scholes abgeleitete Optionspreisformel betrachtet werden.

$$C_t = BN(d_1) - Xe^{-r(T-t)}N(d_2) \tag{3.36}$$

$$d_1 = \frac{\ln\left(\frac{B}{X}\right) + \left(r + \frac{\sigma^2}{2}\right)(T-t)}{\sigma\sqrt{T-t}} \quad \text{und } d_2 = d_1 - \sigma\sqrt{T-t} \tag{3.37}$$

Im hier vorgeschlagenen Modell entsprechen sich die Basisgröße B und der Ausübungspreis X der Option fast. Sind Basisgröße und Ausübungspreis gleich, reduziert sich (3.37) zu

$$d_1 = \frac{\left(r + \frac{\sigma^2}{2}\right)(T-t)}{\sigma\sqrt{T-t}} \quad \text{und } d_2 = d_1 - \sigma\sqrt{T-t}\,. \tag{3.38}$$

---

[206] Das alternative Bewertungsmodell wurde durch eine „empirische" Vorgangsweise entwickelt. Im ersten Schritt wurden Vorstellungen über den Modellaufbau entwickelt. Im Modellrahmen wurden dann Simulationen angestellt, über die dann die Idee zum alternativen Bewertungskonzept entwickelt wurde. Es wurde damit eine empirische Untersuchung in einer geschaffenen Modellwelt durchgeführt. Die dabei beobachteten Zusammenhänge wurde dann wieder verallgemeinert. Mit den „empirischen" Aussagen wurden also keine Aussagen über eine Realität, sondern über das Modell als konstruierte Realität gemacht.

Damit sind d_1 und d_2 von der Basisgröße und dem Ausübungspreis unabhängig. Mit $B = X$ kann (3.36) weiter vereinfacht werden:

$$C_t = B\left[N(d_1) - e^{-r(T-t)}N(d_2)\right]. \tag{3.39}$$

Daraus folgt, dass der Wert der Option sich proportional mit der Basisgröße (=Ausübungspreis) ändert. Die Steigung dieser Änderung ist Eins, weil sich der Klammerausdruck als Konstante aus dem Quotienten kürzt. Damit wäre der behauptete lineare Zusammenhang, welcher der alternativen Betrachtungsweise unterstellt wird, nachvollziehbar.

Bei der Bewertung des Steueranspruches des Fiskus gegenüber den Eigenkapitalgebern wurde als Basisgröße das Gesamtkapital der Gesellschaft unterstellt. Der Ausübungspreis der Option wurde zu Beginn des zukünftigen Besteuerungszeitraumes mit dem Gesamtkapital zuzüglich der Verzinsung des Fremdkapitals festgelegt.[207] Die Identität von Ausübungspreis und Basisgröße ist also nur bei vollkommener Eigenfinanzierung gegeben. Ist keine reine Eigenfinanzierung gegeben, ändern sich die Callpreise nicht mehr proportional. Der alternative Bewertungsansatz funktioniert nicht mehr fehlerfrei. Die Bewertung des Anspruches entspricht dann einer Näherungslösung zur mathematisch exakten Lösung.

Abbildung 3-14: Fehlergröße als Funktion der Basisvariablen

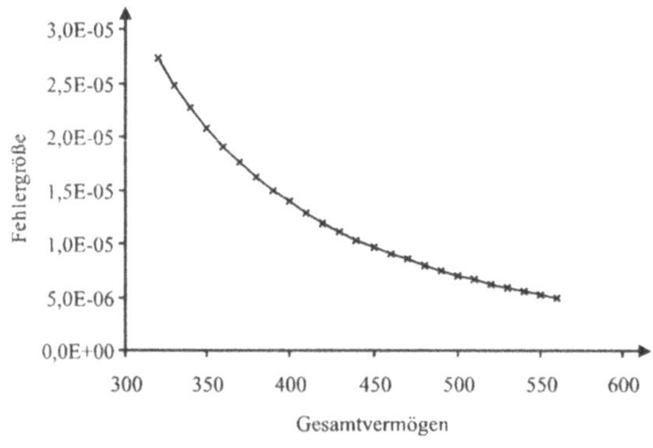

Abbildung 3-14 zeigt, wie der Fehler im weiter oben eingeführten Modellunternehmen (E=50, F=300) mit zunehmender Basisgröße abnimmt.[208] Wie bereits aus dem Ergebnis der Regression, die Grundlage des alternativen Bewertungsansatzes war, zu schließen ist, ist der absolute

[207] vgl. Tabelle 2-4, S. 90

[208] Als Fehler wurde die Krümmung der Funktion definiert, welche bei reiner Eigenfinanzierung des Unternehmens null ist.

Fehler sehr gering. Aus meiner Sicht kann die vereinfachte Bestimmung des Optionswertes trotz dieses Fehlers als brauchbare Näherung an eine exakte Lösung angesehen werden.[209]

3.2.3 Unbekannter Konkurszeitpunkt

Bei der Analyse des Steueranspruches gegenüber den Eigenkapitalgebern des Modellunternehmens wurde im Mehrperiodenzusammenhang bisher die Konkursmöglichkeit vernachlässigt. Unter dieser vereinfachenden Annahme wurde die alternative Näherungslösung für die Bewertung zukünftiger Steueransprüche ermittelt. Diese vereinfachende Annahme soll nun aufgegeben werden. Die alternative Bewertung des Steueranspruches ist nach Aufgabe dieser Annahme nicht mehr möglich. Daher wird in weiterer Folge der Steueranspruch nur mehr im Binomialmodell modelliert. Die Eigenschaften des zukünftigen Steueranspruches mit Berücksichtigung der Konkursmöglichkeit können mE auch auf dieser Grundlage zufriedenstellend herausgearbeitet werden.

Zuerst soll das Problem für das Modellunternehmen aufgezeigt werden. Darauf aufbauend wird dann das Modell verallgemeinert.

3.2.3.1 Überlegungen im Modellunternehmen

Die Möglichkeit, dass die Gesellschaft aufgrund äußerer Einflüsse in Konkurs gehen kann, muss als exogene Einflussmöglichkeit in das Bewertungsmodell aufgenommen werden. Im Einperiodenmodell kann die Konkursmöglichkeit bei hohem Eigenkapitalstand am Beginn der Periode eher vernachlässigt werden, als in der Mehrperiodenbetrachtung.

Die Konkursmöglichkeit ändert die Bewertungsmethodik grundlegend. Ohne Konkursmöglichkeit reicht die Beobachtung der Bemessungsgrundlage am Ende des betrachteten Besteuerungszeitraumes aus, um den Steueranspruch bewerten zu können. Wird im Modell Konkurs wegen Überschuldung zugelassen, muss auch bis zum Ende des zukünftigen Besteuerungszeitraumes ständig überprüft werden, ob das Vermögen der Gesellschaft unter die Konkursgrenze gesunken ist.

Durch den konstanten Fremdkapitalstand ist die Verpflichtung zur Zahlung der Zinsen am Ende der Periode sicher. Bei der Bestimmung des Konkurszeitpunktes wird daher das aktuelle Gesamtvermögen der Gesellschaft mit dem Fremdkapitalstand verglichen.[210] Unterschreitet

---

[209] Hier soll nochmals betont werden, dass eine Annäherung an die mathematische Lösung des weiter oben formulierten stetigen Bewertungsproblems und nicht an die „Realität" versucht wurde.

[210] Diese Vorstellung scheint dann gerechtfertigt, wenn das Fremdkapital immer nur am Ende einer Periode kündbar ist. In diesem Fall ist der Anspruch nicht von der Zeit abhängig, sondern eine konstante Größe.

der Wert der Gesellschaft dieses Niveau, wird hier im Modell der Konkurs der Gesellschaft wegen Überschuldung (§ 69 KO) angenommen.

Die grundlegende Problematik für die Bewertung zeigt Abbildung 3-15.

Abbildung 3-15: Unbekannter Konkurszeitpunkt im Binomialmodell

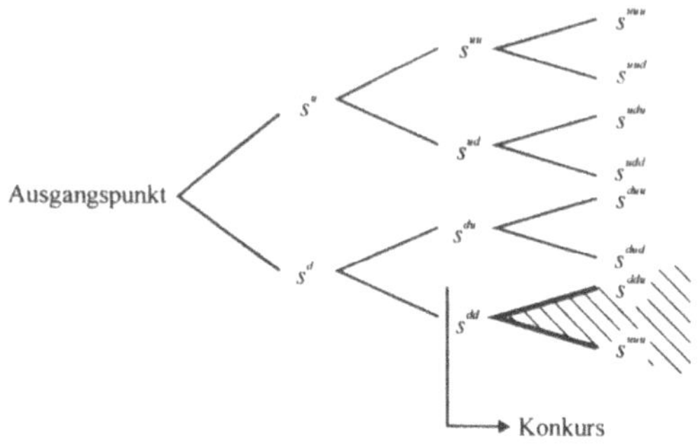

In Abbildung 3-15 sind bei jeder Realisation der Basisgröße nur zwei Zustände möglich. Im Fall einer Aufwärtsbewegung kann ein Konkurs ausgeschlossen werden. Da der Fremdkapitalanteil annahmegemäß konstant bleibt, nimmt der Polster „Eigenkapital" im Zeitablauf zu. In der nächsten Periode kann daher eine Abwärtsbewegung folgen, ohne dass das Unternehmen in Konkurs geht.[211]

Bei der in Abbildung 3-15 unterstellten Kapitalstruktur ergibt sich nach einer Abwärtsbewegung noch keine Überschuldung, die einen Konkursgrund darstellen würde. Ergeben sich vom Ausgangspunkt aber zwei Abwärtsbewegungen hintereinander, stellt sich Überschuldung ein. Das Unternehmen geht in Konkurs und hört damit auf zu existieren. Von diesem Zeitpunkt an folgen keine Zahlungen mehr an die Kapitalgeber. Die Rückzahlung des aufgenommenen Fremdkapitals ergibt keine Steuerzahlung, da im Konkurs oder im Ausgleich die Quote immer geringer ist, als das eingesetzte Kapital.

Dem Fiskus wird durch das Steuerrecht in jeder Periode eine Option auf das Unternehmensergebnis eingeräumt. Bisher wurde davon ausgegangen, dass dem Fiskus im Binomialmodell $(P-1)n+1$ Forward-Start Optionen zwangsweise eingeräumt werden.[212] Diese Betrachtungsweise entspricht, wie hier dargestellt, offenbar nicht der steuerlichen Realität.

[211] Dies impliziert, dass die erzielten Gewinne einbehalten werden.

[212] Der Verlustvortrag wird hier noch vernachlässigt. Die ökonomische Bedeutung des Verlustvortrages im Steuersystem wird weiter unten getrennt vom grundlegenden Steueranspruch diskutiert. Der Verlustvortrag stellt auch einen bedingten Anspruch mit der Basisgröße $\widetilde{V}$ dar. Die daraus folgende Wertadditivität von Optionswerten ermöglicht diese Trennung.

Im in Abbildung 3-15 dargestellten Beispiel liegen zum Zeitpunkt t_2 nur mehr drei Forward-Start Optionen vor. Der in Abbildung 3-15 grau unterlegt Bereich des Baumes existiert aus der Sicht des Fiskus nicht. Alle Wege, die über den Knotenpunkt s^{dd} führen, weisen einen Wert von null auf.

Bisher wurde davon ausgegangen, dass jeder bedingte Anspruch des Steuerrechts einen positiven Wert aufweist. Es werden bisher auch all jene Fälle mitbewertet, in denen aufgrund des Konkurses kein Steueranspruch mehr existiert.

Ohne die Modellierung der zukünftigen Konkursmöglichkeit wird der Steueranspruch daher zu hoch bewertet. Die zukünftigen Optionen des Fiskus sind aus diesem Blickwinkel betrachtet keine normalen Forward-Start-Optionen sondern als DO-Forward-Start-Optionen zu charakterisieren. Eine solche (exotische) Option hört auf zu existieren, wenn die Basisgröße einen bestimmten Wert unterschreitet.[213] Umgelegt auf das Binomialmodell bedeutet das, dass die unteren Äste ab einem Knotenpunkt, ab dem der Konkurs eintritt, nur mehr Nullen enthalten, dem Fiskus also keine Zahlung mehr garantieren.

Im Rahmen der normalen Optionsbewertung muss das Wertpapier kein „Gedächtnis" aufweisen. Der Weg, der zu einer bestimmten Realisation beschritten wird, ist irrelevant. Diese Vereinfachung kann bei der Bewertung des Steueranspruches unter Unsicherheit und der damit verbundenen Konkursgefahr nicht mehr aufrecht erhalten werden. Es müssen Bewertungsideen für pfadabhängige Ansprüche herangezogen werden.

Die Grundidee soll wieder anhand des weiter oben eingeführten Beispielunternehmens dargestellt werden. Betrachtet werden soll die Auswirkung der Konkursmöglichkeit auf den Steueranspruch der zweiten Besteuerungsperiode.

Um die Darstellung einfach zu halten, wird angenommen, dass eine Realisation in der Mitte des Jahres und eine am Ende des Besteuerungszeitraumes beobachtet wird. Damit ergibt sich zwischen den Realisationen ein Zeitabstand von sechs Monaten. Die unterstellte Volatilität bezieht sich auf diesen Zeitraum und wird zur deutlicheren Darstellung mit 15% angenommen. Der über die Zeit konstante Fremdkapitalstand soll 310 Einheiten betragen. Damit ergibt sich ein Eigenkapitalanteil am Gesamtkapital von 11,43%.

Im ersten Schritt wird der Wert der Bemessungsgrundlage zu Beginn des zukünftigen Besteuerungszeitraumes ermittelt. Die Vorgangsweise entspricht der Ableitung der alternativen Betrachtungsweise des zukünftigen Steueranspruches.[214]

---

[213] vgl. Punkt 1.6.5, S. 67 ff

[214] vgl. Punkt 3.2.1, S. 128 ff

Abbildung 3-16: Entwicklung der Basisgröße im zweiten Besteuerungszeitraum

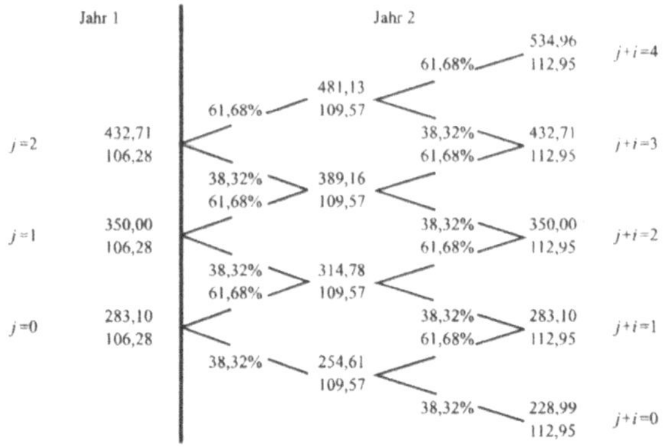

Die Pseudowahrscheinlichkeiten werden aus der Vorgabe des sicheren Wertpapiers und der Bewegung der Bemessungsgrundlage ermittelt. Mit diesen Informationen können in einer Wenn-Dann-Analyse die arbitragefreien Werte der Bemessungsgrundlage zum Ende des ersten Besteuerungszeitraumes ermittelt werden.

Ergibt sich als Realisation der Basisgröße am Ende des ersten Besteuerungszeitraumes der oberste Punkt (j=2), errechnet sich der neue Ausübungspreis für die zukünftige Steueroption mit

$$X_{1,4} = V_{1,4} + Z = 432,71 + 310\left(e^{0,06 \cdot 1} - 1\right) = 451,88 \qquad (3.40)$$

Im, aus der Sicht des Fiskus, schlimmsten Fall kann von diesem Punkt aus am Ende des zukünftigen Besteuerungszeitraumes eine Realisation der Basisgröße von 350 Einheiten eintreten.

Der zu j=2 gehörige Erwartungswert der Bemessungsgrundlage errechnet sich aus dem arbitragefreien Preissystem mit 31,61. Durch die Diskontierung mit dem sicheren Zinssatz ergibt sich der „Marktwert" dieses Steueranspruches zum Zeitpunkt t_1.

Abbildung 3-17: Ermittlung des zukünftigen Steueranspruches (j=2)

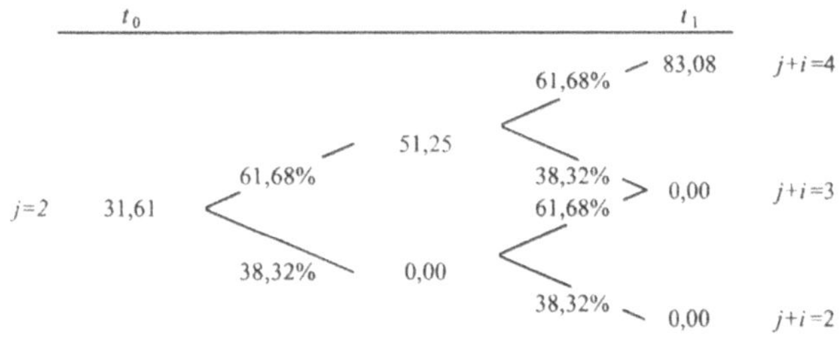

Die gleiche Vorgangsweise kann für die beiden verbleibenden Realisationen der Basisgröße (j=1 und j=2) zum Ende des ersten Besteuerungszeitraumes wiederholt werden.

Abbildung 3-18: Erwartungswert des zukünftigen Steueranspruches ohne Konkursrisiko

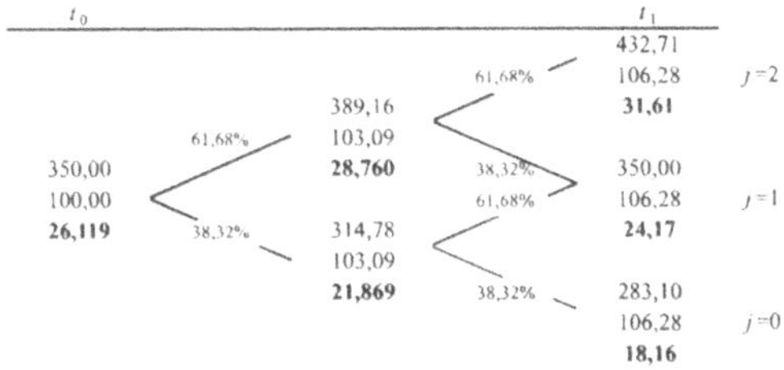

Der oberste Wert in Abbildung 3-18 zeigt die Höhe des Gesamtvermögens, der zweite Wert die Entwicklung der sicheren Anlage, während in der letzten Zeile jeweils der Wert der Bemessungsgrundlage aus der Sicht des Fiskus fett dargestellt wird. Der Übergang auf die Steuerzahlung und damit den Wert des Steueranspruches ist durch den unterstellten proportionalen Tarif unproblematisch.

Bisher unterscheidet sich die Darstellung nicht von der alternativen Bewertung des zukünftigen Steueranspruches. Die Konkursmöglichkeit wurde noch nicht modelliert. Für das hier dargestellte Modellunternehmen wurde ein Fremdkapitalstand von 310 Einheiten unterstellt. Sinkt das Gesamtvermögen unter diesen Wert, tritt Konkurs ein. Ist das Unternehmen im Konkurs, fällt der Steueranspruch des Fiskus weg. Ein zukünftiger Anspruch existiert nicht mehr.

Aus Abbildung 3-18 folgt, dass dieser Zustand bereits nach der ersten Abwärtsbewegung eintritt. Der Wert der Bemessungsgrundlagenoption gegenüber den Eigenkapitalgebern wird in diesem Punkt aber noch mit 21,87 Einheiten ausgewiesen. Wird im Binomialmodell dieser Zustand erreicht, folgt daraus, dass sich in weiterer Folge kein positiver Wert des Steueranspruches mehr ergeben kann, auch wenn eine Aufwärtsbewegung theoretisch möglich wäre. Folgt auf die Abwärtsbewegung eine Aufwärtsbewegung (*du*), ist der Wert des Steueranspruches trotzdem mit null anzusetzen. Dies gilt nicht, wenn die Realisation j=1 (350 Einheiten) nach einer Auf- und dann Abwärtsbewegung (*ud*) erreicht wird. Der Weg, wie man zu einer bestimmten Realisation gelangt, ist nicht mehr irrelevant. Die Bewertungsidee für solche Wertpapiere zeigen Hull/White.[215]

---

[215] vgl. Hull, J. C./White, A., Path-Dependent Option, 1993, 21 ff

Abbildung 3-19: Zukünftiger Steueranspruch mit Konkursrisiko

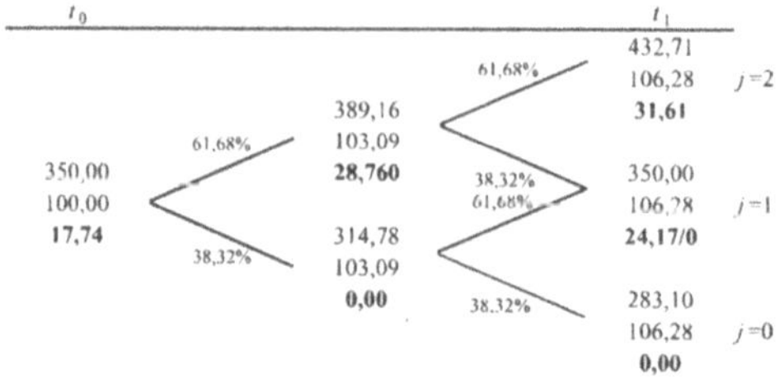

Der wesentliche Unterschied zur Modellierung ohne Konkursrisiko ergibt sich im Punkt j=1. Wird diese Realisation der Basisgröße vom unteren Zustand der Vorperiode (314,78 Einheiten) erreicht, ergibt sich für den Steueranspruch ein Wert von null, weil die Gesellschaft bereits liquidiert wurde. Wird der Punkt j=1 hingegen von der oberen Realisation aus erreicht, weist die Bemessungsgrundlage des Steueranspruches einen Wert von 24,17 Einheiten auf.

Punkt j=0 kann nur über eine zweimalige Abwärtsbewegung erreicht werden. Daher fällt der Steueranspruch bei einer Konkursgrenze von 310 Einheiten zwingend weg.

Bewertet man diesen Baum rückwärtsschreitend, ergibt sich für die Bemessungsgrundlage des Steueranspruches zum Zeitpunkt t_0 ein Wert von 17,74 Einheiten, ein wesentlicher Unterschied zur Situation ohne Berücksichtigung des Konkursrisikos.

In diesem einfachen Modellaufbau soll nun der Einfluss des Risikos auf den Wert des Steueranspruches untersucht werden. Bei der Ermittlung der Funktion des zukünftigen Steueranspruches mit Berücksichtigung des Konkursrisikos im Zeitraum bis zum zukünftigen Besteuerungszeitraum wird die Volatilität variiert. Die Berechnungen werden nach dem oben gezeigten Berechnungsmuster jeweils wiederholt. Um den Effekt der Berücksichtigung des Konkurses besser grafisch darstellen zu können, wird das Fremdkapital mit 175 Einheiten angenommen. Damit liegt ein Fremdkapitalanteil von 50% vor. Die Ergebnisse dieser Analyse zeigt Abbildung 3-20.[216]

Es zeigt sich, dass keine stetige Funktion vorliegt. Steigt die Volatilität der Basisgröße, nimmt der Wert des Steueranspruches zu. Ohne Konkursrisiko würde dieser Zusammenhang uneingeschränkt gelten. Bei einer Volatilität von 44,77% ergibt sich die Realisation der Basisgröße zum Ende des ersten Besteuerungszeitraumes nach Zinszahlung mit genau F. Das Unternehmen ist vollkommen fremdfinanziert. Steigt die Volatilität geringfügig weiter an, geht das

[216] Der Abbildung wurde das in der Arbeit durchgängig dargestellte Modellunternehmen zugrunde gelegt. Die Analyse beginnt erst ab einer Volatilität von 4,24%, weil sich bei einer geringeren Volatilität als dem sicheren Zinssatz kein arbitragefreies Preissystem ableiten lässt.

Unternehmen in Konkurs. Daraus folgend verliert der Fiskus plötzlich den Wert des zukünftigen Steueranspruches der Filtration $\{dd\}$ in Abbildung 3-18. Dadurch ergibt sich der erste Sprung in Abbildung 3-20.

Abbildung 3-20: Wert des zukünftigen Steueranspruches als Funktion der Volatilität σ

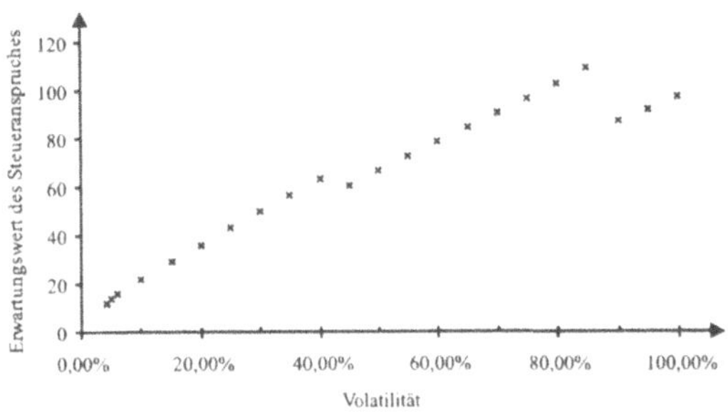

Nach diesem ersten Sprung steigt der Wert des Steueranspruches wieder an. Bei einer Volatilität von 89,54% tritt bereits bei der ersten Realisation nach einer Abwärtsbewegung Konkurs ein. Aus der Sicht des Fiskus ist damit auch bei einer (nicht mehr zu erreichenden) Aufwärtsbewegung der Basisgröße der Wert des Steueranspruches null. Diese Grenzwerte der Volatilität hängen wesentlich von der Ausgangskapitalstruktur ab. Mit abnehmendem Fremdkapitalanteil werden die kritischen Volatilitäten immer größer.

Der nicht stetige Funktionsverlauf resultiert aus der nicht stetigen Beobachtung der Basisgröße. Weiter oben wurde idealisierend angenommen, dass die Basisgröße einem Ito-Prozess folgt und Informationen über die Höhe der Basisgröße jederzeit verfügbar sind. Der hier im Binomialmodell gezeigte vereinfachte Verlauf der Basisgröße dürfte eher dem praktischen Umgang mit der Beobachtung des steuerlichen Gesamtvermögens entsprechen. Aus einer solchen Vorgangsweise würden dann Ergebnisse, wie in Abbildung 3-20 gezeigt, folgen. Die Gesellschaft wäre zwar bereits in Konkurs, aufgrund der fehlenden Beobachtung kann dies aber nicht festgestellt werden.[217]

Hier soll aber nicht versucht werden, praktische Unzulänglichkeiten nachzubilden, sondern ein theoretisch fundiertes Bewertungsmodell für den Steueranspruch unter Unsicherheit vor-

[217] Hier ist mE auch ein interessanter Ansatzpunkt bei der Kreditwürdigkeitsprüfung von Unternehmen gegeben. Mit der Länge der Beobachtungszeiträume werden Sprünge, insbesondere bei riskanteren Unternehmen, größer. Aus der Größe der Sprünge könnte eine ökonomische Theorie über das Beobachtungsintervall als Funktion des Unternehmensrisikos hergeleitet werden. Hier muss betont werden, dass die Volatilität der Basisgröße während des Beobachtungszeitraumes konstant bleibt. Diese Annahme scheint vor dem Hintergrund eines nahenden Konkurses nicht sehr plausibel. In einer solchen Situation ist es mE vorstellbar, dass Entscheidungsträger zu noch riskanteren Investitionen tendieren. Damit würde sich im hier vorgeschlagenen Modellrahmen das Preissystem im Zeitablauf ändern. Dies würde zu einem Ansteigen der Konkurswahrscheinlichkeit führen.

zuschlagen. Daher soll in weiterer Folge versucht werden, diese Bewertungsidee des Steueranspruches unter Unsicherheit mit Berücksichtigung des Konkursrisikos zu verallgemeinern.

Soll ein solches Modell zur Steuerplanung eingesetzt werden, ergeben sich nicht mehr unbedingt eindeutige Lösungen. Nachdem die Sprünge in der Funktion gerade mit zunehmender Volatilität zunehmen, könnten Entscheidungsträger versucht sein, das Risiko des Unternehmens geringfügig zu erhöhen und damit den erwarteten Wert des Steueranspruches zu minimieren, weil die Wahrscheinlichkeit des Totalausfalles des Steueranspruches dann zunimmt.[218]

3.2.3.2 Verallgemeinerung der Betrachtung im Binomialmodell

Die Überlegungen unter Punkt 3.2.3.1 für das Modellunternehmen zeigen mE, dass sich im Binomialmodell sinnvolle Ergebnisse erwarten lassen. Allerdings ist die Modellumgebung für allgemeine Aussagen noch zu einfach gestaltet. Die Verallgemeinerung der Betrachtung und damit der erzielten Ergebnisse soll für einen Zeitraum von zwei Besteuerungsperioden vorgenommen werden. Innerhalb dieser Perioden soll die Zahl der Realisationen beliebig ansteigen können.

Diese Modellerweiterung lässt eine sinnvolle Analyse unterschiedlicher Kapitalstrukturen erwarten. Das verallgemeinerte Modell soll auch eine Verschiebung der Konkursgrenze durch unternehmerische Handlungen abbilden können. In einem solchen Modellaufbau kann bspw. die Frage der steuerlichen Auswirkungen unterschiedlicher Ausschüttungsstrategien unter Unsicherheit sinnvoll diskutiert werden.

Mit der Verallgemeinerung der Betrachtung steigt die Komplexität der Modellierung an. Versuche, Bewertungsprobleme über ein Binomialmodell zu lösen, sind dann aus praktischer Sicht kritisch, wenn die Zahl der Wege zu einem bestimmten Punkt sehr groß wird.[219] Die Komplexitätssteigerung ist auch bei der hier vorgenommenen Modellierung zu erwarten.

Die allgemeinere Modellierung des Steueranspruches sollte in weiterer Folge dann auch den Übergang auf ein stetiges Modell ermöglichen. Dieser Übergang ist nicht mehr Gegenstand dieser Arbeit. Funktioniert die Bewertungsidee im Binomialmodell, müsste auch eine Überführung in ein stetiges Modell gelingen. Die Probleme liegen dann auf formaler und nicht auf ökonomischer Ebene.

---

[218] Hier soll nochmals betont werden, dass nicht das Risiko des Unternehmenszahlungsstromes, sondern dessen Abbildung durch die Rechnungslegung, das Ergebnis der Überlegung bestimmt.

[219] vgl. Hull, J. C. /White, A., Path-Dependent Options, 1993, 22

Die Konkursgrenze ändert sich im Zeitablauf nicht. Diese Annahme bedeutet, dass der Fremdkapitalstand im Betrachtungszeitraum nicht geändert wird. Damit werden die auf das Fremdkapital zu leistenden Zinszahlungen erst am Ende des Jahres als Verbindlichkeit angesehen. Bei einer Betrachtung während des Jahres würde damit die Zinsbelastung nicht bilanziert.[220] Am Jahresende werden die fälligen Zinsen gezahlt. Können die Zinsen nicht gezahlt werden, geht das Unternehmen in Konkurs. Im anderen Fall verbleibt das ursprünglich aushaftende Fremdkapital konstant.

Bei einer konstanten Konkursgrenze ist eine geschlossene Bewertung des Steueranspruches möglich.[221] Die Bewertungsidee soll im Folgenden skizziert werden. Dabei werden zwei Komponenten des Bewertungsproblems getrennt diskutiert. Die Wirkungsweise einer Barrier-Option soll in die Analyse der Erwartungswerte und der Bemessungsgrundlage gespalten werden.

Abbildung 3-21 skizziert den Aufbau des Binomialmodells, wie er der verallgemeinerten Bewertung zugrunde gelegt wird.

Abbildung 3-21: Bewertungsproblem bei konstanter Konkursgrenze

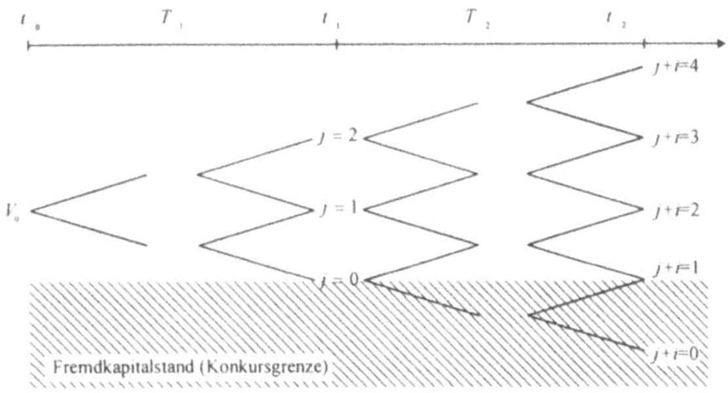

Die Zahl der Wege, die zu einer Realisation im Binomialmodell führen, können über die Summenformel

$$w = \sum_{j=0}^{n} \frac{n!}{j!(n-j)!} = n^2 \tag{3.41}$$

bestimmt werden, wobei n die Zahl der Schritte und i einen Zähler angibt. Bei n Schritten im Binomialmodell ergeben sich insgesamt n^2 mögliche Wege. Im in Abbildung 3-21 dargestell-

[220] Diese Annahme ist aus steuerlicher Sicht dann realistisch, wenn die Zinsen erst am Jahresende fällig werden. Dann kommt eine vorherige Bilanzierung auch nicht in Frage.

[221] vgl. Reiner, E./Rubinstein, M., Barriers, 1994, 30; Die Konkursgrenze kann auch eine Funktion der Zeit sein (vgl. Cox, J. C./Rubinstein M., Options Markets, 1985, 441). Eine geschlossene Bewertung ist dann unmöglich, wenn die Konkursgrenze vom Verlauf der Basisgröße abhängt.

ten Binomialmodell sind daher 16 Wege möglich. Die einzelnen Summanden der Summenformel geben an, wie viele Wege jeweils zu einer bestimmten Realisation *i* führen.

Mit j=0 bzw. $j=n$ wird eine Realisation am Rand der Verteilung erreicht. In diesem Fall ergibt sich nur ein Weg zum oberen und unteren Rand. Zum Punkt j=3 führen bspw.

$$w_{j=3} = \frac{n!}{j!(n-j)!} = \frac{4!}{3!(4-3)!} = 4 \tag{3.42}$$

Wege. Verläuft die im Zeitablauf konstante Konkursgrenze durch den Punkt j=0, muss der Weg zum Punkt $j+i$=1, der über j=0 führt, wegfallen.

Alle Wege, die zum Punkt 3 führen, weisen die gleiche Wahrscheinlichkeit auf. In jedem Knotenpunkt ändern sich die Wahrscheinlichkeiten einer Auf- oder Abwärtsbewegung im Zeitablauf nicht. Ein Weg zum Punkt j=3 wird demnach mit einer Wahrscheinlichkeit von $p_u^{\ 1} p_d^{\ 3}$ beschritten. Nach (3.42) führen j=4 Wege zu diesem Punkt. Daher wird Punkt i=3 ohne Berücksichtigung der Konkursmöglichkeit mit einer Wahrscheinlichkeit von

$$p_{i=3} = p_u^{\ 1} p_d^{\ 3} w_{i=3} \tag{3.43}$$

erreicht.

Die Zahl der Wege, die durch den zusätzlich ins Binomialmodell eingeführten Konkurs wegfällt, entspricht der Zahl der Wege, die über den Punkt j=0 zu einer Realisation am Ende des Betrachtungszeitraumes führen.

Unter Berücksichtigung der Konkursmöglichkeit während eines Betrachtungszeitraumes kann die Zahl der verbleibenden Wege allgemein mit

$$w^K = \sum_{j=0}^{n} \frac{n!}{j!(n-j)!} - \sum_{j}^{n-k} \frac{(n-k)!}{j!(n-k-j)!} \tag{3.44}$$

angeschrieben werden. Die Größe *k* stellt den Konkursabstand dar. Der Konkursabstand wird hier als Zahl der möglichen aufeinanderfolgenden Abwärtsschritte vom Ausgangspunkt aus definiert, bei der die Basisgröße die Konkursgrenze erreicht. In Abbildung 3-21 liegt die Konkursgrenze *k* bei zwei. Übersteigt die Zahl der Abwärts- die Zahl der Aufwärtsbewegungen um zwei, geht die Gesellschaft in Konkurs. Von den 16 möglichen Wegen fallen damit 2^2 Wege weg.[222]

---

[222] Wesentlich ist nicht nur, wie viele Wege wegfallen, sondern welche Wege wegfallen.

Tabelle 3-1: Wegfallende Wege durch Konkursmöglichkeit

Realisation in t_2	w	w^k
$j+i=4$	1	1
$j+i=3$	4	4
$j+i=2$	6	5
$j+i=1$	4	2
$j+i=0$	1	0

Durch die Konkursmöglichkeit wird von der ursprünglichen Binomialverteilung eine „Konkursbinomialverteilung" subtrahiert. Die Parameter der Verteilung hängen von der Konkursgrenze ab. Ökonomisch kann die Konkursgrenze bei konstantem Gesamtkapitalstand mit der Kapitalstruktur in Beziehung gesetzt werden.

Wie im Punkt 3.2.1 (S. 128 ff) gezeigt, kann der zukünftige Steueranspruch vor dem Hintergrund einer arbitragefreien Ökonomie als diskontierter risikoneutraler Erwartungswert dargestellt werden. Bisher wurde bei der Ermittlung des Erwartungswertes aber noch nicht berücksichtigt, dass durch die Konkursmöglichkeit Wege wegfallen. Soll Konkurs in das Modell aufgenommen werden, sind die hier gemachten Überlegungen in die Bewertung einzubauen.

Durch die Korrektur der Binomialverteilung durch eine „Konkursverteilung" wie in (3.44), kann der Erwartungswert angepasst werden. Die Ermittlung der Bemessungsgrundlage ist von der Konkursmöglichkeit nicht betroffen.

Konkurs kann entweder vor oder während des zukünftigen Besteuerungszeitraumes eintreten. Die Korrektur der Verteilung, wie in (3.44), bildet beide Fälle ab.[223] Der Anspruch des Fiskus besteht bei Berücksichtigung des Konkurses nicht mehr aus $(P-1)n+1$ europäischen Optionen, sondern aus $(P-1)n+1$ Barrier-Optionen. Gleichung (3.45) zeigt die Bewertung der zukünftigen Steueroption für die möglichen Realisationen der Basisgröße zu Beginn des zukünftigen Besteuerungszeitraumes.[224]

$$C^{III}{}_{(P-1)n,j} = \begin{Bmatrix} \left[\sum_{i=0}^{n} \frac{n!}{i!(n-i)!} p_u{}^i p_d{}^{n-i} - \sum_{i}^{n-k_j} \frac{(n-k_j)!}{i!(n-k_j-i)!} p_u{}^i p_d{}^i \right] \\ \max\left[V_{1,j}\left(u^i d^{n-i} - 1\right) - Z;0 \right] \end{Bmatrix} e^{-rT} \quad \forall k_j \geq 0 \tag{3.45}$$

[223] Durch diese Modellierung werden alle Wege weggelassen, wo die Zahl der Abwärtsbewegungen um *n-k* größer ist als die Zahl der Aufwärtsbewegungen. Damit werden alle Konkursmöglichkeiten bei konstanter Konkursgrenze bis zum Ende des Betrachtungshorizontes erfasst.

[224] Der bedingte Steueranspruch wird hier auf der Ebene der Bemessungsgrundlage formuliert. Die Lineartransformation über den proportionalen Steuersatz ist problemlos möglich.

Die erste Zeile in (3.45) zeigt die Eintrittswahrscheinlichkeiten gewichtet mit der Zahl der Wege vom Punkt j aus, also zum Beginn des zukünftigen Besteuerungszeitraumes T_2. Der Konkursabstand k_j hängt von der eingetretenen Realisation j ab.[225]

Die zweite Zeile in (3.45) zeigt die Bemessungsgrundlage am Ende von T_2. Die Bemessungsgrundlage ergibt sich mit

$$\begin{aligned}\max\left(\tilde{V} - X, 0\right) &= \max\left[V_{1,j} u^i d^{n-i} - \left(V_{1,j} + Z\right), 0\right] \\ &= \max\left[V_{1,j}\left(u^i d^{n-i} - 1\right) - Z, 0\right]\end{aligned} \tag{3.46}$$

In (3.45) wird nur die Konkursmöglichkeit während der zukünftigen Periode berücksichtigt. Die Konkursmöglichkeit bis zum zukünftigen Besteuerungszeitraum wird über die bedingten Eintrittswahrscheinlichkeiten der Realisationen i erfasst. Der etwas unübersichtliche Ausdruck kann ökonomisch relativ einfach interpretiert werden.

$$MWBGL = \left\{ \begin{matrix} \left[\begin{matrix} \displaystyle\sum_{j=0}^{(P-1)n} \frac{[(P-1)n]!}{j![(P-1)n-j]!} p_u^{\,j} p_d^{\,(P-1)n-j} \\ \displaystyle - \sum_{j}^{(P-1)n-k} \frac{[(P-1)n-k]!}{j![(P-1)n-k-j]!} p_u^{\,j} p_d^{\,(P-1)n-j} \end{matrix} \right] \\ \displaystyle\sum_{j=1}^{(P-1)n} C^{III}{}_{(P-1)n,j} \end{matrix} \right\} e^{-r(P-1)n\Delta t} \quad \forall k \geq 0 \tag{3.47}$$

Die erste Zeile der eckigen Klammer zeigt die Eintrittswahrscheinlichkeit der Realisation j am Beginn des zukünftigen Besteuerungszeitraumes. Es werden alle möglichen Wege zu dieser Realisation mit deren Eintrittswahrscheinlichkeit modelliert. Die zweite Zeile modelliert die, durch die Konkursmöglichkeit bis zum zukünftigen Besteuerungszeitraum wegfallenden Wege und deren Eintrittswahrscheinlichkeit. Die Differenz stellt die Eintrittswahrscheinlichkeit einer möglichen Realisation zum Beginn des zukünftigen Besteuerungszeitraumes T_2 unter Berücksichtigung der Konkursmöglichkeit dar.

Die Einschränkung, dass Gleichung (3.47) nur für $k \geq 0$ definiert ist, bedeutet ökonomisch, dass die Gesellschaft nicht schon zu Beginn des Betrachtungszeitraumes in Konkurs sein darf.[226]

---

[225] Das bedeutet, dass der ursprüngliche Eigenkapitalpolster durch die Entwicklung bis zum Beginn von T_2 geändert wurde. Für jene Filtrationen, bei denen die Zahl der Aufwärtsbewegungen die Zahl der Abwärtsbewegungen übersteigt, erhöht sich das Eigenkapital und damit der Konkursabstand.

[226] Dann erübrigt sich jede weitere Diskussion des Steueranspruches.

Der Realisation j ist über Gleichung (3.45) der Wert der zukünftigen Steueroption j zugeordnet. Multipliziert mit der Eintrittswahrscheinlichkeit der Realisation j ergibt sich der Erwartungswert der Steueroption.

Durch die Summenbildung über die möglichen Zustände am Beginn des zukünftigen Besteuerungszeitraumes T_2 und Diskontierung wird der risikoneutrale diskontierte Erwartungswert des zukünftigen Steueranspruches bei Konkursmöglichkeit ermittelt. Im Rahmen der hier angenommen arbitragefreien Ökonomie muss dieser Wert dem Marktwert des Steueranspruches entsprechen.

Die hier angestellten Überlegungen beruhen auf der Annahme einer konstanten Konkursgrenze im Zeitablauf. Diese Annahme impliziert, dass der Fremdkapitalstand während des gesamten Betrachtungszeitraumes konstant gehalten wird und die Unsicherheit damit nur das Eigenkapital beeinflusst.

3.2.4 Zusammenfassung der Modellerweiterung

Durch die Modellerweiterung sollte der Steueranspruch mehrerer Perioden diskutiert werden können. Damit würde eine Vergleichbarkeit mit Analysemethoden unter Sicherheit hergestellt.

Der Steueranspruch gegenüber den Fremdkapitalgebern ist unter den getroffenen Annahmen auch im Mehrperiodenmodell relativ einfach zu bewerten. Im Sinne der Vergleichbarkeit mit Analyseergebnissen aus Modellen unter Sicherheit ist dieser Teil des Steueranspruches aber nicht relevant.[227]

Bei der Modellierung des Steueranspruches gegenüber den Eigenkapitalgebern treten zwei wesentliche Probleme auf. Der vom Verlauf der Basisgröße abhängige Ausübungspreis der Option gegenüber den Eigenkapitalgebern macht die Anwendung von Standardbewertungsmethoden der Finanzwirtschaft nur begrenzt möglich. Hier wurde versucht, eine alternative Bewertungsidee zu zeigen. Diese versagt aber, wenn das zweite gewichtige Problem, die Konkursmöglichkeit der Einkunftsquelle „Kapitalgesellschaft", zugelassen wird.

Für die beiden wesentlichen Probleme der Modellerweiterung wurden zwei Lösungsmöglichkeiten vorgeschlagen, die aber nicht gleichzeitig einsetzbar sind.

[227] Werden die geforderten Annahmen im Standardbarwertmodell unter Sicherheit eingehalten, ist der Barwert der Finanzierung bis auf wenige Ausnahmen null und damit irrelevant.

Eine geschlossene Bewertung des zukünftigen Steueranspruches scheint in diesem Modellrahmen nicht mehr möglich. Daher wird für Analysezwecke in der Steuerlehre der Übergang auf das einfachere Binomialmodell vorgeschlagen.

In diesem Modellrahmen lassen sich Fragestellungen der Steuerlehre analysieren. Insbesondere die Umsetzung des Modellaufbaus mit einfachen EDV-technischen Mitteln stellt einen Vorteil dieser Modellumgebung dar. Für Simulationszwecke reicht der Einsatz eines einfachen Tabellenkalkulationsprogramms aus. Daher ist die Modellierung im Binomialmodell auch für einen praktischen Einsatz in der Steuerplanung prinzipiell geeignet. Das zeigen mE auch die Simulationsergebnisse für das Modellunternehmen.

Der relativ komplexe Modellaufbau zeigt, wie schwierig der Steueranspruch, auch ohne steuerrechtliche Details, in einer Umgebung mit Unsicherheit zu handhaben und zu bewerten ist. Ob das Analysemodell trotz der Komplexität sinnvolle Ergebnisse liefern kann, soll im Folgenden für die Frage der Ausschüttungsentscheidung diskutiert werden.

3.3 Ausschüttungspolitik

3.3.1 Allgemeines

Eine entscheidende Fragestellung der Steuerlehre wurde bisher noch nicht als Modellimplikation diskutiert. Im Mittelpunkt vieler bisheriger Arbeiten stand, ob eine bestimmte Ausschüttungsstrategie bevorzugt werden muss oder ob die Ausschüttungspolitik einer Kapitalgesellschaft irrelevant ist.[228]

Die Ausschüttungsentscheidung stellt eine Entscheidung über die dynamische Kapitalstruktur dar. Diese erscheint insbesondere vor dem Hintergrund der Steuerreform 2000 in Österreich interessant. Der Steuergesetzgeber will durch die steuerliche Abzugfähigkeit von Eigenkapitalzinsen die Thesaurierung fördern. Eine Analyse dieser Maßnahme in einem Modell unter Sicherheit ist mE nicht sinnvoll. Dass mit höherer Eigenkapitalquote das Konkursrisiko abnimmt, ist intuitiv vorstellbar. Mit der hier vorgeschlagenen Modellierung soll versucht werden, den Einfluss der höheren Eigenkapitalquote auf den Wert des Steueranspruches zu quantifizieren.

Bei einer Modellierung unter Sicherheit ergeben sich auf der Ebene der Gesellschaft in Österreich keine Unterschiede zwischen verschiedenen Ausschüttungsstrategien. Die Körperschaftsteuerbelastung wird durch die Ausschüttungspolitik nicht beeinflusst, weil die Ausschüttung aus der Sicht des Körperschaftsteuerrechts eine Einkommensverwendung darstellt. Auf der Ebene der Gesellschafter kommen Analysen unter Sicherheit zwangsläufig zum Ergebnis, dass eine Thesaurierung aus steuerlicher Sicht immer günstiger ist, als eine frühere Ausschüttung, weil damit die Kapitalertragsteuerbelastung später anfällt und durch die Diskontierung ökonomisch an Wert verliert.[229]

In einem Modellrahmen unter Sicherheit lassen sich aber mE eine Vielzahl interessanter Fragen nicht sinnvoll diskutieren. Durch die Ausschüttung wird einem Unternehmen Kapital entzogen. Damit steigt im Vergleich zur Thesaurierung die Konkurswahrscheinlichkeit. Der Wert des zukünftigen Steueranspruches müsste dieser Vorstellung nach zusätzlich zum Zinseffekt kleiner werden. Zum Zeitpunkt der Entscheidung über die Ausschüttung müssen die Eigentümer aus steuerlicher Sicht entscheiden, ob sie einen sicheren Steueranspruch am Ende von T_1, kombiniert mit einem zweiten unsicheren Kapitalertragsteueranspruch, gegen einen insgesamt unsicheren zukünftigen Steueranspruch T_2 eintauschen wollen.

[228] vgl. Schneider, D., Investition und Finanzierung, 1986, 288 ff

[229] vgl. Swoboda, P., Irrelevanz, 1991, 855 ff

Über die Ausschüttung entscheiden die Eigentümer einer Kapitalgesellschaft. Betroffen von dieser Entscheidung sind aber in einem Modell unter Unsicherheit auch die Fremdkapitalgeber. Deren Anspruch wird mit einer Ausschüttungsentscheidung unsicherer. Dies müsste zur Folge haben, dass auch der Steueranspruch des Fiskus gegenüber den Fremdkapitalgebern sinkt.

Aus meiner Sicht bestehen, neben diesen hier angeführten Zusammenhängen, eine Vielzahl weiterer Hypothesen zum Problem der Ausschüttungspolitik unter Unsicherheit. Daher soll nun versucht werden, das Modell so zu erweitern, dass diese Hypothesen sinnvoll untersucht werden können.

Um Übersichtlichkeit zu bewahren, soll von einer einfachen Grundstruktur ausgegangen werden. Die Überlegungen werden wieder im Binomialmodell angestellt. Der Steueranspruch soll bei unterschiedlichen Ausschüttungsstrategien vom Zeitpunkt t_0 aus bewertet werden.

In jedem Besteuerungszeitraum soll das Gesamtvermögen der Gesellschaft zweimal beobachtet werden. Der Planungshorizont wird vorerst auf zwei Besteuerungszeiträume eingeschränkt. Damit ergeben sich fünf mögliche Realisationen der Zufallsvariablen „Gesamtvermögen der Gesellschaft" am Ende des Betrachtungshorizontes.

Um die Ergebnisse plastischer zu gestalten, sollen die Überlegungen auf Grundlage des Modellunternehmens gezeigt werden.

Bisher wurde im Grundmodell der Steueranspruch des Besteuerungszeitraumes T_1 bewertet. Bei der Modellerweiterung zum Mehrperiodenmodell wurde nur der Steueranspruch der zweiten Periode T_2 bewertet. Bei der Diskussion einer dynamischen Kapitalstruktur führt die getrennte Betrachtung der Besteuerungszeiträume zu keinen sinnvollen Ergebnissen, weil die Steueransprüche interdependent sind. Daher wird bei der Analyse der Ausschüttung der Steueranspruch über zwei Perioden verglichen.

3.3.2 Abbildung der Ausschüttungen

Als unsichere Größe wurde das steuerliche Gesamtvermögen $\widetilde{V}$ vor Zinszahlung angenommen. Die Entwicklung des steuerlichen Gesamtvermögens wurde beim Aufbau des Grundmodells mit der Entwicklung der Stromgrößen Ertrag und Aufwand gleichgesetzt. Diese Sichtweise impliziert, dass erfolgsneutrale Vorgänge nicht in der unsicheren Größe beinhaltet sind. Änderungen des Gesamtvermögens durch Ausschüttungen oder externe Finanzierungsmaßnahmen betreffen die Basisgröße damit nicht.

Bei der Analyse eines isolierten Besteuerungszeitraumes wurde davon ausgegangen, dass sich das nach steuerlichen und handelsrechtlichen Vorschriften bewertete Vermögen gleicht. Diese

Annahme lässt sich bei der Betrachtung mehrerer Besteuerungszeiträume nicht mehr sinnvoll aufrecht erhalten. Am Ende jedes Besteuerungszeitraumes ist im Gewinnfall Körperschaftsteuer zu entrichten. Diese stellt aus steuerlicher Sicht keinen Aufwand dar. Das steuerliche Eigenkapital bleibt unverändert. Aus handelsrechtlicher Sicht stellt die Steuerzahlung auf der Ebene der Gesellschaft Aufwand dar. Damit sinkt das für die Konkursbeurteilung relevante handelsrechtliche Eigenkapital, nicht aber die unsichere Größe „steuerliches Eigenkapital".

Die geänderten Verhältnisse zur Konkursbeurteilung können in das Modell daher nur durch eine Verschiebung der Konkursgrenze aufgenommen werden. Die Annahme einer über den gesamten Betrachtungszeitraum konstanten Konkursgrenze ist daher schon aus der Sicht der Körperschaftsteuerzahlung nicht sehr realistisch.

Eine ähnliche Argumentation ist auf Zinszahlungen im Modell anzuwenden. Diese wurde bisher als Abzugsposten von der Bemessungsgrundlage vor Zinsen behandelt.[230] Die Zinszahlung beeinflusst bei dieser Vorgangsweise den Basisprozess ebenfalls nicht.[231] Durch die Zinszahlung wird der Abstand zwischen Realisation der Basisgröße zu einem Zeitpunkt und der Konkursgrenze aber ebenfalls vermindert.

Körperschaftsteuerzahlung und Zinszahlung sind durch den Steuerpflichtigen nicht unmittelbar zu beeinflussen. Sie resultieren aus der Realisation der unsicheren Größe und der zuvor gewählten Kapitalstruktur.

Für die Modellierung des zukünftigen Steueranspruches bedeutet das Auseinanderfallen des handelsrechtlichen und steuerrechtlichen Eigenkapitalstandes, dass für jede Realisation am Ende des ersten Besteuerungszeitraumes geprüft werden müsste, ob in der Vorperiode ein Gewinn entstanden ist. Die daraus resultierende Körperschaftsteuerbelastung und die Zinszahlung an die Fremdkapitalgeber erhöhen in der hier verfolgten Modellsichtweise dann die Konkursgrenze.

Unabhängig davon kann der Steuerpflichtige aber über die Ausschüttung entstandener Gewinne entscheiden. Eine Ausschüttung ist aus steuerlicher Sicht ebenfalls erfolgsneutral. Im Fall der Ausschüttung sinkt der Abstand zwischen der eingetretenen Realisation und der Konkursgrenze. Durch die Ausschüttung wird Eigenkapital in eine Verbindlichkeit gegenüber den Gesellschaftern verwandelt. Die tatsächliche Ausschüttung führt dann zu einer Bilanzverkür-

[230] Der Ausübungspreis der Körperschaftsteueroption wurde mit $V_0 + Z$ angesetzt.

[231] Damit wurde das in der Optionsbewertung schwierig zu handhabende Problem von Sprüngen im Basisprozess auf die Ebene der Ermittlung der Bemessungsgrundlage verschoben.

zung, wobei der Eigenkapitalstand unverändert bleibt. Im Fall der Ausschüttung ist das Eigenkapitalpolster vermindert. Der Konkursabstand ist also gesunken.

Aus steuerlicher Sicht hat sich jedoch am Verlauf der Basisgröße nichts geändert, weil die Ausschüttung erfolgsneutral ist und damit das Vermögen nicht ändert.

Im Binomialmodell ist eine solche Verschiebung der Konkursgrenze erst dann bewertungsrelevant, wenn der nächsthöhere Knotenpunkt erreicht wird.[232]

Werden entstandene Gewinne thesauriert und die Körperschaftsteuerzahlung und Zinszahlung vernachlässigt, lässt sich die Konkursgrenze $k_{1,j}$ für den zweiten Besteuerungszeitraum im Knotenpunkt j zum Zeitpunkt t_1 nach

$$k_{1,j}^{Thesaurierung} = \max(k_0 + 2j - n;0) \tag{3.48}$$

bestimmen.[233] Solange sich ein Gewinn ergibt, nimmt die Entfernung zwischen der Realisation der Basisgröße und der Konkursgrenze zu. Jedem Knotenpunkt kann zu Beginn des zukünftigen Besteuerungszeitraumes nach (3.48) eine neue Konkursgrenze zugeordnet werden.[234]

Die Ausschüttungsentscheidung vermindert den Abstand zwischen der Realisation und der Konkursgrenze. Ergibt sich im ersten Besteuerungszeitraum ein Gewinn, wird durch die Ausschüttung der Ausgangsabstand k_0 wieder hergestellt.

Ergibt sich bei der Realisation der Basisgröße im ersten Besteuerungszeitraum ein Verlust, wird dadurch der Konkursabstand unabhängig von der Ausschüttungsstrategie vermindert.[235] Der Konkursabstand im Fall der vollständigen Ausschüttung beträgt damit

$$k_{1,j}^{Ausschuttung} = \begin{cases} k_0 & \forall 2j \geq n \\ \max(k_0 + 2j - n;0) & \forall 2j < n \end{cases}. \tag{3.49}$$

[232] Liegt die Konkursbarriere nicht genau auf einem Knotenpunkt, entsteht ein Bewertungsfehler. Die Grenze entwickelt sich damit sprunghaft.

[233] Die Zahl der Aufwärtsbewegungen auf einem Weg wird über den Zähler j beschrieben. Daher weist ein Weg j $n-j$ Abwärtsbewegungen auf. Der Konkursabstand steigt (vermindert sich) im Fall der Thesaurierung um die Differenz der Auf- und Abwärtsbewegungen $\Delta(u,d) = j-(n-j) = 2j-n$ der ersten Periode. Es wird angenommen, dass die Ausschüttung unmittelbar am Beginn und nicht während des zukünftigen Besteuerungszeitraumes erfolgt.

[234] Die Änderung der Konkursgrenze ist wieder eine bedingte Änderung und kann damit auch als Option interpretiert werden. Das Bewertungsproblem des zukünftigen Steueranspruches kann als Bewertung einer Option mit stochastischem Ausübungspreis und bedingter Konkursbarriere gesehen werden. Meines Wissens liegt kein Bewertungsansatz der Finanzwirtschaft für ein solches Wertpapier vor.

[235] In diesem Fall ist keine ausschüttungsfähiger Gewinn entstanden. Daher ist keine Ausschüttungsstrategie möglich, die Alternativen unterscheiden sich aus steuerlicher Sicht nicht.

Der Konkursabstand ist unabhängig von der Ausschüttungsstrategie eine Funktion der Basisgröße. Eine geschlossene Bewertung des Steueranspruches ist in diesem Fall nicht möglich.[236] Die adaptierte Bewertungsgleichung für den Steueranspruch im Kontenpunkt j zu Beginn der zweiten Periode zeigt (3.50).

$$C^{III}{}_{(P-1)n,j} = \begin{cases} \left[\sum_{i=0}^{n} \frac{n!}{i!(n-i)!} p_u{}^i p_d{}^{n-i} - \sum_{i}^{n-k_{1,j}} \frac{(n-k_{1,j})!}{i!(n-k_{1,j}-j)!} p_u{}^i p_d{}^{n-i} \right] \\ \max\left[V_{1,j}\left(u^i d^{n-i} - 1\right) - Z; 0 \right] \end{cases} e^{-rT} \quad \forall k_{1,j} \geq 0 \tag{3.50}$$

In der Zweiperiodenbetrachtung beeinflusst die Ausschüttung aus der Sicht der Körperschaftsteuer nur die Konkursgrenze im zweiten Besteuerungszeitraum. Würden mehrere Besteuerungszeiträume betrachtet, verhindert die vollständige Ausschüttung entstandener Gewinne den Aufbau eines „Eigenkapitalpolsters“. Werden zwei Unternehmen verglichen, die bis zum zukünftigen Besteuerungszeitraum Gewinne erzielt haben, weist das Unternehmen, das Gewinne ausgeschüttet hat, in dieser Modellierung einen geringeren Konkursabstand auf als das thesaurierende Unternehmen. Der Wert des zukünftigen Steueranspruches ist insbesondere bei einer volatilen Bemessungsgrundlage im Fall der Thesaurierung damit wesentlich höher als im Fall der Ausschüttung.

Der Aufbau im Binomialmodell wird durch die pfadabhängigen Wertpapiere bei der Ausdehnung der Betrachtung auf mehr als zwei Perioden unhandlich. Es müsste bei jeder Filtration $\mathcal{F}_{PT}$ die Ausschüttungsstrategie und die damit verbundenen steuerlichen Folgen untersucht werden. Es ergeben sich im Binomialmodell für den zukünftigen Besteuerungszeitraum T_P insgesamt $(Pn)^2$ Filtrationen. Daher ist der Modellaufbau im Binomialmodell nur schwer für die Analyse praktischer Situationen einsetzbar.

Ziel des Modells ist vorerst noch nicht der praktische Einsatz im Steuercontrolling. Aufgrund der fehlenden Erkenntnisse auf dem Gebiet des Steueranspruches unter Unsicherheit stehen hier die ökonomischen Eigenschaften des Objekts „Steueranspruch“ im Mittelpunkt. Das rechtfertigt mE den Einsatz eines Modells, auch wenn es bei einer weiteren Verallgemeinerung der Sichtweise zu praktischen Problemen kommt.

---

[236] vgl. Reiner, E./Rubinstein, M., Barriers, 1994, 30

3.3.3 Einfluss der Ausschüttungsentscheidung auf den Körperschaftsteueranspruch

3.3.3.1 Allgemeine Überlegungen

Die Ausschüttungsentscheidung ist erst am Ende des ersten Besteuerungszeitraumes zu treffen. Danach kann die Entscheidung nicht mehr rückgängig gemacht werden. Bei der unterstellten Informationsstruktur hat das Warten einen ökonomischen Wert. Die Information über den Eintritt einer bestimmten Realisation nimmt zu.[237]

Der Fall der Ausschüttungsentscheidung kann auch als amerikanische Option interpretiert werden, bei der mehrere Ausübungszeitpunkte möglich sind.[238]

Die Referenzgröße für den folgenden Körperschaftsteueranspruch wird durch die Steuerzahlung und eine Ausschüttung nicht geändert. Wird das steuerliche Gesamtvermögen einer Kapitalgesellschaft als Basisprozess des derivativen Anspruches „Körperschaftsteueranspruch" gesehen, ergibt sich durch die Körperschaftsteuerzahlung kein Sprung in der Basisgröße. Bei zeitstetiger Betrachtung geht die Eigenschaft der Stetigkeit der Basisgröße durch die Steuerentrichtung bzw. Ausschüttung also nicht verloren.

Vor diesem Hintergrund wäre anzunehmen, dass die Ausschüttungspolitik keinen Einfluss auf den Wert des Steueranspruches aus dem Titel „Körperschaftsteuer" haben sollte. Daher konzentrieren sich Untersuchungen zur Wirkung einer Ausschüttung vorwiegend auf den Einfluss der Besteuerung auf ausgeschüttete Erträge.[239]

Im ersten Schritt soll versucht werden, in einem möglichst einfachen Modellaufbau Aussagen über die Wirkung der Ausschüttung auf den Körperschaftsteueranspruch abzuleiten.

Die risikoneutralen Eintrittswahrscheinlichkeiten sind in jeder Periode gleich.[240] Die Auszahlungsstruktur des Körperschaftsteueranspruches im Mehrperiodenzusammenhang wurde bereits weiter oben gezeigt.[241] Im Rahmen dieser Analyse soll nur gezeigt werden, was sich für den Steueranspruch durch die Ausschüttung ändert.

Zu einem Körperschaftsteueranspruch kann es in einer der Perioden im einfachen Modell nur

---

[237] vgl. Pennings, E., Taxes under uncertainty, 2000, 385

[238] vgl. Ho, T. S./Stapleton, R. C./Subrahmanyam, M. G., American options on bonds, 1997, 1496

[239] vgl. Swoboda, P., Irrelevanz, 1991, 855 ff

[240] Das ist keine grundlegende Annahme. Die Modellierung funktioniert auch bei einem sich im Zeitablauf ändernden risikoneutralen Wahrscheinlichkeitsmaß.

[241] vgl. Punkt 3.2.3.1, S. 147

dann kommen, wenn eine zweimalige Aufwärtsbewegung der Basisgröße erfolgt.[242]

Wird thesauriert, fällt in t_1 nur die Körperschaftsteuerzahlung an, die aber aus der Sicht der Bemessungsgrundlage Einkommensverwendung darstellt. Daraus folgend wird die Referenzgröße für den folgenden Besteuerungszeitraum, das steuerliche Gesamtvermögen der Gesellschaft, für die nächste Periode durch die Steuerzahlung nicht verschoben.

Wird zusätzlich zur Körperschaftsteuer der handelsrechtliche Gewinn ausgeschüttet, wird der Kapitalgesellschaft zusätzlich Kapital entzogen. Die Verhältnisse zum Ende des ersten Besteuerungszeitraumes werden in Abbildung 3-22 skizziert.

Abbildung 3-22: Einfluss der Ausschüttungsentscheidung auf den KSt-Anspruch

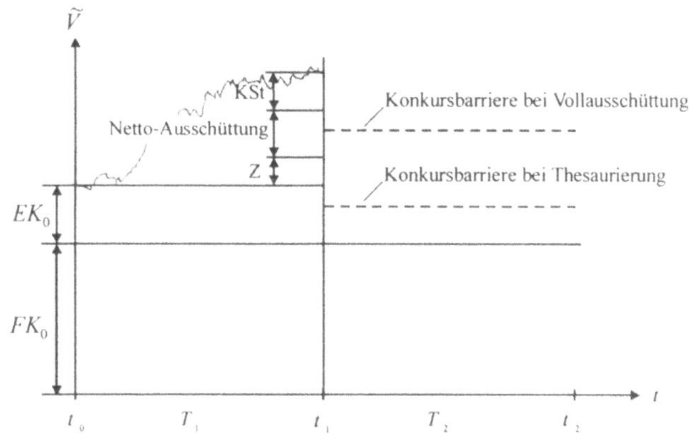

Erfolgt keine Ausschüttung, wird die Konkursgrenze für die folgende (zweite) Periode um die Körperschaftsteuerzahlung nach oben verschoben. Die Konkursgrenze wird nicht nach den steuerrechtlichen Vorschriften der Gewinnermittlung, sondern aus handelsrechtlicher Sicht zu ermitteln sein. Im handelsrechtlichen Gewinnermittlungssystem stellt die Körperschaftsteuer aber eine erfolgswirksame Größe dar. Daher müssen die beiden Rechensysteme in diesem Punkt ein unterschiedliches Ergebnis liefern. Dieser Unterschied kann nicht mehr annahmegemäß ausgeschlossen werden.

Erfolgt eine Ausschüttung, ist eine Annahme über die Höhe der Ausschüttung erforderlich. Hier soll Vollausschüttung der realisierten Gewinne unterstellt werden.[243] Damit wird der

[242] Die Möglichkeit des Verlustvortrages soll hier ausgeschlossen bleiben, da eine Bewertung des Verlustvortrages bereits weiter unten erfolgt. Werden mehrere Realisationen der Basisgröße während eines Besteuerungszeitraumes zugelassen, ist entscheidend, ob die Zahl der Aufwärtsbewegungen die Zahl der Abwärtsbewegungen übersteigt.

[243] vgl. Mandl, G./Rabel, K., Unternehmensbewertung, 1997, 115; Man folgt damit einer in der Unternehmensbewertung gebräuchlichen Prämisse.

größtmögliche Unterschied zwischen verschiedenen Ausschüttungsstrategien quantifiziert. Aus der Sicht des Steueranspruches ist nun interessant, ob sich durch die Ausschüttung der Wert des Steueranspruches der zweiten Periode ändert.[244] Dabei sind zwei Effekte zu unterscheiden:

- Durch den Kapitalabfluss sinkt der Eigenkapitalstand. Die Konkurswahrscheinlichkeit steigt. Dies wirkt sich jedoch in der einfachen Betrachtung mit zwei Beobachtungen in einem Besteuerungszeitraum nicht aus. Ein Körperschaftsteueranspruch kann nur entstehen, wenn in der zweiten Periode eine zweimalige Aufwärtsbewegung erfolgt. In diesem Fall kann das Unternehmen in T_2 nicht in Konkurs gehen, womit sich für die Eintrittswahrscheinlichkeit des Steueranspruches keine Änderung ergibt. Die Ausschüttungsentscheidung wirkt sich erst in Folgeperioden (negativ) auf den Steueranspruch des Fiskus aus, weil das Eigenkapitalpolster des Unternehmens geschmälert wurde. Das Unternehmen kann also weniger Abwärtsbewegungen „überstehen" als im Fall der Thesaurierung.
- Durch die Ausschüttung wird das Gesamtvermögen aus handelsrechtlicher Sicht vermindert. Die Steuerbemessungsgrundlage bleibt jedoch unverändert. Da bei der hier angestellten Modellbetrachtung das steuerliche Gesamtvermögen als stochastische Größe definiert wurde, wirkt sicht die Ausschüttung nicht auf das „verzinsliche" Kapital aus. Geht man von der Annahme aus, dass nicht das steuerliche, sondern das handelsrechtliche Vermögen die Basis für die Anwendung des Driftkoeffizienten ist, würde sich durch die Ausschüttung eine Änderung ergeben. Damit sinkt der zu erwartende Gewinn der Periode, weil die Driftrate auf ein kleineres Gesamtvermögen angewandt wird. Durch die Annahme, dass die Änderung des steuerlichen Gesamtvermögens stochastisch ist, wird dieser Effekt in der hier vorgenommenen Modellierung nicht abgebildet. Der Steueranspruch wird im Vergleich zum Bezug auf das handelsrechtliche Ergebnis zu hoch bewertet.

Nach diesen allgemeinen Überlegungen soll die Bedeutung der Ausschüttungsentscheidung für das Modellunternehmen analysiert werden. Es werden zwei Besteuerungszeiträume untersucht. Diese Eingrenzung schneidet daher Folgewirkungen der Ausschüttung in späteren Zeiträumen ab. Es wird die Auswirkung der Ausschüttungsentscheidung auf den Steueranspruch der zweiten Periode abgebildet.

---

[244] Bei der Diskussion des Einflusses der Ausschüttungsentscheidung auf den Körperschaftsteueranspruch der zweiten Periode kann eine Einschränkung auf den Steueranspruch T_2 erfolgen, weil der Körperschaftsteueranspruch der ersten Periode von der Ausschüttungsentscheidung unabhängig ist.

3.3.3.2 Numerisches Beispiel zur Ausschüttung

Auf der Grundlage der verallgemeinerten Betrachtung im Binomialmodell wurde der Einfluss der Ausschüttung für das Modellunternehmen ermittelt.[245]

Als Maßstab zur Beurteilung des Einflusses wird der diskontierte risikoneutrale Erwartungswert des Körperschaftsteueranspruches herangezogen. Es wurde also die modelltheoretische „Marktwertänderung" des Steueranspruches bei Vollausschüttung im Vergleich zur Thesaurierung untersucht.

Zur Diskussion des Einflusses der Ausschüttungsstrategie auf den Steueranspruch wird das Modellunternehmen herangezogen. Im Rahmen der folgenden Berechnungen wurde von einem Gesamtkapitalstand V_0 von 350 Einheiten ausgegangen. Die jährliche Volatilität des Gesamtvermögens $\tilde{V}$ wird mit 15% angenommen.

Für die Analysen des Einflusses der Ausschüttung wird nicht mehr die Kapitalstruktur exogen vorgegeben, sondern der Konkursabstand k_0 der ersten Periode. Der Konkursabstand k wurde als Zahl der möglichen Abwärtsschritte im worst case bis zum Erreichen der Konkursgrenze definiert. Die exogene Vorgabe der Konkursgrenze impliziert die Kapitalstruktur.

$$F = V_0 d^k \tag{3.51}$$

Der Fremdkapitalstand F hängt in dieser Modellbetrachtung daher vom Konkursabstand k und über d auch von der Volatilität und dem sicheren Zinssatz ab. Der funktionale Zusammenhang zwischen dem Konkursabstand k und dem ursprünglichen Fremdkapitalstand F wird in Abbildung 3-23 gezeigt.

Abbildung 3-23: Fremdkapital als Funktion des Konkursabstandes

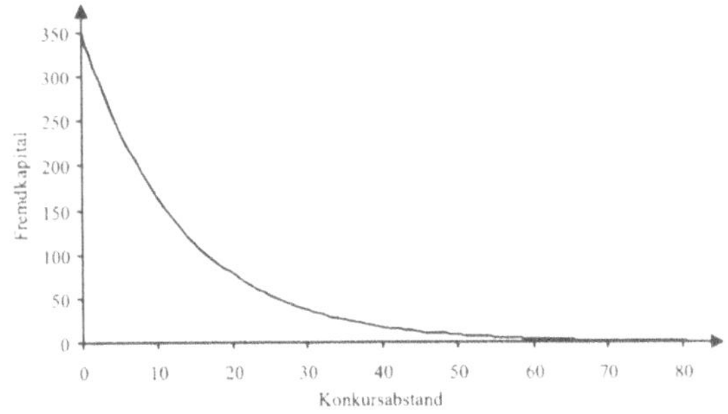

[245] vgl. Punkt 3.2.3.2, S. 154 ff

Die folgenden Berechnungsergebnisse wurden bei einem Konkursabstand k_0 von 1 ermittelt. Der Fremdkapitalstand zu Beginn des Betrachtungszeitraumes beträgt nach (3.51) dann 324,71 Einheiten. Die Ergebnisse unterstellen daher ein Unternehmen mit relativ geringem Eigenkapitalanteil.

Die Berechnungsgrundlagen, die zu den hier gezeigten Ergebnissen führen, sind im Anhang dargestellt.[246]

Tabelle 3-2 zeigt die Ausgangsdaten der Modellberechnungen zusammenfassend.

Tabelle 3-2: Ausgangsdaten der Modellberechnungen „Ausschüttung"

Zahl der Realisationen n	4
Gesamtkapital V_0	350
Konkursabstand k_0	1
Fremdkapital F_0	324,710
Eigenkapital	25,289
Eigenkapitalanteil E_0/F_0	7,23%
Zinssatz (stetig) r	6,136%
Fremdkapitalzinsen Z	19,925
Volatilität σ p. a.	15%
Faktor Aufwärtsbewegung	1,078
Faktor Abwärtsbewegung	0,928
Pseudowahrscheinlichkeit „Auf"	58,422%
Pseudowahrscheinlichkeit „Ab"	41,578%
Körperschaftsteuersatz τ_{KSt}	34%
Kapitalertragsteuersatz τ_{KESt}	25%

Bei der Betrachtung von zwei Besteuerungszeiträumen wird mit diesen Annahmen eine Realisation der Basisgröße insgesamt acht Mal angenommen. Abbildung 3-24 zeigt den Aufbau des Binomialmodells grafisch.

Abbildung 3-24: Modellaufbau der Berechnungen „Ausschüttung"

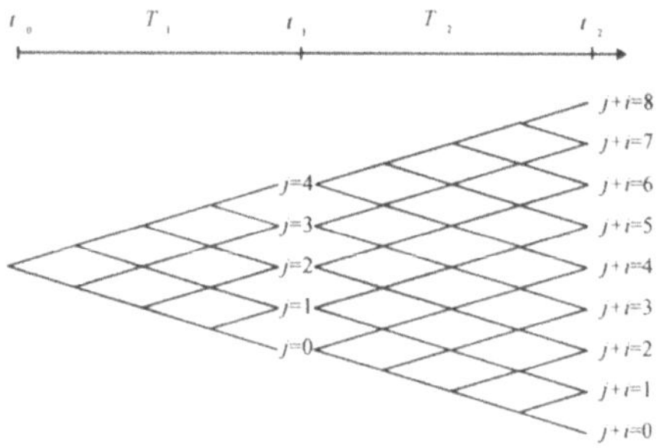

[246] vgl. Punkt 5.3 (S. 222)

Tabelle 3-3 zeigt die Erwartungswerte des Eintritts einer bestimmten Realisation der Basisgröße zum Ende des Betrachtungszeitraumes für den Fall der Thesaurierung entstandener Gewinne. Die erste Zeile zeigt die eingetretene Realisation j zu Beginn des zukünftigen Besteuerungszeitraumes T_2.

Die erste Spalte zeigt die Realisationen des steuerlichen Gesamtvermögens am Ende des zukünftigen Besteuerungszeitraumes. Die Realisation $j+i=6$ kann bspw. von drei Realisationen zum Zeitpunkt t_1 $\left(j \in \{4,3,2\}\right)$ erreicht werden. Die kumulierte Eintrittswahrscheinlichkeit errechnet sich als Summe der Eintrittswahrscheinlichkeiten der Wege. Die gesamte Wahrscheinlichkeit, dass Realisation $j+i=6$ eintritt, ergibt sich als Summe der Einzelwahrscheinlichkeiten.[247]

Tabelle 3-3: Erwartungswerte der Realisationen in t_2 bei Thesaurierung

Thesaurierung						
	$j=4$	j=3	j=2	j=1	j=0	Summe
$j+i=8$	1,357%					1,357%
$j+i=7$	3,863%	2,898%				6,761%
$j+i=6$	4,124%	8,248%	2,062%			14,435%
$j+i=5$	1,957%	8,805%	4,403%	0,000%		15,165%
$j+i=4$	0,348%	3,133%	3,133%	0,000%	0,000%	6,615%
$j+i=3$		0,000%	0,743%	0,000%	0,000%	0,743%
$j+i=2$			0,000%	0,000%	0,000%	0,000%
$j+i=1$				0,000%	0,000%	0,000%
$j+i=0$					0,000%	0,000%

Die gesamte Eintrittswahrscheinlichkeit einer Realisation am Ende des Betrachtungszeitraumes ergibt sich als Kumulation einzelner Verteilungen, die von der Realisation der Basisgröße zu Beginn des zukünftigen Besteuerungszeitraumes abhängen.[248]

Die Erwartungswerte in den Spalten $j=0$ und $j=1$ sind alle null, weil das Unternehmen bereits vor dem Erreichen dieser Realisationen der Bemessungsgrundlage am Ende des ersten Besteuerungszeitraums in Konkurs gegangen ist.

Die Ausschüttungsentscheidung am Ende der ersten Periode wäre dann für den zweiten Körperschaftsteueranspruch irrelevant, wenn sich durch die Ausschüttung keine Änderung der

[247] Die Summe der Wahrscheinlichkeiten ergibt nicht Eins. Dies ist in dieser Tabelle deshalb der Fall, weil die Alternativen, in denen aufgrund eines absorbierenden Zustandes keine Realisation am Ende des Betrachtungszeitraumes erreicht wird, nicht in dieser Tabelle dargestellt wurden.

[248] Die Wahrscheinlichkeit, dass ein bestimmter Endpunkt erreicht wird, entspricht der Summe der Wahrscheinlichkeiten der Filtrationen $\mathcal{F}_{PT}$, die über keinen absorbierenden Zustand führen.

Erwartungswerte ergeben würde.[249] Tabelle 3-4 zeigt die Erwartungswerte für den Fall, dass entstandene Gewinne am Ende des ersten Besteuerungszeitraumes ausgeschüttet werden.

Tabelle 3-4: Erwartungswerte der Realisationen in t_2 bei Ausschüttung

	Ausschüttung					
	j=4	j=3	j=2	j=1	j=0	Summe
$j+i$=8	1,357%					1,357%
$j+i$=7	2,898%	2,898%				5,795%
$j+i$=6	2,062%	6,186%	2,062%			10,311%
$j+i$=5	0,489%	4,403%	4,403%	0,000%		9,295%
$j+i$=4	0,000%	1,044%	3,133%	0,000%	0,000%	4,178%
$j+i$=3		0,000%	0,743%	0,000%	0,000%	0,743%
$j+i$=2			0,000%	0,000%	0,000%	0,000%
$j+i$=1				0,000%	0,000%	0,000%
$j+i$=0					0,000%	0,000%

Ein Gewinn entsteht beim unterstellten Binomialmodell in der ersten Periode bei den Realisationen j=4 und j=3. In diesen Punkten wird durch die Ausschüttung die Konkursgrenze verschoben. Durch diese Verschiebung der Konkursgrenze im Fall der Ausschüttungen, fallen zusätzliche Wege zu Realisationen am Ende des zweiten Besteuerungszeitraumes weg. Die Spalten j=4 und j=3 unterscheiden sich bei der Ausschüttung verglichen mit der vollständigen Thesaurierung. Abbildung 3-25 zeigt die unterschiedlichen Eintrittswahrscheinlichkeiten aus Tabelle 3-3 und Tabelle 3-4 grafisch.

Abbildung 3-25: Einfluss der Ausschüttungsentscheidung auf die Eintrittswahrscheinlichkeiten der Realisationen in t_2

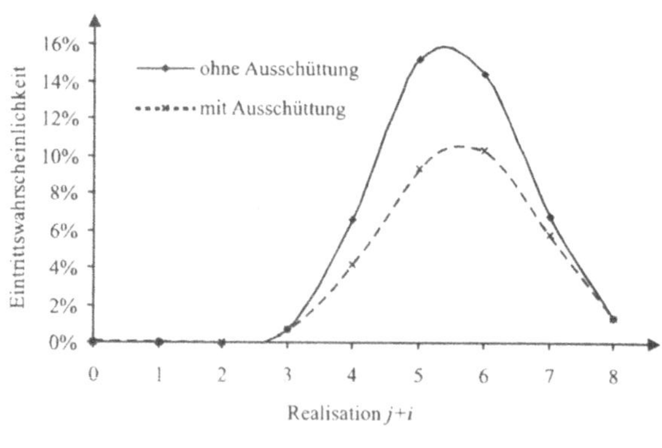

Die Ausschüttungsentscheidung beeinflusst in diesem Modellaufbau die Eintrittswahrscheinlichkeiten der Realisationen am Ende des zweiten Besteuerungszeitraumes. Das Modell bildet

[249] Die Bemessungsgrundlage wird wegen der Erfolgsneutralität der Ausschüttung nicht beeinflusst. Der Effekt der Ausschüttungen kann sich damit bei dieser Modellierung nur im Erwartungswert zeigen.

bisher keine Effekte ab, die spätere Besteuerungszeiträume betreffen. Auf der Grundlage der Ergebnisse für den Besteuerungszeitraum T_2 ist davon auszugehen, dass die Eintrittswahrscheinlichkeiten späterer Realisationen der Basisgröße durch die Ausschüttungsentscheidung am Ende der ersten Periode ebenfalls abnehmen. Dieser Einfluss ist im vorliegenden Modell aber nicht quantifizierbar.

Abbildung 3-25 sagt aus, wie sich die risikoneutralen Eintrittswahrscheinlichkeiten der Realisationen am Ende des zweiten Besteuerungszeitraumes T_2 bei einer Ausschüttung von der Thesaurierung unterscheiden.

Der Einfluss der Ausschüttung hängt wesentlich von der Ausgangskapitalstruktur ab. Bei einem Konkursabstand von $k_0 = 1$, der Abbildung 3-25 zugrunde liegt, ergibt sich ein Eigenkapitalanteil von 7,23%.

Bei einem Konkursabstand von $k_0 = 3$ ergibt sich nach (3.51) ein Eigenkapitalanteil von ca. 20%. Abbildung 3-26 zeigt die Differenz der risikoneutralen Eintrittswahrscheinlichkeiten für diese beiden Ausgangskapitalstrukturen.

Abbildung 3-26: Differenz der Erwartungswerte als Funktion des Konkursabstandes

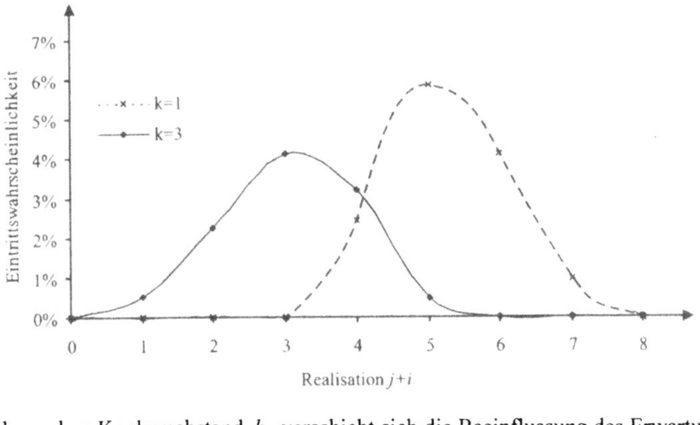

Mit zunehmendem Konkursabstand k_0 verschiebt sich die Beeinflussung des Erwartungswertes durch die Ausschüttung in Richtung der „niedrigeren" Realisationen. Diese sind für die Körperschaftsteuer aufgrund der niedrigeren Bemessungsgrundlage von geringerer Bedeutung.

Bisher wurde nur der Einfluss der Ausschüttungsentscheidung auf die Eintrittswahrscheinlichkeiten einer Realisation diskutiert. Dieser Effekt lässt sich mit der Bemessungsgrundlage kombinieren.

Abbildung 3-27: Einfluss der Ausschüttungsentscheidung auf den Marktwert des Körperschaftsteueranspruches

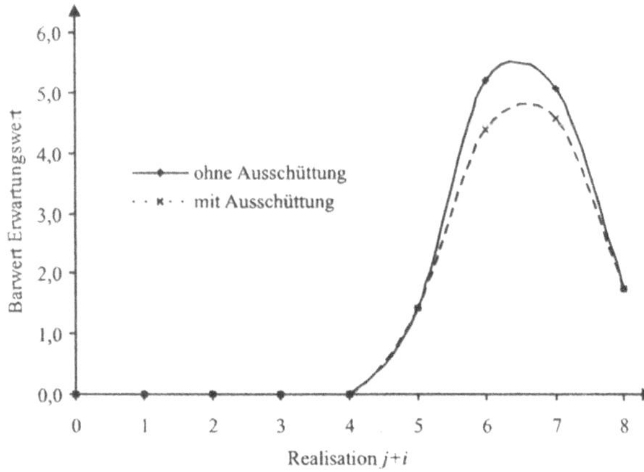

Abbildung 3-27 zeigt, dass die Ausschüttungsentscheidung aus der Sicht des Steuerpflichtigen entweder irrelevant oder von Vorteil ist. Unterschiede ergeben sich bei den Realisationen 6 und 7. Zu dieser Realisation fallen bei Ausschüttung Wege durch die ausschüttungsbedingte Verringerung des Konkursabstandes weg. Die Realisation 8 ist nur von Aufwärtsbewegungen gekennzeichnet. In diesem Fall kann die Ausschüttungsentscheidung keinen Einfluss auf den Wert des Steueranspruches haben.

Bei der Realisation $j+i=4$ kann kein Unterschied bestehen, weil in der zweiten Periode ein Steueranspruch nur unter der Bedingung der Realisation $j=1$ entstehen kann (Abbildung 3-24). Bei einem Konkursabstand von $k=1$ geht das Unternehmen aber bei diesem Weg unabhängig von der Ausschüttungsentscheidung in Konkurs.

Ein Körperschaftsteueranspruch bei $j+i=5$ kann sich in der zweiten Periode nur bei einem Weg über $j=2$ ergeben. Bei der Realisation $j=2$ ist aber in der ersten Periode kein Gewinn entstanden, es wurde daher auch nicht ausgeschüttet. Damit ergibt sich auch hier kein Unterschied abhängig von der Ausschüttungsentscheidung.

Der Barwert des Erwartungswertes ohne Ausschüttung ergibt sich aus Integration der Kurve aus Abbildung 3-27 mit 13,460. Werden Gewinne am Ende der ersten Periode ausgeschüttet, ergibt sich für das unterstellte Modellunternehmen ein Marktwert des Körperschaftsteueranspruches der zweiten Periode von 12,140.

Die Differenz der beiden Marktwerte ist eine Funktion der unterstellten Volatilität.

Abbildung 3-28: Einfluss der Ausschüttungsentscheidung auf den KSt-Anspruch als Funktion der Volatilität

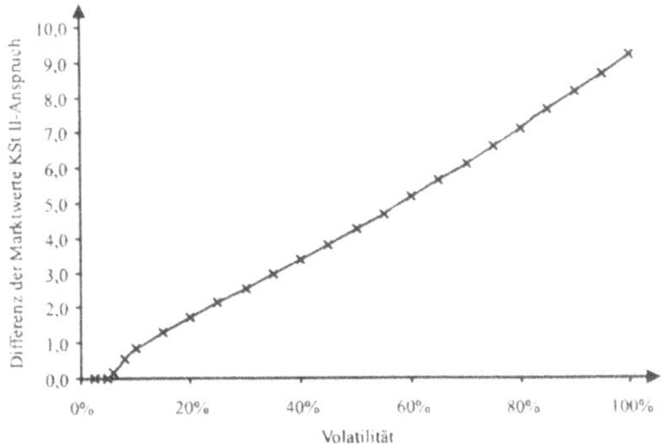

In einer Modellwelt unter Sicherheit darf die Ausschüttungsentscheidung keinen Einfluss auf den Marktwert des zukünftigen Körperschaftsteueranspruches haben. Dies zeigt sich in Abbildung 3-28 bei geringer Volatilität des steuerlichen Gesamtvermögens.[250] Mit zunehmender Volatilität der Basisgröße nimmt die Differenz zwischen dem Marktwert des Körperschaftsteueranspruches T_2 bei unterschiedlichen Ausschüttungsstrategien zu. Bei volatiler Bemessungsgrundlage wird die Ausschüttungsentscheidung daher auch für den Körperschaftsteueranspruch immer wichtiger.

Wie die Berechnungen für das Modellunternehmen zeigen, hat die Ausschüttungsentscheidung trotz der Erfolgsneutralität der Ausschüttung in Abhängigkeit von der unterstellten Ausgangskapitalstruktur erheblichen Einfluss auf den Marktwert des Körperschaftsteueranspruches. Vor dem Hintergrund dieser Modellergebnisse können mE auch Bemühungen des Fiskus gesehen werden, durch die Änderung steuerlicher Rahmenbedingungen Unternehmen zur Thesaurierung entstandener Gewinne zu veranlassen. Die ökonomischen Vorteile des Fiskus können in der Differenz der Marktwerte des Körperschaftsteueranspruches gesehen werden. In einer solchen Modellumgebung wäre damit der Nutzen des Fiskus aus der Thesaurierung quantifiziert. Dieser Nutzen müsste den Kosten einer Maßnahme auf der Ebene der Bemessungsgrundlage gegenübergestellt werden.

Eine der Maßnahmen des Steuergesetzgebers, die Unternehmen zu einer Thesaurierung führen sollte, ist der durch die Steuerreform 2000 eingeführte Eigenkapitalzinsenabzug. Aus der Sicht des Fiskus stellt sich die Frage, ob der Effekt der Erhöhung des Erwartungswertes die

[250] Wird die Volatilität so angenommen, dass die Wahrscheinlichkeit einer Aufwärtsbewegung 100% beträgt, liegt im unterstellten Modell Sicherheit vor. Es gibt im Zeitablauf dann nur einen möglichen Pfad des steuerlichen Gesamtvermögens.

durch den zusätzlichen Aufwand verursachte Verminderung der unsicheren Bemessungsgrundlage überwiegt.

Für die Steuerlehre ergeben sich bei dieser Fragestellung interessante Ansatzpunkte. Wird bspw. der Zusammenhang zwischen Risiko und Wert des Steueranspruches diskutiert, besteht aus der Sicht des Steuerpflichtigen nicht das Problem, dass bei höherem Risiko der Bemessungsgrundlage auch das Risiko des zugrundliegenden Zahlungsstromes steigen muss.[251] Im Fall der Eigenkapitalverzinsung ist diese Verknüpfung nicht gegeben. Der Abzug der fiktiven Eigenkapitalzinsen berührt den „realen" Zahlungsstrom des Unternehmens nicht. Daher kann die steuerliche Entscheidung unabhängig von anderen Entscheidungen gesehen werden.

3.3.4 Einfluss der Ausschüttungsentscheidung auf den Kapitalertragsteueranspruch

Im Unterschied zum Körperschaftsteueranspruch hat der Steuerpflichtige im Bereich der Besteuerung der Ausschüttungen ein Wahlrecht. Die Gesellschafter können frei über die Ausschüttung des handelsrechtlich ermittelten ausschüttungsfähigen Betrages entscheiden. Aus der Sicht der Betriebswirtschaftlichen Steuerlehre ist dieser Bereich ergiebiger als die Analyse des Körperschaftsteueranspruches, weil der Steuerpflichtige vor einem echten steuerlichen Wahlproblem steht.

In einem Analysemodell unter Sicherheit ist die Ausschüttungsstrategie unter Sicherheit aus steuerlicher Sicht leicht zu optimieren. Die Ausschüttung später ist immer optimal, weil der Wert des KESt-Anspruches durch die Diskontierung immer niedriger ist als bei früherer Ausschüttung.[252]

In einem Modell unter Unsicherheit muss die Ausschüttungsstrategie unter anderen Aspekten diskutiert werden. Dabei können drei Hypothesen in den Mittelpunkt der Diskussion gestellt werden:

- Eine erste Hypothese könnte sein, dass im Fall der späteren Ausschüttung der Diskontierungseffekt weniger ins Gewicht fällt als die geringere Konkurswahrscheinlichkeit und damit eine Thesaurierung weniger attraktiv ist als eine frühere Ausschüttung.
- Durch die Thesaurierung bleibt dem Unternehmen Kapital erhalten, das reinvestiert werden kann. Wird das Kapital in ein riskantes Investitionsprojekt investiert, steigt der erwartete

---

[251] Entscheidend ist, wie die Rechnungslegung die Volatilität des zugrunde liegenden Cash-flow abbildet.

[252] Dabei wird allerdings keine Aussage über den gewünschten Konsumstrom des Entscheidungsträgers gemacht. Dieser wäre auf einem perfekten Kapitalmarkt über eine Fremdfinanzierungsstrategie herstellbar. Der Barwert der Fremdfinanzierung ist in diesem Modell immer null, die Form der Finanzierung des Konsums daher irrelevant.

Gewinn.[253] Der Fiskus beteiligt sich durch das Steuerrecht zwar an der Gewinnchance, nicht aber am potentiellen Verlust. Aus der Sicht der Kapitalgeber entsteht damit eine steuerliche Ungleichbehandlung thesaurierter Gewinne und alternativ veranlagter Beträge, wenn diese in eine relativ zum Unternehmen sichere Alternative wie z.B. ein Forderungswertpapier investiert werden.

- Die Erträge einer riskanten Investition können die Verluste aus einer anderen Investition abdecken. Aus der Sicht der Volatilität, die mitbestimmend für den Wert des Steueranspruches ist, ergibt sich durch die Einbehaltung der Gewinne und Reinvestition in anderen riskanten Projekten eine Risikostreuung. Durch diese Risikostreuung müsste die Volatilität des Basiszahlungsstromes und damit auch der Abbildung durch die Rechnungslegung abnehmen. Deshalb sollte der Wert des Steueranspruches bei Gewinnthesaurierung abnehmen, außer die zusätzliche Investition ist mit dem übrigen Investitionsportfolio des Unternehmens perfekt positiv korreliert.[254]

Die Betrachtung im einfachen Binomialmodell lässt nur eine sinnvolle Diskussion der ersten Hypothese zu. Im Bereich der Reinvestition der thesaurierten Gewinne kann nur die geringere Ausschüttungserwartung aufgrund der Verringerung der Basisgröße, nicht jedoch der Vergleich zur Alternativanlage erfolgen.[255]

Der Effekt der Diversifikation der Basisgröße durch zusätzliche Investitionen kann hier nicht abgebildet werden. Es müsste versucht werden, den Einfluss der zusätzlichen Investitionen auf das gesamte Unternehmensportfolio zu bestimmen und dann den Diversifikationseffekt in einer komparativen Analyse zu klären.[256] Der Vergleich einer thesaurierenden bzw. ausschüttenden Unternehmung würde einem Vergleich unterschiedlich volatiler Unternehmen mit unterschiedlichem Gesamtkapitalstand entsprechen.

Maßgeblich für die KESt-Erhebung sind nach § 27 EStG in Verbindung mit § 93 EStG ff die zugeflossenen Bruttoerträge aus der Kapitalanlage.

Für die weitere Analyse wird unterstellt, dass die natürliche Person von der Endbesteuerung Gebrauch macht und keine Versteuerung der Kapitalerträge zum halben Durchschnittssteuer-

---

[253] Dies gilt auch im hier unterstellten risikoneutralen Binomialmodell.

[254] Diese perfekte Korrelation ist bspw. dann vorstellbar, wenn eine bereits getätigte Investition durch die thesaurierten Mittel „nachgekauft" wird.

[255] Es müsste per Annahme festgelegt werden, welche Alternativanlage ein Steuerpflichtiger wählt. Dies erscheint mir vor dem Hintergrund der ohnehin schon rudimentären Modelluntersuchung wenig sinnvoll.

[256] Das Aggregationsproblem der Investitionszahlungsströme und deren Abbildung über die Rechnungslegung muss auf Unternehmensebene erfolgen, weil durch das geltende Steuerrecht im Unternehmensbereich diese Aggregationsebene festgelegt wird. Es wird nicht etwa auf der Grundlage von Einzelinvestitionen besteuert.

satz erfolgt. Im Rahmen der außerbetrieblichen Einkunftsart „Kapitalvermögen" wird aufgrund des Zu- und Abflussprinzips besteuert. Entscheidend ist daher nicht der aus einem Betriebsvermögensvergleich ermittelte Gewinn, sondern die tatsächliche Ausschüttung.

Das handelsrechtliche Ausschüttungspotential wird über die Rechnungslegung bestimmt.[257] Diese Betrachtung entspricht noch keiner Cash-flow Betrachtung. Eine Ausschüttung kann daher auch erfolgen, wenn in der entsprechenden Besteuerungsperiode kein Einzahlungsüberschuss (vor Finanzierungsmaßnahmen) erzielt wurde. Aufgrund des Realisationsprinzips wird die Cash-flow Betrachtung und die Ertragsbetrachtung regelmäßig auseinanderfallen. Daher ist der steuerliche bzw. handelsrechtliche Betriebsvermögensvergleich nur mittelbar für die Ausschüttung relevant.

Nachdem der auszuschüttende Betrag durch die handelsrechtliche Rechnungslegung bestimmt wird, kann bei der Analyse der Kapitalertragsteuer die Körperschaftsteuer nicht mehr als erfolgsneutral angenommen werden. Die Körperschaftsteuerzahlung stellt aus der Sicht der handelsrechtlichen Gewinnermittlung Aufwand dar. Daher ergibt sich im für die Bemessungsgrundlage der Kapitalertragsteuer maßgeblichen Rechnungslegungssystem durch die Körperschaftsteuerzahlung ein Sprung. Ein zeitsteter Verlauf kann damit nicht mehr sinnvoll unterstellt werden.

Die Ausschüttungsentscheidung selbst beeinflusst die Bildung einer Gewinnrücklage während des betrachteten Zeitraums. Wird der entstandene Bilanzgewinn ausgeschüttet, wird keine Gewinnrücklage gebildet. Die Ausschüttung führt zu einer Bilanzverkürzung zu Lasten des Eigenkapitals und damit zu einer Verringerung des Konkursabstandes.

Erfolgt keine Ausschüttung, wird eine Gewinnrücklage in Höhe des potentiellen Bilanzgewinns gebildet. Die im Unternehmen verbleibenden Mittel werden reinvestiert. Der Eigenkapitalstand des Unternehmens wird nicht vermindert. Der höhere Eigenkapitalstand führt dazu, dass das Unternehmen bei konstantem Fremdkapitalstand im worst case später in Konkurs geht.

Wird die Ausschüttung fremdfinanziert, erfolgt zwar keine Bilanzverkürzung, jedoch wird die Konkursgrenze durch die Fremdkapitalaufnahme nach oben verschoben. In diesem Fall bleibt

---

[257] Das Ausschüttungspotential ergibt sich als Summe der Gewinnrücklage, des Gewinnvortrags und des Bilanzgewinns. In dieser einfachen Modellumgebung wird davon ausgegangen, dass zu Beginn der Betrachtung keine Gewinnrücklage vorhanden ist und diese erst im Zeitablauf gebildet werden kann. Sonst wäre eine von der betrachteten Entwicklung der Basisgröße unabhängige Ausschüttungsstrategie möglich. Die Finanzierung der Ausschüttungen könnte über Fremdkapital erfolgen. Eine von der Entwicklung der Basisgröße losgelöste Ausschüttungsstrategie sollte aber hier nicht untersucht werden.

das handelsrechtliche Gesamtvermögen unverändert. Die Zusammensetzung hat sich aber geändert, womit sich auch der stochastische Gesamtprozess geändert hat.

Bisher wurde die Größe „steuerliches Gesamtvermögen" als handelbar angenommen.[258] Dieses „Wertpapier" ändert sich durch die Körperschaftsteuerzahlung und die Ausschüttungsmaßnahme im Zeitablauf nicht. Diese Basisgröße wird als Grundlage eines arbitragefreien Marktes definiert. Da diese Größe von den Einflussvariablen des Steuerpflichtigen unabhängig ist, ändern sich auch die Pseudowahrscheinlichkeiten im risikoneutralen Marktsystem nicht. Für die Bewertung bedeutet das, dass der Kapitalertragsteueranspruch trotzdem noch als einfacher derivativer Anspruch behandelt werden kann. Die Bewertung wäre nur dann unmöglich, wenn sich die handelbare Basisgröße selbst sprunghaft entwickeln würde. In diesem Fall müsste auf Bewertungsmethoden für Optionen mit Dividendenzahlungen zurückgegriffen werden. Die Modellierung wird dadurch nicht unmöglich, aber komplexer.

Würde das handelsrechtliche Gesamtvermögen als handelbare Basisgröße unterstellt, würden sich mit jeder Körperschaftsteuerzahlung und Ausschüttungsentscheidung die grundlegenden Pseudowahrscheinlichkeiten ändern. Damit würde sich durch die Modellannahmen nicht nur der zu bewertende Steueranspruch, sondern auch die Bewertungsgrundlage selbst ändern. Dieser Effekt sollte aber aus der Analyse ausgeschlossen bleiben. Daher erscheint aus meiner Sicht die Unterstellung des steuerlichen Gesamtvermögens als Basisgröße für die Untersuchung des Kapitalertragsteueranspruches im Zusammenhang mit einer Ausschüttungsentscheidung sinnvoll.

Diese Überlegungen zur Bedeutung der Ausschüttungsentscheidung auf den Kapitalertragsteueranspruch wurden wieder für das Modellunternehmen in ein Binomialmodell umgesetzt. Die Ausgangsdaten entsprechen, wenn nicht anders angegeben, den in Tabelle 3-2 (S. 170) dargestellten Werten. Die Berechnungsgrundlagen für die Modellergebnisse werden im Anhang dargestellt.[259]

Als Maßstab für die Beurteilung einer Ausschüttungsstrategie wird aufgrund des mE höheren Informationsgehaltes der Beitrag einer Realisation am Ende des zweiten Besteuerungszeitraumes zum gesamten Marktwert des Kapitalertragsteueranspruches dargestellt. Diese Form

[258] Diese Annahme hat nur den Zweck der Vereinfachung der Betrachtung. Ist diese Größe, wie praktisch anzunehmen ist, nicht handelbar, wird damit nicht von vornherein die Bewertung des derivativen Steueranspruches unmöglich. Wesentlich ist nur, dass ein arbitragefreies System durch handelbare Wertpapiere aufgespannt wird. Welche Wertpapiere das sind, ist für die risikoneutrale Bewertung nicht von entscheidender Bedeutung. Durch die Unterstellung, dass das steuerliche Gesamtvermögen handelbar ist, erübrigt sich nur die Annahme eines anderen fundamentalen Wertpapiers.

[259] vgl. Punkte 5.3.3 und 5.3.4 (S. 224 ff)

der Darstellung kann auch als Vergleich der in die Gegenwart transformierten Elemente des Auszahlungsvektors „Kapitalertragsteueranspruch“ interpretiert werden.

Verglichen werden die beiden Extremstrategien Vollausschüttung oder Thesaurierung des entstandenen Gewinnes. Im Vergleich zur Diskussion der Körperschaftsteuer muss bei der Kapitalertragsteuer zwischen zwei Effekten unterschieden werden. Zum Einen beeinflusst die Ausschüttungsentscheidung die Wahrscheinlichkeit, dass das Unternehmen in zukünftigen Besteuerungszeiträumen in Konkurs gehen kann. Zum Anderen ergibt sich bei der Betrachtung der Kapitalertragsteuer im Unterschied zur Körperschaftsteuer auch ein Zinseffekt, der durch die spätere Entrichtung der Steuer im Fall der Thesaurierung zustande kommt. Diese beiden Effekte sind gegenläufig. Welche Strategie aus der Sicht der Kapitalertragsteuer vorteilhaft ist, hängt davon ab, welcher der beiden Effekte überwiegt.

Abbildung 3-29 zeigt die Verhältnisse für die Ausgangsdaten. Sie zeigt, welchen Anteil eine Realisation am Ende des zweiten Besteuerungszeitraumes zum Marktwert des Steueranspruches beiträgt.

Abbildung 3-29: Teilmarktwerte KESt als Funktion der Ausschüttung (σ = 15%)

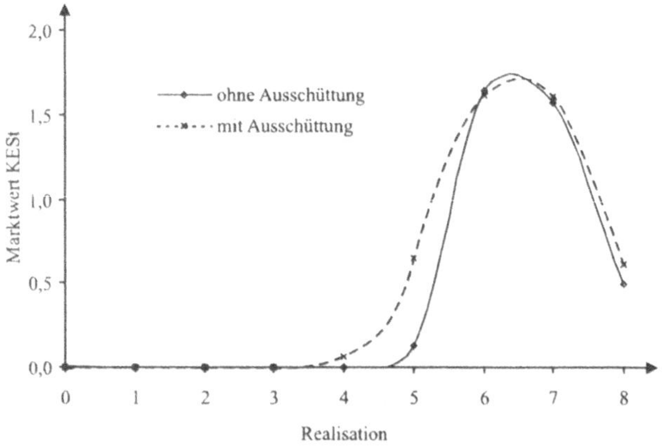

Der Unterschied der Strategien bei der Realisation 8 ist nur auf die Zinswirkung zurückzuführen. Diese Realisation kann nur erreicht werden, wenn im Betrachtungszeitraum ausschließlich Aufwärtsbewegungen erfolgen. Dann spielt die Konkursmöglichkeit keine Rolle. Hier kann ein Übergang auf ein Modell unter Sicherheit gesehen werden. Unter Sicherheit ist der Pfad der Bemessungsgrundlage im Zeitablauf bekannt. In der Modellumgebung des Cox/Ross/Rubinstein-Modells ergibt sich dieser Weg, wenn die Volatilität gleich dem sicheren Zinssatz gesetzt wird. Entspricht die Volatilität σ dem sicheren Zinssatz r, wird die Wahrscheinlichkeit einer Abwärtsbewegung null.

Ab der Realisation 7 spielt die Konkursmöglichkeit neben der Zinswirkung eine Rolle. Ist der Ausgangskonkursabstand k_0 klein (im Modell hier vorerst mit eins kleinstmöglich), bleibt dieser geringe Abstand auch im Gewinnfall in t_1 durch die Ausschüttung auf dem Niveau von k_0. Damit fällt nach einer Ausschüttung ein Weg, der die Konkursgrenze unterschreitet, dann aber noch zu einem Gewinn in der zweiten Periode führt, weg.

Aus der Sicht des Steuerpflichtigen ergibt sich bei der Ausschüttung das Risiko, dass am Ende des ersten Besteuerungszeitraumes Kapitalertragsteuer entrichtet werden muss, obwohl bei der Betrachtung von zwei Besteuerungsperioden insgesamt ein kleinerer oder kein Gewinn zu besteuern wäre.

In Abbildung 3-29 werden die beschriebenen Effekte für einzelne Realisationen kumuliert dargestellt.

Tritt am Ende die Realisation 5 ein, weicht der Erwartungswert des Körperschaftsteueranspruches bei Ausschüttung erheblich von der Thesaurierung ab. Diese Differenz ist neben dem Zinseffekt wesentlich durch den Wegfall vieler möglicher Wege durch Konkurs in der zweiten Periode verursacht. In diesem Bereich kommt auch der Effekt zum Tragen, dass am Ende des ersten Besteuerungszeitraumes eine Ausschüttung versteuert wurde, obwohl sich in der Gesamtbetrachtung ein kleinerer Gewinn ergeben hätte.

Der gesamte Marktwert des Körperschaftsteueranspruches ergibt sich als Summe (Integral) der einzelnen Realisationen. Aufgrund der unterstellten Ausgangssituation ist die Variante mit der Thesaurierung (3,834 Einheiten) entstandener Gewinne der Ausschüttungsvariante (4,536 Einheiten) überlegen.

Zweck des Modellaufbaus ist, eine Analyse der Ausschüttungsstrategie unter Unsicherheit zu ermöglichen. Das Ausmaß der Unsicherheit steigt mit zunehmender Volatilität der Bemessungsgrundlage. Die folgenden Überlegungen sollen daher den Einfluss der Volatilität auf den Vorteilhaftigkeitsvergleich aufzeigen.

Abbildung 3-30 zeigt die Teilmarktwerte des Kapitalertragsteueranspruches, wenn eine Volatilität von 7,5% unterstellt wird.

Abbildung 3-30: Teilmarktwerte KESt als Funktion der Ausschüttung ($\sigma = 7{,}5\%$)

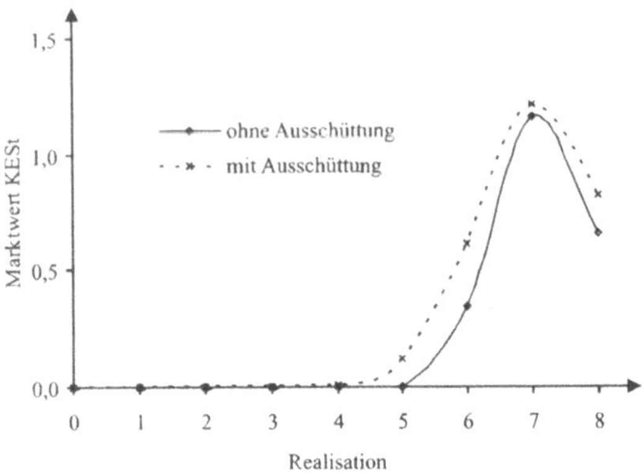

In dieser Betrachtung zeigt sich, dass die Ausschüttungsvariante von der Thesaurierung dominiert wird.[260] Es gibt keine Realisation der unsicheren Bemessungsgrundlage, bei der die Ausschüttung im Vergleich zur Thesaurierung unvorteilhaft wäre. Der Steueranspruch ist bei jeder Realisation im Fall der Ausschüttung höher als bei Thesaurierung und späterer Ausschüttung. Die hier unterstellte Volatilität der Bemessungsgrundlage ist im Vergleich zum Ausgangswert von 15% niedriger, bewegt sich also eher Richtung Sicherheit. Die Ergebnisse entsprechen den in einem Modellaufbau unter Sicherheit erzielbaren Ergebnissen. Die Fläche unter der Kurve der Ausschüttungsvariante ist wesentlich größer als im Fall der Thesaurierungsvariante.

Bei geringer Volatilität der Bemessungsgrundlage entsprechen sich die Ergebnisse der Modellbetrachtung unter Unsicherheit und unter Sicherheit weitgehend. Welche Rolle die Volatilität der Bemessungsgrundlage für die Ausschüttungsentscheidung spielen kann, zeigen die Modellberechnung für eine hohe Volatilität der Bemessungsgrundlage.[261] Abbildung 3-31 zeigt diese Berechnungsergebnisse bei einer Volatilität der Bemessungsgrundlage von 50%.

---

[260] Die Betrachtung erfolgt aus der Sicht des Fiskus. Aus der Sicht des Steuerpflichtigen ist die Vorteilhaftigkeit umgekehrt einzuschätzen.

[261] Der Modellaufbau unter Unsicherheit ist komplexer als unter Sicherheit. Wäre das untersuchte Steuersystem risikoneutral, würden die Entscheidungen unter Unsicherheit nicht kippen. Dann erübrigt sich eine Modellierung der Unsicherheit. Zu untersuchen ist also, ob das Steuersystem im Hinblick auf die Ausschüttungsentscheidung risikoneutral ausgestaltet ist. Wie die Berechnungsergebnisse zeigen, ist dies aus der Sicht des verwendeten Analysemodells nicht der Fall. Eine Modellierung unter Unsicherheit ist daher mE problemadäquat.

Abbildung 3-31: Teilmarktwerte KESt als Funktion der Ausschüttung (σ = 50%)

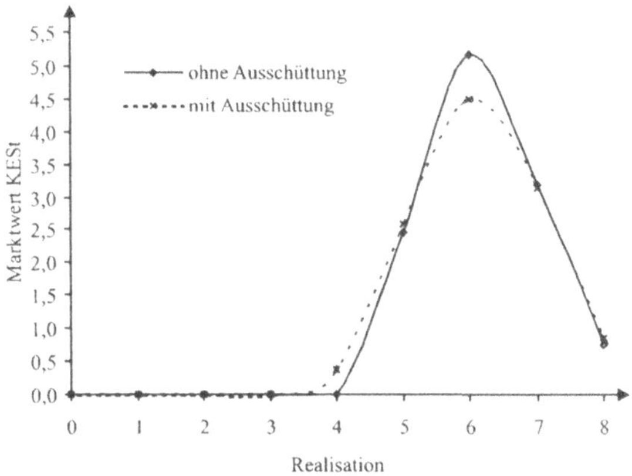

Bei dieser Modellbetrachtung zeigt sich, dass es nun Situationen gibt, wo die Ausschüttung wesentlich vorteilhafter ist als die Einbehaltung entstandener Gewinne. Dieses Ergebnis ergibt sich beim mit eins möglichst klein gewählten Konkursabstand. Das entspricht bei dem unterstellten Modellunternehmen einem Eigenkapitalanteil von 22,12%.[262]

Bei dieser hohen Volatilität ist auch der kumulierte Marktwert des Kapitalertragsteueranspruches im Fall der Ausschüttung niedriger als im Fall der Thesaurierung.

In der in Abbildung 3-31 gezeigten Konstellation überwiegt der Effekt der erhöhten Konkurswahrscheinlichkeit den Zinseffekt durch die spätere Entrichtung der Kapitalertragsteuer und das Risiko, dass am Ende der ersten Periode Kapitalertragsteuer entrichtet wurde, obwohl sich in der Gesamtbetrachtung kein ausschüttungsfähiges Ergebnis ergibt.

Abbildung 3-32 zeigt die Differenz der Marktwerte des KESt-Anspruches über zwei Besteuerungszeiträume. Es wurde die Differenz zwischen dem Marktwert im Fall der Ausschüttung und dem Marktwert bei Thesaurierung entstandener Gewinne gebildet. Bei hoher Volatilität des steuerlichen Gesamtvermögens kann eine Ausschüttungsstrategie aus der Sicht des Steuerpflichtigen günstiger werden als die Thesaurierung und spätere Ausschüttung.

[262] Der Zusammenhang zwischen Volatilität und Konkursabstand, der wiederum die Kapitalstruktur bedingt, ergibt die unterschiedliche Höhe des Steueranspruches in diesem Modellaufbau bei unterschiedlicher Volatilität. Eine höhere Volatilität bedeutet bei konstantem Konkursabstand eine höhere Eigenkapitalquote. Daher steigt auch der aus der Sicht der Kapitalertragsteuer „verzinsliche" Teil des Gesamtvermögens mit steigender Volatilität an.

Abbildung 3-32: Differenz $MWKESt^{Auss} - MWKESt^{Thes}$ als Funktion der Volatilität

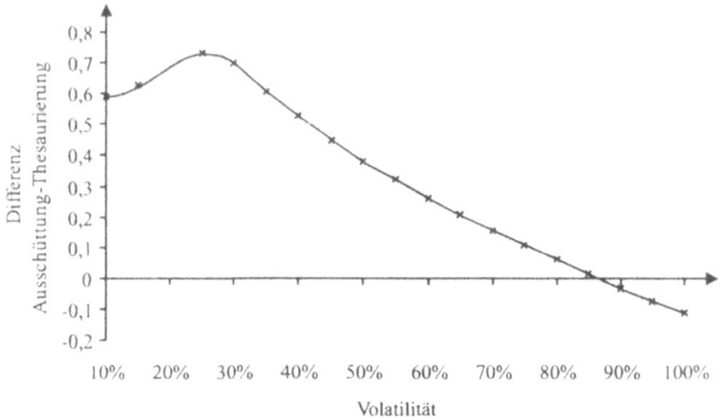

Bei steigender Volatilität steigt der mögliche Gewinn am Ende des Besteuerungszeitraumes. Ist die Volatilität gering, steigt der Zinsvorteil bei Thesaurierung an. Daher wird die Ausschüttungsvariante aus der Sicht des Fiskus, die in Abbildung 3-32 dargestellt wird, attraktiver. Konkurs spielt wegen der geringen Wahrscheinlichkeiten einer Abwärtsbewegung bei geringen Volatilitäten eine unwesentliche Rolle.

Mit steigender Volatilität nimmt die Wahrscheinlichkeit zu, dass das Unternehmen mehr als zwei Besteuerungszeiträume bei Ausschüttung nicht übersteht. Der Konkurseffekt überwiegt die Chance, dass sich bei einer Thesaurierungsstrategie insgesamt noch ein kleinerer Gesamtgewinn ergibt als im Fall der Ausschüttungsstrategie bereits in der ersten Periode versteuert wurde. Die Vorteilhaftigkeit dreht sich bei hoher Volatilität zugunsten der Ausschüttungsstrategie um.

Die Aussagen müssen mE aufgrund der zahlreichen Modellannahmen relativiert werden. Ich bin aber der Ansicht, dass trotz diskussionswürdiger Annahmen, die durchaus auch in anderer Form sinnvoll gesetzt werden können, ein wesentliches Ergebnis gezeigt werden konnte. Die allgemeine Aussage über die Vorteilhaftigkeit einer Thesaurierung und späteren Ausschüttung kann in einem Modellrahmen unter Unsicherheit nicht mehr aufrechterhalten werden. Die Beurteilung der Vorteilhaftigkeit hängt wesentlich vom Risiko der Bemessungsgrundlage ab.

Eine weitere mE interessante Fragestellung ist der Einfluss der Kapitalstruktur auf den Marktwert des Kapitalertragsteueranspruches. Die Kapitalstruktur ist in diesem Modellaufbau mit dem Konkursabstand verbunden. Abbildung 3-33 zeigt den Zusammenhang wieder für die Ausgangsvolatilität von 15%.

Abbildung 3-33: Differenz $MWKESt^{Auss} - MWKESt^{Thes}$ als Funktion des Konkursabstandes

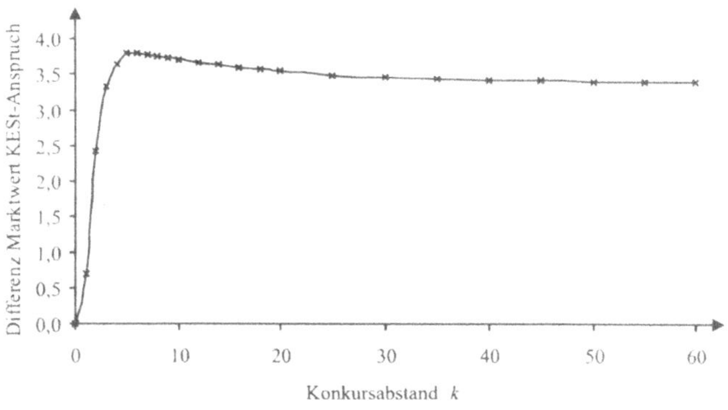

Die Differenz zwischen der Ausschüttungs-/Thesaurierungsvariante steigt in diesem Modellaufbau bei geringem Konkursabstand stark an. Diese Modelleigenschaft ist mE plausibel. Reduziert der Steuerpflichtige durch die Ausschüttung in jeder Periode, in der ein Gewinn entsteht, den Eigenkapitalpolster durch Ausschüttung wieder, bleibt der Anspruch des Fiskus unsicher.

Der Wendepunkt in Abbildung 3-33 ergibt sich bei einem Konkursabstand $k_0 = 5$. Ab diesem Ausgangskonkursabstand ändert sich auch im Gewinnfall in der ersten Periode im Vergleich zur Thesaurierung nichts an der Konkurswahrscheinlichkeit. Auswirkungen ergeben sich erst in späteren Perioden.

Erklärungsbedürftig ist mE die hohe Differenz der beiden Varianten. Diese ist nicht nur auf Zinseffekte zurückzuführen. Liegt der Konkursabstand k höher als die Zahl der Realisationen pro Periode $(k > n)$, kann das Unternehmen in der ersten Periode nicht in Konkurs gehen. Steigt der Wert der Bemessungsgrundlage im zweiten Besteuerungszeitraum an, wird unterstellt, dass der entstandene Gewinn in der zweiten Periode ausgeschüttet wird, obwohl sich in der Totalbetrachtung kein Gewinn ergeben muss. Dies führt dazu, dass bei der Ausschüttungsvariante der Auszahlungsvektor höher ist als im Fall der Thesaurierung.

Die Bewertung des Verlustvortrages, der bei den Überlegungen bisher ebenfalls nicht berücksichtigt wurde, erfolgt weiter unten.[263]

[263] vgl. Punkt 3.4 (S. 189)

3.3.5 Informationsasymmetrie bei der Ausschüttungsentscheidung

Bisher erfolgte die Analyse der Ausschüttungsentscheidung zum Beginn des Betrachtungszeitraumes. Aus der Sicht des Fiskus ist diese Betrachtungsweise mE brauchbar. Es kann so bestimmt werden, wie der ökonomische Wert des Steueranspruches bei Ausschüttung oder Thesaurierung bemessen werden kann.

Aus der Sicht der Betriebswirtschaftlichen Steuerlehre steht eine andere Fragestellung im Vordergrund. Die Steuerlehre will einem Steuerpflichtigen bei steuerlichen Wahlproblemen eine Hilfestellung anbieten. Die Ausschüttungsentscheidung ist auch ein steuerliches Wahlproblem, aber die steuerlichen Rahmenbedingungen werden nicht alleine maßgeblich sein. Benötigt ein Steuerpflichtiger liquide Mittel zur Befriedigung eines Konsumbedürfnisses und findet er keinen Zugang zu einem perfekten Kapitalmarkt, kann eine Ausschüttung auch bei steuerlichen Nachteilen notwendig sein. Für eine sinnvolle Entscheidungsfindung ist aber die Bewertung des steuerlichen Nachteils erforderlich. Ohne diese Bewertung werden die Opportunitätskosten von Alternativen falsch eingeschätzt. Dies gilt auch für die Bewertung von Vorteilen. Die steuerliche Komponente wird daher für die Entscheidung als zusätzlicher Vor- bzw. Nachteil immer zu bewerten sein. Eine Ausnahme ist dann gegeben, wenn das Steuersystem entscheidungsneutral ausgestaltet ist.[264]

Das vorgeschlagene Analysemodell versucht, die steuerlichen Wirkungen von wesentlichen betrieblichen Entscheidungen zu bewerten. Andere Aspekte werden dabei außer Acht gelassen.

Analysiert man im Fall der Ausschüttung die Entscheidungssituation, ergibt sich zwischen dem Fiskus und dem Steuerpflichtigen eine Informationsasymmetrie. Der Steuerpflichtige muss erst zu einem späteren Zeitpunkt über die Ausübung eines Wahlrechts entscheiden.[265] Die Entscheidung über eine Ausschüttung muss erst am Ende von T_1 getroffen werden. Zu diesem Zeitpunkt ist über den Verlauf der unsicheren Größe „steuerliches Gesamtvermögen" $\tilde{V}$ aber wesentlich mehr bekannt als zum Zeitpunkt t_0. Daher kann sich durch die spätere Ent-

[264] vgl. Bach, S., Cash-flow, 1999, 89

[265] Das zeitliche Auseinanderfallen zwischen Realisierung eines Sachverhalts und der Bestimmung der steuerlichen Folgen tritt auch in anderen Bereichen des Steuerrechts auf. Durch den Besteuerungsstichtag fällt die Realisation eines Sachverhalts und dessen liquiditätsmäßige Auswirkung regelmäßig auseinander (vgl. Pummerer, E., Stille Reserven, SWK 1999, W 23). In einem Modell unter Sicherheit hat das Bedeutung für die Diskontierung von Zahlungen auf den Entscheidungszeitpunkt. Unter Unsicherheit wirkt sich die Verschiebung des Entscheidungszeitpunktes aufgrund der unterstellten Informationsstruktur auch ökonomisch aus. Zum späteren Entscheidungszeitpunkt sind mehr Informationen über die mögliche Realisation der Basisgröße am Ende des zweiten Besteuerungszeitraumes bekannt. Die Hälfte des Pfades zu dieser noch unbekannten Realisation ist bereits Geschichte und damit bekannt. Diesen Informationsvorsprung des Steuerpflichtigen gegenüber dem Fiskus stellt der Fiskus Gesellschaftern einer Kapitalgesellschaft gratis zur Verfügung.

scheidungsmöglichkeit die Einschätzung über die Vorteilhaftigkeit einer Ausschüttung ändern.

Abbildung 3-34: Verringerung der Unsicherheit durch Zeitablauf

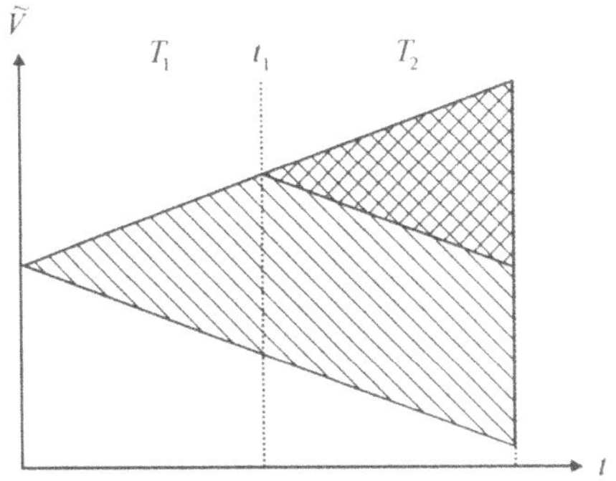

Soll der Steueranspruch der Kapitalertragsteuer vom Zeitpunkt t_0 aus bewertet werden, repräsentiert die Vereinigung der hell- und dunkelgrauen Fläche in Abbildung 3-34 alle möglichen Realisationen des steuerlichen Gesamtvermögens.[266]

Wird nach dem Besteuerungszeitraum T_1 die höchstmögliche Realisation erreicht (j=4), weiß der Steuerpflichtige, dass nur mehr Realisationen im dunkelgrauen Bereich des Kegels möglich sind. Die Ausschüttungsentscheidung soll von aus der Sicht von t_1 analysiert werden. Im ersten Besteuerungszeitraum ist ein Gewinn entstanden, der ausgeschüttet werden kann. Daher errechnet sich für die Realisation j=4 der Kapitalertragsteueranspruch wie im Anhang gezeigt mit 16,917 Einheiten. Wird ausgeschüttet, fällt dieser Betrag unabhängig vom weiteren Verlauf der unsicheren Bemessungsgrundlage an. Zusätzlich zum sicheren Anspruch kommt noch der mögliche Kapitalertragsteueranspruch der Periode T_2 hinzu. Der auf den Zeitpunkt t_1 abgezinste risikoneutrale Erwartungswert des Kapitalertragsteueranspruches im Fall der Ausschüttung in t_1 ergibt sich daher mit 25,624 Einheiten.

$$KESt_{T_1}{}^{A} + E\left(\widetilde{KESt}_{T_2}{}^{A}\right)e^{-rT} = 16{,}917 + 8{,}707 = 25{,}624 \tag{3.52}$$

Erfolgt keine Ausschüttung am Ende des ersten Besteuerungszeitraumes, ist der gesamte Kapitalertragsteueranspruch unsicher. Es könnte trotz der positiven Entwicklung in der ersten Periode bei einer schlechten Entwicklung in der zweiten Periode insgesamt noch ein geringe-

[266] Die Verteilung ist nur skizziert. Dieser Abbildung würde eine Normalverteilung der unsicheren Größe zugrunde liegen. Durch das unterstellte Binomialmodell kommt bei den Modellberechnungen aber eine Normalverteilung der logarithmierten Renditen zur Anwendung.

rer (kein) Kapitalertragsteueranspruch entstehen. Diese „Chance" ist bei einer Ausschüttung nicht gegeben.

Der auf t_1 diskontierte risikoneutrale Erwartungswert im Fall der Thesaurierung ergibt sich aus der Sicht des Steuerpflichtigen mit

$$KESt_{1,2}^{Th} = E\left(\widetilde{K}ESt_2^{Th}\right)e^{-rt} = 16{,}641. \qquad (3.53)$$

Aus der Sicht des Steuerpflichtigen ist, wenn die Realisation j=4 eingetreten ist, die Thesaurierung der Ausschüttung bei den unterstellten Modellgrößen unter Unsicherheit vorzuziehen. Die Chance, dass gerade bei einer positiven Entwicklung während des ersten Besteuerungszeitraumes im Nächsten eine Abwärtsbewegung den Kapitalertragsteueranspruch insgesamt noch vermindert, führt zu dieser Vorteilhaftigkeit.

Zum Zeitpunkt t_1 ist die Thesaurierung im Gewinnfall immer vorzuziehen, auch wenn aus der Sicht von t_0 eine Ausschüttungsstrategie vorteilhaft war.

Es kann damit aus der Sicht des Steuerpflichtigen gezeigt werden, dass sich die Vorteilhaftigkeit der Ausschüttungsentscheidung im Zeitablauf ändern kann. In dieser Änderung kann ein weiteres Argument gegen die Aussage einer allgemeinen Vorteilhaftigkeit einer bestimmten Ausschüttungsstrategie gesehen werden.

3.3.6 Zusammenfassung der Modellergebnisse zur Ausschüttungspolitik

Im vorgeschlagenen Analysemodell lassen sich trotz der einschränkenden Annahmen Situationen finden, in denen sich bei einer vorzeitigen Ausschüttung entstandener Gewinne ein geringerer Marktwert des Steueranspruches ergibt als bei Thesaurierung. Diese Aussage widerspricht Untersuchungsergebnissen unter Sicherheit, die aufgrund des Zinseffektes zum Schluss kommen, dass eine spätere Ausschüttung aus steuerlicher Sicht immer vorteilhaft ist. Wie im vorgeschlagenen Modellaufbau gezeigt werden konnte, hängt die Ausschüttungsentscheidung wesentlich von der Volatilität des steuerlichen Gesamtvermögens ab.

Diese Aussagen werden zum Beginn des Betrachtungszeitraumes abgeleitet.

Als zweites Ergebnis kann festgehalten werden, dass sich die Vorteilhaftigkeit einer Ausschüttungsentscheidung bei konstanter Volatilität im Zeitablauf ändern kann. Dies hat für die Steuerlehre besondere Bedeutung, da die Entscheidung über die Ausschüttung entstandener Gewinne erst am Ende des betroffenen Besteuerungszeitraumes fallen muss. Ob eine vorzeitige Ausschüttung der Thesaurierung mit späterer Ausschüttung vorgezogen werden soll, hängt von der eingetretenen Filtration der Zufallsvariablen „steuerliches Gesamtvermögen" ab.

Der Grund der Vorteilhaftigkeit der Thesaurierung bestimmt sich im Modell unter Unsicherheit vor allem aus der Chance, noch eine über zwei Perioden gesehen günstigere Situation zu erreichen als bei der Versteuerung eines ausgeschütteten Gewinnes in t_1.

3.4 Der Verlustvortrag im Mehrperiodenmodell

Durch die bisherigen Modellerweiterungen ist es mE gelungen, den Steueranspruch gegenüber den Eigenkapitalgebern zukünftiger Perioden zu bewerten. Es konnte gezeigt werden, dass für die wesentlichen Hauptprobleme - stochastischer Ausübungspreis der Option und Konkursmöglichkeit während eines Besteuerungszeitraumes - Lösungsvorschläge entwickelt werden können. Damit sind die wesentlichen Schritte zur Entwicklung eines Analysemodells für die Betriebswirtschaftliche Steuerlehre getan.

Bisher wurde bei der Beurteilung der steuerlichen Situation davon ausgegangen, dass dem Fiskus nur bedingte Ansprüche gesichert werden. Daher wurde der Steueranspruch über Optionen modelliert. Eine wesentliche Eigenschaft des geltenden Steuerrechts, die intuitiv dem Charakter des bedingten Anspruches widerspricht, wurde bisher aus der Modellbildung ausgeschlossen. Das Modell vernachlässigt in der bisherigen „Ausbaustufe" die Möglichkeit des Verlustvortrages.[267]

Daher soll als Ergänzung zu den vorangegangenen Modellüberlegungen versucht werden, die Bedeutung des Verlustvortrages im vorgeschlagenen Modell unter Unsicherheit abzuschätzen.

Nachdem die Betrachtung auf Kapitalgesellschaften und die daran beteiligten Gesellschafter eingegrenzt wurde, ist aufgrund des Trennungsprinzips ein Verlustvortrag nur auf der Ebene der Gesellschaft möglich. Seit dem Strukturanpassungsgesetz 1996 sind Verluste zeitlich unbegrenzt vortragsfähig. Dieser Umstand erschwert die Analyse im bisher verwendeten Modellrahmen. Um die Bedeutung des Verlustvortrages unter Unsicherheit ökonomisch einschätzen zu können, erfolgt hier eine Analyse auf der Grundlage des Binomialmodells.

3.4.1 Eigenschaften des Wertpapiers „Verlustvortrag"

Die Überlegungen werden durch den Bezug zum Modellunternehmen dargestellt. Um die Darstellung überschaubar zu halten, wurde die Zahl der Realisationen pro Besteuerungszeitraum mit $n = 2$ angenommen. Die Volatilität σ wurde mit 15% jährlich angenommen. Mit den getroffenen Modellannahmen ergibt sich folgende Verteilung der unsicheren Größe.

[267] Es wird nur der intertemporale Verlustvortrag modelliert. Ein Verlustausgleich kommt aufgrund des Trennungsprinzips nicht zur Anwendung.

Abbildung 3-35: Entwicklung des Gesamtvermögens bei Verlustvortrag

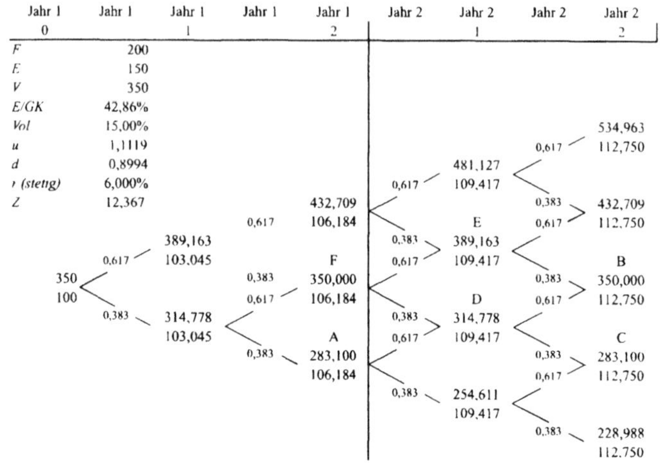

Folgen vom Ausgangspunkt V_0 zwei Abwärtsbewegungen hintereinander, ergibt sich im ersten Besteuerungszeitraum ein Verlust. Dieser kann vorgetragen werden und vermindert, falls sich in der nächsten Periode ein positives *EBT* ergibt, die steuerliche Bemessungsgrundlage. Bei der in Abbildung 3-35 dargestellten Konstellation ist ein Verlustvortrag für die nächste Periode nur dann möglich, wenn in der ersten Periode zwei Abwärtsbewegungen aufeinander folgen. Das Gesamtvermögen beträgt nach Zinszahlung 270,733 Einheiten. Nachdem der Fremdkapitalstand konstant angenommen wurde, muss diese Änderung des Gesamtvermögens eine Änderung des Eigenkapitalstandes sein. In der ersten Periode ergibt sich ein Verlust von 79,267 Einheiten.

Bei der bisher vorgeschlagenen Modellierung des zukünftigen Steueranspruches wird der Ausübungspreis der Option C^{III} gegenüber den Eigenkapitalgebern mit 295,467 Einheiten festgesetzt. Ergibt sich am Ende des zweiten Besteuerungszeitraumes eine höhere Realisation des Gesamtvermögens, wurde bisher davon ausgegangen, dass ein Gewinn in Höhe der Steigerung des Gesamtvermögens, vermindert um die Zinszahlung, vorliegt.

Aus Abbildung 3-35 sind zum Verlustvortrag folgende Fälle ableitbar:

- Im zweiten Besteuerungszeitraum erfolgt eine zweimalige Aufwärtsbewegung. Dann ergibt sich ohne die Berücksichtigung des Verlustvortrages ein Gewinn. Mit Berücksichtigung des verrechenbaren Verlustvortrages ergibt sich kein zu versteuerndes Einkommen. In dieser Situation führt das Wertpapier „Verlustvortrag" zu einer Quasieinzahlung in Höhe des Verlustvortrags multipliziert mit dem Steuerfaktor Θ_{KSt}. Unterstellt man eine sofortige Ausschüttung des Gewinns, ergibt sich eine Einzahlung des Wertpapiers „Verlustvortrag" multipliziert mit den Steuerfaktoren $\Theta_{KSt}\Theta_{KESt}$.[268]

- Nach der ersten Besteuerungsperiode ergibt sich eine Auf- gefolgt von einer Abwärtsbewegung. Damit bleibt das Gesamtvermögen im Vergleich zum Beginn der Periode unverändert. Es ergibt sich kein steuerlicher Gewinn, auch der Verlustvortrag aus der Vorperiode kann nicht steuerwirksam werden. Der Verlustvortrag führt zu keiner Einzahlung. Der Verlustvortrag wird durch den Zinsaufwand größer.
- Folgt dem ersten Besteuerungszeitraum unmittelbar eine Abwärtsbewegung, geht das Unternehmen in Konkurs. In diesem Fall ist der Verlustvortrag der ersten Periode verloren.
- Eine zweimalige Abwärtsbewegung führt in der in Abbildung 3-35 gezeigten Konstellation ebenfalls zum Konkurs der Gesellschaft. Der Verlustvortrag ist auch in diesem Fall verloren.

Für die Bewertung des Verlustvortrages ist es also entscheidend, auf welchem Weg eine Realisation in der Zukunft erreicht wird. Zur Bewertung bietet sich wie bei der Konkursmöglichkeit die pfadabhängige Bewertung im Binomialmodell an.

Im gezeigten Binomialmodell gibt es in der ersten Periode genau einen Weg, auf dem ein Verlustvortrag entstehen kann. Folgen vom Ausgangspunkt aus zwei Abwärtsbewegungen, ergibt sich im Besteuerungszeitraum T_1 ein Verlust. In Abbildung 3-35 wird gezeigt, dass der Wert des steuerlichen Gesamtvermögens im Punkt A vor der Zinszahlung 283,1 Einheiten beträgt. Nach der Zinszahlung vermindert sich dieses Vermögen auf 270,733 Einheiten. Damit ist in der ersten Periode aus der Sicht der Eigenkapitalgeber ein Verlust in Höhe von 79,267 Einheiten entstanden. Dieser Verlust kann aufgrund des Trennungsprinzips nicht ausgeglichen werden und ist nur mit Gewinnen in zukünftigen Besteuerungszeiträumen zu verrechnen.

Am Ende des zweiten Besteuerungszeitraumes hängt der Auszahlungsvektor des Verlustvortrages davon ab, ob die Realisation im Punkt B durch eine vorangegangene Auf- oder Abwärtsbewegung zustande gekommen ist. Nur im Fall einer zweimaligen Aufwärtsbewegung vermindert sich die Bemessungsgrundlage durch den Verlustabzug zugunsten des Steuerpflichtigen. Wird diese Realisation über einen anderen Weg erreicht, führt der Verlustvortrag, wie oben beschrieben, zu keiner Auszahlung.

---

268 Eine Ausschüttung muss handelsrechtlich zulässig sein. Es muss also ein handelsrechtliches Ausschüttungspotential vorhanden sein. Ist keine Ausschüttungsmöglichkeit gegeben, vermindert sich die „Einzahlung" auf den Effekt der Körperschaftsteuer.

Abbildung 3-36: Risikoneutraler Erwartungswert des Verlustvortrages im Binomialmodell

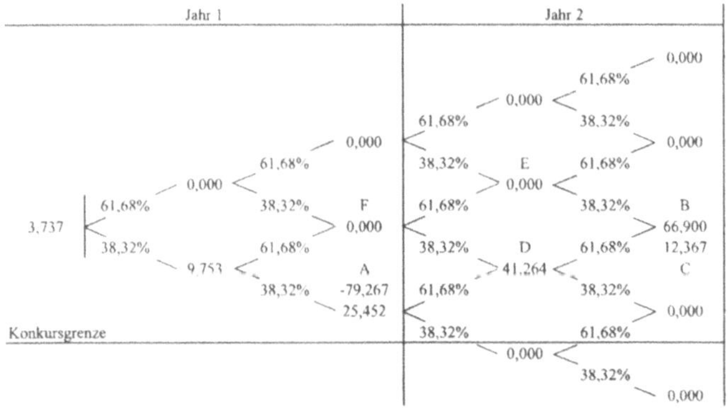

Der Ausübungspreis der Steueroption C^{III} für den zweiten Besteuerungszeitraum ergibt sich im Punkt A mit

$$X_{2,A} = V_0 d^2 + Z = 283{,}1 \,. \tag{3.54}$$

Bei der Filtration $\mathcal{F}_{T_2} = \{d,d,u,u\}$ beträgt der Stand des Gesamtvermögens vor Zinszahlung wieder 350 Einheiten. Daher ergibt sich bei dieser Realisation für den zweiten Besteuerungszeitraum eine Bemessungsgrundlage in Höhe von

$$BGL_{2,B} = V_{2,B} - X_A = 350 - 283{,}1 = 66{,}9 \,. \tag{3.55}$$

Durch den Verlustvortrag kann nur die Bemessungsgrundlage vermindert werden. Es verbleibt daher noch ein Verlustvortrag in Höhe der Zinszahlung von 12,367 Einheiten aus T_1, der in den Folgeperioden ausgeglichen werden kann (Punkt C).

Der in der ersten Periode entstandene Verlustvortrag kann daher in zwei Teile zerlegt werden. Die in (3.55) gezeigte Reduktion der Bemessungsgrundlage ist auf eine negative Entwicklung der Basisgröße zurückzuführen. Diese Reduktion entspricht dem möglichen Gewinn G in der zweiten Periode, in welcher der Verlustvortrag erstmals verrechnet werden könnte. Der restliche Teil des Verlustvortrages ist auf die mit der Finanzierungsstruktur verbundene Zinszahlung zurückzuführen.

Vom Punkt E aus betrachtet hat der Verlustvortrag einen Wert von null. Punkt E kann nur erreicht werden, wenn der Weg nicht über A führt. Nur im Punkt A ergibt sich aber ein Verlustvortrag. Daher muss der Wert des Verlustvortrages bei allen anderen Wegen null sein.

Im Punkt D kann der Wert des Verlustvortrages unter der Bedingung, dass B nach einer Aufwärtsbewegung erreicht wurde, als risikoneutraler Erwartungswert der Auszahlung im Punkt

B ermittelt werden. Vom Punkt F aus betrachtet muss der Wert des Verlustvortrages wieder null sein.

Diese Konstellationen zeigt auch Abbildung 3-37. Ist am Ende der zweiten Periode T_2 keine Verrechnung des Verlustvortrages möglich, kann der Verlustvortrag frühestens in t_3 verwertet werden. Die einzige Möglichkeit, dass der Verlustvortrag nicht verwertet werden kann und das Unternehmen nicht in Konkurs geht, ist bei den Filtrationen $\mathcal{F}_2 = \{u,d\}$ oder $\{d,u\}$ möglich.[269] Der diskontierte risikoneutrale Erwartungswert der Einzahlungen aus der Verlustverrechnung mit dem möglichen Gewinn G in T_2 lässt sich für diese Modellkonstellation mit

$$MWVVG^{aus\,T_1\,in\,T_2} = p_d^{\ 2} p_u^{\ 2} G(1+r)^{-2} \qquad (3\ 56)$$

berechnen.

Der Verlustvortrag, der durch die Zinszahlung Z bedingt ist, kann frühestens eine Periode später (T_3) die Bemessungsgrundlage mindern. Daher ergibt sich der Marktwert dieses Verlustvortrages bestenfalls mit

$$MWVVZ^{aus\,T_1\,in\,T_3} = p_d^{\ 2} p_u^{\ 4} Z(1+r)^{-3}. \qquad (3\ 57)$$

Die Zinszahlung Z erhöht in diesem Modell den Verlustvortrag, führt aber andererseits in der Folgeperiode dazu, dass der Verlustvortrag in dieser Höhe nicht verrechnet werden kann. Diese Auszahlungsstruktur des Wertpapiers „Verlustvortrag" zeigt Abbildung 3-37. Dieser Teil des Verlustvortrages kann nach dem Entstehen im zweiten Besteuerungszeitraum mit zwei aufeinanderfolgenden Aufwärtsbewegungen der Basisgröße verrechnet werden.

[269] Die Erhöhung des möglichen Verlustvortrages um die Zinszahlung der Periode wird hier vernachlässigt. An der quantitativen Einschätzung der Bedeutung des Verlustvortrages ändert sich dadurch wenig.

Abbildung 3-37: Auszahlungsstruktur des Wertpapiers „Verlustvortrag"

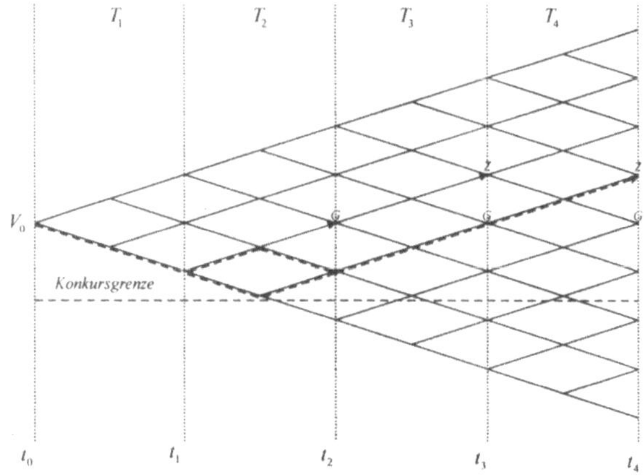

Die beiden Teilmarktwerte aus Gewinn- und Zinsanteil lassen sich zusammenfassen. Das Ergebnis ist der Marktwert des Verlustvortrages bei jeweils ehestmöglicher Verrechnung.

$$MWVV = p_d^{\,2} p_u^{\,2}\left[G + p_u^{\,2} Z(1+r)^{-1}\right](1+r)^{-2} \tag{3.58}$$

Kann der Verlustvortrag erst in späteren Perioden verrechnet werden, sinkt die Eintrittswahrscheinlichkeit der steuerwirksamen Verlustverrechnung. Um eine Einzahlung aus einer Verrechnung des Verlustvortrages in t_3 zu erlangen, müssen sich im Besteuerungszeitraum T_2 eine Auf- und eine Abwärtsbewegung ergeben. Die Reihenfolge spielt keine Rolle, so lange das Unternehmen nicht bei einer Abwärtsbewegung in Konkurs geht.

Kann der Verlustvortrag nicht unmittelbar nach dem Entstehen verrechnet werden, wird er vorgetragen. Eine Nichtverrechnung ist in diesem Modell immer dann gegeben, wenn in der Periode nach dem Verlust nicht unmittelbar zwei Aufwärtsbewegungen erfolgen. Der Marktwert dieser späteren Verrechnung kann nach (3.59) berechnet werden.[270]

$$VVG_{aus\,T_1}^{in\,T_{P+2}} = 2\sum_{P=1}^{h} \frac{P p_d^{\,P+2} p_u^{\,P+2}}{(1+r)^{(P+2)}} G \tag{3.59}$$

Der durch die Zinsen bedingte Verlust, der in der ersten Periode noch nicht verrechnet werden konnte, mindert die Bemessungsgrundlage frühestens im dritten Besteuerungszeitraum nach

[270] Geht das Unternehmen bereits bei der ersten Abwärtsbewegung in Konkurs, fällt der Faktor 2 vor dem Summenzeichen weg. Die Eintrittswahrscheinlichkeit einer Einzahlung durch einen Verlustvortrag nimmt also ab. Dieser Fall tritt beim Modellunternehmen knapp nicht ein.

dem Eintreten des Verlustes. Der diskontierte risikoneutrale Erwartungswert für diesen Teil des Verlustvortrages kann ähnlich wie der potentiell bereits in T_3 verrechenbare Verlustvortrag ermittelt werden. Die Zahl der notwendigen Aufwärtsbewegungen wird aber um zwei erhöht. Nur in diesem Fall kann der auf die Zinsen entfallende Verlustvortrag in der dritten Periode (T_4) verrechnet werden. In Abbildung 3-37 werden die möglichen Wege durch den strichlierten Pfeil gezeigt.

$$E\left(VVZ^{aus\,T_1\,in\,T_h}\right)=2\sum_{P=1}^{h}\frac{Pp_d^{\;P+2}\,p_u^{\;P+4}}{\left(1+r\right)^{P+3}}Z \tag{3.60}$$

Die Höhe der Einzahlung ist von der Thesaurierung oder Ausschüttung des entstandenen Gewinnes abhängig. Daher wird hier die Zahlung des Verlustvortrages auf der Ebene der Bemessungsgrundlage formuliert. Die tatsächliche Einzahlung ergibt sich aus der Multiplikation mit dem anzuwendenden Steuerfaktor.

3.4.2 Simulationsergebnisse für das Modellunternehmen

Nach der eher abstrakten allgemeinen Darstellung sollen die Simulationsergebnisse für das Beispielunternehmen die Einschätzung der Bedeutung der Verlustvortragsmöglichkeit im vorgeschlagenen Analysemodell ermöglichen.

Tabelle 3-5: Simulationsergebnisse Verlustvortrag

Verzögerung der Verrechnung	Eintrittswahrscheinlichkeit Verlustverrechnung G	Teilmarkt-wert G	Eintrittswahrscheinlichkeit Verlustverrechnung Z	Teilmarkt-wert Z	kumuliert
0	5,58646%	3,32621	2,1253%	0,22069	0,22069
1	2,64080%	1,48334	1,0047%	0,09842	0,31911
2	1,24834%	0,66151	0,4749%	0,04389	0,36300
3	0,44258%	0,22125	0,1684%	0,01468	0,37768
4	0,13948%	0,06578	0,0531%	0,00436	0,38205
5	0,04121%	0,01833	0,0157%	0,00122	0,38326
6	0,01169%	0,00491	0,0044%	0,00033	0,38359
7	0,00322%	0,00128	0,0012%	0,00008	0,38367
8	0,00087%	0,00033	0,0003%	0,00002	0,38370
9	0,00023%	0,00008	0,0001%	0,00001	0,38370
10	0,00006%	0,00002	0,0000%	0,00000	0,38370

Die erste Spalte in Tabelle 3-5 gibt an, wie weit entfernt von seinem Entstehen der Verlustvortrag jeweils verrechnet werden kann. Der Verlustvortrag kann als Spiel interpretiert werden, beim dem in jeder Periode gezogen wird. Es erfolgt jeweils eine Ziehung mit Zurücklegen. Die Auszahlung des Spiels hängt von der Historie der Realisationen ab. Mit zunehmender Spieldauer nimmt die Eintrittswahrscheinlichkeit stark ab.[271]

[271] Es muss eine längere Kette in richtiger Reihenfolge getippt werden.

Die zweite Spalte zeigt die Wahrscheinlichkeit, dass eine Einzahlung durch Verrechnung mit dem ersten entstandenen Gewinn erfolgt. Die Wahrscheinlichkeit ist bereits im ersten Jahr gering, nimmt bei späterer Verrechnung aber stark ab. Für die unterstellte Modellsituation zeigt sich, dass der in der ersten Periode entstandene Verlust in der siebten Periode, der früheren Begrenzung der Vortragsfähigkeit, nur mehr mit einer Wahrscheinlichkeit von ca. 1‰ verrechnet werden kann. In diesem einfachen Modellaufbau ist die Vortragsfähigkeit über sieben Jahre also ökonomisch unbedeutend, weil nicht damit zu rechnen ist, dass gerade diese Abfolge der Realisationen eintritt, die zu einer Auszahlung des Spiels „Verlustvortrag" führt. Den Beitrag einer zukünftigen Verrechnungsmöglichkeit zum Gesamtwert des Verlustvortrages zeigt Abbildung 3-38 grafisch.

Abbildung 3-38: Bedeutung des Verlustvortrages in zukünftigen Perioden

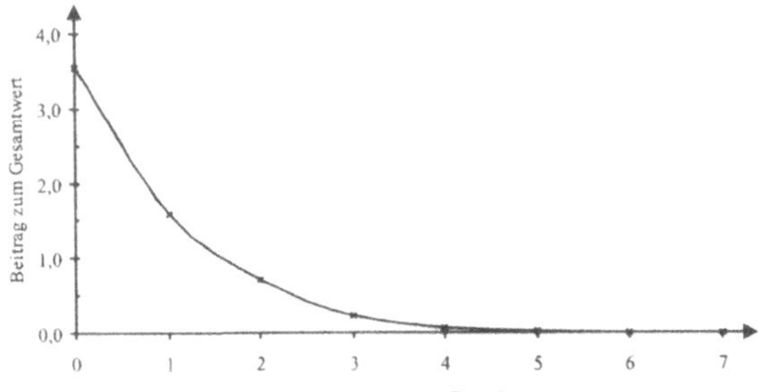

Aufgrund der unterstellten risikoneutralen Wahrscheinlichkeitsverteilung $\mathcal{P}$ nimmt der Beitrag zum Gesamtwert sehr schnell ab. Bei Unterstellung einer Normalverteilung der Basisgröße würde die Verrechnungsmöglichkeit zukünftiger Verlustvorträge noch schneller bedeutungslos werden.

Abbildung 3-39 zeigt den gleichen Zusammenhang in anderer Form. Dargestellt wird der kumulierte Wert des Verlustvortrages. Bei dieser Darstellungsform wird die geringe Bedeutung einer langen Vortragsfähigkeit in dieser Modellumgebung mE deutlicher. Die Summe der Teilmarktwerte des Verlustvortrages kann als Wert eines Spiels mit unterschiedlicher Spieldauer interpretiert werden. Die Argumentation des Steuergesetzgebers im Rahmen des Strukturanpassungsgesetzes 1996 war, dass die Aussetzung der Verrechnungsmöglichkeit der Verluste für zwei Jahre durch die danach unbeschränkte Vortragsfähigkeit kompensiert werden würde. Für Unternehmen, die ein geringes Eigenkapitalpolster, wie das Modellunternehmen, aufweisen, kann diese Argumentation nicht unterstützt werden. Der Wert des Spiels steigt bei einer Ausdehnung der Spieldauer praktisch nicht mehr. Die Steigung der in Abbildung 3-39 gezeigten Funktion ist bei einer Verrechnung des Verlustvortrages nach sieben Jahren annähernd null. Eine Ausdehnung der Vortragsfähigkeit daher ökonomisch unbedeutend.

Abbildung 3-39: Kumulierter Wert des Verlustvortrages bei 10-jähriger Vortragsmöglichkeit

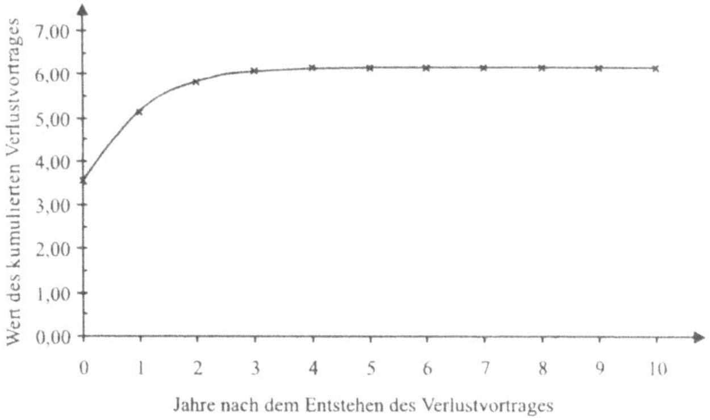

Den vorliegenden Modellbetrachtungen liegt eine log-Normalverteilung zugrunde.[272] Daher weist eine Abwärtsbewegung immer eine geringere Wahrscheinlichkeit auf als eine Aufwärtsbewegung. Aus ökonomischer Sicht macht dieses Annahme mE, wie bereits weiter oben begründet, durchaus Sinn. Es wird damit je nach unterstellter Volatilität eine eher positive Sichtweise der ökonomischen Entwicklung angenommen. Trotz dieser Sichtweise nimmt der Wert des Verlustvortrages bei einer späteren Verrechnung stark ab. Aus der Sicht des Fiskus bedeutet daher die Ausweitung der Vortragsfähigkeit von Verlusten vor dem Hintergrund dieses Modells keine große Einschränkung des Steueranspruches.[273]

Neben der Analyse der Bedeutung des Verrechnungszeitpunktes bietet sich in diesem Modellrahmen auch die Möglichkeit, den Verlustvortrag bei geändertem Risiko zu untersuchen. Bei der Simulation wurden alle Parameter außer der Volatilität σ konstant gehalten. Die Analyse beschränkt sich auf den Verlustvortrag aus dem Gewinnanteil. Das Ergebnis dieser Simulation zeigt Abbildung 3-40.

---

[272] Lässt man den Zeitraum zwischen den Realisationen der Zufallsvariablen gegen null konvergieren, konvergiert die zugrunde gelegte Verteilung aufgrund der Berechnung der Pseudowahrscheinlichkeiten gegen eine log-Normalverteilung.

[273] Es sei nochmals betont, dass diese Aussage auf das Modellunternehmen mit der angenommenen Kapitalstruktur eingeschränkt ist. Bei höherem Eigenkapitalanteil steigt auch der Wert des Verlustvortrages. Allerdings steigt dann auch das Verlustpotential aus der Sicht der Eigenkapitalgeber insgesamt an.

Abbildung 3-40: Verlustvortrag im Binomialmodell als Funktion der Volatilität σ

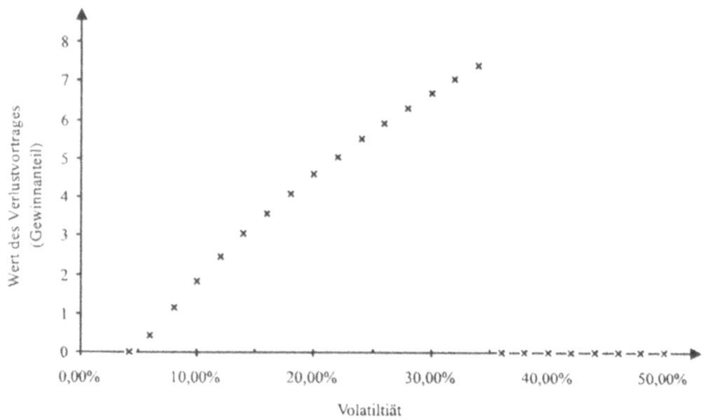

Abbildung 3-40 ist erklärungsbedürftig. Der Marktwert des Verlustvortrages steigt mit steigendem Risiko der Bemessungsgrundlage ebenfalls. Bei einem kritischen Wert von ca. 36% ergibt sich ein Sprung, der mE intuitiv nicht zu vermuten gewesen wäre.

Eine Erhöhung des Risikos bedeutet im Binomialmodell, dass der Abstand zwischen zwei Realisationen weiter auseinander geht. Damit steigt der potentielle Verlust und dessen Eintrittswahrscheinlichkeit einer Periode und der Wert des Verlustvortrages nimmt zu. Wird die kritische Volatilität überschritten, geht das Unternehmen bereits in der ersten Periode in Konkurs. Damit besteht keine Möglichkeit mehr, den entstandenen Verlust der Periode steuerlich zu verwerten. Daher ergibt sich bei höherem Risiko als der kritischen Volatilität ein Wert des Verlustvortrages von null.

Die kritische Volatilität hängt von der Kapitalstruktur ab. Bei höherem Fremdkapitalanteil nimmt die kritische Volatilität ab. Sie sinkt bei einem Fremdkapitalstand F von 300 Einheiten bereits auf 21,80% ab. Bei reiner Eigenfinanzierung konvergiert die kritische Volatilität aufgrund der log-Normalverteilung des steuerlichen Gesamtvermögens zu ∞. Die Konkursgrenze würde dann bei null liegen. Diese Realisation weist aufgrund der unterstellten Verteilung aber eine Eintrittswahrscheinlichkeit von null auf.

Die Bedeutung des Verlustvortrages nimmt mit steigendem Risiko der Bemessungsgrundlage überproportional zu.[274] Aus der Sicht von Unternehmen, die eine volatile Bemessungsgrundlage und eine geringe Eigenkapitalausstattung aufweisen, ist der Verlustvortrag daher ökon-

[274] Abbildung 3-40 zeigt, dass die Funktion konvex ist. Daher steigt der Wert des Steueranspruches mit steigender Volatilität unterproportional.

misch wertlos. Mit steigendem Eigenkapitalanteil wird der Verlustvortrag immer bedeutender.

Das vorgeschlagene Analysemodell für die Steuerlehre vernachlässigt bisher einen Verlustvortrag. Bei der Betrachtung des unmittelbar folgenden Besteuerungszeitraumes kann der Verlustvortrag in das Modell durch die Anpassung des Ausübungspreises des Call C^{III}, der den Steueranspruch gegenüber den Eigenkapitalgebern modelliert, integriert werden.

Im Mehrperiodenmodell kann der Verlustvortrag nicht mehr in dieser einfachen Weise in das Modell aufgenommen werden. Durch den möglichen Verlust in der ersten Besteuerungsperiode liegt seit der unbeschränkten zeitlichen Vortragsfähigkeit ein Bewertungsproblem mit unendlich langem Zeithorizont vor. Wird der Verlustvortrag vernachlässigt, ergibt sich ein Bewertungsfehler. Aus modelltheoretischer Sicht ist die Frage zu beantworten, ob das Analysemodell durch diesen Bewertungsfehler unbrauchbar wird. Die folgenden Überlegungen sollen zu dieser Frage Anhaltspunkte für das Modellunternehmen liefern.

Als Fehlergröße wurde der Wert des Verlustvortrages relativ zum Steueranspruch definiert. Das Maß zeigt, um welchen Prozentsatz der Steueranspruch bei Bewertung ohne Verlustvortrag zu hoch bewertet wird.

Abbildung 3-41 zeigt den Bewertungsfehler bei einem Fremdkapitalstand von 200 Einheiten und Variation der Volatilität. Die kritische Volatilität liegt bei ca. 50%. Bis dahin steigt der Wert des Verlustvortrages und damit der Bewertungsfehler bei Vernachlässigung des Verlustvortrages an. Nach dem Überschreiten der kritischen Volatilität hat der Verlustvortrag einen Wert von null. Daher ist auch der Bewertungsfehler null.

Abbildung 3-41: Fehlbewertung ohne Verlustvortrag

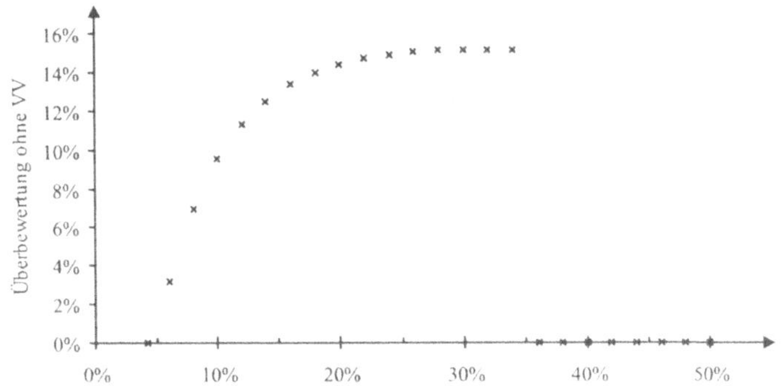

Die wesentlichen Einflussgrößen auf den Wert des Verlustvortrages sind die Volatilität des steuerlichen Gesamtvermögens und der Fremdkapitalanteil.

Abbildung 3-42 zeigt den Wert des Verlustvortrages als Funktion dieser beiden wesentlichen Einflussgrößen bei Konstanz aller anderen Parameter.

Abbildung 3-42: Bewertungsfehler als Funktion der Volatilität und der Kapitalstruktur

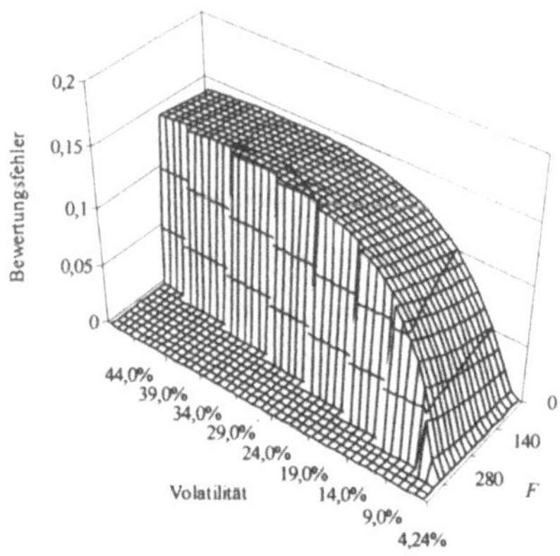

Bei einem Zinssatz von 6% ist im unterstellten Binomialmodell nur ein Pfad möglich. Es wird daher Sicherheit unterstellt. In diesem Spezialfall ist kein Verlustvortrag möglich, weil das steuerliche Gesamtvermögen mit dem sicheren Zinssatz als Driftgröße ansteigt.

Wird die kritische Volatilität überschritten, hat der Verlustvortrag einen Wert von null. In Abbildung 3-42 fällt die Funktionsfläche daher mit der Bodenfläche zusammen. Die kritische Volatilität markiert die Abgrenzung der Ebene gegenüber der „Steilwand".

Bei hohem Fremdkapitalanteil *F* ist die kritische Volatilität, die zu einem Wegfall des Verlustvortrages führt, klein. Mit abnehmendem Fremdkapitalanteil steigt die kritische Volatilität.

Dieser Zusammenhang zwischen Fremdkapitalanteil und kritischer Volatilität ist besser aus Abbildung 3-43 zu erkennen. Diese Abbildung zeigt das „Verlustvortragsgebirge" im Grundriss. Unterschiedliche Werte des Verlustvortrages in Relation zum Steueranspruch werden in unterschiedlichen Graustufen dargestellt. Ein höherer Wert des Verlustvortrages ist dunkler dargestellt. Die Abbildung kann wie eine Landkarte interpretiert werden.

Abbildung 3-43: „Verlustvortragsgebirge" im Grundriss

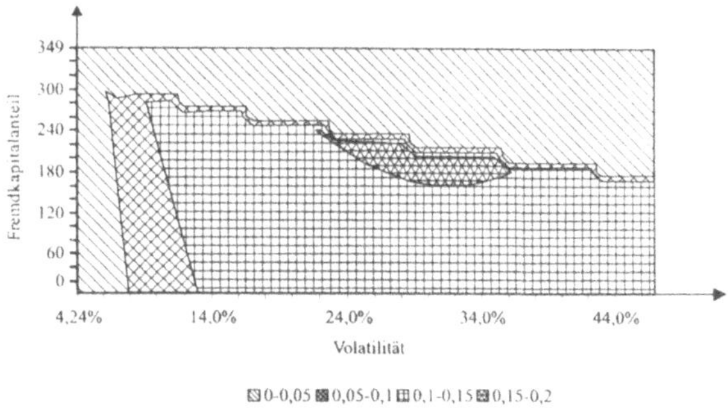

Der Verlustvortrag hat bei diesem Modellaufbau bei einer Volatilität zwischen 28 und 56%, bei einer Kapitalstruktur mit ca. 50% Fremdkapitalanteil die größte Bedeutung. Bei Vernachlässigung des Verlustvortrages entsteht im Mehrperiodenmodell in diesem Bereich der größte Fehler.

Die Überlegungen zum Bewertungsfehler bei Vernachlässigung des Verlustvortrages könnten auch anders interpretiert werden. Nachdem in Abbildung 3-43 ein funktionaler Zusammenhang zwischen den wesentlichen Einflussgrößen Kapitalstruktur und Volatilität ableitbar ist, könnte der Wert des Steueranspruches durch eine einfache Korrektur um den abgelesenen Prozentsatz erfolgen.

$$\frac{MWVV}{MWSt^{ohne\,VV}} = \xi \rightarrow MWSt^{ohne\,VV}\xi = MWSt^{mit\,VV} \quad (3\,61)$$

Diese Vorgangsweise ist aber nur für den jeweiligen Modellaufbau zulässig. Dann muss der Wert des Verlustvortrages aber ohnehin berechnet werden, um zu dem Bewertungsfehler zu kommen. Daher kann die Darstellung des Bewertungsfehlers für das Modellunternehmen nur als Indikator für sensible Bereiche der Modellierung verstanden werden. Die Zusammenhänge lassen sich zwar mE qualitativ verallgemeinern, quantitativ ist dieser Schritt aufgrund des nichtlinearen Modellaufbaus nicht generell möglich.

3.4.3 Einschätzung der Modellergebnisse zum Verlustvortrag

Die Analyse des Verlustvortrags im Binomialmodell zeigt mE die Grenzen dieser Modellierungsmöglichkeit auf. Ohne einschränkende Annahmen ist der Verlustvortrag aufgrund der unbegrenzten Vortragsfähigkeit nur schwer abzubilden. Es müsste die Analyse aller Wege, auf denen im Zeitablauf ein Verlust auftritt, erfolgen. Damit erfüllt das Modell aber seinen Zweck, aus der komplexen, nicht handhabbaren Umwelt ein triviales System herauszuschneiden, nur mehr schlecht. Aus meiner Sicht sind daher der geschlossenen Modellierung des Steueranspruches im Binomialmodell Grenzen gesetzt.[275]

Für den Einzelfall sind Analysen eingeschränkter Fragestellungen möglich, eine Verallgemeinerung der Aussagen aber, wie die Modellüberlegungen gezeigt haben, nur schwer umsetzbar.

Die Modellierungsprobleme zeigen, wie komplex das Steuersystem ist. Die hier vorgeschlagene Modellierung beschränkt sich auf steuerliche Mindestrahmenbedingungen, die nicht mehr weiter abstrahiert werden können, ohne den Bezug zu einem realen Steuersystem zu verlieren. Wie sich diese Komplexität auf die diskutierten Themen im Zusammenhang mit dem Verlustvortrag auswirkt, zeigt die Diskussion über die Verlängerung der Vortragsfähigkeit.[276]

Verluste können in Österreich nicht rückgetragen werden. Diese Möglichkeit würde vor allem unter Unsicherheit ein anderes Analyseergebnis bedingen. Nachdem die Art der Verlustverrechnung für eine Standortentscheidung im internationalen Umfeld nicht unbedeutend ist, wäre eine Analyse des ökonomischen Wertes einer Verlustrücktragmöglichkeit mE interessant.[277]

Bezogen auf das vorgeschlagene Analysemodell bedingt eine Vernachlässigung des Verlustvortrages bei der Betrachtung mehrerer Besteuerungsperioden das Auftreten eines Bewertungsfehlers, dessen Größe von den jeweiligen Rahmenbedingungen abhängt. Die Einbeziehung des Verlustvortrages ist zwar möglich, führt aber zu einer Erhöhung der aufgenommenen Umweltkomplexität.

---

[275] Einen Ausweg können Annahmen darstellen, die quantitativ nicht viel an den Modellergebnissen ändern. Beispielsweise kann der Betrachtungshorizont beim Verlustvortrag auf ein ökonomisch sinnvolles Maß reduziert werden. Dann kann angenommen werden, dass die Kombination aus Diskontierung und Erwartungswert quantitativ nicht mehr von Bedeutung ist.

[276] vgl. Kohler, G., Änderungen im Überblick, 1996, A 181 ff; Kohler deutet die Bedeutung der Konkursmöglichkeit an, zeigt aber die Grundlagen seiner Aussagen nicht.

[277] vgl. Billinger, Ch./Zehetner, U., Veranstaltungsbericht, 1998, 74 ff

4 Einschätzung der Modellergebnisse

Zielsetzung der Arbeit war es, eine brauchbare Sichtweise für die Betriebswirtschaftliche Steuerlehre unter Unsicherheit zu entwickeln.

Dass bei der vorgeschlagenen Modellierung auf der Basis neoklassischer Finanzierungstheorie unter Unsicherheit andere Ergebnisse als unter Sicherheit abgeleitet werden können, wurde in den vorangegangenen Abschnitten gezeigt. Damit ist aus meiner Sicht die Berechtigung der Modellierung unter Unsicherheit nachgewiesen. Die vorgeschlagenen Modelle sind mE für eine sinnvolle Problemdiskussion einsetzbar. Auch ein praktischer Einsatz der Modellumgebung für Zwecke der Steuerplanung ist vorstellbar.

Die Sichtweise weicht von der in der traditionellen Steuerlehre verwendeten Sichtweise wesentlich ab. Im deutschsprachigen Raum dürften die Vorbehalte gegenüber der vorgeschlagenen Sichtweise, vor allem gegenüber dem Einsatz des Optionsbewertungsmodells von Black/Scholes, noch groß sein. Diese Widerstände gegen eine Anwendung der Optionsbewertungsmodelle werden durch Tendenzen in der internationalen Rechnungslegung aus meiner Sicht entkräftet. So wird im FASB-Standard 123 zur Bilanzierung von Mitarbeiteroptionen dem Optionsbewertungsansatz nach Black/Scholes bzw. anderer gleichwertiger Verfahren der Vorzug gegenüber anderen früheren Bewertungsmethoden gegeben.[278]

Vor dem praktischen Einsatz von Optionspreismodellen im Bereich der Rechnungslegung stand die Entwicklung im Bereich der Bewertungstheorie abgeleiteter Ansprüche. Optionspreismodelle wurden erstmals Mitte der achtziger Jahre zur Bewertung bei realen Investitionsproblemen eingesetzt. Durch die Anwendung dieser Sichtweise wurde es möglich, in vielen Bereichen Risiko zu bewerten und handelbar zu machen.[279] Die Brauchbarkeit der Ideen der Optionsbewertung konnte mE auch für Fragestellungen der Steuerlehre gezeigt werden. Sie führen zu teilweise widersprüchlichen Aussagen in bezug auf bisherige Ergebnisse und regen so zur Diskussion in der Betriebswirtschaftlichen Steuerlehre an.

Ohne die Berücksichtigung der Unsicherheit bei der Analyse des Steueranspruches sind keine Aussagen über die Verteilung des Risikos durch das Steuerrecht möglich.[280]. Dass Risiko einen ökonomischen Wert hat, der auch auf Märkten gehandelt werden kann, zeigt neben bestehenden Versicherungsmärkten auch die hohe Liquidität von Märkten, an denen abgeleitete

---

[278] vgl. Mountain, J. R., FASB 123, 1999, 73; Corrado, C. J./Jordan, B. D./Miller, T. W./Stansfield, J. J., Repricing, 1998, 1

[279] vgl. Dimson, E./Mussavian, M., Asset Pricing, 1999, 1763

[280] vgl. Wijnbergen van, S./Estache, E., Option pricing approach, 1999, 77

Ansprüche gehandelt werden. Die Diskussion der Risikoverteilung durch ein Steuersystem sollte daher nicht nur in Form wissenschaftlicher Fragestellungen interessant sein, sondern auch aus der Sicht von Steuerpflichtigen. Die vorgeschlagene Modellierung kann einen brauchbaren Ausgangspunkt für steuerliches Risikomanagement darstellen.

Eine prinzipielle Form der Modellkritik könnte die fehlende „Realitätsnähe" der Annahmen sein. Die Aufgabe der Annahme „Sicherheit" führt an sich zu allgemeineren Ergebnissen. Um die Modellkomplexität in vertretbarem Rahmen zu halten, sind aber andere Annahmen notwendig.

Die prinzipielle Kritik der „Realitätsferne" kann auf die hier vorgeschlagenen Modellüberlegungen aber schlüssig nur schwer angewendet werden, wenn man die Annahmen von Modellen unter Sicherheit als Ausgangsbasis sieht. Es könnte aber argumentiert werden, dass die Aufgabe der Sicherheit so viele zusätzliche Annahmen bedingt, dass eine solche Modellierung aufgrund der Komplexität nicht mehr als sinnvoll angesehen werden kann. Aus meiner Sicht kann aber nicht erwartet werden, dass sich komplexe Fragen immer in trivialen Modellen diskutieren lassen.

Die Grenzen der Modellumgebung wurden mE ebenfalls sichtbar. Wie die Analyse des Verlustvortrages gezeigt hat, erfüllt das Modell die Aufgabe der Komplexitätsreduktion durch die Abbildung zusätzlicher steuerlicher Regelungen nur mehr schlecht. Es konnten aber die Rahmenbedingungen, unter denen die Bewertung im Modell auch bei vereinfachter steuerlicher Welt zufriedenstellend funktioniert, abgesteckt werden. Insofern kann man einschätzen, wie groß der Fehler bei Abbildung eines vereinfachten Steuersystems sein kann.

Ich meine, dass die vorgeschlagenen Sichtweise des Steueranspruches mehr Fragen zulässt, als ein Modell unter Sicherheit. Das Spiel „Betriebswirtschaftliche Steuerlehre" wird interessanter.

Nahezu alle Ergebnisse der Betriebswirtschaftlichen Steuerlehre können vor diesem Hintergrund erneut überprüft werden. Die erzielten Ergebnisse können eher der Intuition entsprechen und damit Modellen der Steuerlehre zu einer praktischen Umsetzung verhelfen.

5 Anhang

5.1 Wertbestimmung des Steueranspruches über Delta-Hedging

Neben der Berechnung des Wertes des Steueranspruches über die Black/Scholes Bewertungsformel ist für den praktischen Umgang mit dem Steueranspruch unter Unsicherheit Delta-Hedging von besonderer Bedeutung.

Über Delta-Hedging kann auch eine theoretische Begründung des Optionswertes erfolgen. Lässt sich ein abgeleitetes Wertpapier perfekt hedgen, kann es in einer risikoneutralen Welt auch bepreist werden.[281] Bei unendlicher Hedge-Genauigkeit ergeben sich aus der Bewertung nach Black/Scholes und nach dem hier vorgestellten Duplikationsverfahren exakt die gleichen Werte für den Steueranspruch.

Neben der theoretischen Wertbestimmung des Steueranspruches ist dieses Duplikationsverfahren für den praktischen Umgang mit dem unsicheren Steueranspruch von Bedeutung. Der Steueranspruch kann durch die Duplikationsstrategie synthetisch hergestellt werden. Hier soll also gezeigt werden, dass die Umsetzung der Modellergebnisse auch praktisch funktionieren kann. Transaktionskosten werden hier vernachlässigt. Diese Transaktionskosten werden die Umsetzung der Duplikationsstrategie bei durchschnittlichen Steuerpflichtigen wenig sinnvoll machen. Bei großen Unternehmen wird die Bedeutung der Transaktionskosten aber durch Größenvorteile in den Hintergrund gedrängt.

Die vorgestellte Strategie ist nicht nur durch den Steuerpflichtigen umsetzbar. Der Fiskus hält die Gegenposition zum Steuerpflichtigen, daher die gleiche riskante Position nur mit umgekehrten Vorzeichen. Da das Portfolio des Steueranspruches prinzipiell (noch) nicht handelbar ist, könnte der Fiskus durch Umsetzung der Duplikationsstrategie seinen unsicheren Anspruch in einen sicheren Anspruch verwandeln. Ob die Umwandlung des unsicheren Steueranspruches politisch gewünscht ist, ist eine Frage, die hier nicht diskutiert werden soll. Die grundsätzliche Funktionsweise des Delta-Hedging zeigt, dass die Umsetzung möglich wäre.[282] Aus der Sicht des Fiskus sollten die Transaktionskosten eine geringe Rolle spielen.[283]

---

[281] vgl. Goldman, B. M./Sosin, H. B./Gatto, M. A., Path Dependent Options, 1979, 1113

[282] Nachdem die Basisgröße des Steueranspruches nicht direkt handelbar ist, müsste eine Duplikation mit einer ähnlichen handelbaren Größe durchgeführt werden.

[283] Verkehrssteuern bei der Umsetzung der Duplikationsstrategie spielen aus der Sicht des Fiskus keine Rolle. Kursgewinne und Kursverluste wären auch nicht steuerbar. Daher können Steuern, die einen wesentlichen Teil der Transaktionskosten bei Steuerpflichtigen ausmachen würden, aus der Sicht des Fiskus eher vernachlässigt werden.

5.1.1 Theoretischer Rahmen des Delta-Hedging

Die Idee des Delta-Hedging besteht darin, durch eine Kombination der Basisgröße mit einer sicheren Anlage die Option zu jedem Zeitpunkt nachzubilden. Weist dieses Portfolio die gleichen Eigenschaften wie die Option auf, muss auch der Preis identisch sein. Andernfalls wären Arbitragemöglichkeiten gegeben.

Die Optionskenngröße Delta beschreibt das Verhalten des Optionspreises bei einer marginalen Änderung des Preises der Basisgröße.[284] Da der Preisverlauf der Option als Funktion der Basisgröße nicht linear ist, entstehen bei der nicht kontinuierlichen Anpassung der Hedgeposition Fehler, die Abweichungen zwischen dem theoretischen Black/Scholes-Preis des Steueranspruches und dem Ergebnis der Nachbildung über einen Delta-Hedge verursachen.

Für die theoretische Nachbildung des Steueranspruches wird angenommen, dass ein Wertpapier gehandelt werden kann, das genau dem steuerlichen Vermögen der Gesellschaft entspricht. Dieses praktisch nicht verfügbare Wertpapier muss bei einer tatsächlichen Umsetzung der Strategie durch ein handelbares Wertpapier mit ähnlichen Eigenschaften ersetzt werden. Hier soll nur gezeigt werden, dass die Duplikation des Steueranspruches über Delta-Hedging zumindest theoretisch erfolgen kann.

Im ersten Schritt muss für den Steueranspruch die Kenngröße Delta bestimmt werden. Diese beschreibt, um wie viel sich der Wert des Steueranspruches ändert, wenn sich der Wert der Basisgröße, das steuerliche Gesamtvermögen, um eine Einheit ändert.

Diese Kenngröße wurde bereits weiter oben abgeleitet. Das Positionsdelta ergibt sich als Summe der Einzeldeltas.

$$\frac{\partial MWSt_t}{\partial V} = \tau_{KESt}\left(N\left(d_1^I\right) - N\left(d_1^{II}\right)\right) + \left(1 - \Theta_{KSt}\Theta_{KESt}\right)\left(N\left(d_1^{III}\right)\right) \tag{5.1}$$

Für den Call I ergibt sich d_1^I mit

$$d_1^I = \frac{\ln(V/F) + \left(r + \sigma^2/2\right)(T-t)}{\sigma\sqrt{T-t}}. \tag{5.2}$$

Für die Calls C^I und C^{II} ändern sich die Ausübungspreise. Das Fremdkapital zu Buchwerten zum Zeitpunkt t_0 wird durch Fremdkapital plus Zinsen bzw. Gesamtkapital plus Zinsen ersetzt. Im Zeitablauf ändern sich neben der Zeit t auch der Wert der Basisgröße. Die Volatilität und der Zinssatz werden konstant angenommen. Beim Fremdkapital spielt nicht der zeitliche

[284] vgl. Punkt 1.6.4, S. 65

Verlauf des Fremdkapitalstandes, sondern nur der Fremdkapitalstand zu Beginn des Besteuerungszeitraumes eine Rolle.

Zu Beginn des Besteuerungszeitraumes müssen Δ-Anteile fremdfinanziert angeschafft werden. Die Umsetzung der Strategie erfordert keine Eigenmittel.

Zur Nachbildung des Steueranspruches über einen Delta-Hedge muss zu jedem Zeitpunkt folgende Strategie umgesetzt werden:

- Steigt im Vergleich zum vorangegangenen Zeitpunkt das Δ des Steueranspruches an, müssen zusätzliche Anteile angeschafft werden. Damit steigt auch der Stand des aufgenommenen Fremdkapitals.

- Sinkt das Δ des Steueranspruches im Zeitablauf, müssen Δ-Anteile verkauft werden. Aus dem Verkaufserlös wird das aushaftende Fremdkapital reduziert.

- Für das aushaftende Fremdkapital wird (kontinuierlich verzinst) die Zinszahlung ermittelt. Diese Zinszahlung stellt Kosten der Duplikationsstrategie dar.

Betrachtet man den funktionalen Zusammenhang zwischen einer Veränderung der Basisgröße und Δ, so fällt auf, dass Δ mit steigendem Wert der Basisgröße zunimmt (vgl. Abbildung 2-6, S. 92). Steigt also der Wert der Basisgröße im Zeitablauf, so wird durch diese Strategie eine immer größere Position an Anteilen der Basisgröße aufgebaut. Fällt der Wert der Basisgröße wieder, sinkt auch Δ. Die Strategie schreibt demnach vor, Anteile wieder zu verkaufen. Diese Anteile wurden zuvor aber zu einem höheren Wert angeschafft. Beim Delta-Hedging wird damit eine Buy-High-Sell-Low-Strategie umgesetzt. Diese Strategie weist während der Laufzeit die gleichen Eigenschaften wie der zu duplizierende Steueranspruch auf. Die Kosten der Strategie müssen daher den Kosten des Steueranspruches entsprechen.

Der Preis des Steueranspruches wird also durch zwei Komponenten beeinflusst. Zum einen ergeben sich Verluste aus der Buy-High-Sell-Low-Strategie, zum anderen fallen durch das aushaftende Fremdkapital Zinskosten an, welche die zweite Komponente des Preises des Steueranspruches darstellen.

Am Ende des Besteuerungszeitraumes sind zwei Zustände möglich. Der einfacheren Darstellung halber soll dies am Beispiel des Call C^I des Steuerportfolios dargestellt werden. Es wird also der Steueranspruch des Fiskus gegenüber den Eigenkapitalgebern dupliziert.

5.1.1.1 Steueranspruch endet im Geld

Liegt die Realisation der Basisgröße $\widetilde{V}$ über dem Ausübungspreis von $E+F+Z$, dann ist die Option im Geld.

Der Optionseigner (Fiskus) erhält daher die Zahlung $(1-\Theta_{KSt}\Theta_{KESt})(\tilde{V}-E-F-Z)$ vom Stillhalter der Option.

Wurde durch den Stillhalter die Δ-Hedging-Strategie umgesetzt, ergibt sich bei $t = T$ d_1^{III} mit

$$\lim_{t \to T} d_1^{III} = \lim_{t \to t} \frac{\ln(V/(E+F+Z)) + (r + \sigma^2/2)(T-t)}{\sigma\sqrt{T-t}} = +\infty . \qquad (5.3)$$

Die beiden von der Restlaufzeit abhängigen Terme konvergieren gegen null. Die Division ergibt daher Unendlich. Da dann $V > E + F + Z$ gilt, ist der Quotient im Zähler von d_1^{III} größer als eins. Damit ist auch der Logarithmus positiv und der gesamte Ausdruck konvergiert gegen $+\infty$. $N(d_1^{III})$ entspricht dann dem Integral über die gesamte Normalverteilung und ergibt daher eins.

Hat der Stillhalter die oben beschriebene Strategie umgesetzt, hält er in diesem Fall am Ende des Besteuerungszeitraumes $(1-\Theta_{KSt}\Theta_{KESt})$ Anteile des Basiswertpapiers als Long-Position.

Die Option des Fiskus ist im Geld. Daher wird der Fiskus diese Option ausüben. Er „kauft" vom Steuerpflichtigen das Basisobjekt, das jetzt einen Wert von V hat, um $E + F + Z$. Dabei erzielt der Fiskus einen Gewinn in Höhe von $V - E - F - Z$.

Der Steuerpflichtige hält aufgrund des Δ-Hedge das Basisobjekt, kann es also dem Fiskus (fiktiv) liefern. Es erwachsen ihm zum Zeitpunkt T keine Kosten. Die Long-Position wurde über eine Fremdfinanzierung erworben. Zusätzlich zur Long-Position im Basiswertpapier besteht also noch die Short-Position in der sicheren Anlage, dem aufgenommenen Kredit. Diese muss am Ende der Laufzeit samt der aufgelaufenen Zinsen zurückgezahlt werden.

Die Short-Position im Call C^{III} wurde durch die fiktive Lieferung der Anteile geschlossen. Die Differenz zwischen dem vom Fiskus fiktiv gezahlten Ausübungspreis und den aufgelaufenen Fremdfinanzierungskosten (Zinsen und Tilgung) stellen den Preis der Duplikationsstrategie zum Zeitpunkt T dar. Die auf t=0 diskontierten Kosten müssen dem theoretischen Optionspreis nach Black/Scholes entsprechen.

Die Position des Steuerpflichtigen beim Δ-Hedging soll für den Fall, dass der Call C^{III} im Geld endet, noch einmal übersichtlicher dargestellt werden.

Am Ende des Besteuerungszeitraumes ergibt sich durch die Duplikationsstrategie eine Long-Position von $(1-\Theta_{KSt}\Theta_{KESt})$ Anteilen des Basisobjekts. Diese wurden mit den kumulierten Kreditkosten κ erworben. Am Ende des Besteuerungszeitraumes ergibt sich das Gesamtergebnis aus der Hedge-Position mit

$$\left(1-\Theta_{KSt}\Theta_{KESt}\right)\left(V_T - E - F - Z\right) - \kappa . \tag{5.4}$$

Aus der durch den Steuergesetzgeber zwangsweise geschaffenen Short-Position ergibt sich zum Ende des Besteuerungszeitraumes

$$\left(1-\Theta_{KSt}\Theta_{KESt}\right)\left(E + F + Z - V_t\right) + MWST_0 e^{rT} . \tag{5.5}$$

(5.4) und (5.5) sind bei Durchführung eines Δ-Hedge Positionsbestandteile beim Steuerpflichtigen. (5.4) wurde durch das Hedging generiert, (5.5) durch das Steuerrecht. Daher müssen die beiden Positionen zusammengefasst werden. Als Ergebnis dieser Kombination ergibt sich (5.6).

$$MWST_0 e^{rT} = -\kappa \Rightarrow MWST_0 = -\kappa e^{-rT} \tag{5.6}$$

Der Marktwert des Steueranspruches muss nach dieser Vorgangsweise also den diskontierten Kosten des Δ-Hedges entsprechen. Die Gesamtpostition ist in diesem Fall, abgesehen von Hedge-Fehlern, nicht riskant. Die angefallenen Hedge-Kosten können als Versicherungsprämie gegen den unsicheren Steueranspruch interpretiert werden. Die diskontierte Versicherungsprämie entspricht in der hier vorgeschlagenen Betrachtungsweise dem sicheren Gegenwartswert des Steueranspruches.

5.1.1.2 Steueranspruch endet aus dem Geld

Liegt die Realisation der Basisgröße unter dem Ausübungspreis $\left(V_T < E + F + Z\right)$, so ist der Call C^{III} des Steueranspruches nicht im Geld. In diesem Fall verfällt der Call wertlos.

Für den Zeitpunkt $t = T$ ergibt sich d_1^{III} mit

$$\lim_{t \to T} d_1^{III} = \lim_{t \to T} \frac{\ln\left(V_T / \left(E + F + Z\right)\right) + \left(r + \sigma^2/2\right)\left(T - t\right)}{\sigma\sqrt{T - t}} = -\infty . \tag{5.7}$$

Da in diesem Fall der Logarithmus des Quotienten im Zähler negativ ist, konvergiert d_1^{III} gegen $-\infty$. Damit ergibt sich für $N\left(d_1^{III}\right)$ null.

Der Steuerpflichtige, der seine Short-Position im Steueranspruch mittels Δ-Hedging neutralisiert, hält in diesem Fall am Ende des Besteuerungszeitraumes keine Anteile an der Basisgröße. Die Option ist aus dem Geld und verfällt damit wertlos. Es kommt zu keiner Lieferung des Basisobjekts.

Endet der Call C^{III} aus dem Geld, beeinflussen aus steuerlicher Sicht neben dem als fiktiven Optionspreis gezahlten Steueranspruch als einzige Größe die Kosten der Duplikation das Portfolio des Steuerpflichtigen. Diese Position kann zusammengefasst werden und ergibt dann

$$-MWST_0 e^{rT} - \kappa = 0 \Rightarrow MWST_0 = -\kappa e^{-rT}. \quad (5.8)$$

Auch in diesem zweiten möglichen Fall hält der Steuerpflichtige keinen riskanten Steueranspruch mehr. Die Kosten der Duplikation sind in diesem Fall gleich wie für den Fall, dass die Option C^{IIII} im Geld endet.

Hier wurde nur der Hedge eines Elements des Steueranspruches gezeigt. Mit der gleichen Vorgangsweise können auch die beiden anderen Calls des Steueranspruches synthetisch hergestellt werden. Damit ist dann der gesamte Steueranspruch dupliziert.

An der Strategie ergeben sich prinzipiell keine Änderungen. Es müssen zu jedem Zeitpunkt so viele Anteile gehalten werden, wie sich aus der Addition der einzelnen Delta-Werte ergeben.

5.1.2 Direktes Delta-Hedging an einem numerischen Beispiel

5.1.2.1 Gewinnsituation

Die Darstellung für das Modellunternehmen (E=50, F=300) soll die Vorgangsweise beim Delta-Hedging zeigen. Es wird ein (kontinuierlich verzinster) sicherer Zinssatz in der Höhe von 6% unterstellt. Die Volatilität der Rendite wurde für diese Modellberechnung mit 29,5% angenommen.

Unter diesen Rahmenbedingungen ergibt sich Δ für den Call C^I mit

$$d_{1\,t_0}^I = \frac{\ln(V_0/F) + (r + \sigma^2/2)(T-t)}{\sigma\sqrt{T-t}} = \frac{\ln(350/300) + (0{,}06 + 0{,}295^2/2)}{0{,}295} = 0{,}8734 \quad (5.9)$$

Aus der Standardnormalverteilung ergibt sich

$$\Delta^I = N\left(d_{1\,t_0}^I\right) = N(0{,}8734) = 0{,}8088. \quad (5.10)$$

Der Call C^{II} ist im Steuerportfolio als Short-Position enthalten. Steigt der Wert des Basispreises, wird dieser Call immer weniger wert. Im Vergleich zu einer Long-Position hat das Delta dieses Calls ein negatives Vorzeichen. Der Ausübungspreis dieses Calls beträgt $F+Z$. Da im Modell die Zinsen kontinuierlich berechnet werden, ermittelt sich der Ausübungspreis nach (5.11).

$$X^{II} = F + Z = Fe^{rT} = 300e^{0{,}06} = 318{,}551 \quad (5.11)$$

Die Größe d_1^{II} und $N\left(d_1^{II}\right)$ ermittelt sich mit diesem geänderten Ausübungspreis nach (5.9) und (5.10). Als Ergebnis ergibt sich

$$\Delta^{II} = N\left(d_{1\,t_0}^{II}\right) = -0{,}7486. \quad (5.12)$$

Der Ausübungspreis des Call C^{III} beträgt 368,551 Einheiten. Die Berechnung kann analog zum Call C^{I} vorgenommen werden.

$$\Delta^{III} = N\left(d_{1\ t_0}^{III}\right) = 0{,}5698 \tag{5.13}$$

Damit sind zum Zeitpunkt t_0, dem Beginn des Besteuerungszeitraumes, die Deltas der Einzeloptionen bestimmt. Dem Fiskus werden durch das Steuerrecht aber keine Optionen auf den gesamten Zahlungsstrom eingeräumt. Die juristischen Grenzsteuersätze geben bei proportionalen Tarifen an, welchen Anteil der ganzen Option dem Fiskus durch das Steuerrecht zugesprochen wird. Die beiden ersten Optionen sind τ_{KESt} mal im Steueranspruch enthalten, während der Call C^{III} $\left(1-\Theta_{KSt}\Theta_{KESt}\right)$ im Steueranspruch enthalten ist.

Das Delta der Gesamtposition „Steueranspruch" ergibt sich als gewichtete Summe der Einzelpositionen.

$$\begin{aligned}\Delta^{MWSr} &= \tau_{KESt}\left(\Delta^{I} + \Delta^{II}\right) + \left(1-\Theta_{KSt}\Theta_{KESt}\right)\Delta^{III} \\ &= 0{,}25\left(0{,}8088 - 0{,}7486\right) + 0{,}505 * 0{,}5698 = 0{,}3028\end{aligned} \tag{5.14}$$

Demnach müssen bei Aufbau der Strategie 0,3028 Anteile des Wertpapiers angeschafft werden. Der Preis des fiktiven Wertpapiers, das dem Buchwert des Gesamtkapitals entspricht, beträgt zu Beginn des Besteuerungszeitraumes 350 Einheiten. Zum Ankauf muss daher in t_0 ein Kredit in Höhe von 105,98 Einheiten aufgenommen werden.

Theoretisch müsste diese Position kontinuierlich neu angepasst werden. Hier wird eine tägliche Adaption des Hedgeportfolios durchgeführt, wobei angenommen wird, dass nur die Werktage (hier wurden 252 angenommen) als Tage zählen.[285]

Tabelle 5-1 zeigt auszugsweise die Anpassung des Hedgeportfolios im Zeitablauf.

Für die Simulation möglicher Verläufe des Buchwertes über den Zeitablauf wurden die täglichen Renditen über eine voneinander unabhängige Ziehung aus einer Standardnormalverteilung simuliert. Die Simulation entspricht daher dem angenommenen Zeitreihenmodell.[286] Abbildung 5-1 zeigt einen möglichen Verlauf der Basisgröße, bei der alle Optionen im Geld enden. Aus steuerlicher Sicht bedeutet das, dass der Fiskus von den Fremdkapitalgebern die KESt aus der erhaltenen Zinszahlung, die KSt auf der Ebene der Körperschaft und die KESt

---

[285] Die tägliche Anpassung lässt eine hohe Hedge-Genauigkeit erwarten. Mit zunehmend größeren Intervallen nimmt die Genauigkeit der Duplikationsstrategie ab. Je größer die Kenngröße Gamma ist, desto ungenauer wird das Ergebnis. Bei einem Gamma-neutralen Portfolio (Gamma ist gleich null) müsste während der Laufzeit keine Anpassung vorgenommen werden.

[286] vgl. Punkt 1.6.3.1.1, S. 56

aus der angenommenen Gewinnausschüttung bekommt. Vereinfacht gesagt erzielt die betrachtete Modellkapitalgesellschaft bei diesem simulierten Verlauf der Basisgröße einen steuerlichen Gewinn. Der Buchwert des Fremdkapitals ist im Zeitablauf gleich geblieben, der Buchwert des Eigenkapitals ist im Zeitablauf gestiegen. Aus dem Vergleich des Reinvermögens am Ende des Besteuerungszeitraumes ergibt sich daher ein Gewinn als Steuerbemessungsgrundlage.

Abbildung 5-1 : Simulierter Verlauf des Buchwertes (alle Optionen im Geld)

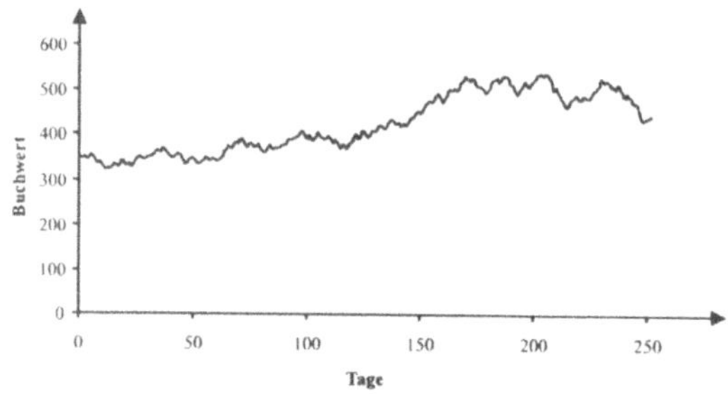

Zum Zeitpunkt t_0 muss die Strategie, wie oben beschrieben, aufgebaut werden. Es werden also nach (5.14) 0,3028 Anteile des fiktiven Wertpapiers angeschafft. Der oben beschriebene Aufbau der Strategie wird in der ersten Zeile von Tabelle 5-1 gezeigt. Mit Tag 0 ist der Beginn des Besteuerungszeitraumes gemeint.

Für den nächsten Zeitpunkt muss die Hedge-Position angepasst werden. Die Delta-Werte der Einzeloptionen und der Gesamtposition werden mit der geänderten verbliebenen Restlaufzeit $T-t$ und dem geänderten Wert des Basisobjekts (am Ende des ersten Tages 348,17 Einheiten) neu berechnet.

Aus dieser Neuberechnung folgt, dass durch den gefallenen Wert des Basisobjekts der Wert der Anteile abgebaut werden muss. Es werden am Beginn des zweiten Tages (in der Tabelle der Tag 1) 0,0035 Anteile verkauft. Mit dem Verkaufserlös werden die Schulden κ reduziert. Gleichzeitig werden die angefallenen Zinsen des Werktages den Gesamtkosten zugeschlagen.[287]

Bis zum 7. dargestellten Tag sinkt der Wert des Basisobjekts im Durchschnitt. Daher ist die Position der Anteile bis dahin von 0,3028 auf 0,2746 zurückgegangen. Im Verlauf der Zeit steigt der Wert des Basisobjekts wieder an, sodass auch die Anteilsposition wieder aufgebaut wird. Jeder Zukauf von Anteilen erhöht das aufgenommene Fremdkapital, jeder Verkauf

[287] Hier wurde vereinfachend unterstellt, dass sich das aushaftende Kapital nur an Werktagen verzinst.

vermindert es.

Tabelle 5-1 : Direktes Hedging des Steueranspruches (alle Optionen im Geld)

Tag	V	T-t	Δ^{I}	Δ^{II}	Δ^{III}	Δ^{MWSt}	An/Verk	Kosten	κ	Zinsen
0	350	1	0,2022	-0,1871	0,2877	0,3028	0,3028	105,98	105,98	
1	348,17	0,996	0,2010	-0,1857	0,2840	0,2993	-0,0035	-1,23	104,78	0,025
2	351,95	0,992	0,2035	-0,1886	0,2911	0,3060	0,0067	2,35	107,15	0,025
3	344,39	0,988	0,1984	-0,1827	0,2761	0,2919	-0,0140	-4,84	102,34	0,026
4	355,11	0,984	0,2056	-0,1910	0,2967	0,3113	0,0194	6,87	109,24	0,024
5	353,81	0,980	0,2048	-0,1900	0,2940	0,3088	-0,0025	-0,88	108,39	0,026
6	343,31	0,976	0,1977	-0,1817	0,2733	0,2893	-0,0195	-6,70	101,71	0,026
7	335,79	0,972	0,1921	-0,1752	0,2577	0,2746	-0,0147	-4,93	96,80	0,024
154	472,47	0,389	0,2491	-0,2477	0,4756	0,4769	-0,0033	-1,55	187,11	0,045
155	478,42	0,385	0,2493	-0,2482	0,4797	0,4808	0,0039	1,85	189,00	0,045
156	491,59	0,381	0,2496	-0,2488	0,4868	0,4875	0,0067	3,32	192,36	0,045
157	492,79	0,377	0,2496	-0,2489	0,4876	0,4883	0,0008	0,38	192,78	0,046
158	483,17	0,373	0,2495	-0,2486	0,4833	0,4842	-0,0041	-1,98	190,85	0,046
159	474,91	0,369	0,2493	-0,2482	0,4789	0,4800	-0,0042	-2,00	188,90	0,045
218	492,78	0,135	0,2500	-0,2500	0,5037	0,5038	0,0012	0,58	203,96	0,048
219	485,47	0,131	0,2500	-0,2500	0,5033	0,5033	-0,0005	-0,22	203,79	0,049
220	480,65	0,127	0,2500	-0,2500	0,5030	0,5030	-0,0003	-0,15	203,68	0,049
221	489,37	0,123	0,2500	-0,2500	0,5039	0,5039	0,0010	0,47	204,20	0,049
222	488,11	0,119	0,2500	-0,2500	0,5040	0,5040	0,0001	0,03	204,28	0,049
223	483,15	0,115	0,2500	-0,2500	0,5038	0,5038	-0,0002	-0,09	204,23	0,049
224	483,37	0,111	0,2500	-0,2500	0,5040	0,5040	0,0002	0,08	204,37	0,049
225	498,81	0,107	0,2500	-0,2500	0,5047	0,5047	0,0007	0,36	204,78	0,049
226	502,08	0,103	0,2500	-0,2500	0,5048	0,5048	0,0001	0,05	204,88	0,049
227	507,18	0,099	0,2500	-0,2500	0,5049	0,5049	0,0001	0,04	204,97	0,049
228	514,31	0,095	0,2500	-0,2500	0,5050	0,5050	0,0001	0,03	205,05	0,049
229	529,56	0,091	0,2500	-0,2500	0,5050	0,5050	0,0000	0,02	205,12	0,049
252	**527,03**	**0,000**	**0,2500**	**-0,2500**	**0,5050**	**0,5050**	**0,0000**	**0,00**	**206,25**	**0,049**

Mit der immer geringer werdenden Restlaufzeit der Optionen und dem Ansteigen des Wertes der Basispreise nähert sich das Positionsdelta dem immer wahrscheinlicher werdenden Wert zum Ende des Besteuerungszeitraumes. Am Werktag 218 ist es bspw. unwahrscheinlich, dass die Calls C^{I} und C^{II} nicht im Geld enden. Daher hat Δ^{I} und Δ^{II} zu diesem Zeitpunkt bereits den Wert von eins erreicht.[288] Beim Call C^{III} besteht noch eine (geringe) Chance, dass dieser aus dem Geld endet.

Gegen Ende des Besteuerungszeitraumes hat die Änderung der Basisgröße immer weniger Einfluss auf das Delta der Gesamtposition. Es ist dann, wenn die Werte der Position nicht genau am Geld sind, bereits klar, welches Endergebnis erreicht wird. Für den Hedge heißt das, dass sich gegen Ende der Laufzeit, wenn die Optionen entweder klar im oder aus dem Geld sind, praktisch keine Änderungen in der Portfoliozusammensetzung mehr ergeben. Bei der Simulation, die in Tabelle 5-1 gezeigt wird, wird der Endzustand am Ende des 228. Werktages erreicht. Die Kosten der Strategie steigen dann nur mehr durch die sich erhöhende

[288] Da sich die Optionen aber nur τ_{KESt} mal im Steuerportfolio befinden, konvergieren hier die Werte gegen den KESt-Satz von 0,25.

Zinsforderung durch das aushaftende Kapital κ.

Am Ende der Strategie schuldet der Steuerpflichtige aufgrund seines Engagements eine Steuerzahlung, die aus Tabelle 2-4 (S. 90) hervorgeht. Diese Zahlung ist nun durch die gehaltenen Anteile an der Bemessungsgrundlage gedeckt.[289] Die Steuerzahlung kann also durch die erworbenen Anteile kompensiert werden.

Der Wert der erworbenen Anteile zum Zeitpunkt T beträgt

$$\Delta_T^I X^I - \Delta_T^{II} X^{II} + \Delta_T^{III} X^{III} = 0{,}25 * 300 - 0{,}25 * 318{,}055 + 0{,}505 * 368{,}55 = 181{,}48 \quad (5.15)$$

Dieser Wert resultiert aus der fiktiven Zahlung bei der fiktiven Lieferung des Basisobjektes durch den Steuerpflichtigen.[290]

Zum Erwerb der Anteile liefen durch die Umsetzung der Strategie Kosten κ in Höhe von 206,248 Einheiten auf. Diese setzen sich aus Kredittilgung und der aufgelaufen Zinszahlung zusammen. Diese müssen dem Wert der Strategie aus (5.15) gegenübergestellt werden. Zum Zeitpunkt T entstehen also Nettokosten in Höhe von 24,768 Einheiten.

Durch die Duplikationsstrategie des Steueranspruches wurde ein Wert synthetisch hergestellt, der genau das inverse Verhalten zum Steueranspruch selbst aufweist. Daher müssen die auf den Zeitpunkt t_0 diskontierten Gesamtkosten der Duplikationsstrategie dem Wert des Steueranspruches zum Zeitpunkt t_0 entsprechen.

Der Wert des Steueranspruches ermittelt sich aufgrund dieser Duplikationsstrategie mit

$$MWSt_{t_0} = Nettokosten * e^{-rT} = 24{,}768e^{-0{,}06} = 23{,}3256\,. \quad (5.16)$$

Dieser Wert sollte nun dem nach Black/Scholes ermittelten Wert des Steueranspruches entsprechen. Für das angenommene Modellunternehmen ergibt sich der Wert des Steueranspruches nach Black/Scholes mit 24,3646.

Die Abweichung vom Ergebnis der Duplikationsstrategie ist vor allem auf die diskrete Anpassung des Hedge zurückzuführen. Die Kenngröße Gamma beschreibt, wie sich Delta bei einer Änderung der Basisgröße entwickelt. Da das Gamma des Steueranspruches ungleich null ist, ergeben sich durch die diskrete Anpassung des Hedge Fehler. Diese Fehler sind umso bedeutender, je größer die Sprünge in der beobachteten Entwicklung

---

[289] Die Steuerzahlung kann auch als verpflichtende Abgabe eines Teiles des Unternehmenswertes gesehen werden. Der Anspruch des Fiskus kann daher über den Erwerb von Anteilen gedeckt werden.

[290] Der Wert der Anteile wäre ohne der Short-Optionsposition größer. Die Anteile werden aber zur Abdeckung der Verpflichtung der Option herangezogen und sind daher nur den vereinbarten Ausübungspreis wert.

der Basisgröße sind.[291,292]

Für den ersten Fall, dass alle Optionen im Geld enden, funktioniert die Duplikationsstrategie relativ gut. Dies setzt allerdings voraus, dass ein Wertpapier gehandelt wird, das genau die Entwicklung des Basisobjekts, den Buchwert des Gesamtvermögens, widerspiegelt. Dies wird praktisch nicht gegeben sein. Ist kein solches Wertpapier erhältlich, muss die Duplikationsstrategie mit ähnlichen Wertpapieren aufgebaut werden.

5.1.2.2 Konkursfall

Die Strategie der Duplikation des Steueranspruches muss zum gleichen Ergebnis führen, wenn sich während des Besteuerungszeitraumes offenbart, dass kein Steueranspruch entsteht, die Optionen daher alle aus dem Geld sind.

Dies soll anhand einer zweiten Simulation dargestellt werden. In diesem Fall sind alle Optionen, die Bestandteil des Steuerportfolios sind, aus dem Geld. Aus steuerlicher Sicht bedeutet das, dass der Fiskus in der betrachteten Periode keine Steuerzahlung von den Kapitalgebern des Unternehmens erhält. Dies ist dann der Fall, wenn die Realisation der Zufallsgröße so negativ ist, dass das gesamte Eigenkapital aufgebraucht wird. Damit erhalten auch die Fremdkapitalgeber keine Zinsen. Das Unternehmen ist wegen Zahlungsunfähigkeit (und Überschuldung) im Konkurs.

Abbildung 5-2 zeigt die zufällige Entwicklung der Basisgröße für diesen Simulationsfall. Der Wert des Unternehmens zu Buchwerten nimmt über den ganzen Beobachtungszeitraum ab. Da der Fremdkapitalstand zu Beginn des Besteuerungszeitraumes 300 Einheiten beträgt, wird bereits aus Abbildung 5-2 klar, dass nicht einmal das aushaftende Fremdkapital zurückgezahlt werden kann. Neben dem Konkursgrund der Zahlungsunfähigkeit nach § 66 (1) KO iVm § 66 (3) KO greift auch § 67 (1) KO, der bei Handelsgesellschaften ohne persönlich haftenden Gesellschafter Überschuldung als Konkursgrund normiert. Im Konkurs ergeben sich keine ertragsteuerlichen Ansprüche des Fiskus aus dem Unternehmen.

Zu Beginn des Besteuerungszeitraumes besteht aber die gleiche Ausgangssituation wie im ersten Fall. Es wird daher, wie oben beschrieben, die gleiche Strategie aufgebaut.

---

[291] vgl. Schwaiger, W. S. A., Cash-and-Carry, 1994, 79

[292] Da der unterstellte Prozess kontinuierlich ist, weist die Entwicklung der Basisvariablen keine Sprünge auf. Bei dieser Umsetzung der Hedge-Strategie wird die Veränderung der Basisgröße aber in Zeitabständen größer null gemessen. Daher ergeben sich aus dieser Betrachtungsweise Sprünge, die zu Hedge-Fehlern führen.

Abbildung 5-2: Zufällige Entwicklung des Buchwertes (alle Optionen aus dem Geld)

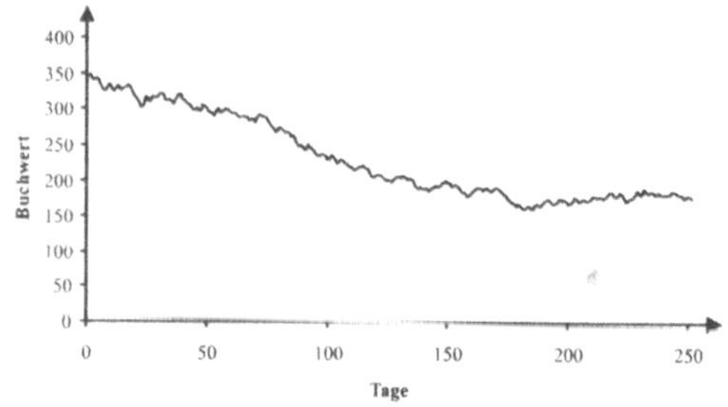

Im Unterschied zu Punkt 5.1.2.1 fällt der Wert der Basisgröße im Zeitablauf. Daher wird die Anteilsposition gegen die Tilgung des aufgenommenen Kredits abgebaut. Wie in Tabelle 5-2 dargestellt, wird es bereits in der Mitte des Jahres sehr wahrscheinlich, dass der Wert des Steueranspruches am Ende des Besteuerungszeitraumes null sein wird. Der Steuerpflichtige, der seinen unsicheren Steueranspruch hedgen möchte, reduziert die am Beginn der Strategie gekauften Anteile weiterhin. Ab dem 178. Tag werden keine Anteile mehr gehalten.

Tabelle 5-2: Direktes Hedging des Steueranspruches (alle Optionen aus dem Geld)

Tag	V	T-t	Δ^{I}	Δ^{II}	Δ^{III}	Δ^{MWSt}	An/Verk	Kosten	κ	Zinsen
0	350	1	0,2022	-0,1871	0,2877	0,3028	0,3028	105,98	105,98	
1	347,16	0,996	0,2003	-0,1849	0,2820	0,2974	-0,0054	-1,86	104,14	0,025
2	338,46	0,992	0,1941	-0,1777	0,2645	0,2809	-0,0165	-5,59	98,57	0,025
3	342,97	0,988	0,1974	-0,1815	0,2733	0,2892	0,0083	2,86	101,45	0,023
4	341,35	0,984	0,1963	-0,1801	0,2698	0,2860	-0,0033	-1,11	100,36	0,024
5	333,64	0,980	0,1904	-0,1734	0,2538	0,2708	-0,0151	-5,05	95,34	0,024
6	324,49	0,976	0,1828	-0,1648	0,2344	0,2523	-0,0185	-6,00	89,36	0,023
7	324,35	0,972	0,1826	-0,1646	0,2337	0,2518	-0,0006	-0,18	89,20	0,021
171	186,55	0,321	0,0010	-0,0003	0,0000	0,0007	-0,0003	-0,06	24,59	0,006
172	183,13	0,317	0,0007	-0,0002	0,0000	0,0005	-0,0002	-0,04	24,55	0,006
173	180,79	0,313	0,0005	-0,0002	0,0000	0,0004	-0,0001	-0,02	24,53	0,006
174	175,70	0,310	0,0003	-0,0001	0,0000	0,0002	-0,0002	-0,03	24,51	0,006
175	171,57	0,306	0,0002	0,0000	0,0000	0,0001	-0,0001	-0,01	24,50	0,006
176	169,84	0,302	0,0001	0,0000	0,0000	0,0001	0,0000	-0,00	24,50	0,006
177	167,04	0,298	0,0001	0,0000	0,0000	0,0001	0,0000	-0,01	24,50	0,006
178	165,16	0,294	0,0000	0,0000	0,0000	0,0000	0,0000	-0,00	24,51	0,006
250	178,93	0,008	0,0000	0,0000	0,0000	0,0000	0,0000	0,00	24,92	0,006
251	176,02	0,004	0,0000	0,0000	0,0000	0,0000	0,0000	0,00	24,93	0,006
252	176,02	0,000	0,0000	0,0000	0,0000	0,0000	0,0000	0,00	**24,94**	0,006

Am Ende der Strategie hält der Steuerpflichtige keine Anteile mehr. Es sind nur mehr die Kosten der Strategie zu tragen. In diesem Fall betragen die Verluste aus der Buy-High-Sell-Low-Strategie und die aufgelaufenen Zinsen 24,936 Einheiten zum Zeitpunkt T. Der Optionseigener (im Fall des Steueranspruches der Fiskus) lässt seine Optionen wertlos verfallen. Damit kommt es zu keiner (fiktiven) Lieferung des Basisobjektes wie im Gewinnfall.

Der Wert des Steueranspruches ermittelt sich wie im Gewinnfall durch Diskontierung der angefallenen Nettokosten auf den Zeitpunkt t_0.

$$MWSt_{t_0} = Nettokosten * e^{-rT} = 24{,}936e^{-0{,}06} = 23{,}484 \tag{5.17}$$

Die Abweichung zum Gewinnfall und zum theoretischen Wert des Steueranspruches nach Black/Scholes kann wieder gleich wie oben erklärt werden.

Auch in diesem Fall gelingt es, durch die dynamische Duplikation des Steueranspruches den Wert synthetisch herzustellen. Dies ist nicht nur in den beiden Extremfällen, Gewinn bzw. Konkurs, sondern auch für alle beliebigen Situationen dazwischen möglich. Die Fehler der synthetischen Nachbildung sind je nach Entwicklung der Basisgröße unterschiedlich groß. Dies ergibt sich aus der Summation der Fehler bei der linearen Approximation der stochastischen Größe.

5.2 Dynamische Duplikation des zukünftigen Steueranspruches

In den Grundlagen zum vorgeschlagenen Analysemodell wurde das Basiskonzept zur dynamisch bedingten Duplikation einer Option dargestellt. Die Ergebnisse wurden dann auf die Bewertung des Steueranspruches angewandt. Die Grundidee besteht darin, dass durch eine Duplikationsstrategie die gleichen Eigenschaften wie die des ursprünglichen Wertpapiers hergestellt werden. Im Normalfall geht es um die Nachbildung der Reaktion der Option bei einer Änderung der Basisgröße. Im Fall des zukünftigen Steueranspruches gegenüber den Eigenkapitalgebern ändern sich aber nicht nur zwei Variablen (Basisgröße und Zeit) sondern drei. Als zusätzliche Größe kommt noch der stochastische Ausübungspreis dazu.

Um die Unsicherheit über die Entwicklung des Ausübungspreises auszuschalten, kann eine Strategie entwickelt werden, die genau die Gegenposition zur unsicheren Position des Steuerpflichtigen herstellt. Die momentane Änderung der Basisgröße $\tilde{V}$, des Gesamtvermögens der betrachteten Gesellschaft, kann annahmegemäß durch (5.18) beschrieben werden.

$$dB = V_t \mu dt + V_t \sigma dz \tag{5.18}$$

Gleichzeitig ändert sich bis zum 1. 1. des zukünftigen Besteuerungszeitraumes auch der Ausübungspreis X des Call C^{III} des Steueranspruches. Nach Tabelle 2-4 (S. 90) ergibt sich der Ausübungspreis aus der Summe des Gesamtkapitals und der vereinbarten Zinszahlung am Ende des Besteuerungszeitraumes. Diese Zinszahlung kann in eine stetig verzinste Zahlung transformiert werden. Der Ausübungspreis des Call C^{III} entwickelt sich daher nach

$$dX = X_t \gamma dt + X_t \sigma dz\,. \tag{5.19}$$

Die Driftrate γ entspricht einer „Mischdriftrate" aus erwarteter Driftrate der Basisgröße und der Driftrate der vereinbarten Verzinsung. Beide Größen weisen den gleichen stochastischen Term dz auf. Daraus folgend ist die Varianz der beiden Prozesse gleich und die Kovarianz gleich eins. Die beiden Prozesse sind aufgrund der selben Unsicherheitsquelle zwingend perfekt positiv korreliert.

Aus der verallgemeinerten Ito-Formel lässt sich das vollständige stochastische Differential mit

$$\begin{aligned} dC = & \left\{ \frac{\partial C}{\partial V}\mu V + \frac{\partial C}{\partial X}\gamma X + \frac{\partial C}{\partial t} + \frac{1}{2}\left[\frac{\partial^2 C}{\partial V^2}\mu^2 V^2 + \frac{\partial^2 C}{\partial X^2}\gamma^2 X^2 + \left(\frac{\partial^2 C}{\partial X \partial V} + \frac{\partial^2 C}{\partial V \partial X} \right) VX \right] \right\} dt \\ & + \left(\frac{\partial C}{\partial V} V + \frac{\partial C}{\partial X} X \right) \sigma dz \end{aligned} \tag{5.20}$$

beschreiben.[293] Entscheidend ist, dass beide „Basisobjekte", von denen der Callpreis abhängt, die gleiche Stochastik aufweisen. Daher sollte es möglich sein, dieses Wertpapier durch Kauf eines Basisobjektes zu duplizieren. Würden die beiden Prozesse eine unterschiedliche Stochastik aufweisen, wäre dies nicht mehr möglich.

Die entscheidende Frage ist, ob dieses Wertpapier präferenzfrei zu bewerten ist. Dies ist dann möglich, wenn bei einem Duplikationsportfolio bestehend aus dem Basisobjekt und einer sicheren Anlage die Bestandteile nach einer deterministischen Differentialgleichung bestimmt werden können.

Durch eine Kombination des Basisobjekts mit dem abgeleiteten Anspruch sollte eine sichere Position herstellbar sein. Dieses Portfolio muss dann wieder die sichere Verzinsung erzielen. Die stochastische Differentialgleichung reduziert sich damit auf eine deterministische Differentialgleichung. Die Lösung dieser Gleichung ist dann kein ökonomisches Problem mehr. Es sollte also die Argumentation von Black/Scholes bei der Bestimmung des Callpreises übertragbar sein.

In allgemeiner Form kann davon ausgegangen werden, dass das Wertpapier durch zwei Basisobjekte nachgebildet werden kann. Das Hedgeportfolio würde dann

$$H = x_{B_1} V_1 + x_{B_2} X_2 + x_F F \qquad (5.21)$$

lauten. Die momentane Änderung dieser Größe würde sich mit

$$dH = x_{B_1} \frac{\partial C}{\partial V_1} dV_1 + x_{B_2} \frac{\partial C}{\partial V_2} dV_2 + x_F Frdt \qquad (5.22)$$

beschreiben lassen. Das gilt, wenn sich die beiden Basisobjekte unabhängig voneinander entwickeln. Nachdem die beiden Prozesse aber die gleiche Stochastik aufweisen, reicht ein Baswertpapier aus, um die Stochastik bei der Bestimmung der Portfoliobestandteile zu eliminieren. Gleichung (5.22) kann daher zu Gleichung (5.23) umgeformt werden. Es reicht also aus, den Anteil x_B in das Basisobjekt zu investieren.

$$dH = x_B \left(\frac{\partial C}{\partial V} dV + \frac{\partial C}{\partial X} dX \right) + x_F Frdt \, . \qquad (5.23)$$

[293] vgl. Hull, J. C., Derivatives, 1997, 304 f; Das ist bereits die vereinfachte Form der Ito-Formel. Bei der Vereinfachung wurde davon Gebrauch gemacht, dass der Korrelationskoeffizient zwischen den beiden Prozessen eins ist.

Zur Bestimmung des Anteils x_B soll noch einmal angenommen werden, dass in zwei getrennte Basisobjekte investiert wird. Werden die Anteile für x_{B_1} und x_{B_2} mit $\frac{\partial C}{\partial V}$ bzw. $\frac{\partial C}{\partial X}$ gewählt, ergibt sich die Veränderung der Hedge-Position mit

$$dH = \frac{\partial C}{\partial V} dV + \frac{\partial C}{\partial X} dX + dF . \tag{5.24}$$

Setzt man die unterstellten Prozesse für F und X ein, erhält man für die Veränderung der Hedge-Position

$$dH = \frac{\partial C}{\partial V}\left(X_t \gamma dt + X_t \sigma dz\right) + \frac{\partial C}{\partial X}\left(V_t \mu dt + V_t \sigma dz\right) + Frdt . \tag{5.25}$$

Im Vergleich zum Delta-Hedge bei einer Basisgröße muss der Anteil x_B die Stochastik der beiden grundliegenden Wertpapiere nachbilden. Der Anteil, der aus einer sicheren Verzinsung stammt, ist im Vergleich zum normalen Delta-Hedge unverändert. Daher kann der Anteil, der in das Basisobjekt investiert werden muss, nach Gleichung (5.26) bestimmt werden.

$$x_B\left(V_t \mu dt + V_t \sigma dz\right) = \frac{\partial C}{\partial V}\left(V_t \mu dt + V_t \sigma dz\right) + \frac{\partial C}{\partial X}\left(X_t \gamma dt + X_t \sigma dz\right) \tag{5.26}$$

Dieser Ausdruck lässt sich zu

$$x_B = \frac{\partial C}{\partial V} + \frac{\partial C}{\partial X}\frac{X_t \gamma dt + X_t \sigma dz}{V_t \mu dt + V_t \sigma dz} \tag{5.27}$$

umformen. Damit ist der Anteil, der in das unsichere Wertpapier investiert werden muss, bestimmt.

Der Anteil der sicheren Anlage x_F soll im Vergleich zum normalen Delta-Hedging mit -1 gleich belassen werden.

Damit ergibt sich für die momentane Veränderung des Hedgeportfolios mit den bestimmten Anteilen:

$$\begin{aligned} dH &= \left(\frac{\partial C}{\partial V} + \frac{\partial C}{\partial X}\frac{X_t \gamma dt + X_t \sigma dz}{V_t \mu dt + V_t \sigma dz}\right)\left(V_t \mu dt + V_t \sigma dz\right) - Frdt \\ &= \left(\frac{\partial C}{\partial V} V + \frac{\partial C}{\partial X} X\right)\sigma dz + \left(\frac{\partial C}{\partial V}\mu V + \frac{\partial C}{\partial X}\gamma X\right)dt - Frdt . \end{aligned} \tag{5.28}$$

Der einzig noch frei bestimmbare Parameter ist die Höhe der Verschuldung F. Um bei einer Änderung der Basisgröße und des zukünftigen Ausübungspreises das gleiche Verhalten wie das des Ursprungswertpapiers zu generieren, muss F so gewählt werden, dass sich der gleiche Ausdruck wie in Gleichung (5.20) ergibt.

Nach dem Gleichsetzen und einigen Umformungen ergibt sich F mit

$$F_t = -\frac{\frac{\partial C}{\partial t} + \frac{1}{2}\left[\left(\frac{\partial^2 C}{\partial V^2}V^2 + \frac{\partial^2 C}{\partial X^2}X^2\right) + \left(\left(\frac{\partial^2 C}{\partial X \partial V} + \frac{\partial^2 C}{\partial V \partial X}\right)VX\right)\right]\sigma^2}{r} \tag{5.29}$$

Aus diesem wesentlichen Ergebnis können folgende Schlussfolgerungen gezogen werden. Auch im Fall des unbekannten Ausübungspreises kann eine präferenzfreie Bewertung erfolgen. Die Stochastik lässt sich bei der Wahl der Anteile des Duplikationsportfolios eliminieren. Existieren die Ableitungen aus (5.29) kann der Anspruch dupliziert werden. Ohne einer exakten Ableitung der Callpreisfunktion gelingt nur eine qualitative Einschränkung der Ableitung.[294,295]

Neben dem Wegfall der Stochastik bei der Bestimmung der Anteile fällt im Vergleich zur Betrachtung eines normalen Delta-Hedge auf, dass auch in diesem Fall die präferenzabhängigen Driftkoeffizienten μ und γ keine Rolle mehr spielen.

Die mögliche Duplikation des Zahlungsstromes durch ein Basisobjekt kombiniert mit einem Kredit sichert die präferenzunabhängige Bewertung. Plastische Einsichten können jedoch mit diesem Instrumentarium noch nicht geliefert werden. Solange keine Preisfunktion bekannt ist, lassen sich auch die Ableitungen nicht bestimmen. Damit ist eine praktische Nachbildung noch nicht möglich. Die Aussage, dass bei Existenz der Ableitungen eine präferenzfreie Bewertung möglich ist, kann aber gemacht werden.

---

[294] vgl. Brown, R. L./Stephen, A. E./Lalor, P. A., Contract Adjustments, 1995, 939

[295] zur Ableitung $\frac{\partial^2 C}{\partial X^2}$ vgl. Breeden, D. T./Gileskon, J. H., Path-dependent Approach, 1997, 544

5.3 Ausschüttungspolitik im Mehrperiodenmodell

Hier erfolgt die formale Darstellung des Modells, das den Berechnungen im Rahmen des numerischen Beispiels zur Ausschüttungspolitik (vgl. Punkt 3.3.3.2, S. 169 ff) zugrunde liegt.

Zu Beginn des zukünftigen Besteuerungszeitraumes sind unabhängig von der Ausschüttungsentscheidung j Realisationen möglich, wobei

$$j = n + 1 \tag{5.30}$$

gilt. Der Wert des steuerlichen Gesamtvermögens in einer Realisation j entspricht im Binomialmodell

$$V_{1,j} = V_0 u^j d^{n-j} \,. \tag{5.31}$$

Mit j=0 wird bei dieser Formulierung der unterste Ast des Binomialmodells beschrieben.

Am Ende des zweiten Besteuerungszeitraumes sind unter der Bedingung der Realisation j wieder i Realisationen des steuerlichen Gesamtvermögens möglich. Das steuerliche Vermögen für die Realisation i unter der Bedingung j entspricht

$$V_{2,j,i} = V_0 u^j d^{n-j} u^i d^{n-i} = V_0 u^{j+i} d^{2n-j-i} \,. \tag{5.32}$$

Ein Steueranspruch kann in einer Periode nur dann entstehen, wenn die Zahl der Aufwärtsbewegungen in dieser Periode größer ist als die Zahl der Abwärtsbewegungen. Für jede Periode muss damit die Bedingung

$$\begin{aligned} \Delta(u,d) &= j-(n-j) = 2j-n > 0 \quad \text{für } T_1 \\ \Delta(u,d) &= i-(n-i) = 2i-n > 0 \quad \text{für } T_2 \end{aligned} \tag{5.33}$$

erfüllt sein. Ist diese Bedingung nicht erfüllt, ist der jeweilige Steueranspruch null.

In der ersten Periode entsteht bei der Realisation j der Basisgröße der Körperschaftsteueranspruch

$$KSt_{1,j} = \max\left(V_0 u^j d^{n-j} - V_0 - Z, 0\right). \tag{5.34}$$

Die Realisation j zum Zeitpunkt t_1 tritt bei Berücksichtigung der Konkursmöglichkeit mit einer Wahrscheinlichkeit von

$$p_j = \begin{cases} \left[\left(p_u^{j} p_d^{n-j}\right)\left(\dfrac{n!}{j!(n-j)!}\right)\right] \forall k_0 \geq n \\ \left[\left(p_u^{j} p_d^{n-j}\right)\left(\dfrac{n!}{j!(n-j)!} - \dfrac{(n-k_0)!}{j!(n-k_0-j)!}\right)\right] \forall k_0 < n \end{cases} \tag{5.35}$$

ein. Die erste Zeile in (5.35) gilt, wenn die Konkursgrenze größer als die Zahl der Realisationen in einer Besteuerungsperiode T ist. Dann kann in der ersten Periode kein Konkurs eintreten. Ist der Konkursabstand k_0 kleiner als die Zahl der Realisationen n, kann das Unternehmen bereits in der ersten Periode in Konkurs gehen. Daher ist die Ausgangsverteilung um die Konkursverteilung zu korrigieren.

5.3.1 Körperschaftsteueranspruch bei Thesaurierung

Der Körperschaftsteueranspruch der ersten Periode ist von der Ausschüttungsentscheidung unabhängig. Die folgenden Berechnungen beziehen sich daher nur auf den Körperschaftsteueranspruch der zweiten Periode.

Die Bemessungsgrundlage des zweiten Steueranspruches ergibt sich mit

$$KSt_{2,j,i} = \left[V_{2,j,i} - 2Z - \left(V_{1,j} - Z\right)\right]\tau_{KSt} = \max\left[\left(V_{2,j,i} - V_{1,j} - Z\right)\tau_{KSt}, 0\right]. \qquad (5.36)$$

Im Fall der Thesaurierung steigt die Konkursgrenze zum Zeitpunkt t_1 semipositiv auf

$$k_{1,j}^{Th} = \max\left(k_0 + 2j - n, 0\right). \qquad (5.37)$$

Daraus kann die Eintrittswahrscheinlichkeit der Realisation i ermittelt werden. Diese ergibt sich aus der Multiplikation der Pfadwahrscheinlichkeiten mit der Zahl der möglichen Pfade.

$$p_i^{Th} = \begin{cases} \left(p_u^{\,i} p_d^{\,n-i}\right)\left(\dfrac{n!}{i!(n-i)!}\right) \forall k_{1,i}^{Th} \geq n \\ \left(p_u^{\,i} p_d^{\,n-i}\right)\left(\dfrac{n!}{i!(n-i)!} - \dfrac{\left(n - k_{1,i}^{Th}\right)!}{i!\left(n - k_{1,i}^{Th} - i\right)!}\right) \forall k_{1,i}^{Th} < n \end{cases} \qquad (5.38)$$

Auch in der zweiten Periode ist entscheidend, ob durch die Thesaurierung der Konkursabstand so groß wird, dass das Unternehmen auch im worst case nicht in Konkurs gehen kann. Dann wird die Wahrscheinlichkeit für die Realisation i durch die erste Zeile in (5.38) ermittelt.

Der risikoneutrale Erwartungswert des zweiten Körperschaftsteueranspruches im Fall der Thesaurierung kann auf dieser Grundlage dann mit

$$MWKSt^{Th}{}_{2,j,i} = p_j p_i^{Th} KSt_{2,j,i} e^{-r2T} \qquad (5.39)$$

als bedingter diskontierter Erwartungswert berechnet werden.

5.3.2 Körperschaftsteueranspruch bei Ausschüttung

Die Bemessungsgrundlage des zweiten Körperschaftsteueranspruches wird durch die Ausschüttungsentscheidung nicht beeinflusst. Die Ausschüttung entstandener Gewinne wirkt sich nur auf die Zahl der verbleibenden Wege aus. Die Konkursgrenze für den zweiten Besteuerungszeitraum ergibt sich mit

$$k_{1,j}^{A} = \begin{cases} k_0 & \forall 2j \geq n \\ \max\left(k_0 + 2j - n; 0\right) & \forall 2j < n \end{cases}. \tag{5.40}$$

Entsteht in der ersten Periode ein Gewinn, wird dieser ausgeschüttet. Daher bleibt die Konkursgrenze unverändert. Führt die Realisation der Basisgröße zu einem Verlust, wird dadurch der Konkursabstand verringert. Der Konkursabstand ist damit eine Funktion der in der ersten Besteuerungsperiode eingetretenen Realisation der Bemessungsgrundlage.

Die Eintrittswahrscheinlichkeit einer Realisation i nach der Realisation j am Ende des ersten Besteuerungszeitraumes ergibt sich mit

$$p_i^{A} = \begin{cases} \left(p_u^{i} p_d^{n-i}\right)\left(\dfrac{n!}{i!(n-i)!}\right) \forall k_{1,i}^{A} \geq n \\ \left(p_u^{i} p_d^{n-i}\right)\left(\dfrac{n!}{i!(n-i)!} - \dfrac{\left(n-k_{1,i}^{A}\right)!}{i!\left(n-k_{1,i}^{A}-i\right)!}\right) \forall k_{1,i}^{A} < n \end{cases} \tag{5.41}$$

Der Marktwert des Körperschaftsteueranspruches der zweiten Periode kann, da die Bemessungsgrundlage im Vergleich zur Thesaurierung unverändert bleibt, wie bereits in (5.39) ermittelt werden.

$$MWKSt^{A}_{2,j,i} = p_j p_i^{A} KSt_{2,j,i} e^{-r2T} \tag{5.42}$$

5.3.3 Kapitalertragsteueranspruch bei Thesaurierung

Das steuerliche Vermögen am Ende der zweiten Periode ergibt sich in Abhängigkeit von j und i mit

$$V_{2,j,i} = V_0 u^{j+i} d^{2n-j-i} - KSt_{1,j} - KSt_{2,j,i} - 2Z. \tag{5.43}$$

Der Steueranspruch ergibt sich wieder als bedingter Anspruch zum Ende des zweiten Besteuerungszeitraumes.

$$KESt^{Th}_{2,j,i} = \max\left(V_0 u^{j+i} d^{2n-j-i} - KSt_{1,j} - KSt_{2,j,i} - 2Z - V_0, 0\right) \tag{5.44}$$

Werden Gewinne thesauriert, kann die Eintrittswahrscheinlichkeit einer Realisation am Ende des zweiten Besteuerungszeitraumes durch die Multiplikation der Gleichungen (5.35) und (5.38) ermittelt werden.

Der Marktwert des Kapitalertragsteueranspruches der zweiten Periode bei Thesaurierung ergibt sich wieder als Barwert des risikolosen Erwartungswertes.

$$MWKESt^{Th} = \sum_{j=0}^{n}\sum_{i=0}^{n} p_j p_i^{Th} KESt_{2,j,i} e^{-r2T} \tag{5.45}$$

Am Ende des Besteuerungszeitraumes T_1 erfolgt keine KESt-Zahlung. Daher entspricht der Marktwert des KESt-Anspruches der zweiten Periode dem gesamten Kapitalertragsteueranspruch.

5.3.4 Kapitalertragsteueranspruch bei Ausschüttung

Entsteht in der ersten Periode ein Gewinn, wird dieser vollständig ausgeschüttet. Der Kapitalertragsteueranspruch der ersten Periode bei der Realisation j der Basisgröße berechnet sich in diesem Modellaufbau nach

$$\begin{aligned} KESt_{1,j} &= \max\left[\left(V_{1,j} - V_0 - KSt_{1,j} - Z\right)\tau_{KESt}, 0\right] \\ &= \max\left\{\left[V_0\left(u^j d^{n-j} - 1\right) - KSt_{1,j}\right]\tau_{KESt}, 0\right\}. \end{aligned} \tag{5.46}$$

Der Marktwert des ersten Kapitalertragsteueranspruches der Realisation j der ersten Periode ermittelt sich aus dem risikoneutralen diskontierten Erwartungswert. Bei Berücksichtigung der Konkursmöglichkeit des Unternehmens in der ersten Periode ergibt sich die Eintrittswahrscheinlichkeit der Realisation j nach Gleichung (5.35).

Damit ergibt sich der Marktwert des Steueranspruches mit

$$MWKESt_{1,j} = KESt_{1,j} p_j e^{-rT} \tag{5.47}$$

Im zweiten Besteuerungszeitraum entsteht auf dem Pfad i,j der Körperschaftsteueranspruch

$$\begin{aligned} KSt_{2,j,i} &= \max\left\{\left[V_{2,j,i} - 2Z - \left(V_{1,j} - Z\right)\right]\tau_{KSt}, 0\right\} \\ &= \max\left[\left(V_{2,j,i} - V_{1,j} - Z\right)\tau_{KSt}, 0\right] \quad . \end{aligned} \tag{5.48}$$

Damit ist die Zahlung der Kapitalertragsteuer für die Realisation i unter der Bedingung der Realisation j zu Ende der ersten Periode beschrieben.

Um den Erwartungswert auf dem risikoneutralen Wahrscheinlichkeitsmaß Q zu ermitteln, muss dieser Auszahlungsvektor mit den Eintrittswahrscheinlichkeiten der Realisationen am Ende des zweiten Besteuerungszeitraumes multipliziert werden.

Werden entstandene Gewinne ausgeschüttet, ergibt sich die Konkursgrenze für den zweiten Besteuerungszeitraum ab dem Zeitpunkt t_1 gleich wie in (5.40).

Die Wahrscheinlichkeit des Eintritts der Realisation j am Ende des ersten Besteuerungszeitraumes bleibt im Vergleich zu (5.35) unverändert.

Die bedingte Wahrscheinlichkeit des Eintritts einer Realisation i unter der Bedingung der Realisation j am Ende der ersten Periode ergibt sich dann aus dem Produkt der beiden unbedingten Wahrscheinlichkeiten. Die Wahrscheinlichkeit p_j wurde bereits in (5.35). p_i in (5.41) ermittelt. Damit kann die Eintrittswahrscheinlichkeit einer Realisation $j+i$ mit

$$p_{j,i} = p_j p_i \tag{5.49}$$

berechnet werden.

Der aus dem Pfad *j,i* resultierende Marktwert des Kapitalertragsteueranspruches ergibt sich aus der Diskontierung des risikoneutralen Erwartungswertes mit

$$MWKESt_{2,j,i} = KESt_{2,j,i} \, p_{j,i} e^{-r2T} \, . \tag{5.50}$$

Im Fall der Ausschüttung entstandener Gewinne am Ende der ersten Periode ermittelt sich auf der Grundlage der hier vorgeschlagenen Modellierung der Marktwert des Steueranspruches für die beiden Perioden damit insgesamt mit

$$MWKESt = \sum_{j=1}^{n} KESt_{1,j} \, p_j e^{-r2T} + \sum_{j=1}^{n} \sum_{i=1}^{n} KESt_{2,j,i} \, p_j p_i^{Th} e^{-r2T} \tag{5.51}$$

6 Literaturverzeichnis

- Arrow, K./Debreu, G. [Equilibrium, 1954], Existence of an Equilibrium for a Competitive Economy, Econometrica 1954, 265-290
- Bach, S. [Cash-flow, 1999], Der Cash-flow als Bemessungsgrundlage der Unternehmensbesteuerung, in: Smekal, Ch./Sendlhofer, R./Winner, H. (Hrsg.), Einkommen versus Konsum - Ansatzpunkte einer Steuerreformdiskussion, Heidelberg 1999, 86-122
- Baetge, J./ Schulze, D. [Lageberichterstattung, 1998], Möglichkeiten der Objektivierung der Lageberichterstattung über „Risiken der künftigen Entwicklung“, DB 1998, 939
- Baxter, M./Rennie, A. [Financial Calculus, 1996], Financial Calculus, Cambridge 1996
- Benson, R./Daniel, N. [Up, Over and Out, 1991], Up, Over and Out, RISK 6/1991, 17-19
- Berger, K. [Eigenkapitalersatz, 1996], Rechtsfolgen kapitalersetzender Finanzierungsleistungen, ÖBA 11/96, 837-846
- Billinger, Ch./Zehetner, U. [Veranstaltungsbericht, 1998], Veranstaltungsbericht: IFA-Kongreß 1998 in London, ÖStZ 1998, 74-75
- Bingham, N. H./Kiesel, R. [Valuation, 1998], Risk-Neutral Valuation - Pricing and Hedging of Financial Derivatives, London [u. a.] 1998
- Black, F./Scholes, M. [Pricing of Options, 1973], The Pricing of Options and Corporate Liabilities, Journal of Political Economy 1973, 637-659
- Bond, S. R./Devereux, M. P. [Neutral Business Tax, 1995], On the design of a neutral business tax under uncertainty, Journal of Public Economics 58 1995, 57-71
- Breeden, D. T./Gileskon, J. H. [A path-dependent Approach, 1997], A path-dependent approach to security valuation with applications to interest rate contingent claims, Journal of Banking & Finance 1997, 541-562
- Brown, R. L./Stephen, A. E./Lalor, P. A. [Contract Adjustments, 1995], A note on the effects of contract adjustments on the prices of put and call options, Journal of Banking & Finance 1995, 937-948

- Burkhardt, T. [Down-and-Out Optionen, 1994], Down-and-Out Optionen - Eigenschaften, vereinfachte Bewertung und Anwendbarkeit in Kapitalstrukturmodellen, Wiesbaden 1994
- Chiang, A. C. [Dynamic Optimization, 1992], Elements of Dynamic Optimization, New York [u. a.] 1992
- Corrado, C. J./Jordan, B. D./Miller, T. W./Stansfield, J. J. [Repricing, 1998], Repricing and Employee Stock Option Valuation, SSRN-Working Paper 1998
- Cox, J. C./Ross, S. A./Rubinstein, M. [Option Pricing, 1979], Option Pricing: A simplified Approach, Journal of Financial Econometrics 1979, 229-263
- Cox, J. C./Rubinstein, M. [Options Markets, 1985], Options Markets, Englewood Cliffs 1985
- Dammon, R. M./Green, R. C. [Tax Arbitrage, 1987], Tax Arbitrage in the Existence of Equilibrium Prices for Financial Assets, Journal of Finance 1987, 1143-1166
- Daumann, R. [Prognoseproblematik, 1991], Die Prognoseproblematik in den Modellen der Steuerplanung, Wien 1991
- DeAngelo, H./Masulis, R. W. [Leverage, 1980], Leverage and Dividend Policy Under Corporate and Personal Taxation, Journal of Finance 1980, 3-29
- Dimson, E./Mussavian, M.[Asset Pricing, 1999], Three centuries of asset pricing, Journal of Banking & Finance 1999, 1745-1769
- Djanani, Ch./ Steckel, R. [Teilgebiete, 1998], Teilgebiete der Betriebswirtschaftlichen Steuerlehre, 1998 in: Djanani Ch./Bertl, R./Kofler, H. (Hrsg.), Handbuch der österreichischen Steuerlehre, Wien 1998, 23-45
- Dück, W./Körth, H./Runge, W./Wunderlich, L. [Mathematik, 1989], Mathematik für Ökonomen, Band 1, Thun [u.a.] 1989
- Duffie, D. [Dynamic Asset Pricing, 1992], Dynamic Asset Pricing, Princeton 1992
- Dybvig, P. H./Ross, S. A. [Tax Clienteles, 1986], Tax Clienteles and Asset Pricing, Journal of Finance 1986, 751-763
- Fane, G. [Neutral Taxation, 1987], Neutral Taxation under Uncertainty, Journal of Public Economics 33 1987, 95-105

- Figlewski, S./Silber, W. L./Subrahmanyam, M. G. [Financial Options, 1990], Financial Options - From Theory to Practice, Homewood, Ill. 1990

- Franke, H./Hax, G. [Finanzwirtschaft, 1995], Finanzwirtschaft des Unternehmens und Kapitalmarkt, Berlin [u.a.] 1995

- Goldman, B. M./Sosin, H. B./Gatto, M. A. [Path Dependent Options, 1979], Path Dependent Options: "Buy at the Low, Sell at the High", Journal of Finance 1979, 1111-1127

- Hakansson, N. H. [Free Lunch, 1979], The Fantastic World of Finance: Progress and the Free Lunch, Journal of Financial and Quantitative Analysis 1979, 717-734

- Harrison, J. M./Krebs, D. M. [Martingales, 1979], Martingales and Arbitrage in Multiperiod Securities Markets, Journal of Economic Theory 1979, 381-408

- Herzig, N./Zimmermann, M. [Steuercontrolling, 1998], Steuercontrolling - Überflüssige Begriffsverbindung oder sinnvolle Innovation?, Der Betrieb 1998, 1141-1150

- Hirshleifer, J./Riley, J. G. [Uncertainty, 1993], The Analytics of Uncertainty and Information, Cambridge 1993

- Ho, T. S./Stapleton, R. C./Subrahmanyam, M. G. [American options on bonds, 1997], The valuation of American options on bonds, Journal of Banking and Finance 1997, 1487-1513

- Huang, C./Litzenberger, R. [Foundations, 1988], Foundations for Financial Economics, Amsterdam [u.a.] 1988

- Hudson, M. [Going Out, 1991], The Value in Going Out, RISK 3/1991, 28-33

- Hull J. C./White, A. [Stochastic Volatility, 1987], The Pricing of Options on Assets with Stochastic Volatility, Journal of Finance 1987, 281-300

- Hull, J. C. [Derivatives, 1997], Options, Futures and other Derivatives, Upper Saddle River, NJ [u.a.] 1997

- Hull, J./White, A. [Path-Dependent Option, 1993], Efficient Procedures for Valuing European and American Path-Dependent Option, The Journal of Derivatives 1993, 21-31

- Ingersoll, J. E./Ross, S. A. [Waiting to Invest, 1992], Waiting to Invest: Investment and Uncertainty, Journal of Business 1992, 1-29

- Ingersoll, J. E. [Financial Decision Making, 1989], Theory of Financial Decision Making, Totowa, NJ 1989
- Ikeda, N./Watanabe, S. [Stochastic Differential Equations, 1989], Stochastic Differential Equations and Diffusion Processes, Amsterdam [u. a.] 1989
- Jones, Ch./Milne, F. [Tax Arbitrage, 1992], Tax Arbitrage, Existence of Equilibrium and Bounded Tax Rebates, Mathematical Finance 1992, 189-196
- Karollus, M. [Kapitalersetzende Leistungen, 1997], Kapitalersetzende Leistungen – jüngste Entwicklungen und Zukunftsperspektiven, ÖBA 2+3/97, 105-119
- Kohler, G. [Änderungen im Überblick, 1996], Die geplanten steuerlichen Änderungen im Überblick - Kurzstellungnahme zu den wesentlichsten Auswirkungen, SWK 1996, A181-A185
- Koppensteiner, H-G. [GmbH-Gesetz, 1999], GmbH-Gesetz - Kommentar, Wien 1999
- Korolev, K./Leifert, K. D./Rommelfanger, H. [Arbitragetheorie, 1999], Arbitragetheorie bei vagen Erwartungen der Marktteilnehmer, Working Paper Series Nr. 44: Finance & Accounting, Frankfurt 11/1999
- Kruschwitz, L. [Finanzierung, 1995], Finanzierung und Investition, Oldenbourg 1995
- Kußmaul, H. [Unsicherheit I, 1996], Berücksichtigung der Unsicherheit bei Investitionsentscheidungen - Teil I, Der Steuerberater 1996, 63-67
- Kußmaul, H. [Unsicherheit II, 1996], Berücksichtigung der Unsicherheit bei Investitionsentscheidungen - Teil II, Der Steuerberater 1996, 104-112
- Levy, M./Levy, H. [Homogeneous Expectations, 1996], The Danger of Assuming Homogeneous Expectations, Financial Analysts Journal 1996, 65-70
- Lexa, H. [Steuercontrolling, 1997], Steuercontrolling, in: Bertl, R./Mandl, G. (Hrsg.), Rechnungswesen und Controlling - Festschrift für Anton Egger zum 65. Geburtstag, Wien 1997, 633-653
- Lexa, H. [Unternehmensorganisation, 1973], Unternehmensorganisation und Besteuerung, in: Kirsch, W. (Hrsg.), Unternehmensführung und Organisation, Wiesbaden 1973, 45-70

- Lexa, H./Grabher, S. [Methodologische Überlegungen, 1998], Methodologische Überlegungen zur betriebswirtschaftlichen Steuerlehre, in: Djanani, Ch./Bertl, R./Kofler, H. (Hrsg.), Handbuch der österreichischen Steuerlehre, Wien 1998, 1-22
- MacMinn, R. D./Martin, J. D. [Fisher Model, 1988], Uncertainty, the Fisher Model, and Corporate Financial Theory, in: Chen, A. H. (Hrsg.), Research in Finance, Greenwich Cnn. [u. a.] 1988, 227-264
- Mandl, G./Rabel, K. [Unternehmensbewertung, 1997], Unternehmensbewertung - eine praxisorientierte Einführung, Wien 1997
- Martin, J. D./Cox, S. H./MacMinn R. D. [The Theory of Finance, 1988], The Theory of Finance - Evidence and Applications, Chicago, Ill. [u.a.] 1988
- Mountain, J. R. [FASB 123, 1999], FASB 123 - Putting Together the Pieces, Journal of Accountancy 1/1999, 73-78
- Pennings, E. [Taxes under Uncertainty, 2000], Taxes and the stimuli of investment under uncertainty, European Economic Review 2000, 383-391
- Perridon, L./Steiner, M. [Finanzwirtschaft, 1997], Finanzwirtschaft der Unternehmung, München 1997
- Pestieau, P./Possen, U. M./Slutsky, S. M. [Randomization, 1998], The value of explicit randomization in the tax code, Journal of Public Economics 1998, 87-103
- Pummerer, E. [Übertragung, 1999], Übertragung stiller Reserven nach § 12 EStG - Immer eine Investitionsbegünstigung?, SWK 1999, W21-W26
- Raab, M. [Steuerarbitrage, 1993], Steuerarbitrage, Kapitalmarktgleichgewicht und Unternehmensfinanzierung, Heidelberg 1993
- Raab, M./Schwager, R. [Spanning, 1991], Spanning with Short Selling Restrictions, Journal of Finance 1991, 791-793
- Reiner, E./Rubinstein, M. [Barriers, 1994], Breaking Down the Barriers, RISK 4/1994, 28-35

- Rose, G. [Steuerrisiken, 1995], Grundgerüst planungsrelevanter Steuerrisiken, in: Elschen, R./Siegel, T./Wagner, F. W. (Hrsg.), Unternehmenstheorie und Besteuerung: Dieter Schneider zum 60. Geburtstag, Wiesbaden 1995, 481-493

- Ross, S. A. [Arbitrage, 1987], Arbitrage and Martingales with Taxation, Journal of Political Economy 1987, 371-393

- Sbuelz, A. [Barrier Options, 1998], A General Treatment of Barrier Options, SSRN-Working Paper 1998

- Schiffers, J. [Teilsysteme, 1997], Teilsysteme einer zukunftsgerichteten Steuerberatung, Steuer und Wirtschaft 1997, 42-50

- Schneider, D. [Investition und Finanzierung, 1986], Investition und Finanzierung, Wiesbaden 1986

- Schneider, D. [Investition, Finanzierung, 1992], Investition, Finanzierung und Besteuerung, Wiesbaden 1992

- Schneider, D. [Unternehmensrechnung, 1998], Marktwertorientierte Unternehmensrechnung: Pegasus mit Klumpfuß, Der Betrieb 1998, 1473-1478

- Schwaiger, W. S. A. [Cash-and-Carry, 1994], Cash- und Carry-Strategien, eine dynamische Betrachtung von Options- und Festgeschäften, Wiesbaden 1994

- Sinn, H. W. [Kapitaleinkommensbesteuerung, 1985], Kapitaleinkommensbesteuerung: eine Analyse der intertemporalen, internationalen und intersektoralen Allokationswirkungen, Tübingen 1985

- Steiner, M./Schneider S. [Arbitrage Asset Pricing,1998], A Note on Arbitrage Asset Pricing, SSRN-Working Paper 1998

- Swoboda, P. [Irrelevanz, 1991], Irrelevanz oder Relevanz der Kapitalstruktur und Dividendenpolitik von Kapitalgesellschaften in Deutschland und in Österreich nach der Steuerreform 1990 bzw. 1989?, Zeitschrift für betriebswirtschaftliche Forschung 1991, 851-867

- Terstege, U. [Optionsbewertung, 1995], Optionsbewertung - Möglichkeiten und Grenzen eines präferenz- und verteilungsfreien Ansatzes, Wiesbaden 1995

- Tipke, K./Lang, J. [Steuerrechtsordnung, 1993], Die Steuerrechtsordnung - Wissenschafts-organisatorische, systematische und grundrechtlich-rechtsstaatliche Grundlagen, Band I, Köln 1993

- Weigel, W. [Investitionsentscheidung, 1989], Steuern in der Investitionsentscheidung - ein kapitalmarktorientierter Ansatz, Wiesbaden 1989

- Wijnbergen van, S./Estache, E. [Option Pricing Approach, 1999], Evaluating the minimum asset tax on corporations: an option pricing approach, Journal of Public Economics 1999, 75-96

- Zechner, J./Swoboda, P. [Capital Structure, 1986], The Critical Implicit Tax Rate and Capital Structure, Journal of Banking & Finance 1986, 327-341

GPSR Compliance

The European Union's (EU) General Product Safety Regulation (GPSR) is a set of rules that requires consumer products to be safe and our obligations to ensure this.

If you have any concerns about our products, you can contact us on ProductSafety@springernature.com

In case Publisher is established outside the EU, the EU authorized representative is:

Springer Nature Customer Service Center GmbH
Europaplatz 3
69115 Heidelberg, Germany

Batch number: 10815964

Printed by Printforce, the Netherlands